作|家|经|典|文|库

# 西方美学史(下)

朱光潜 著

作家出版社

# 目录

## 下 卷

### 第三部分 十八世纪末到二十世纪初 ... 363

#### 甲 德国古典美学

**第十二章 康德** ... 365
- 一 康德的哲学思想体系 ... 365
- 二 《判断力批判》 ... 369
  - 1. 美的分析 ... 372
  - 2. 崇高的分析 ... 388
  - 3. 天才和艺术 ... 397
  - 4. 美的理想和审美的意象：典型问题 ... 409
- 三 结束语 ... 421

**第十三章 歌德** ... 427
- 一 歌德的时代和他早年的文化教养 ... 428
  - 1. 浪漫的与古典的 ... 430
  - 2. 由特征到美，"显出特征的整体" ... 432

  3．艺术与自然 ............................................. 441
  4．民族文学与世界文学：历史发展观点 .............. 450
 二 结束语 ................................................... 453

# 第十四章 席勒 ............................................. 455
 一 《论美书简》和《审美教育书简》 ..................... 458
 二 《论素朴的诗与感伤的诗》 ............................. 477
 三 结束语 ................................................... 487

# 第十五章 黑格尔 .......................................... 490
 一 黑格尔的客观唯心主义哲学体系和辩证法，
   它与过去哲学传统的关系以及它的内在矛盾 ..... 490
 二 黑格尔美学的几个基本观点 ............................. 497
  1．美是理念的感性显现 ................................... 497
  2．美学中实践观点的萌芽 ................................ 503
  3．艺术美与自然美 ....................................... 506
  4．艺术的发展史：类型与种类的区分 .................. 513
  5．人物性格与环境的辩证关系：情致说 ............... 518
  6．冲突论和悲剧论 ....................................... 524
  7．理想的人物性格 ....................................... 529
 三 结束语 ................................................... 531

## 乙 其他流派

### 第十六章 俄国革命民主主义和现实主义时期美学（上） .................. 535
- 一 文化历史背景 .................. 535
- 二 别林斯基 .................. 542
  1. 他的思想转变问题 .................. 542
  2. 艺术的本质和目的 .................. 546
  3. 主观与客观的关系：现实诗与理想诗，"情致"说 .................. 552
  4. 典型说 .................. 567
  5. 内容和形式：美 .................. 575

### 第十七章 俄国革命民主主义和现实主义时期美学（下） .................. 586
- 车尔尼雪夫斯基 .................. 586
  1. 车尔尼雪夫斯基与别林斯基的关系，他的哲学基础 .................. 586
  2. 车尔尼雪夫斯基对黑格尔派美学观点的批判 ... 593
  3. 车尔尼雪夫斯基所建立的美学观点 .................. 602
  4. 车尔尼雪夫斯基在美学上的功绩和缺点 .......... 612

第十八章 "审美的移情说"的主要代表：费肖尔，
　　　　　立普斯，谷鲁斯，浮龙·李和巴希 ........ 625
　一　移情说的先驱：费肖尔父子 .................... 625
　二　立普斯 .................................... 633
　三　谷鲁斯 .................................... 643
　四　浮龙·李 .................................. 650
　五　巴希 ...................................... 653
　六　结束语 .................................... 656

第十九章　克罗齐 ............................... 660
　一　克罗齐的哲学体系 .......................... 661
　二　克罗齐的基本美学观点 ...................... 666
　三　结束语 .................................... 682

## 丙　结束语

第二十章　关于四个关键性问题的历史小结 ......... 685
　一　美的本质问题 .............................. 686
　　1. 古典主义：美在物体形式 .................... 687
　　2. 新柏拉图主义和理性主义：美即完善 .......... 691
　　3. 英国经验主义：美感即快感，美即愉快 ........ 694
　　4. 德国古典美学：美在理性内容表现于感性形式 ... 697

    5. 俄国现实主义：美是生活 ............ 703
二　形象思维：从认识角度和实践角度来看 ............ 706
    1. 从认识角度来看形象思维 ............ 709
    2. 从西方美学史来看形象思维 ............ 710
    3. 马克思肯定了形象思维 ............ 715
    4. 从实践角度来看形象思维 ............ 717
    5. 近代心理学的一些旁证 ............ 720
    6. "艺术作品必须向人这个整体说话" ............ 723
三　典型人物性格 ............ 725
    1. 从古代到黑格尔的演变 ............ 725
    2. 马克思主义的典型环境中的典型人物性格；学习
       马克思和恩格斯关于典型的五封信的笔记 ...... 738
四　浪漫主义和现实主义 ............ 752
    1. 浪漫主义与现实主义作为文艺流派运动 ............ 753
    2. 作为创作方法，浪漫主义与现实主义的结合 ... 770

**附录：简要书目** ............ **778**
    1. 西方美学史 ............ 778
    2. 西方美学论著选集 ............ 781
    3. 重要美学名著 ............ 782

# 第三部分
十八世纪末到二十世纪初

# 甲　德国古典美学

## 第十二章　康　德

### 一　康德的哲学思想体系

康德（Kant，1724—1804）处在德国启蒙运动的高潮，他的历史背景和文克尔曼与莱辛的基本上还是一样。但是由于当时德国政治分裂状况下各小国和小城市的闭塞孤陋，康德突出地脱离了现实。再加上当时德国大学在莱布尼茨、伍尔夫派理性主义哲学统治之下，哲学的研究一直充满着玄学思辨的经院气息。在这种学风影响之下，康德一直就只坐在书斋里玄想，几乎不很感觉到当时欧洲正在发生的重大变动。尽管他不满德国封建制度，他并不赞成用即将到来的法国革命那种暴力方式去改革现状，只倾向于改良妥协，而且对十八世纪法国启蒙思想的唯物方面和革命方面都是拒抗的。所以他虽生在启蒙运动的高潮中，他的思想基本上却是与启蒙运动背道而驰的。他承认神、灵魂不朽，自由意志之类传统概念都是无法证实的，却又主张为着使实践道德活动具有最高的指导原则，还必须假定它们的存在。他虽然承认物自体的存在，承认物质世界是经验和感性知识的来源，却又认为要使知识可能，就必须假定人心中先天就有一些先验范畴，而知识所能达到的只是现象而不是本体或物自体，本体却是不可知的。所以他在哲学上的基本立场是以主观唯心主义为主要方面的二元论、不可知论以及理性化的有神论。但是他也受到当时自然科学的影响，对天体形成的星云说是他的重要贡献。他的思想中也有一些积极因素，违背了他本人的意旨，终于促进了启蒙运动而使他成为浪漫运动在哲学方面的奠基人。这些因素主要地是他关于天才、自由、主观创造、人性尊严的见解。这些见解符合当时资产阶级个性发展的要求，所以起了推动历史前进的作用。

　　康德处在近代西方哲学发展中的关键性的转折点。前此西方哲学思想分为两大派，一派以先天的先验的理性为客观世界和人类知识的基础，这就是以德国莱布尼茨和伍尔夫为代表的理性主义派；另一派承认物质的独立存在，主张一切知识都从感性经验开始，这就是以英国洛克和休谟为代表的经验主义派。这两派的对立是鲜明的，斗争是尖锐的。近代西方哲学史可以说主要是这两派的斗争史。这种斗争在大体上是唯物主义与唯心主义的斗争，争执的基本问题在于经验派只承认感性世界，理性派却主张更为基本的是超感性的理性世界。这个基本分歧表现于认识论方面，则为经验派认为一切知识都以感性经验为基础，而理性派却认为没有先验的理性基础，知识就不可能；表现于方法论方面则为经验派只用因果律来解释世界，而因果（如休谟所主张的）只是在经验中所发现的先后承续的一致性，而理性派则把原因概念列在先天的理性范畴，而且在解释世界中还须加上另一个理性概念，即目的论，世界以及其中一切事物仿佛都是经过设计的（天意安排的），在研究它们时就不但要追问它们的原因，还要追问它们的目的。这两派不无互相影响之处，但就总的趋势来说，对立仍是鲜明的。到了康德，近代西方哲学思想就达到了关键性的转变，他企图从主观唯心主义的基础上来调和理性主义与经验主义。现在先对康德美学的哲学基础作一番简赅的说明。

　　关于康德的哲学体系，首先应该指出的一点就是：他的研究对象不是客观存在而是主观意识，是人对现实世界的认识功能和实践功能。依传统的分类，他把人的心理功能分为知、情、意三方面。他虽承认这三方面的互相联系，而在研究中却把它们严格割裂开来，分别进行分析。在他的三大批判之中，第一部《纯粹理性批判》实际上就是一般所谓哲学或形而上学，专研究知的功能，推求人类知识在什么条件之下才是可能的；第二部《实践理性批判》实际上就是一般所谓伦理学，专研究意志的功能，研究人凭什么最高原则去指导道德行为；第三部《判断力批判》前半实际上就是一般所谓美学，后半是目的论，专研究情感（快感或不快感）的功能，寻求人心在什么条件之下才感觉事物美（美学）和完善（目的论），这三大批判合在一起就组成了一套完整的体系。

在方法上康德认为"批判"是和"教条主义"对立的。假定知识可能就是"教条主义的"，"批判"就要追问知识是否可能和如何可能。在解决这个问题时，康德并不曾考虑到知识在实际经验中情形如何，只考虑就理性分析来说，知识的情形应该如何，换句话说，他所追问的不是知识的内容而是它的形式。因此，知识在他的哲学系统中失去了一切现实联系和历史发展过程所带来的特殊性质。他用形式逻辑的方法，单纯从形式方面，去考察人的知情意三方面的功能。这种"批判"方法和他哲学上的主观唯心主义和不可知论是密切相关的。

康德的总目的是在知情意（即在哲学、伦理学、美学）三方面都要达到理性主义与经验主义的调和；用逻辑术语来说，他要证明这三方面的共同基础在"先验综合"。"先验"是与"后验"对立的，分别在于前者根据先天理性而后者根据后天经验。他认为如果要使知识成为可能，一方面要有感性材料（内容）即后验因素，另一方面也要有先验因素，才能使后验的感性材料具有形式。这种先验因素是超越感性的（即理性的），先天存在的。例如康德所说的"范畴"就是从逻辑判断的质（肯定、否定等）量（普遍、个别等）关系（因果、目的等）和方式（必然、偶然等）四方面分析出来的。不下判断则已，要下判断，就必先假定肯定、否定、普遍、个别之类概念。这些概念是推理和经验知识的基础，所以都是超验的。它们叫作"范畴"，因为它们都像铸造事物的模子，经验材料（像是面粉）经过它们一铸，就取得形式（像是糕饼）。从此可见，要使知识成为可能，判断的性质必然既是综合又是先验的。

"先验综合"就体现出理性主义与经验主义的调和。表面上康德对感性与理性并重，实际上三大批判都足以证明康德所侧重的还是理性，因为他的推论的方式总是：没有先验的理性因素，经验知识、实践道德和审美活动都不可能；康德从来没有考虑到：没有感性经验的基础，理性认识、实践道德和审美活动是否可能。由于偏重理性主义，康德的方法虽号称"批判"而实际上还是"教条主义"的，因为"批判"据康德的了解是反对假设，而三大批判最后都还建立在假设上，《纯粹理性批判》建立在"物自体"的假设上，《实践理性批判》建立在"神、灵魂不朽和意志自由"的假设上，《判断力批判》建立在"共同感觉力"和"目的"的假设上，而整个体系则建立在一条中世纪流传下来的神学教条上，即精神界与自然界的各自的秩序和彼此之间的由于神意安排所见出的目的性。

对于康德系统的大致理解是理解他的美学观点所必不可少的先决条件。在这方面作了一些介绍和说明之后，我们就来介绍他的有关美学的专著，《判断力批判》。

## 二 《判断力批判》

这是康德晚年的作品（1790年出版）。这部批判在他的哲学系统中占着特别重要的地位。他的意图是要使这部批判在较早写成两大批判之中起桥梁作用，或则用他的术语来说，要使判断力在知解力与理性之中起桥梁作用，情感（快感和不快感）在认识与实践活动（道德活动）之中起桥梁作用，审美的活动在自然界的必然与精神界的自由之间起桥梁作用。要了解《判断力批判》，就要了解康德的这个主要意图。

但是康德的著作对于初学者有一个首先要克服的大障碍，这就是他所用的一些术语，例如"想象力"、"知解力"、"理性"、"判断力"、"目的"、"符合目的性"、"必然"、"自由"等等，都不是用我们一般人通常所了解的意义。如果我们用常用的意义去理解它们，就会觉得不可解或是发生误解。康德的术语一定要从他著作的上下文联系中才能摸索到比较正确的理解。原来康德把认识局限在现象界（"物自体"不可知），把认识功能局限在想象力和知解力①。想象力只能掌握事物的形式或形象，例如一眼看到一朵花的形状，用的就是想象力。知解力包括形式逻辑的推断，分析、综合和推理的能力，它也只能掌握自然界现象的某些部分，不能窥到无限和整体。像"无限"、"整体"、"神"、"物自体"、"灵魂不朽"、"意志自由"之类概念，康德称之为"理性概念"，只有通过理性才能掌握。康德的理性是与知解力（我们所了解的理性）对立的。它并不属于认识功能，

---

① 一般把德文Verstand译为"悟性"，不妥，因为"悟性"在禅宗用语里指"一旦豁然贯通"的能力，不符合康德的原义，原义只是认识功能，原译"理解力"，现一律改为"知解力"，以便避免凭"理性"去认识。

所谓理性掌握某些概念，不过是说要使现象世界成为可理解的或合理的，就必须假定那些理性概念。康德的第一部批判虽然叫作《纯粹理性批判》，实际上它所讨论的是人如何认识自然界的必然（即规律，例如充足理由律、同一律、因果律等），心理方面主要地只涉及认识功能，即知解力。至于和知解力对立的理性则主要地用在肯定精神界的自由（即凭自由意志发出道德行为）方面，所以它主要地属于《实践理性批判》范围。康德的头两个批判一个只涉及知解力和自然界的必然，一个只涉及理性和精神界的自由，各自成为一个独立封闭的系统，所以二者之间就留下一条仿佛不可跨越的鸿沟，自然界的秩序和精神界的道德秩序仿佛就彼此漠不相关。但是人的道德理想必须在自然界才能实现，精神界的道德秩序必须符合自然界的秩序，因此在理论上就必须找到一个沟通二者的桥梁。

经过长期的摸索，康德认为"判断力"就是所需要的桥梁，于是他写出《判断力批判》。康德对"判断力"一词所了解的意义是从来没有第二个人用过的。它不是知解力所用的逻辑判断，即康德所说的"定性判断"，而是"反思判断"。"反思判断力"（即《判断力批判》中所讨论的判断力）就是审美和审目的的两种判断力。在这里就须把康德所常用的"目的"和"符合目的性"两词弄清楚。康德所说的"目的"如上所述，是指造物主在造物时设计安排中所存的目的。这"目的"分两种，一种是事物的形式符合我们的认识功能（想象力与知解力），它们具有某种形式，才便于我们认识到它们的形象并且感到愉快。这是对于人（主体）而言，所以是主观的目的；因为这"目的"不是作为概念而明确地认识到，只是从情感上隐约地感觉到，康德为着显示出它和第二种目的有别，把它叫作"主观的符合目的性"，第二种目的是自然界有机物（即动植物）各有本质，如果它们的结构形式符合它们的本质，它们就是"完善"的而不是畸形的或有缺陷的，就显出"客观的目的"。对于一种有机物按本质应该具有何种结构形式，我们先须有一个概念，才能判定它是否完善，所以和前一种主观的符合目的性（不涉及概念）有明显的区别。从情感上感觉到事物形式符合我们认识功能，这就是审美判断；从概念上认识到事物形式符合它们自己的目的，因而显得是"完善"的，这就是审目的判断。这两种判断都不同于逻辑判断，都是对个别对象所起的感觉（即"反思判断"），而在对象是美的或完善的时候，这感觉都是愉快的。

为什么说这种判断力在知解力与理性之间起桥梁作用呢？因为这种判断力既略带知解力的性质（因为涉及知解力的概念，这在审美判断中是暗含的，在审目的判断中是显露的），又略带理性的性质（因为"目的"本身就是一种理性概念）；这与情感（快感和不快感）既略带认识的性质，又略带意志（欲念）的性质，因而在认识与意志之间造成桥梁是一致的。这也和审美活动既见出自然界的必然，又见出精神界的自由，因而在这两种境界之中造成桥梁是一致的。就是在这个意义上，《判断力批判》填塞了《纯粹理性批判》和《实践理性批判》所留下来的鸿沟。

《判断力批判》关系到美学的只是第一部分，即"审美判断力的批判"。这又分两部分：第一部分是"审美判断力的分析"，下面又分"美的分析"和"崇高的分析"，在"崇高的分析"部分康德还着重地讨论了天才、艺术和审美意象等问题。第二部分是"审美判断力的辩证"，篇幅较短，只讨论审美趣味既不根据概念、又要根据概念的矛盾或"二律背反"，本文将不完全遵照原书次第，只提出康德美学中几个主要的观点来介绍。

在分点介绍之前，须说明一下康德在美学领域里的基本立场。他既不满意以鲍姆嘉通为代表的德国理性主义的美学观点，也不满意以伯克为代表的英国经验主义的美学观点，他要求达到经验主义和理性主义的调和，英国经验主义派把"美的"和"愉快的"等同起来，审美活动只带来感官的快感；德国理性主义派则把"美的"和"完善的"等同起来，审美活动只是一种低级认识活动，要涉及概念，尽管它还是朦胧的。康德认为这两派都把美和相关的概念混淆起来，没有认识到美自身应有特质。他把审美活动归于判断力而不归于单纯的感官，这就是反对经验主义派的看法；同时，他认为审美判断的主要内容是情感（快感）而不是概念。"完善"概念应该归在审目的判断范围里，这就是反对理性主义派的看法。他拿经验主义派的快感结合上理性主义派的"符合目的性"，这就形成他在美学领域里的经验主义与理性主义的调和。记得他的这个基本立场，就便于理解他所作的美的分析。

## 1. 美的分析

康德一开始就花了很大篇幅来分析审美判断和美的特质。他根据形式逻辑判断的质、量、关系和方式四方面来分析审美判断。审美力或鉴赏力在传统术语里叫作"趣味"（Geschmack，本章一律译为"审美趣味"），所以康德往往把"审美判断力"又叫作"趣味判断力"，为着简便，本文将一律用"审美判断力"。

（a）从质的方面看审美判断

通常逻辑判断都离不开概念，例如"这朵花是美的"，如果作为一个逻辑判断来看，主词"花"和宾词"美"都有一种抽象的涵义，即都是概念。康德把审美判断和逻辑判断严格分开，认

# 第十二章 康 德

为在肯定"这朵花是美的"这个审美判断中,"花"只涉及形式而不涉及内容意义,所以不涉及概念,"美"也不是作为一种概念而联系到"花"的概念上去,如逻辑判断那样,而只是作为一种主观的快感而与这快感的来源,即花的形式,联系在一起的,这朵花的形式引起我的快感,我就是从这个快感来判定花的美。所以审美判断不是一种理智的判断,而是一种情感的判断。这里主词"花"只作为单纯的形象而存在,宾词"美"也只作为主观的快感而存在。从审美判断中我们所得到的不是一种知识而是一种感觉,所以"美"不是对象(花)的一种属性,属性是以概念的形式而认识到的。

但是如果认为美感只是一种快感,那就要落回到经验派的感觉主义。这是康德所力求避免的。美感自身如有特质,就不能与一般快感完全相同。康德认为分别在于一般快感都要涉及利害计较,都只是欲念的满足,主体对满足欲念的东西只关心到它的存在而不关心到它的形式,换句话说,它的形式不能满足欲念(望梅并不真正能解渴),只有它的存在才能满足欲念(吃梅就要消灭梅的存在)。单纯的快感,作为欲念的满足,还是实践方面的事(以梅止渴要牵涉到吃的行动)。审美活动却不能涉及利害计较,不是欲念的满足,对象只以它的形式而不是以它的存在来产生美感。审美只对对象的形式起观照活动而不起实践活动。美感即起于对形式的观照而不起于欲念的满足。所以美感不等于一般快感,美在性质上也不等于愉快。

美也不等于善,因为善是意志所向往的目的,要涉及利害计较的实践活动,和愉快的东西还是类似的。用康德自己的话来说:

> 要把一个对象看作善的,我们就必须知道这对象是应该用来做什么的,对它就必须有一个概念。在对象中见到美,

> 就无须对它有什么概念。花卉、自由的图案画,以及没有目的地交织在一起的线条(即所谓"叶状花纹")都没有意义,不依存于明确的概念,但仍产生快感。
>
> ——第四节[①]

康德把愉快的、善的和美的三类不同事物所产生的情感也严格分开:

> 愉快的东西使人满足,美的东西单纯地使人喜爱,善的东西受人尊敬(赞许),即被人加上一种客观价值。无理性的动物也可以感到愉快;美却只是对人才有效,"人"指既具有动物性又具有理性的东西,不单纯作为理性的东西(例如精灵),也作为动物性的东西;善则一般只对具有理性的人才有效。……在这三种快感之中,审美的快感是唯一的独特的一种不计较利害的自由的快感,因为它不是由一种利益(感性的或理性的)迫使我们赞赏的。所以我们可以说,在三种快感之中,第一种涉及欲念,第二种涉及恩爱,第三种涉及尊敬。只有恩爱才是自由的喜爱。一个欲念的对象,以及一个由理性法则强加于我们,因而引起行动意志的对象都不能让我们有自由去把它变成快感的对象。一切利益都以需要为前提或后果,所以由利益来做赞赏的原动力,就会使对于对象的判断见不出自由。
>
> ——第五节

---

[①] 引文由编者据原文译出,下仿此。

## 第十二章 康　德

这里康德所提出的"自由"一个概念是重要的，所谓"自由"就是审美活动不受欲念或利害计较的强迫，完全自发。这个概念是和下文还要谈到的"游戏"概念是密切相关的，也和"无私"的概念密切相关的。康德又说：

> 一个审美判断，只要是掺杂了丝毫的利害计较，就会是很偏私的[①]，而不是单纯的审美判断。人们必须对于对象的存在持冷淡的态度，才能在审美趣味中做裁判人。
> ——第二节

说明了审美不涉及概念和利害计较以及美与感官的愉快和善都有分别之后，康德就审美判断的质的方面，对美下了如下的定义：

> 审美趣味是一种不凭任何利害计较而单凭快感或不快感来对一个对象或一种形象显现[②]方式进行判断的能力。这样一种快感的对象就是美的。
> ——第五节

所以就质来说，美的特点在于不涉及利害计较，因而不涉及欲念和概念。

---

① "很偏私的"原文 Sehr parteitish，有人据俄译作"具有强烈的党派性"的，来论证康德反对审美的党派性，似不免牵强。
② 德文 Vorstellung 过去译为"表象"，欠醒豁，它指把一个对象的形象摆在心眼前观照，亦即由想象力掌握一个对象的形象，这个词往往用作 Idee（意念，观念）和 Gedanke（思想）的同义词，含有"思维"活动的意义。

(b) 从量的方面看审美判断

审美的对象都是个别事物或个别形象显现，所以审美判断在量上都是单称判断。一般单称判断都不能显示出普遍性。例如我说"这种酒是令人愉快的"，我只是凭个人主观味感来判断，因为它使我得到感官上的满足，旁人对它也许有不同的感觉。足见单纯的感官满足没有普遍性。审美判断却不然，它虽是单称判断，却仍带有普遍性。我觉得美的东西旁人也会觉得美。康德的理由是这样：

> 如果一个人觉得一个对象使他愉快，并不涉及利害计较，他就必然断定这个对象有理由叫一切人都感到愉快。因为这种愉快既不是根据主体的欲念（或是其他意识到的利害计较），而是感觉到在喜爱这个对象中自己完全是自由的，他就会看不出有什么只有他才有的私人特殊情况，作为他感到愉快的理由。因此，他就必然认为可以设想：产生这种愉快的理由对一切人都该有效，相信他有理由去假定一切人都能感到同样的愉快。因此，他会把美说成仿佛是对象的一种属性，把审美判断也看成仿佛是逻辑判断（即通过对象的概念来得到对于对象的认识），尽管它只是审美判断，只涉及对象的形象显现和主体之间的关系。他之所以这样看，是由于审美判断毕竟和逻辑判断有些类似，可以假定它对于一切人都有效。但是这种普遍性不能来自概念，因为不能由概念就转到快感或不快感，……因此审美判断既然在主体意识中不涉及任何利害计较，就必然要求对一切人都有效。这种普遍性并不靠对象，这就是说，审美判断所要求的普遍性是主观的。
>
> ——第六节

这就是说，审美的快感须有原因，这原因既然不在私人的欲念或利害计较，就只能在一切人所共有的某一点上（这一点是什么，待下文说明），所以审美判断虽只关个人对个别对象的感觉，却仍可假定为带有普遍性。这种普遍性不是客观的（即不是对象的一种普遍属性），而是主观的（即一切人的共同感觉），就对象的性质来作普遍性的判断，这是逻辑判断的事，就对象在主体心中所引起的感觉来假定这感觉的普遍性，这才是审美判断的事。前者能供给关于对象的知识，后者却不能，所以康德不把审美活动当作认识活动，也不把美看作认识的对象，而只把它看作情感的对象。但是就具有普遍性一点来说，审美判断和逻辑判断仍有类似点。康德认为这个事实可以说明人们为什么把审美判断误认作逻辑判断，把美误认作对象的一种属性。

谈到这里，康德提出了一个问题：是对象先使我们感到快感而后我们对它下审美判断呢？还是我们先对它下审美判断而后才感到快感呢？他认为"这个问题的解决对于审美判断力的批判是一把钥匙，所以值得聚精会神地去探讨"（第九节），他的解答是：快感不能在判断之先，否则它就只能是纯粹的感官满足，只能限于私人的主观感觉，而不能有普遍有效性，因而也就不能使美感和一般快感见出分别。这问题确实是理解康德美学的关键。要把这问题弄清楚，就要先了解康德所谓普遍的可传达性之中可传达的是什么。他认为一般只有知识的对象才是客观的，才有可能使一切人对它都有同样的理解（这就是一种客观的普遍可传达性或"普遍有效性"）。审美判断既然只是主观的，不涉及概念，所以普遍可传达的便不能是认识的对象，而只能是审美判断中的心境。这心境有什么特征呢？它就在于对象的形象显现的形式恰好符合两种认识功能（即想象力和知解力），可以引起它们和谐地自由活动，就是这种心境是审美判断的主要内容，也就是它才是普遍可传达的。其所以可普遍传达，是根据人类具有"共同感觉力"的假定，即所谓"人同此心，心同此理"，有这种"共同感觉力"，一切人对认识功能的和谐自由活动的感觉就会是共同的，所以我对某种形象显现起这种感觉时，这感觉虽然是个人的，主观的，我仍可假定旁人对这同一个形象显现也会引起这种感觉，康德把这种同一感觉的可共享性叫作主观的普遍可传达性。就是对这种普遍可传达性的估计或判定才是审美判断中快感的来源。美感之所以有别于一般快感的正在于它有，而一般快感没有，这种对心境的普遍可传达性的估计，作为快感的根源。康德的原文是这样说的：

> 这种形象显现所发动的各种认识功能在审美判断里是在自由活动中，因为没有确定的概念迫使它们受某一特定的认识规律的限制。因此，看到这种形象显现时的心境必然就是把某一既定形象联系到一般人认识它时各种形象显现功能（即想象力和知解力，康德有时把它们叫作"认识功能"——引者注）在自由活动的感觉。反映一个对象的形象显现，如果要成为认识的来源，就要涉及想象力和知解力，想象力用来把多种感性观照因素综合起来，知解力则用来把多种形象显现统一起来①。反映一个对象的形象显现活动所伴随的这种认识功能在自由活动的心境必然就是可以普遍传达的，因为关于这对象的一切形象显现（无论主体是谁）都要和认识（作为对这对象性质的确定）一致，所以认识就是对每一个

---

① 想象力形成形象或具体意象，知解力综合许多具体意象成为抽象概念（逻辑的）或典型（艺术的集中化和概念化）。

人都适用的唯一的一种形象显现方式。

——第九节

总之，人类在认识功能上有一致性，所以在认识上也就有一致性。某种形象显现在形式上既然适合我的认识功能，因而引起它们在我心里的自由活动的快感，它对和我在心理组织上相类似的人也就应产生同样的效果。审美快感的来源并不是单纯的感官满足，而是对审美心境（即认识功能的自由活动）的普遍可传达性的估计。这种估计不是推理的结果，只是一种朦胧的舒适的感觉，具体表现为意识可以察觉到的快感。所以康德说，这种普遍的可传达性是由审美判断所"假定为先行条件的"，"它可以从它的心理效果上感觉得出"，除此以外，"不可能对它有其他的意识"（第九节）。这种看法的根据当然还是普遍人性论。

最后，从审美判断的量方面看，康德替美下了如下的定义：

美是不涉及概念而普遍地使人愉快的。

——第九节

这样，康德认为就可以解决审美判断虽是单称的、主观的，而仍有普遍有效性的矛盾。

（c）从关系方面看审美判断

"关系"指的是对象和它的"目的"之间的关系。上文已提到康德对于"目的"的看法以及对于"客观的目的性"（完善）和"主观的目的性"（美）所做的分别，这些都是他从关系方面看审美判断所得的结论。他所要说明的关于这方面的矛盾是：美的事物虽没有明确的目的而却有"符合目的性"。没有明确的目的，因为审美判断不涉及概念；有符合目的性，因为对象的形式适合于主体的想象力与知解力的自由活动与和谐合作，这仿佛是由一种"意志"（康德没有明说"天意"）来预先设计安排的。

就是从关系方面看审美判断，康德提出了他的著名的"纯粹美"与"依存美"的分别，只有这种不涉及概念和利害计较，有符合目的性而无目的的纯然形式的美，才算是"纯粹的美"或"自由的美"；如果涉及概念、利害计较和目的之类内容意义，这种美就只能叫作"依存的美"，即依存于概念、利害计较和目的之类内容意义。康德替这两种美下了如下的定义：

> 有两种美：自由的美和只是依存的美。前者不以对象究竟是什么的概念为前提，后者却要以这种概念以及相应的对象的完善为前提；前者是事物本身固有的美，后者却依存于一个概念（有条件的美），就属于受某一特殊目的概念约制的那些对象。
>
> ——第一六节

具体地说，究竟哪些事物属于纯粹美，哪些事物属于依存美呢？典型的纯粹美就只有"花卉，自由的图案画，以及没有目的地交织在一起的线条"（第四节）。此外，"单纯的颜色，例如一片草地的青色，以及单纯的音调，例如小提琴的某一单音"虽是"多数人所认为本身就美的"，实际上却"仅依存于感官，只能叫作愉快的"（第一四节），这就是说，它们只是单纯地满足感官。如果要真正见到颜色和声音的美，那就须是它们能在形式上使人愉快。音乐本来是侧重形式的艺术，似乎可以列入纯粹美，但是康德仍认为它依存于感官方面的吸引力和主体方面的情绪，而这些因素毕竟与欲念有关①，所以除掉无主题的幻想曲和不与歌词结合的乐曲之外，音乐还只能列入依存美。至于造型艺术都有所表现，即都有内容意义，就都只能属于依存美。要正确地欣赏这类艺术，也应只注意到它们的形式：

> 在绘画、雕刻和一切造型艺术里，在建筑和庭园艺术里，就它们是美的艺术来说，本质的东西是图案设计，只有它才不是单纯地满足感官，而是通过它的形式来使人愉快，所以只有它才是审美趣味的最基本的根源。
> ——第一四节

康德在"美的分析"里根本没有提到诗和一般文学（他把这些归到"崇高的分析"里），就纯粹美不能涉及内容意义来说，诗和文学当然不能列入纯粹美。

艺术美如此，自然美如何呢？康德从两方面排斥自然美于纯粹美之外。第一，他反对鲍姆嘉通把"美"和"完善"等同起来。"完善"须据目的概念来量衡，所以夹有"完善"概念的美都只能是依存的，康德曾举人和马为例。例如说一个女人美，就是说"自然在她的形状上很美地体现了女性形体构造的目的"（第四八节），所以女人的美不能是纯粹的。康德虽承认花卉和贝壳之类东西属于纯粹美，但是也有所保留，主张植物学家在欣赏花卉美时，不应联想到花是植物的生殖器官。其次，康德认为纯粹美只在形式上，不能沾染感官的吸引力，也不能联系到人的情绪，

---

① 康德认为颜色和音调可以象征心境（见第五三节），因此就有内容意义，不能属于纯粹美。

而自然风景正和上文所说的音乐一样，都不免多少要沾染这类因素，所以它只能属于依存美。

从此可见，真正可以列入康德所谓"纯粹美"的事物在数量上是微乎其微的，绝大部分的自然美和艺术美都要归到依存美。这种看法最突出地表现出康德美学观点中形式主义的一方面。不过康德并不曾把纯粹美看作最高的理想的美。他是把两个问题分开来看的：第一，什么样的美才是纯粹的？其次，什么样的美才是最高的、理想的。为着要显出审美判断力作为一种特殊心理功能的特质，他主张要在审美的快感和一般的快感与理智的快感之间见出分别。依他分析的结果，审美只涉及形式而不涉及单纯的感官满足以及基于利害计较、目的概念和道德观念等方面的满足。因此，他指出了纯粹美与依存美的分别。但是另一方面，他也明确地说过，"审美的快感与理智的快感二者的结合对于审美趣味确实有益处"，而且"当我们借助于概念，来拿反映对象的形象显现和这对象的本质进行比较时，我们不免也要拿这形象显现和主体的感觉摆在一起来看（即把它联系到人的感情——引者注），这对于形象显现的全部功能是有益处的，如果上述两种心境（即单凭形式判定对象美和凭目的概念判定对象完善时的两种心境——引者注）是协调一致的"（第一六节）。孤立地看，这番话还不免欠明确；但就康德在全书所发挥的总的观点来看，他的总的口吻是：从分析的角度看，纯粹美是只关形式的，有独立性的；但从综合的角度看，美毕竟要涉及整个的对象和整个的人（主体）。所以紧接着纯粹美与依存美的严格区分之后，他就着重地讨论到理想美的问题（这一点留待下文介绍他的典型说时详论），明确地指出理想美要以理性为基础，所以只有依存美才能是理想美。（第一七节）

最后，从关系方面，即从目的方面，康德对美下了如下的定义：

> 美是一个对象的符合目的性的形式，但感觉到这形式美时并不凭对于某一目的的表现（即主体意识不到一个明确的目的——引者注）。
>
> ——第一七节

这就是美没有明确目的而却有符合目的性的矛盾或二律背反。

（d）从方式方面看审美判断

判断的方式指的是判断带有可然性、实然性或必然性。形象显现都有产生快感的可然性，说一件东西产生了快感，那就是实然的。美的东西产生快感却是必然的。

在什么意义上说审美判断也具有必然性呢？康德回答说，"它只能算是范例的必然性"，也就是"一切人对一个用范例来显示出一种不能明确说出的普遍规律的判断，都要表示同意的那种必然性"（第一八节）。这种判断就是审美判断，它用范例（某一具体的形象显现）所显示的普遍规律就是上文所说的美的形式引起知解力和想象力的自由活动与和谐合作那种"主观的符合目的性"。这普遍规律之所以不能明确说出，因为它是不涉及概念，只凭主观情感（快感）来肯定的。一切人对这种用范例显示不能明确说出的普遍规律的判断何以必然都要同意呢？康德承认这种审美的必然性要建立在是人都有的"共同感觉力"的假设上，例如我觉得这朵花美，我就有理由要求一切人都感觉它美，因为在判断它美时，我们根据的就是尽人皆有的"共同感觉力"而不是个人所特有的癖性或幻想；这种"共同感觉力"此时碰巧在我身上发挥作用，在旁人身上也就必然发挥作用。如果承认康德这种假设，他从这假设出发所提出的论点是可以理解的。有没有理由来假设"共同感觉力"的存在呢？康德说，如果不做这种假设，认识便不可能传达，人与人就不可能互相了解。"我们都假定一种共同感觉力作为知识的普遍可传达性的一个必然条件，这是一切逻辑和一切认识论（只要它不是怀疑主义的）都要假定的前提。"（第二一节）

从审美判断的方式看，康德替美下了如下的定义：

凡是不凭概念而被认为必然产生快感的对象就是美的。
——第二二节

（e）"美的分析"的总结

综合康德从质、量、关系和方式四方面分析审美判断中所得到的四点关于美的结论，我们可以作如下的概括叙述：

审美判断不涉及欲念和利害计较，所以有别于一般快感和功利的以及道德的活动，这也就是说，它不是一种实践活动；审美判断不涉及概念，所以有别于逻辑判断，这也就是说，它不是一种认识活动；它不涉及明确的目的，所以与审目的判断有别。美不等于"完善"。

审美判断是对象的形式（不是存在）所引起的一种愉快的感觉。这种形式之所以能引起快感，是由于它适应人的认识功能即想象力和知解力，使这些功能可以自由活动并且和谐合作。这种心理状态虽不是可以明确地认识到的，却可以从情感的效果上感觉到的。审美的快感就是对于这种心理状态的肯定，它可以说是对于对象形式与主体的认识功能的内外契合，见出宇宙秩序的巧妙安排（即"主观的符合目的性"）所感到的欣慰。这是审美判断中的基本内容。

审美的快感虽是个别对象形式在个别主体心里所引起的一种私人的情感，却带有普遍性和必然性，它是可以普遍传达的，是人就必然感到的，因为是人就具有"共同感觉力"，这"共同感觉力"既可以在某一人身上起作用，就必然也能在一切人身上都起作用。

审美判断因此现出一系列的矛盾或二律背反现象。它不涉及欲念和利害计较，不是实践活动，却产生类似实践活动所产生的快感；它不涉及概念，不是认识活动，却又需要想象力与知解力两种认识功能的自由活动，要涉及一种"不确定的概念"或"不能明确说出的普遍规律"；它没有明确的目的，却又有符合目的性；它虽是主观的，个别的，却又有普遍性和必然性。最重要的还是它不单纯是实践活动而却近于实践活动，它不单纯是认识活动而却近于认识活动，所以它是认识与实践之间的桥梁。就是因为这个道理，《判断力批判》是《纯粹理性批判》和《实践理性批判》之间的桥梁。

符合审美判断的上述条件的就是纯粹美，凡是在单纯形式之外还涉及欲念、利害计较、概念和目的（即带有内容意义）的美都只是依存美，但理想美只能是依存的。

从上面的概述看，康德比从前人更充分地认识到审美问题的复杂性以及审美现象中的许多矛盾对立，而他的企图不是忽视或否定矛盾对立的某一方面，而是使对立双方达到调和统一。

就康德的个别论点来说，它们大半是从前人久已提出过的。姑举几个基本论点为例：美不涉及欲念和概念的说法，中世纪圣托马斯就已明确提出，近代英国哈奇生和德国的曼德尔生也都有同样的看法。美仅涉及形式的说法，从希腊的毕达哥拉斯学派，通过新柏拉图派一直到文艺复兴，已有悠久的历史，康德的直接先驱文克尔曼和莱辛也都基本上接受了美在形式的看法。审美活动中内外相应的观点也是新柏拉图派的遗产，德国莱布尼茨把它纳到"预定和谐"说里，就和目的论接合起来了。至于审美判断的普遍有效性则实质上就是承认美的普遍吸引力和普遍标准以及这二者所由来的普遍人性，这是古典主义者的基本信条。所以康德的个别论点大半是由过去继承来的。康德的独创性在于把过去一些零散的甚至互相矛盾的观点综合成为一个整体，纳在一套完整的哲学系统里面去。

尽管它表现出形式主义的倾向，康德的"美的分析"对美学思想发展却仍是很重要的贡献。第一，他把审美现象中的许多矛盾很清楚地揭示出来了，揭露矛盾是解决矛盾的前提，康德自己虽然没有很好地解决矛盾，却向后来人指示出问题的复杂性。其次，康德郑重提出美的本质或特性问题，一方面纠正了经验派美感等于快感的看法，另一方面也纠正了理性派美等于"完善"的看法。真善美是既互相区别而又互相联系的，康德见到了这一点，只是对于联系说得不够清楚，而对于区别却说得非常清楚，不免使人误解他只着重它们之间的区别。第三，美感虽是一种感性经验，却有理性基础，这个基本思想是首先由康德特别突出地提出来的。这是他的美学观点中的合理内核，后来对黑格尔的美学观点发生了有益的影响。第四，处在德国资产阶级发展的初期，康德还没走到后来资产阶级所走到的那种极端的个人主义（在文艺方面表现为自我中心的消极浪漫主义和纯凭个人主观感觉的印象主义）。他所强调的"共同感觉力"和美感的"普遍可传达性"虽是植根于未经科学分析的人性论，却也有它的正确的进步的一方面，即对于美感的社会性的重视。康德说得很明白：

> 从经验角度来说，美只有在社会中才能引起兴趣。如果我们承认向社会的冲动是人类的自然倾向，承认适合社

会和向往社会的要求,即适应社会性,对于人(作为指定在社会中生存的动物)是一种必需,也就是人性的特质,我们也就不可避免地要把审美趣味看作用来审辨凡是便于我们借以互相传达情感的东西的判断力,因而也就是把它看作实现每个人自然倾向所要求的东西所必用的一种媒介①。

如果一个人被抛弃在一个孤岛上,他就不会专为自己而去装饰他的小茅屋或是他自己,不会去寻花,更不会去栽花,用来装饰自己。只有在社会里,人才想到不仅要做一个人,而且要做一个按照人的标准来说是优秀的人(这就是文化的开始),要被看作优秀的人,他就须有把自己的快感传达给旁人的愿望和本领,他就不会满足于一个对象,除非他能把从那对象所得到的快乐拿出来和旁人共享。同时,每个人都要求每个旁人重视这种普遍传达——这仿佛是根据人性本身所制定的一种原始公约。在最初涉及到的东西当然还只是些小装饰品,例如文身用的颜料(西印度群岛中加利比人所用的橙黄,北美印第安人所用的银朱),或是花卉、贝壳,色彩美丽的羽毛,后来又加上一些形状美好的东西(如小船、衣服之类),这些东西本身本不足以给人什么满足或享受,在社会中却变成重要的东西,引起很大的兴趣。等到文化发展到高峰的时代,上述倾向就几乎变成有教养的爱好中的主要项目。对各种感受的估价高低,也要以它们能否普遍传达为准。到了这个阶段,每个人从一个对象中所得到的快感是微不足道的,就它本身来说,不能

---

① 康德在这里把艺术,美的事物和语言一样看作社会交际工具。

引起多大兴趣，但是它的普遍可传达性的感觉就几乎无限度地把它的价值提高。

——第四一节

从此可见，康德是从社会的角度来看美感的普遍可传达性。一个人的美感有无价值或有多大价值，就要看这种美感能否普遍传达给旁人，供旁人共享。应该说，这种思想是健康的、正确的，只是由于资产阶级社会文化日趋堕落，康德的美学思想中这一方面被抛弃掉了。还应该说，康德一般是缺乏历史发展观点和鄙视从经验出发去分析哲理问题的，但是上段引文中却流露了一点（尽管是微乎其微的）历史发展观点和对经验事实的信任。如果他朝这个方向发展，他的贡献会大得多。只是由于他严重地脱离现实，受经院派理性主义侧重玄想的学风束缚，他的思想中一点有希望的萌芽可惜没有得到充分的发展。

## 2. 崇高的分析

（a）康德的崇高分析的重要性

从中世纪到文艺复兴，朗吉努斯的《论崇高风格》一书久经埋没，一直到十七世纪由布瓦洛译成法文，才在欧洲学术界得到流传。当时新古典主义理想是和崇高精神不很契合的，所以新古典主义的思想家们不可能对崇高有真正的体会或进行深入的分析。十八世纪英国文艺理论家对崇高问题有些零星的讨论，例如爱笛生在《想象的乐趣》诸文里指出伟大——崇高的特质——只有在自然中才可以见出，伯克在《论崇高与美两种观念的根源》一书里着重地谈到崇高，指出崇高的对象不像美的对象只产生纯粹的快感，而是令人生起威胁到"自我安全"的感觉或是恐惧，所以是一种痛感；但是这种痛感之中带有快感，因为它是"自我安全"的保障，凡是能保障自我安全的——即使是恐惧——也会产生快感。对崇高的日趋重视主要由于浪漫运动的兴起带来了审美趣味的转变，人们开始对精致完善和小巧玲珑的东西感到腻味，比较爱好奇特的甚至有些丑陋的"高惕"风格，以及粗犷荒野的自然。这种新风气是由英国传到德国的。文克尔曼在《古代艺术史》的序论里曾指出大海景致首先使心灵感到压抑，接着就使心灵伸张和提高，这就指出了崇高感中心理矛盾的现象。这些零星讨论可能对康德都有所启发，但是他对崇高问题所进行的探讨比起过去任何美学思想家都远较深入。在欣赏方面他提出崇高，正和在创造方面他强调天才一样，都反映出浪漫运动的兴起，而对浪漫运动的发展也起了深刻的影响。

　　康德把审美判断分为"美的分析"和"崇高的分析"两部分。"崇高的分析"具有特殊重要意义，主要在于两点：第一，康德在"美的分析"中所得到的关于纯粹美的结论基本上是形式主义的：美只涉及对象的形式而不涉及它的内容意义、目的和功用；而在"崇高的分析"中，他却不仅承认崇高对象一般是"无形式"的，而且特别强调崇高感的道德性质和理性基础，这就是放弃了"美的分析"中的形式主义，因而等到继分析崇高之后再回头进一步讨论美时，康德对美的看法就有了显著的转变，"美在形式"转变为"美是道德观念的象征"，美的基本要素毕竟是内容。在写作《判断力批判》的过程中，康德的思想在发展，所以其中有许多前后矛盾的地方。其次，康德对于美学思想的重要贡献在于对天才、审美意象和艺术创作的讨论，这部分的结论也突出地显得与"美的分析"背道而驰，而这部分却是摆在"崇高的分析"里的。康德没有说明这种安排的理由，可能是由于在涉及理性内容上，崇高与艺术天才有它们的共同点。

(b) 崇高和美的异同

崇高与美是审美判断之下的两个对立面，但是就它们同属于审美判断来说，它们却有些相同：它们都不仅是感官的满足，都不涉及明确的目的和逻辑的概念，都表现出主观的符合目的性，而这种主观的符合目的性所引起的快感都是必然的、可普遍传达的。（第二四节）

但是康德更着重的是崇高和美的差异：第一，就对象来说，美只涉及对象的形式，而崇高却涉及对象的"无形式"。形式都有限制，而崇高对象的特点在于"无限制"或"无限大"。康德说，"自然引起崇高的观念，主要由于它的混茫，它的最粗野最无规则的杂乱和荒凉，只要它标志出体积和力量"（第二三节）。因此，美更多地涉及质，而崇高却更多地涉及量。其次，就主观心理反应来说，美感是单纯的快感，崇高却是由痛感转化成的快感。用康德自己的话来说：

> 美的愉快和崇高的愉快在种类上很不相同，美直接引起有益于生命的感觉，所以和吸引力与游戏的想象很能契合。至于崇高感却是一种间接引起的快感，因为它先有一种生命力受到暂时阻碍的感觉，马上就接着有一种更强烈的生命力的洋溢迸发，所以崇高感作为一种情绪，在想象力的运用上不像是游戏，而是严肃认真的，因此它和吸引力不相投，心灵不是单纯地受到对象的吸引，而是更番地受到对象的推拒。崇高所生的愉快与其说是一种积极的快感，毋宁说是惊讶或崇敬，这可以叫作消极的快感。
>
> ——第二三节

## 第十二章 康德

这番话对于崇高现象可以说是很好的经验性的描述。

但是在指出崇高与美的"最重要的分别"时,康德显示出他的主观唯心主义。他认为"最重要的分别"还在于美可以说是在对象,而崇高则只能在主体的心灵。美可以说在对象的形式,因为这种形式仿佛经过设计安排,恰巧适合人的想象力与理解力的自由活动与和谐合作,因而产生快感;而崇高的对象"在形式上却仿佛和人的判断力背道而驰,不适应人的认识形象的功能,对人的想象力仿佛在施加暴力"(第二三节),所以崇高的对象不可能由它的形式来产生快感:

> 我们只能说,这种对象适宜于表现出心灵本身固有的崇高;因为真正的崇高不是感性形式所能容纳的,它所涉及的是无法找到恰合的形象来表现的那种理性观念;但是正由这种不恰合(这却是感性形象所能表现出的),才把心里的崇高激发起来。例如暴风浪中的大海原不能说是崇高的,只能说是形状可怕的。一个人必须先在心中装满大量观念,在观照海景时,才能激起一种情感——正是这情感本身才是崇高的,因为这时心灵受到激发,抛开了感觉力①而去体会更高的符合目的性的观念。
>
> ——第二三节

这里所谓"更高的符合目的性的观念"就是上文所提到的生命力先遭到阻碍而后洋溢迸发,因而精神得到提高或振奋时所表现的人的道德精神力量的胜利。因此,崇高并不在于对象而在于心灵,

---

① 感觉力即感性功能。

比起美来，它更是主观的。此外，康德还指出，美感始终是单纯的快感，所以观赏者的心灵处在平静安息状态；崇高感却由压抑转到振奋，所以观赏者的心灵处在动荡状态。

（c）两种崇高：数量的和力量的

康德把崇高分为两种：一种是数量的崇高，特点在于对象体积的无限大；另一种是力量的崇高，特点在于对象既引起恐惧又引起崇敬的那种巨大的力量或气魄。

关于数量的崇高，所涉及的主要是体积。关于体积，感官所能掌握的只是有限大，大之上还有大，伸展是无穷的，感官或想象力对巨大体积的掌握终须达到一个极限，不能达到无限大。数学式的或逻辑式的掌握都须假定某一种单位尺度作为比较的标准，来估计某物比其他物大或小，这种单位尺度还是一种概念，所以这种掌握不是审美的。至于对崇高事物进行体积方面的审美的估计，所见到的却是"无限大"或"无比的大"，即不根据某种外在的单位尺度或概念来进行比较，我们就在对象本身上见出无限大，它本身的无限就是估计的标准。为着说明这句话的意义，康德指出在这种估计或判断过程中，有两种矛盾的心理活动，一方面人的理性在认识对象中要求见到对象的整体；另一方面崇高对象的巨大体积却超过想象力（对形象的感性认识功能）所能一霎掌握的极限，想象力不足以达到理性所要求的整体。这是矛盾。正是想象力的这种无能或不适应终于唤醒人心本有的一种"超感性功能的感觉"（理性观念）。这理性观念是什么呢？康德对这问题的回答始终是很模糊的。他说，"只是把对象作为一个整体来想的能力就表明人心中有一种超越一切感官标准的功能"（第二六节）。"理性观念"可能就是"把对象作为一个整体来想"的要求。这种观念是"不确定的"，所以崇高感只是一种没有具体内容的抽象感觉。它可以说是理性功能弥补感性功能欠缺的胜利感。感性功能（想象力）不足以见到崇高对象的整体，理性功能就起来支援，就在这对象本身见出无限大，见出它所要求的整体。崇高与美都要见出"主观的符合目的性"，美的主观的符合目的性见于想象力和知解力的和谐合作，崇高的主观的符合目的性则见于想象力遭到"推拒"而理性起来解围。康德假定理性是人类认识功能的共同基础：所以崇高感虽是个人主观的感觉，却仍是必然的，可普遍传达的（以上简括第二五至二六节的要义）。康德没有说明这种崇高感可普遍传达的看法如何可以和他的认识到崇高须先有"大量观念"（第二三节）和"较高程度的文化修养"（第二九节）的看法相调和。

康德认为"对崇高的纯粹审美的判断不以关于对象的概念作为决定根据"，所以崇高不能在艺术作品（例如建筑、雕刻等）中见出，因为"这里有人的目的在决定作品的形式和体积"，也不能在动物界见出，因为"这些自然物在概念上要涉及一种明确的目的"；崇高只能在"只涉及体积的粗野的自然"中见出（第二六节）。但是康德所举的数量的崇高实例之中不仅有暴风浪中的大海和荒野的崇山峻岭，也有埃及的金字塔和罗马的圣彼得大教寺，这里也显然是自相矛盾的。

关于第二种崇高，力量的崇高，康德也把它局限在自然界。他所下的定义是这样：

> 威力是一种越过巨大阻碍的能力，如果它也能越过本身具有威力的东西的抵抗，它就叫作支配力。在审美判断中如果把自然看作对于我们没有支配力的那种威力，自然就显出力量的崇高。
>
> ——第二八节

所以就对象说，力量崇高的事物一方面须有巨大的威力，另一方面这巨大的威力对于我们却不能成为支配力。就主观心理反应来说，力量的崇高也显出相应的矛盾，一方面巨大的威力使它可能成为一种"恐惧的对象"，另一方面它如果真正使我们恐惧，我们就会逃避它，不会对它感到欣喜，而事实上它却使我们欣喜，这是由于它同时在我们心中引起自己有足够的抵抗力而不受它支配的感觉。康德举例说明：

> 好像要压倒人的陡峭的悬崖，密布在天空中迸射出迅雷疾电的黑云，带着毁灭威力的火山，势如扫空一切的狂风暴，惊涛骇浪中的汪洋大海以及从巨大河流投下来的悬瀑之类景物使我们的抵抗力在它们的威力之下相形见绌，显得渺小不足道。但是只要我们自觉安全，它们的形状愈可怕，也就愈有吸引力；我们就欣然把这些对象看作崇高的，因为它们把我们心灵的力量提高到超出惯常的凡庸，使我们显示出另一种抵抗力，有勇气去和自然的这种表面的万能进行较量。
>
> ——第二八节

这"另一种抵抗力"是什么？它就是人的理性方面使自然的威力对人不能成为支配力的那种更大的威力，也就是人的勇气和自我尊严感。这可以从康德下面一段话中见出：

> 自然威力的不可抵抗性迫使我们（作为自然物）自认肉体方面的无能，但是同时也显示出我们对自然的独立，我们有一种超过自然的优越性，这就是另一种自我保存方式的基础，这种方式不同于可受外在自然袭击导致险境的

> 那种自我保存方式。这就使得我们身上的人性免于屈辱，尽管作为凡人，我们不免承受外来的暴力。因此，在我们的审美判断中，自然之所以被判定为崇高的，并非由于它可怕，而是由于它唤醒我们的力量（这不是属于自然的），来把我们平常关心的东西（财产、健康和生命）看得渺小，因而把自然的威力（在财产、健康和生命这些方面，我们不免受这种威力支配）看作不能对我们和我们的人格施加粗暴的支配力，以至迫使我们在最高原则攸关，须决定取舍的关头，向它屈服。在这种情况下自然之所以被看作崇高，只是因为它把想象力提高到能用形象表现出这样一些情况：在这些情况之下，心灵认识到自己的使命的崇高性，甚至高过自然。
>
> ——第二八节

这种主观心理反应在情感上所以是矛盾的：一方面想象力的不适应引起生命力遭到抗拒的感觉，这种感觉近似恐惧而又不同于恐惧，因为另一方面理性观念的胜利却使心灵在对自己的估计中提高到感到一种崇敬或惊羡。所以崇高感是一种以痛感为桥梁而且就由痛感转化过来的快感。在恐惧与崇敬的对立中，崇敬克服了恐惧，所以崇敬是主要的。在这一点上康德对伯克的崇高感起于恐惧的片面说法作了重要的纠正。究竟什么才是崇敬的对象呢？它像是自然对象，而骨子里却是人自己的——人能凭理性胜过自然的意识。所以崇高不在自然而在人的心境，康德对这一点不厌其烦地反复申述。他说：

> 对自然的崇高感就是对我们自己的使命的崇敬，通过一种"偷换"（Subreption）的办法，我们把这崇敬移到自

> 然事物上去（对主体方面的人性观念的尊敬换成对对象的尊敬）。
>
> ——第二七节

趁便指出，这种看法已经具有移情作用说的雏形。

崇敬是一种道德的情操，很显然，康德所说的"理性观念"实际上就是道德观念，在"最高原则攸关，须决定取舍的关头"不向"外来的暴力"屈服，也就要靠康德在《实践理性批判》里所说的"至上命令"。他说，"实际上自然崇高的感觉是不可思议的，除非它和近似道德态度的一种心理态度结合在一起"（第二九节）。所以他所举的力量崇高的实例都有关道德观念，例如他指出无论在野蛮社会还是在文明社会，最受人崇敬的都是不畏险阻、百折不挠的战士，这种崇敬就是一种崇高感。足见康德所理解的力量的崇高主要是指勇敢精神的崇高。这种勇敢精神是一定社会文化修养的结果。康德说得很对："如果没有道德观念的发展，对于有修养准备的人是崇高的东西对于无教养的人却只是可怕的"（第二九节）。如果沿这条思路想下去，他应该能认识到崇高感起于经验基础和社会的根源。由于他的主观唯心主义的哲学系统建立在"先验的理性"基础上面；他对经验性的东西毕竟鄙视和猜疑，所以在美学上他始终企图以先验的理性解释一切，包括崇高感。他对"主观的符合目的性"的说明极模糊，以及许多论点的前后矛盾，都是由这个总的病根产生出来的。

（d）康德的崇高说的缺点

康德的崇高说缺点很多，例如崇高与美在他心目中始终是对立的，他没有看到二者如何统一，使崇高成为一种审美的范畴。就崇高本身来说，数量的崇高和力量的崇高也始终处于对立而没有达到统一。但是他的崇高说尽管有许多缺点，却是后来一切关于崇高的讨论的基础。在康德的影响之下,黑格尔提出另一种看法,以为崇高起于感性形象不足以表现精神方面的无限(这一点受了康德的启发),并且以此为象征型艺术(东方原始艺术)的特征,特别是希伯来民族对于神的观念的特征。他放弃了康德的艺术作品不能崇高以及崇高与美对立的看法。崇高是象征型艺术的特征;作为理念的一种不充分的感性显现,它毕竟还是一种美。法国美学家巴希(Basch)在《康德美学评判》里反对把崇高分为数量的和力量的两种,认为崇高只有力量的伟大一种,数量伟大之所以能产生崇高感,实际上还是因为它表现出力量的伟大。英国勃拉德莱(Bradley)在《牛津诗学讲义》里也提出同样的看法,他举屠格涅夫在散文诗里所写的麻雀抗拒猎狗为例,说明麻雀之所以令人感到崇高,正由于它的英勇和它的体积不相称,所以体积的大小在崇高感中不是主要的因素。主要因素是力量或气魄。

## 3. 天才和艺术

《判断力批判》好像只涉及欣赏而不涉及创造,但是事实上这部书只有前部分,即关于美与崇高的分析部分涉及欣赏,而后部分,即关于天才和艺术的部分,却着重地讨论了艺术创造。

(a)艺术的特征:艺术与游戏

在着手讨论艺术时,康德首先指出艺术与自然的分别。"艺术有别于自然,正如制作有别于一般动作;艺术产品或结果有别于自然的产品或结果,正如作品有别于作用或效果。"(第四三节)这就是说,艺术须有所创作,须产生作品,而自然只是在动作(在运动中发展变化)中发生作用。艺术创作须通过自由意志和理性。所以康德接着替艺术下定义说,"照理,我们只应把通过自由,即通过以理性为活动基础的意志活动的创造叫作艺术"。

艺术创造不能像蜂子营巢那样完全出于本能。在创造艺术作品时，艺术家心中"须先悬想一个目的，然后按照这个目的去想作品的形式"。从此可见，艺术创造与单纯的审美活动不同，不能不涉及意志、目的乃至于概念。

其次，康德指出艺术与科学两种活动的分别。"艺术作为人的技术本领，也有别于科学，正如能有别于知，实践功能有别于认识功能，技术有别于理论"。因此，在艺术创作中，"知"不一定就保证"能"，首要的还是技术训练方面的本领。但是康德同时也指出"能"却要有"知"为基础。"对于美的艺术来说，要达到高度完美，就需要大量的科学知识，例如须熟悉古代语言、古典作家以及历史、考古学等等"（第四四节），从此可见，康德所理解的"知识"限于书本知识，他没有考虑到实际生活。

第三，康德指出艺术与手工艺的分别。这牵涉到艺术与游戏问题，值得特别注意，康德的原话是这样：

> 艺术还有别于手工艺，艺术是自由的，手工艺也可以叫作挣报酬的艺术。人们把艺术看作仿佛是一种游戏，这是本身就愉快的一种事情，达到了这一点，就算是符合目的；手工艺却是一种劳动（工作），这是本身就不愉快（痛苦）的一种事情，只有通过它的效果（例如报酬），它才有些吸引力，因而它是被强迫的。
>
> ——第四三节

从此可见，康德把自由看作艺术的精髓，正是在自由这一点上，艺术与游戏是相通的。康德还不仅把游戏概念运用到艺术创造上，而且在欣赏美方面，上文已提到过，他也认为"想象力与知解力的自由活动"是主要的心理内容。"自由活动"在原文是

frei-spiel，其中spiel含有"活动"和"游戏"两个双关的意义，所以"自由活动"也就是"自由游戏"。他曾用游戏概念来说明许多审美方面的现象，例如在艺术分类里，他把诗看成"想象力的自由游戏"，把音乐和"颜色艺术"列入所谓"感觉游戏的艺术"。自由活动或游戏（包括艺术在内）何以能产生快感呢？康德给了一种生理学的解释。他说，"满足感仿佛总是人的整个生命得到进展的一种感觉，因而也是身体舒畅或健康的感觉"。"各种感觉常在变化的自由游戏经常是满足感的来源，因为它促成健康的感觉"（第五四节）。从这个观点出发，康德对喜剧性或笑作了一个有趣的解释，他举一位印度人在一位英国人家里初次看到一瓶啤酒打开时迸出泡沫而感到惊奇为例。英国人问他为什么惊奇，印度人回答说，"啤酒泡沫流出来我倒不奇怪；我感到奇怪的是你们原先怎样把这些泡沫塞进瓶里去"，这话就惹起一场大笑。依康德看，这笑的原因在于看到印度人惊奇时，期望知道他为什么惊奇的心情达到高度的紧张，等到听到他的解释，和所期望的毫不相干，于是期望突然消失，这突然的松弛就引起身体上各器官的激烈动荡。这就有助于恢复各器官的平衡，因而有助于健康，所以产生快感。康德替笑所下的定义是："笑是一种情感激动，起于高度紧张的期望突然间被完全打消"（第五四节）。他还说，这种打消只是"一种形象显现方面的游戏，能造成身体方面各种活力的平衡"。

笑、诙谐、游戏和艺术，依康德的看法，都有相通之处，它们都标志着活动的自由和生命力的畅通。这个观点是值得特别注意的，因为康德一向被认为是静观观点的代言人，仿佛他只看到审美活动和艺术活动的静的一面，但是他的关于自由活动的言论足以证明他也看重欣赏与创造的动的一面。生命就是活动，活动才能体现生命，所以生命的乐趣也只有在自由活动中才能领略到,美感也还是自由活动的结果。

另外一点值得注意的是康德把游戏看成与劳动对立的,因而也就是把艺术看成与劳动对立的。从马克思主义者所瞭望的共产主义社会来说,康德的这种看法是错误的,因为在共产主义社会里,劳动将成为人生第一需要,亦即成为康德所想望的自由活动,它本身就含有艺术性,能给人以真正的美感。但是从康德所处的剥削的资产阶级社会来说,他的看法却是社会现实的真实反映,因为劳动在当时确实是强迫的活动而不是自由的活动,用马克思的话来说,它是"异化了"的劳动。马克思对于劳动和艺术在资产阶级社会里互相脱节的看法正足以证明康德的艺术与劳动对立观点是符合资产阶级社会实际情况的。康德的错误在于把某一历史阶段中的劳动的性质加以普遍化。

康德虽然把自由看作艺术的精髓,却也不把自由看成毫无拘束。精神界的自由和自然界的必然(规律)在艺术领域里是应该统一起来的,康德指责了当时否定一切规律约束的"新派领袖"(狂飙突进中的代表人物——引者注)说:

> 在一切自由的艺术里,某些强迫性的东西,即一般所谓"机械"(套规),仍是必要的(例如须有正确的丰富的语言和音律),否则心灵(在艺术里必须自由的,只有心灵才赋予生命于作品)就会没有形体,以至消失于无形。
>
> ——第四三节

就是因为在艺术里自由须与必然统一,艺术虽有别于自然,却仍须妙肖自然,不要露出循规蹈矩,矫揉造作的痕迹:"自然只有在貌似艺术时才显得美,艺术也只有使人知其为艺术而又貌似自然时才显得美"(第四五节),自然貌似艺术,就是见出艺术的自由;艺术貌似自然,就是见出自然的必然。不单是艺术摹仿自然,自然也摹仿艺术;艺术向自然摹仿的是它的必然规律,自然向艺术摹仿的是它的自由和目的性。康德对于艺术与自然的关系的看法也比过去美学家们较深入了一层。

(b)天才

康德认为"美的艺术必然要看作出自天才的艺术"。他先替天才下定义说:

> 天才是替艺术定规律的一种才能(天然资禀),是作为艺术家的天生的创造功能。才能本身是属于自然的,所以我们也可以说,天才就是一种天生的心理的能力,通过这种能力,自然替艺术定规则。
>
> ——第四六节

自然通过天才替艺术定规则的说法乍看不免费解,其实懂得了艺术的自由与自然的必然(规律)相结合,也就会懂得这句话的意义,艺术须貌似自然,因而就不能没有规则。这规则从何而来呢?一般规则是由旁人"定成公式,作为方剂来应用的",也就是说,可使人摹仿的,并且作为概念而存在的。审美判断既不取决于概念,就不能运用预定的外来的规则,艺术的规则就不能从摹仿来,而要具体地体现于作品本身,也就是说,要通过艺术家的天才在创造作品中来决定。在替艺术定规则时,天才一方面符合自然(由于天才本身就属于自然),一方面也显出创造的自由。天才替艺术制定的规则,也"不能定成公式,作为方剂来应用",而是"必须从作品中抽绎出来,旁人可以借这作品来考验自己的才能,用它作为范本,目的不在摹仿而在追随"。这就是说,从作品中窥见天才所制定的规则,不是通过对公式的掌握，而是通过对精神实质的心神领会与从中所得到的潜移默化。能否做到这一点，就是才能的考验。自己须有天才，才可向天才学习。

康德强调艺术的不可摹仿性以及天才与"摹仿精神"的对立（"摹仿"是作为"套用公式"来理解的）。他就根据这个观点来看艺术和科学的分别。艺术不能通过摹仿去学习，科学却可以通过摹仿去学习；只有在艺术的领域里才有天才，在科学的领域却没有。例如牛顿可以把他的最重要的科学发明传授给旁人，而荷马却无法教会旁人写出他的那样伟大的诗篇，因为他自己"并不知道他的那些想象丰富而思致深刻的意象是怎样涌上他的心头而集合在一起的"。康德因此断定："在科学领域里，最伟大的发明者和最勤勉的摹仿者或学徒之间，只有程度上的分别，而在他和对美的艺术具有天赋才能者之间，却有种类性质上的分别。"（第四七节）

经过分析，康德把天才的特征总结为四点：（1）基本的特征是创造性，天才不是通过摹仿或套用规则来创作的；（2）其次是典范性，"独创的东西可以毫无意义"，"天才的作品却必同时成为范本"或"评判的标准"；（3）第三是自然性，"天才不能科学地指出它如何产生作品，它是作为自然才为艺术定规律"，这就是一般所谓"自然流露"；（4）天才限于美的艺术领域，"自然通过天才定规则，只是为艺术而不是为科学，而为艺术定规律，也只限于美的艺术。"（第四五节）

后来在说明"审美意象"之后，康德又进一步分析了天才。天才就是"表达审美意象的功能"，这功能需要"想象力与知解力的结合"。从这个观点出发，康德重新指出天才的四种特征，和他原先所指出的四种不尽相同：

1. 天才是艺术的才能，不是科学的才能。在科学领域里，明确认识到的规律必须是先决条件，对方法程序起约制作用；

2. 作为艺术的才能，天才须先假定对于作品的目的有一个明确的概念，这就要先假定有知解力，此外还要先假定对用来表达那个概念所需要的材料或直觉要有一种观念（尽管是不确定的），总而言之，要先假定想象力和知解力之间有一定的关系；

3. 天才不仅见于替某一确定概念找到形象显现，实现原先定下的目的，更重要地是见于能替审美意象（这包含便于达到上述目的的丰富材料）找到表达方式或语言。因此，天才一方面使想象力获得不受制于一切规律的自由，另一方面就表达既定概念来说，又显出符合目的性；

4. 如果要想象力与受规律约制的知解力之间的自由协调现出不假寻求的不经作意安排的主观符合目的性，就须先假定想象力与知解力之间的比例和协调不是由服从规律（无论是科学的还是机械摹仿的规律）所能造成的，而是只由主体的自然本性才能造成的。

按照这些须假定的前提，天才是主体的天资方面的典范的独创性，表现在他对认识功能的自由运用上。

——第四九节

如果拿这里所提的四特征和原先第四五节所提的四特征作一比较，可以见出原先所提的独创性、典范性、自然性以及运用限于艺术四点都还保留在新的提法里；新的提法有两个特点，一点是强调想象力与知解力的自由协调，另一点是指出天才与其说是见于形成审美的意象，毋宁说是见于把审美意象描绘或表达出来。这第二点是值得注意的。康德的重点不在审美意象的形成而在审美意象的表达，即不在胸有成竹而在把胸中成竹画成作品，他对原先所提出的问题（艺术作品的灵魂是什么？）作回答说，"这种才能（即表达审美意象的才能——引者注）才真正可以叫作灵魂。"这种看法和后来克罗齐的艺术活动在直觉不在传达的看法是相反的。毫无疑问，康德对具体作品的重视是正确的、符合常识的。但是从第四九节的文章脉络看，他一直在强调审美意象本身的高度概括性和丰富性以及在形成这种意象中想象力与知解力的自由协调，仿佛是把重点摆在审美意象的形成上，以致后来他用寥寥数语点明表达重要时，使人觉得有些突然，没有足够的说服力。这说明他对这个问题在思想上毕竟还有些矛盾。矛盾在于先把表现的内容和表现的形式割裂开来，其实也就是先把思想和语言割裂开来，而后追问其中哪一个更重要。在问题的这种提法之下，说语言还比思想更重要（即审美意象的描绘或表达还比审美意象本身更重要），这就还是不妥的，露出形式主义倾向的。

（c）天才与审美趣味的分别和关系

康德把欣赏和创造看成对立的，因此把欣赏所凭的审美趣味和创造所凭的天才也看成对立的，他说：

> 为着评判美的对象（单就它们是美的对象来说），所需要的是审美趣味；但是为着美的艺术本身，即为着创造这类对象，所需要的是天才。
>
> ——第四八节

这个分别实际上涉及自然美与艺术美的分别，这两种美的分别首先在于对象：

> 一项自然美就是一种美的事物，艺术美却是对于一个

事物所做的美的形象显现或描绘。

——第四八节

这里值得注意的是：康德在美的艺术中并不要求所表现的事物本身美，只要求事物的形象显现美。他从这里见出艺术美高于自然美：

> 美的艺术显示出它的优越性的地方，在于它把在自然中本是丑的或不愉快的事物描写得美。例如复仇女神、疾病、战争的毁坏等等（本是些坏事）可以描写得很美，甚至可以由绘画表现出来。
>
> ——第四八节

但是康德又认为艺术如果表现在自然中惹人嫌恶的事物就会破坏美感，因为在自然中惹人嫌恶的事物在艺术中仍会惹人嫌恶。他举雕刻为例说，"由于在雕刻作品中，艺术几乎与自然相混，所以雕刻创作向来排斥直接描绘丑的事物。"这里似乎流露出莱辛的《拉奥孔》的影响，也流露出他对于艺术美在事物本身还是在事物的形象显现问题的看法有些自相矛盾。

康德认为自然美与艺术美的分别还可以从评判上看出：

> 为着要评判一项自然美，我无须对那对象究竟是为什么的先有一个概念，即无须知道它的物质方面的符合目的性（即目的），而是那单纯的形式本身，不夹杂对目的的知识，在评判过程中就足以引起快感。但是对象如果是当作一件艺术作品而被宣称为美的，由于艺术总要假定一个目的作为它的本原（即成因），它究竟是为什么的概念就

> 势必首先定作它的基础。而且由于一件事物的杂多方面与它的内在本质（即目的）的协调一致就见出那件事物的完善，在评判艺术美时也就必然要考虑到那件事物的完善——这对于评判自然美却是不相干的。
>
> ——第四八节

这段引文是很重要的，因为从此可以看出康德在"美的分析"里所说的一切都只适用于自然美而不适用于艺术美，因为他在那里明确地否认审美判断涉及概念、目的以及关于完善的考虑，而在这里却承认判断艺术美必然要涉及这些。如果艺术美和自然美确实是两回事，我们就不能责备康德前后矛盾。但是艺术美与自然美的对立究竟如何可以统一？它们如果是不可统一的两对立面，为什么却都叫作美？这些问题康德却未充分考虑过。因此，自然美与艺术美、创造与欣赏、天才与审美趣味在康德的思想中始终都是对立的。

在接着上段引文所作的附带说明里，康德对于评判自然美所作的保留和他在"美的分析"里所作的结论却是前后矛盾的。他承认在评判有生命的自然事物（例如人或马）美时，也"往往要考虑到客观目的性"。他虽然认为这种判断已不纯粹是审美的，而同时也是审目的的（即考虑到事物在符合本质目的上是完善的），却加以解释说，在这里"审目的判断成为审美判断的基础和条件"，他举例说，"在说'那是一个美女'时，意思只是说，自然在她的形状上很美地表现出女性身体结构的目的。"康德把这种判断叫作"受逻辑约制的审美判断"。这番话就否定了他在"美的分析"中严格区分审美判断与逻辑判断以及肯定美仅涉及形式而不涉及内容意义的看法了。毫无疑问，康德在写书过程中，思想是在发展的，后来的看法是比较正确的。

康德的矛盾还见于他对审美趣味和天才在艺术创作中的作用的看法。在"美的分析"里他把形式提到独尊的地位，在谈到审美趣味和天才在艺术创造中的作用时，他仍然认为"只有审美趣味才能使美的艺术作品具有形式"，而天才却没有这种能力（第四九节）；"天才所能做的只是向美的艺术作品提供丰富的材料，而这材料的加工和它的形式却需要一种由学校训练出来的才能，才可以运用得恰好能经过判断力的考验"（第四七节），然则天才和审美趣味究竟是哪一个更重要呢？康德说，这就等于问：想象力和判断力究竟是哪一个重要？他的回答是判断力比想象力更重要，因为"判断力能使想象力与知解力协调"，"给天才引路"，"使丰富的思想具有明晰性和秩序，因而使思想具有稳定性，能博得长久普遍的赞赏，备旁人追随，有助于不断地促进文化"（第五〇节）。因此，在天才（想象力）与审美趣味（判断力）不可得兼时，应该割爱的倒不是审美趣味而是天才。这些话的总的论点是天才供给材料而审美趣味决定形式，艺术形式既比内容重要，所以审美趣味仍比天才重要。这种论点与康德在"美的分析"中所表现的形式主义的倾向仍是一致的。矛盾在于他在分析天才时一直强调天才的优越性，说"美的艺术只有作为天才的产品才是可能的"（第四六节），又说艺术作品有无生命或灵魂，要靠它是否表现出"审美的意象"（关于这一点，下文还要结合典型问题详谈），而表现审美意象的能力则特属于天才（第四九节）；但是他同时又把天才看作次于审美趣味，仿佛是可有可无的。矛盾的根源在于（1）康德把天才窄狭化到想象力，把它看作和判断力与知解力都是对立的①（因此他得出科学领域里没有天才的荒谬结论）；（2）他对想象力的了解是不彻底的、不正确的。他一方面说"想象力是一种强大的能力，能根据现实自然所提供的材料，创造出仿佛是一种第二自然来"，另一方面却又说天才（想象力）"只能向美的艺术作品提供丰富的材料"，至于形式则有待于审美趣味。应该指出：根据自然提供的材料创造第二自然，和向作品提供材料不应看作是一回事，材料（内容）不应看作可以和形式分开，想象力所创造的第二自然不应只是一堆无形式的材料，想象力不应看作仅表现在提供材料上而不同时也表现在铸造形式上。康德的病根在美学上和在哲学上是一致的，都在于内容和形式的割裂。在哲学的知识论方面，由于把内容和形式割裂开来，于是内容就只由感性经验提供，形式就只由先验范畴铸造，因而知识就仅限于现象而不涉及本体，这就导致主观唯心主义与不可知论的结局。在美学方面，也由于把内容和形式割裂开来，于是内容就只由天才（想象力）提供，形式就只由审美趣味（判断力）铸造，因而美就仅在于形式而不涉及内容，但是内容（天才所提供的）却又为美的艺术所不可缺少。这个矛盾没有得到合理的解决。康德的意图是倾向于辩证的，但是他处处只见出对立而没有达到真正的统一，理性主义派所传下来的形而上学的思想方法始终在康德脑里作祟。

康德在天才与审美趣味问题上所表现的徘徊和矛盾也可以看作他对于浪漫主义与新古典主义的态度的徘徊和矛盾。康德处在新古典主义和浪漫运动交替的时代。这新旧两派的争执之

---

① 在这问题上他也前后不一致，后来他又承认天才要有"想象力与知解力的结合"（第四九页）。

一就在于内容重要还是形式重要，天才重要还是审美趣味重要。新古典主义侧重艺术形式与审美趣味（理性、判断力），浪漫运动侧重内容与天才（想象力）。康德在文艺方面的教养是贫乏的（从他很少谈到文艺作品，而偶尔谈到时又谈得很肤浅的事实可以见出）。他的保守性使他不能完全脱离久占势力的新古典主义的影响。因此，他要求理性和审美趣味，要求规则和学习，把形式抬到独尊的地位。但是另一方面，狂飙突进时代的新风气，或则说，上升资产阶级对个性自由的要求，由于冲击力较为猛烈，对康德的影响似较深刻。因此，他颂扬天才，推崇想象力与独创性，视自由为美的艺术的精髓。把这两方面的观点合在一起来看，人们会感到康德的观点是很辩证的；但是细加分析，也就会认识到其中隐藏着上文所指出的一些深刻的矛盾。这些矛盾反映出当时资产阶级的不彻底性和时代的过渡性。

## 4. 美的理想和审美的意象：典型问题

康德在《审美判断力的分析》第一部分《美的分析》里，结合到美的符合目的性以及纯粹美和依存美的分别，提出了"美的理想"问题，后来在第二部分《崇高的分析》里，又结合到天才和艺术创造，提出了"审美的意象"问题。他自己不曾指出这两个问题的联系，它们在全书安排中所占的互不相关的地位不免使人误认它们为两个互不相关的问题，其实他们所涉及的只是一个问题——典型问题——的两个方面。"美的理想"（第一七节）部分是从审美趣味方面看典型问题，"审美的意象"（第四九节）部分是从艺术创造方面看典型问题。为着显示出这两个问题密切关联，我们把它们放在一起来介绍。

(a) 美的理想

康德在《美的分析》里立专节（第一七节）讨论了"美的理想"。这一节纠正了"美的分析"中形式主义的基本倾向，原来美只在形式，现在"美的理想"却主要地涉及内容意义。这一节也可以纠正一般人认为康德美学思想全是形式主义的那个片面的看法。

"美的理想"也就是"美的标准"。标准都要涉及客观规则。康德首先指出，审美判断不涉及概念，而客观规则却必通过概念来规定，所以"审美趣味方面没有客观规则"。

由于这个理由，他认为不能有研究美的科学，只能有对审美判断力的批判（第六〇节）。审美既不能凭客观规则，所以"如果想寻找一种审美原则，通过明确的概念来提供美的普遍标准，那就是白费气力"（第一七节，下同）。但是康德又承认"在感觉（快感或反感）的普遍可传达性里——这种可传达性也还是不涉及概念的——即在一切时代和一切民族对于某些事物形象显现的感觉所常显出的一致性里，我们仍可找到一种审美趣味的经验性的标准"。这种标准是"由范例证实的，以根深蒂固的一切人所共有的东西（即'共同感觉力'——引者注）为依据的"，总之，公是公非就可以看作一种经验性的美的标准。

经验性的标准来自大多数人对某些对象或作品的共同鉴定，它是范例性的，但又不能取范例的方式而存在，因为审美趣味须有独创性，而"范例的摹仿者只是作为这范例的批评家而表现出的审美趣味"。美的标准既不能以概念形式存在，又不能以范例形式存在，然则它究竟以什么方式存在呢？康德回答说：

## 第十二章 康 德

审美趣味的最高范本或原型只是一种观念或意象①，要由每个人在他自己的意识里形成，他须根据它来估价一切审美对象，一切审美判断的范例，乃至每个人的审美趣味。观念在本质上是一种理性概念，而理想（Ideal）则是把个别事物作为适合于表现某一观念的形象显现。因此，这种审美趣味的原型一方面既涉及关于一种最高度（Maximum）②的不确定的理性概念；另一方面又不能用概念来表达，只能在个别形象里表达出来，它可以更恰当地叫作美的理想。我们虽然原来不曾有这种理想，却努力在自己心里把它形成。但是它只能是一种想象力方面的理想，因为它不基于概念而基于形象显现，而形象显现的功能就是想象力。

从此可见，美的理想只以个别的具体的形象显现方式由每一个人凭想象力在自己的心里形成，它又暗含着对"最高度"的理性要求，因而涉及一种"不确定的理性概念"，是"以根深蒂固的一切人所共有的东西为依据的"。

这样看来，理想美不能只在感性形式或空洞的形象显现，同时也要涉及理性概念。康德明确地指出："要找出理想的那种美不是一种游离不定的美，而是要由一种'客观的符合目的性'的

---

① 康德在《审美判断力的批判》里所用的 Idee，在汉语中一般译为"观念"，而"观念"在汉语中近于概念，是抽象的，不符合康德的原义，康德在涉及审美时所用的原义是一种带有概括性和标准性的具体形象，所以依 Idee 在希腊文的本义译为"意象"较妥，下文在涉及美的理想或典型时一律用"意象"，这意象一般暗含某一种"不确定的概念"，但有别于概念。但在涉及理性概念时仍译观念。

② "最高度"作为名词用，就是最高范本、原型或理想。

概念来固定下来的美"，这就是说，要根据对象的由本质所规定的目的来判断这对象是否达到了理想美，康德在这里放弃了美不涉及目的概念的说法，回到了鲍姆嘉通的立场，主张判断对象是否达到理想美，毕竟要看它（就由它的本质所规定的目的来说）是否是"完善"的。因此，理想美只能是"依存的"，而不是"纯粹的"。

由于"只有人才能按照理性来决定他的目的"，才能"拿这些目的来对照本质的普遍的目的，而且进一步用审美的方式来判断这二者之间的协调一致"，所以"在世间一切事物之中，只有人才可以有一个美的理想，正如只有在他身上的人性，作为有理智的东西，才可以有'完善的理想'"。这种只有人才有理想美的看法后来由黑格尔加以发挥，黑格尔说得比较清楚，只有人才能达到理想美，因为人不单是"自在"的，而且是"自为"的，即自己意识到自己的存在和目的。因此，只有人才能显出理想美所要求的"道德精神的表现"。

接着康德在美的理想之中分析出两个因素：一个是"审美的规范意象"，另一个是"理性观念"。所谓"审美的规范意象"是从经验中用想象力总结得来的平均印象，例如在经验中见过一千个身体发育完全的人，就凭想象力把这一千人的印象叠合在一起（类似高尔顿[①]所说的复合照相），就可以得到人的平均身材，这就是美的人身材。从此可见，康德所说的"规范意象"就是"类型"或同类事物的共性，亦即贺拉斯和布瓦洛等所理解的"典型"。康德对这种类型作了两点很重要的说明。第一，在总

---

[①] 高尔顿（F.Galton，1822—1911），英国自然科学家，常用许多人的照相叠合在一起，想从此得到一般人的标准形状。

结经验时须通过比较，比较的范围不同，所得到的平均印象也就不同。例如关于身材的理想，各时代各民族可以有不同的看法。所以这理想，因为只是经验性的，还是相对的，不能作为绝对标准。其次，纵使就同一民族来说，"规范意象"是由每个人凭自己的经验总结出来的，只能是"对全类事物的一种游离不定的印象"，事实上没有哪一个身材能恰合这种平均印象。因此，它还不是真正的理想美，只是美的一种必不可缺少的条件，还不就是美本身。它"只能见出全类事物的形象显现的正确性"，"不能包含足以区别种类的特性"，例如"一个完全端方四正的面孔也许是画家想用来作模特儿的，通常却无所表现。这是因为缺乏任何足以见出特性的东西。"从此可见，康德并不满足于把类型当作典型或理想。他对特性的要求反映出当时由新古典主义到浪漫主义风气的转变，后来黑格尔也融合希尔特的"特性"说和歌德的"意蕴"说于他所下的美的定义中[①]。

美的理想中第二个因素是"理性观念"。康德说这种理性观念"用人性的目的——就这些目的不能用感性形象来表现的方面来说——作为批判人的形状所依据的原则，人性的目的就通过这种形状现出，作为它们（人性的目的）在现象界（人体形状——引者注）所产生的效果。"应该注意的是这种理性观念只限于人类。康德说，"它只能在人的形体上见出，在人的形体上，理想是道德精神的表现，离开这种道德精神，对象就不能既是普遍地又是正确地（不只是消极地通过按经院常规看来是正确的形象）给人快感"，也就是说，不能达到理想美。康德把美的人的形体叫作"统治着人内心的那些道德观念的可以眼见的表现"。在举

---

① 见黑格尔：《美学》，人民文学出版社1958年版，第一卷，第二〇至二三页。

例说明这些道德观念时,他提到慈祥、纯洁、刚强、宁静等等,这些也就是他所说的"人性的目的"。这种能表现道德精神的人体美才真正是康德所要求的"美的理想"。很显然,"按照美的理想所作的判断不能是一种单纯的审美趣味的判断",真正美的东西,从道德观念看,也要是"完善"的。

读《美的分析》读到"美的理想"部分,人们可能觉得康德在这里来了一个一百八十度的大转弯,从形式主义转到对人道主义内容的偏重,觉得这是一个未经解决的矛盾。但是事实是:康德在分析美的本质时是把审美判断力假想为一种独立的抽象的心理功能而寻求它之有别于其他心理功能的特质,认为它是不涉及欲念、利害计较、目的、概念等内容意义,而只涉及形式的一种超然的单纯的令人愉快的观照。同时,他也认识到这种独立性、超然性和纯粹性毕竟是假想的,或则说,为分析方便而设立的;事实上人是有机整体,审美功能不但不能脱离其他功能,取抽象的纯粹的形式而独立存在,而且必然要结合其他功能才好发挥它的作用;考虑到这个事实时,理想美就不能是"纯粹的",就必然是"依存的",必然是在于能表现道德精神的外在形体,这也必然就是人的形体。康德的思想线索大致如此,所以表面上虽似前后矛盾,实际上还是说得通的。

(b) 审美的意象①

在《崇高的分析》里讨论到艺术天才时,康德提出了一个问题:究竟是什么一种心理功能组成了天才?他的回答是:天才"不过是表达审美意象的功能"(第四九节)。在说明"审美的意象"

---

① 原文是 Asthetische Idee,指审美活动中所见到的具体意象,近似我国诗话家所说的"意境",亦即典型形象或理想。

之中，他对于典型提出了一个和他在讨论"美的理想"时所提的不完全相同，或许比较成熟的看法。

康德指出：有些艺术作品，尽管从审美观点看，无瑕可指，却是"没有灵魂的"。这"灵魂"究竟是什么呢？康德说，它就是"心灵中起灌注生气作用的本原"，或"表现审美的意象的功能"，也就是天才。接着他说明审美的意象如下：

> 我所说的审美的意象是指想象力所形成的一种形象显现，它能引人想到很多的东西，却又不可能由任何明确的思想或概念把它充分表达出来，因此也没有语言能完全适合它，把它变成可以理解的。……
> 
> 想象力（作为创造性的认识功能）有很强大的力量，去根据现实自然所提供的材料，创造出仿佛是一种第二自然。在经验显得太平凡的地方，我们就借助于想象力来自寻娱乐，将经验的面貌加以改造。这当然要根据类比规律，却也要根据植根于理性中的更高原则……通过这种办法，我们就觉得有不受制于联想律（属于想象力的经验性的运用）的自由；因此，我们可以根据联想律去从自然中吸收材料，在这上面加工，造出和自然另样的，即超越自然的东西。
> 
> 想象力所造成的这种形象显现可以叫作意象，一方面是由于这些形象显现至少是力求摸索出越出经验范围之外的东西，也就是力求接近理性概念（即理智性的观念）的形象显现，使这些理性概念获得客观现实的外貌；① 但是主

---

① 理性概念既表现于感性形象，就仿佛变成客观现实。

要的一方面还是由于这些形象显现（作为内心的直觉对象）是不能用概念去充分表达出来的。例如诗人就试图把关于不可以眼见的事物的理性概念（如天堂、地狱、永恒、创世等）翻译成为可以用感官去察觉的东西。他也用同样的方法去对待在经验界可以找到的事物，例如死亡、忧伤、罪恶、荣誉等等，也是越出经验范围之外，借助于想象力，追踪理性，力求达到一种"最高度"，使这些事物[①]获得在自然中所找不到的那样完满的感性显现。特别是在诗里，这种形成审美意象的功能可以发挥到最大限度。单就它本身看，这种功能在实质上只是想象力方面的一种才能。

——第四九节

康德在这里所要说明的主要有下列三方面：

1. 就成因说，审美意象是由想象力形成的，但是也要根据理性观念（超经验界的，例如永恒、创世、神、自由、灵魂不朽等；经验界的，例如死亡、罪恶、坚强、宁静等）。形成审美意象的想象力是"创造的"想象力，不同于"复现的"想象力，复现的想象力主要根据对经验的记忆，根据经验性的"联想律"（包括"类比规律"）来把从自然界所吸取的材料（印象）复现出来。创造的想象力则除此以外，还要根据更高的理性原则，即人的理性要求，来把从自然界所吸取的材料加以改造，使它具有新的生命，成为"第二自然"，这才是艺术。这样由创造的想象力所造成的形象显现才是审美的意象。

2. 就性质说，审美意象是理性观念的感性形象。就其为感

---

① 上述"死亡""忧伤"等。

性形象来说，它是个别的，具体的；就其显现出理性观念来说，它却带有普遍性，因而带有高度的概括性。一个理性观念（例如永恒或荣誉）可以有无穷的感性形象来显现它，其中却没有哪一个足以充分地显现它，它们彼此之间在显现力的强弱上可以千差万别，而配称为"审美意象"那一种感性形象却具有在可能范围内的最高度的显现力，能把既定的理性观念在可能范围内最完满地最充分地显现出来，它在显现理性观念中所达到的高度是一般自然事物所不能达到的，所以它是理想，也是"第二自然"。康德在谈"美的理想"和"审美意象"时都常提到"最高度，""最高度"也就是"理想"。康德认为要达到"最高度"的要求本身就是一种理性要求。现在我们综合康德的意思，可以把审美意象界定为"一种理性观念的最完满的感性形象显现"。唯其如此，它具有最高度的概括性和暗示性。康德的"审美意象"说显然已包含黑格尔的"美是理念的感性显现"说的萌芽。因此，尽管康德的哲学基础是主观唯心主义，他在美的理想问题上却接近客观唯心主义。

3. 由于具有最高度的概括性，审美意象在作用上能以有尽之言（个别具体形象）表达出无穷之意（理性观念内容以及其可能引起的无数有关的思致），能引人从有限到无限，从感性世界到超感性世界；能使人感觉到超越自然限制的自由。康德认为这审美意象的这个特征在诗里表现得最清楚。下面一段对诗的颂赞是著名的：

> 在一切艺术之中占首位的是诗。诗的根源几乎完全在于天才，它最不愿意受陈规和范例的指导。诗开拓人的心胸，因为它让想象力获得自由，在一个既定的概念范围之中，在可能表达这概念的无穷无尽的杂多的形式之中，只选出

> 一个形式，因为这个形式才能把这个概念的形象显现联系到许多不能完全用语言来表达的深广思致，因而把自己提升到审美的意象。诗也振奋人的心胸，因为它让心灵感觉到自己的功能是自由的，独立自在的，不取决于自然的；在观照和评判自然（作为现象）中所凭的观点不是自然本身在经验中所能供给我们的感官或知解力的，而是把自然运用来仿佛作为一种暗示超感性境界的示意图。诗用它自己随意创造的形象显现（Schein）来游戏，却不是为着欺骗，因为它说明自己只是为着游戏，但是知解力却可以利用这种游戏来达到它的目的。
>
> ——第五三节

用简单的话来说，诗不仅用所选的特殊形象来表现出一般，而且可以暗示出无数的其他相关的特殊形象；自然在诗里只是一种跳脚板，帮助人从自然跳到超感性境界即理性世界。这就是诗的无限和自由。诗使人在"形象"中"游戏"，但毕竟可以为知解力服务。这是关于诗的本质的浪漫主义的看法。康德在这里首先提出"形象"或"显现"①的概念，这个概念是后来德国美学家们（例如席勒和黑格尔）所不断加以发挥的，其要点在于把事物的单凭感官接受的方面抽象出来，但是在消极的浪漫主义者（例如叔本华）的头脑里，"形象"便和"存在"（Sein）完全对立，艺术既只关形象，理性内容就完全消失了。这并不是康德的本意。

"审美意象"是与逻辑概念对立的，因为前者是形象思维的

---

① Schein 有人译为"幻相"，不妥，原文只有古汉语"相"或"象"的意思，没有"幻"的意思。本编一般译为"显现"或"形象显现"。

## 第十二章 康德

对象，后者是抽象思维的对象。但是在具有最高度的概括性这一点上，"审美意象"却"力求接近理性概念"，和逻辑概念有些类似。它们都是一般与特殊的统一，都要揭示事物的本质和规律。因而都带有普遍性，所以都起着一种桥梁作用，可以引起无数相关的或类似的观念或意象。

不难看出，康德所说的"审美意象"正是艺术典型，也正是他在"美的分析"中所说的"美的理想"，在讨论"美的理想"时，他把"规范意象"或类型当作一个因素，虽然并不重视它，却也没完全抛弃它。在讨论"审美意象"时，他抛弃了规范意象或类型的看法，只就原先所提的理性观念加以发挥，特别提出它是创造的想象力的作品，强调它的最高度的概括性。所以这是康德对典型的比较成熟的看法。

也不难看出，康德的这个典型说和亚里士多德的看法，以及以后的黑格尔的看法，在实际上都是一致的，都建立在一般与特殊的统一、理性与感性的统一的大原则上。康德的独创在于两点，第一，他突出地提出典型的理性基础，而且把这理性基础结合到精神的自由、道德观念以及随浪漫运动亦即随资产阶级上升所发展出来的人道主义概念，因而赋予典型以更深广的内容；使美和善统一起来。其次，在明确地肯定典型的个别性与具体性的同时，康德提出"最高度"的概念，典型在表现能力上，即在概括性和暗示性上，要达到可能的最高度，应该是既根据自然而又超越自然的"第二自然"。这个观点一方面强调艺术的丰富性，另一方面也强调艺术的创造性。这是与浪漫运动的艺术理想相符合的。

在说明"审美意象"之后，康德替美重新下了一个定义：

> 美（无论是自然美还是艺术美）一般可以说是审美意象的表现；所不同者在美的艺术里，这个意象须由关于对

> 象的概念引起（即须先对作品的目的有一个概念——引者注），而在美的自然里，只须对既定的观照对象加以反思，不须对这对象究竟是为什么的先有一种概念，就足以引起以这对象作为表现的那个意象，并且把它传达出去。
>
> ——第五一节

这里有两点值得注意：

1. 这个定义显然不同于他在《美的分析》里所下的"美在形式"的定义。形式和表现在美学思想史里一直是两个对立的概念。形式主义者只顾感性形式，表现主义者则认为感性形式如不表现理性内容，那就还是空洞的，不能看作美的。毫无疑问，从内容与形式的统一体上来看美，才是正确的看法。康德是由形式主义转到表现主义的，虽然转得还不很彻底。

2. 在《美的分析》里，康德所理解的纯粹美只限于极小部分的自然和艺术，而且自然美和艺术美在他的心中还是两个对立的概念，没有统一。在这里，他却把自然美和艺术美统一在审美意象的表现里，并且指出分别在于创造者对艺术作品的目的须胸有成竹，而欣赏者则只对有所表现的自然对象的形象进行观照。所表现的内容都是理性观念的感性形象显现。康德对这一点只从艺术美方面详谈过，却很少从自然美方面谈过。如果依据他的前提来推论，结论就应该是：自然美也还是"道德精神的表现"[①]。从他对崇高（他认为只限于自然）的分析来看，这个结论也是与他对崇高的基本看法一致的。

---

① 在第五九节里康德讨论到自然美可以作为"道德精神的象征"。

## 三 结束语

关于康德美学的几个基本观点,我们在介绍中为着说明的方便已略加评论,现在只需就他的成就和失败描绘出一个总的轮廓。

康德处在经验主义美学与理性主义美学斗争尖锐的时代,看出经验派混淆美感与快感,理性派混淆美感与对"完善"的朦胧认识,都没有抓住美的本质,于是把美的本质问题突出地提出来,促使后来的美学家们不得不对这个基本问题要求远较过去为精确的理解。同时,他看出理性派在强调美的理性基础,经验派在强调美的感性基础方面,各有其片面的正确性,企图通过批判,把它们统一起来,形成了理想美在于理性与感性的统一观点。他的思想是趋向辩证的,他所指出的统一的方向也基本是正确的。后来歌德、席勒和黑格尔等人所发展出来的美学观点,也正是朝着康德的所指出的这个方向走,这是一个不小的功绩,所以他无愧于德国古典美学开山祖的称号。

在讨论"美的理想"中,康德指出理想美是"道德精神的表现",断定只有人才能有理想美,因而赋予美的理性方面以人道主义的内容。在分析审美的意象中,他要求艺术形象成为理性概念的最完满的感性显现,能"从有限见无限",并且指出在艺术创作中想象力根据自然所提供的材料,创造出一种"第二自然",即"超越自然的东西",因此见出艺术的无限与自由。在"天才"的分析中,他指出天才的独创性和自然性,反对单纯的摹仿和呆板的正确性。在《崇高的分析》里,他把审美范围从过去一向所强调的优美和谐扩大到自然界粗犷雄伟的方面,并且指出崇高事物之所以能成为审美的对象,在于它能引起人的自我尊严感。在这些论点上,他都替当时的浪漫运动建立了理论基础。他的美学思想对当时发生了巨大的影响，正足以见出他充分反映出浪漫运动时期的文艺理想。

康德从理性派所接受过来的东西远比从经验派所接受过来的为多，所以在方法上侧重理性的超验性的解释，只有在这种理性的解释行不通时，他才被迫采取经验性的解释。也正是在这种时候，他的见解特别富于启发性。例如按照理性的解释，美不涉及概念，不可能有客观规则，因此也就不可能有客观标准。但是美的客观标准是无可否认的，于是康德终于被迫承认"在一切时代和一切民族对于某些事物形象显现的感觉所常显出的一致性里，我们可以找到审美趣味的经验性的标准"（第一七节）。所谓"一致性"如果看成绝对的，当然就会否定历史发展所造成的分歧，不过承认在经验中可以找到标准，这毕竟还比从"先验"理性里去找要胜一筹。此外，他还承认"从经验的角度来说，美只有在社会里才能引起兴趣"，并且从美感的普遍可传达性里窥测到美的社会性。这在当时还是带有进步意义的。他从资产阶级社会中劳动的强迫性，得出劳动与自由活动（游戏）对立，因而与艺术对立的结论。这样把资本主义社会情况作为对艺术与审美活动下普遍论断的根据，显然表现出历史发展观点的缺乏；但是把艺术，劳动，游戏和自由活动联系在一起来看，并且把自由活动看作艺术与审美活动的精髓，这里毕竟可以见出康德思想的深刻处，而且对后来席勒和黑格尔对艺术和劳动所做的对比，发生过显著的影响。

康德在《审美判断力的批判》里揭露出审美与艺术创造中的许多矛盾现象，这就指出了美学中的一些复杂问题。在西方美学经典著作中没有哪一部比《判断力批判》显示出更多的矛盾，也没有哪一部比它更富于启发性。不理解康德，就不可能理解近代西方美学的发展。他的毛病在于处处看到对立，企图达到统一，

## 第十二章 康 德

却没有达到真正的统一，只做到了调和与嵌合。从社会根源看，康德的失败原因在于当时德国知识分子的"庸俗市民"的妥协性和不彻底性。从思想方法的渊源看，他的许多矛盾都起于他的主观意图虽倾向辩证，而实际上他沿用了理性派的侧重分析理性概念的形而上学的思想方法。他经常把本来统一的东西拆开，抽象地去考虑它的对立面，把对立加以绝对化，然后又在弄得无法调和的基础上设法调和。单就美学来说，在纯粹美与依存美、美与崇高、自然美与艺术美、审美趣味与天才（即欣赏与创造）、美与善这一系列的对立面问题上，康德的方法程序都是如此。

对这一点的理解对于康德美学观点的正确估价是必不可缺少的。为着理解这一点，检查一下康德哲学的架子仍然是必要的。康德继承了笛卡尔的心物对立的二元论，把必然（规律）归于自然界（物质），把自由归于精神界（心灵），这样把自然界的必然（"纯理性批判"的对象）和精神界的自由（"实践理性批判"的对象）绝对地对立起来以后，又设法在审美和艺术创造活动（"审美判断力批判"的对象）的基础上把这两对立面重新嵌合起来。

同样的伎俩也用在他的认识论里。他把知识的内容和形式绝对地对立起来，内容（材料）来自物质（自然），形式来自心灵（精神），心灵凭着理性的先验范畴赋予形式于物质，才有所谓"先验综合"，才有经验知识，也才有现象世界，这现象世界据说出自本体（物自体），而这本体又不可知，只能凭理性去假定或揣测。人们所常提到的康德的主观唯心主义（人在认识世界中也创造了世界）和不可知论（知识限于现象，达不到本体）就是这样起来的。

这里有必要检查一下康德所推崇的实践"理性"，我们知道，认识能力只有两种，感性的和理性的，理性认识只能在感性基础上进行逻辑的分析和综合。康德的"知解力"相当于我们了解的理性认识能力，而他所谓实践"理性"却是"知解力"以外的事，不以感性认识为基础，而且根本不是一种认识能力，它是"先验的"、"超感性的"，由上帝在造物时设立来帮助人窥探本体和精神界的自由，揭示宇宙的和谐秩序，指导人发出道德意志的，这一切都还不能给人任何认识的内容①。这种"理性"实质上是反理性的，只是神秘主义和不可知论的基础。据说按照这种理性，事物不仅有原因，而且有自身的"目的"，即上帝在造它时对它所进行的设计安排；特别是研究有机物和人时，因果律的解释据说还不够，还只是机械的，还要加上"目的论的解释"，说明为什么有某些事物，某些事物何以有它们本来的那样形状，才能见出宇宙间的理性秩序。这种看法说近一点，是理性派哲学的传家衣钵，说远一点，是中世纪基督教神学的残余。

就是这个理性目的概念在很大程度上造成了康德美学观点的中心支柱，也造成了我们读《判断力批判》时所必然遇到的困难和障碍。所谓客观事物形式符合主观认识功能的那种"主观的符合目的性"，美没有目的而又有符合目的性，不涉及概念而又涉及"不确定的概念"，不涉及欲念和利害计较而本身又是可令人愉快的；审美时先估计到"主观符合目的性"的普遍可传达性而后才有快感随着来；美的普遍性起于按照理性所必假设的人类

---

① 本章沿用我国一般西方哲学史的术语，称康德哲学为"先验的"，并不确切，应该用"超验的"。"超验主义（Transcendentalism），固然也是一种先验主义（Apriorism），都不从经验出发而以假定为据；但是超验主义并不完全等于先验主义，因为它包括不可知论"，即主张现象可凭感官去认识而物自体却不可知，只能凭理性去假定。"先验主义"却不包括不可知论，而且先验公理（如数学所用的）还是可由经验来证实。

的"共同感觉力"等等，都是康德美学的中心观念，也都是读者所最感头疼的观念。它们之所以费解，正由于它们是玄秘的、片面的。

　　康德在认识论方面错误的根源在于把知识的内容和形式割裂开来，已如上述，康德在美学方面的矛盾也正起于这种割裂。最突出的矛盾是他在"美的分析"部分，表现出明显的形式主义倾向，而在《崇高的分析》部分，却从"美在形式"转到"美是道德精神的表现"，又走到"道德主义"。这也就是纯粹美与依存美的矛盾。这个矛盾的根源也还是在形式与内容的割裂。在《美的分析》部分，康德专就审美判断的形式去分析美，所以得出"美只在形式"的结论；在《崇高的分析》部分，他侧重从内容意义方面去分析崇高和艺术创造，发现美的最基本要素还是在人道主义的内容，所以得出"美是道德精神的表现"的结论。康德在全书中的重点显然是在后部分。在一般美学史中，康德常被指责为形式主义的宣扬者，而近代资产阶级无论在艺术实践还是在美学理论方面，都日益走向形式主义的极端，有些人把这个现象也追溯到康德的影响。这种估价在很大程度上起于误解或曲解：资产阶级的读者往往只注意到《美的分析》部分而没有充分注意到全书的后部分，就连对这"美的分析"部分也只注意到康德所否定的东西（如美不涉及欲念、利害计较、目的、概念等），而没有充分理解康德所肯定的东西（例如美的理性基础和普遍有效性）；只注意到纯粹美与依存美的严格区分，没有充分认识到康德从来没有把纯粹美看作理想美，恰恰相反，他说理想美只能是依存美。资产阶级的学者只吸收康德美学观点中投其所好的部分，抛弃了合理的部分，这正反映出资产阶级社会中的艺术被迫脱离现实以及审美趣味的堕落，主要的责任不能说是在康德。但是康德也不能完全辞其咎，因为他的思想确实显出深刻的矛盾，他确实郑重其事地单从形式方面来分析美,而且没有很清楚地指出从形式分析所得的结论和从内容分析所得出的结论如何能协调一致,其原因正在我们上文所说的康德思想倾向辩证,由于背上了先验理性那一套累赘包袱,终于只做到嵌合,没有达到真正的统一。

## 第十三章　歌　德

歌德（G.W.Goethe，1749—1832）在近代美学思想家中几乎是唯一的具有深广的文艺修养和科学修养，丰富的创作经验，在诗艺上达到高峰的大诗人。

和一般美学家从哲学系统和概念出发不同，歌德的美学言论全是创作实践与对各门艺术的深刻体会的总结，是理论结合实际的范例，所以是特别值得学习的。他的全集有一百四十三卷之多，是美学思想的一个极丰富和极珍贵的宝库。不过这个宝库还有待于进一步的发掘。

到现在为止，西方的一些美学史著作和关于歌德的文艺理论的选本可以说明一般学者对歌德美学思想的了解大半还是零星的、片面的。这种情况的原因在于歌德的美学言论大半是些零星片段的感想、谈话和通信，散见于卷帙浩繁的著作中，不易加以条分缕析和系统化；而且歌德活的年龄很长，当时文艺风气在激烈转变中，他个人的创作风格和文艺见解也经过几度转变，我们很难在其中截取一个横断面，说这就足以完全代表他的美学思想。他的美学思想必须顺着历史发展线索才可以整理清楚，如他自己在阐明生物发生学观点时所要求的。这个工作不是我们目前在这里所能做到的，我们现在只能约略介绍他的美学思想中一些基本观点。

## 一　歌德的时代和他早年的文化教养

首先须回顾一下歌德的时代。在政治、经济方面，德国还是由于许多封建小朝廷统治着的，经济落后，政治分裂和资产阶级软弱的局面还基本未变。但是法国资产阶级大革命和接着起来的拿破仑战争对这个死水似的局面曾发生过一些冲击。德国知识界，包括歌德在内，对于法国革命起初是热情欢迎的，希望德国封建统治和政治分裂从此可以得到一些改变；但是等到看见雅各宾党人暴力专政的情况，就都被吓倒了，对法国革命起了不同程度的仇视态度。在拿破仑战争中，德国遭到了法军的占领。拿破仑的军队在德国对破坏封建制度和加速资本主义发展起了一些作用，但是他们的强取豪夺也激起了德国人民对外国统治者的仇恨。等到拿破仑在莫斯科挫败之后，普鲁士就利用这种民族情绪，发展军事力量，朝军国主义的方向走。歌德长久服务的魏玛公国就是亲普鲁士的。歌德亲身经历了这些巨大的历史转变。他渴望通过文化去达到德国的统一，但是总的来说，他和席勒对现实政治都表示厌恶。

在精神文化方面，歌德处在启蒙运动高潮之后，经历了对法国新古典主义的批判、狂飙突进运动以及接着起来的古典主义运动与浪漫运动的发展。他自己在这些运动里都起过推动的和领导的作用。他早年在莱比锡当学生的时代曾有一度染上法国新古典主义的文艺趣味，醉心于法国戏剧，欣赏纤巧的螺钿式艺术风格而鄙视高惕式艺术风格。接着他转到斯塔市堡大学求学，在赫尔德的影响之下，培养起对德国民间文学、莎士比亚和荷马的爱好。著名的中世纪建筑杰作斯塔市堡大教寺使他认识到德国建筑粗犷而雄健，细节繁复奇特而整体和谐的美。这些不同于新古典主义的文艺杰作对于青年歌德是个新天地，扩大了他的眼界和胸襟，使他从法国新古典主义的束缚中解放出来,在他心中播下了狂飙突进和浪漫主义的种子。在《论德国建筑》、《莎士比亚纪念日的演讲》以及《诗与真》一系列著作里,歌德自己曾生动地叙述过这个转变的过程。

歌德的文学活动吸引了一批青年人到他的周围,和赫尔德在一起,他发动了十八世纪七十到八十年代的狂飙突进运动,要求冲破一切约束,获得彻底的精神解放与无限自由,建立一种崭新的德国民族文学。歌德的历史剧《葛兹·封·柏里欣根》(1773)和爱情小说《少年维特之烦恼》(1774)都充分体现了这种精神和理想。他在这时期的创作推动了浪漫运动。接着他在魏玛宫廷服务了十二年(1775—1786),积极推动文化的发展。在此期间歌德像恩格斯所说的,"心中经常进行着天才诗人和法兰克福市议员的谨慎的儿子、可敬的魏玛的枢密顾问之间的斗争,前者厌恶周围环境的鄙俗气,而后者却不得不对这种鄙俗气妥协,迁就"[①]。他对此感到苦闷,终于在一七八六年毅然决然地暂时摆脱了魏玛宫廷的局促的庸俗生活,到意大利去游历了将近三年,细心研究了希腊罗马的雕刻以至文艺复兴时代的绘画,用文克尔曼和莱辛的著作作为指南,同时还进行了自然科学的研究,观察意大利各名城的人情风俗。

歌德的意大利游历在他的文艺思想发展中是一个转变的关键。他从此把狂飙突进时代的狂放不羁远远地抛在后面,回到了在认识上远比过去较深化的古典主义,他接受了文克尔曼的古典艺术"庄严的单纯和静穆的伟大"理想。在回到魏玛以后,在一七九四年歌德开始和席勒订交,此后这两大诗人亲密合作了十

---

[①] 见《马克思恩格斯全集》,第四卷第二五六页。

年,一直到席勒死时(1805)为止。这是德国文学发展中一件大事,因为由于两人合作,有意识地走古典主义的道路,不但把各自的文艺创作推进到高度的成熟,而且也替德国建立了一种辉煌的民族文学。席勒是康德的信徒,可能是通过他,歌德晚年也受到康德的影响。①

叙述了歌德早期的思想转变和师友渊源,我们现在就可以撮要叙述歌德美学思想中几个中心概念。

## 1. 浪漫的与古典的

歌德和席勒都是由浪漫主义转到古典主义的。一般文学史家大半只把他们看成德国古典主义的领袖,其实即使在他们中晚年的古典主义时代,他们也同时是浪漫主义的最有力的推动者和体现者,因为当时时代精神基本上是浪漫主义的。他们可以说是做到古典主义(在实质上近于现实主义)与浪漫主义的结合。歌德在《浮士德》下卷所写的浮士德和希腊海伦后的结婚就象征这两种创作方法和谐结合的理想。

但是歌德在许多言论里对浪漫主义是持对立态度的,其中主要的有下列两段。

> 我说古典的就是健康的,浪漫的就是病态的。就这个意义来说,《尼泊龙根之歌》之为古典的,并不亚于《伊利亚特》,因为这两部诗都是强旺的、健康的。近代许多

---

① 参看爱克曼的《歌德谈话录》,1825年5月12日。据德文原文本,以下引歌德的言论,除特别注明外,均依德文全集本译出。

## 第十三章 歌　德

作品之所以是浪漫的，并非因为它们是新的，而是因为它们是软弱的、感伤的、病态的。古代作品之所以是古典的，也并非因为它们是古的，而是因为它们是强壮的、新鲜的、欢乐的、健康的。

——《歌德谈话录》1829年4月2日

古典诗和浪漫诗的概念现在已传遍了全世界，引起了许多争执和纠纷。这个概念原来是由席勒和我两人传出去的。我主张诗要从客观世界出发的原则，认为只有这种诗才是好的。但是席勒却用完全主观的方式写作，认为他走的才是正路。为了针对我而辩护他自己，席勒写了一篇论文，叫作《论素朴的诗和感伤的诗》，他要向我证明：我违反了自己的意愿，实在是一个浪漫主义者，说我的《伊斐琪尼亚》由于感伤气味太重，并不是古典的或符合古代精神的，如某些人所想的那样。许莱格尔兄弟拾取了这个概念把它加以发挥，以至它在全世界都传遍了，人人都在谈古典主义和浪漫主义，这是五十年前根本没有人想到的问题。

——《歌德谈话录》1830年3月21日

歌德为什么这样反对浪漫主义呢？应该注意到上引两段话都在歌德晚年才发表，正当浪漫运动由积极的转变为消极的乃至于反动的之后，"软弱的、感伤的、病态的"之类贬辞正是针对这种消极的反动的浪漫主义而加以斥责。这种消极的反动的浪漫主义正是和歌德自己的"诗要从客观世界出发"的原则背道而驰，是对德国民族文学发展不利的。他要挽救文艺界的颓风，所以提出"强壮的、新鲜的、欢乐的、健康的"古典主义，作为对症下药。所以不能把歌德的这两段话理解为他反对一切浪漫主义的文艺。

古典的与浪漫的之分大体上就是席勒所说的纯朴诗与感伤诗之分。在《说不完的莎士比亚》（1813—1816）一文里，歌德结合席勒所指出的分别，对古典主义与浪漫主义之分做了一个表：

　　古典的：纯朴的，异教的，英雄的，现实的，必然，职责；
　　近代的：感伤的，基督教的，浪漫的，理想的，自由，意愿。
在说明中他指出："在古代诗中突出的是职责与完成之间的不协调；在近代诗中突出的却是意愿与完成之间的不协调"，而"莎士比亚的独特处在于以充沛的方式把古代诗和近代诗结合起来，在他的剧本中始终力求意愿与职责达到平衡，在这二者的强烈斗争中，意愿总是处于劣势"，所以莎士比亚既是近代的，也是古典的。从此可知，歌德并不一律否定近代的浪漫的创作方法，而是要求它与古典主义达到结合，像莎士比亚所做到的。在这一点上他和席勒在《素朴的诗与感伤的诗》里的主张是一致的。另外一点值得注意的是歌德把古典的与浪漫的之分看作表现现实与表现理想之分，这也还是和席勒一致的。

　　但是歌德和席勒的分歧毕竟是存在的，而且是重要的。上文已提到歌德所指出的从客观出发与从主观出发之分，这个分别与歌德所指出的另一个分别，"为一般而找特殊"与"在特殊中显出一般"的分别是密切相联系的。弄清楚这个分别，我们也就会掌握歌德的美学思想的中心。现在就这个分别进行一番较详细的阐述。

## 2. 由特征到美，"显出特征的整体"

　　歌德晚年在编辑他自己和席勒的通信集时，曾写下一段极重要的感想：

## 第十三章 歌 德

> 我和席勒的关系建立在两人的明确方向都在同一个目的上，我们的活动是共同的，但是我们设法达到这目的所用的手段却不相同。
>
> 我们过去曾谈到一种微细的分歧，席勒的通信中有一段又提醒我想起这个分歧，我现在提出以下的看法。
>
> 诗人究竟是为一般而找特殊，还是在特殊中显出一般，这中间有一个很大的分别。由第一种程序产生出寓意诗，其中特殊只作为一个例证或典范才有价值。但是第二种程序才特别适宜于诗的本质，它表现出一种特殊，并不想到或明指到一般。谁若是生动地把握住这特殊，谁就会同时获得一般而当时却意识不到，或只是到事后才意识到。
>
> ——《关于艺术的格言和感想》（1824）

此外，他对爱克曼也说过："诗人应该抓住特殊。如果其中有些健康的因素，他就会说这种特殊中表现出一般"。[①] 究竟为一般而找特殊和在特殊中显出一般这"一个很大的区别"应该怎样理解呢？所谓"为一般而找特殊"就是从一般概念出发，诗人心里先有一种待表现的普遍性的概念，然后找个别具体形象来作为它的例证和说明；至于"在特殊中显出一般"则是从特殊事例出发，诗人先抓住现实中生动的个别具体形象，由于表现真实而完整，其中必然要显出一般或普遍的真理。所以这个分别其实就是在和爱克曼谈话里所说的"用完全主观的方式写作"和"从客观世界出发"的分别。歌德还把这个分别看作"寓意"和"象征"的分别：

> 寓意把现象转化为一个概念，把概念转化为一个形象，

---

[①] 《歌德谈话录》，1825年6月11日。

> 但是结果是这样：概念总是局限在形象里，完全拘守在形象里，凭形象就可以表现出来。
>
> 象征把现象转化为一个观念，把观念转化为一个形象，结果是这样：观念在形象里总是永无止境地发挥作用而又不可捉摸，纵然用一切语言来表现它，它仍然是不可表现的。
>
> ——《关于艺术的格言和感想》（1824）

这里首先应弄清楚的是"概念"与"观念"之分，概念是逻辑推理的概括，是抽象的；"观念"是形象思维的概括，是具体的。[①]"寓意""为一般而找特殊"，特殊就只能表现这一般，而无言外之意，一般就局限在这特殊里，不能冲破这局限而另发挥作用。"象征""在特殊中显出一般"，从有限见无限，言有尽而意无穷，所以歌德说观念性的一般是"不可捉摸"和"不可表现"的，意思也只是指它不是一览无余的，而不是指它不能借形象显出，因为他在《关于艺术的格言和感想》另一段里又说过：

> 如果特殊表现了一般，不是把它表现为梦或影子，而是把它表现为奥秘不可测的东西在一瞬间的生动的显现，那里就有了真正的象征。

这里所谓"奥秘不可测的东西"就是一般、普遍真理或理性内容，"一瞬间的生动的显现"就是一般在个别具体形象中突然显现于感官，歌德自己悬这种"象征"的表现手法为理想，认为席勒所达到的只是"寓意"。从表面看，无论是"为一般找特殊"，还

---

① 观念（Idee），原义为感觉印象。

第十三章 歌　德

是"在特殊中显出一般"都仿佛是一般与特殊的统一，为什么歌德说这中间有"一个很大的分别"呢，歌德说"第二种程序（在特殊中显出一般）特宜于诗的本质"，足见寓意的方式并不宜于诗的本质，究竟这"诗的本质"何在呢？这些问题牵涉到艺术的典型化问题，最后还要牵涉到艺术家对艺术与现实关系的看法的问题。

　　先说典型问题。典型在实质上就是一般与特殊的统一这个大原则之下的一个特殊事例。这个道理曾经由亚里士多德在《诗学》中论诗的真实时首次明确地提出，说诗虽是写个别事物（同于历史），却要同时见出一般或普遍性（不同于历史）。在西方古典理想日渐窄狭化和公式化的过程中，亚里士多德的这个正确的典型观就被人遗忘了，代之而起的是贺拉斯把典型窄狭化为"类型"的看法，把典型看成同类事物的共同性或"常态"。所谓共同性或常态只是同类事物属性在数量上的一种平均数，这就模糊了事物的本质和偶然属性的分别，结果不免造成文艺上的抽象化和公式化，这就是为一般而牺牲特殊，忽视个别具体情境对共同性所必然带来的个别差异。经过法国新古典主义者在理论上的宣扬和在创作实践上的运用，这种类型说或常态说长期在西方文艺思想中占着统治的地位。到了启蒙运动时期，随着近代资产阶级对个性伸张的要求日渐强烈，类型说才渐动摇，文艺表现个性和特征的要求才渐占势力。鲍姆嘉通在美学中是新风气的开创者之一，也就因为他是较早的一个人提出了文艺表现个性和特征的要求。但是新古典主义的类型说相当根深蒂固，也不是可以立即完全摧毁的。例如启蒙运动时期在德国文艺理论方面发生影响最大的要推文克尔曼，他所标榜的古典艺术的"理想的美"仍只是在抽象形式中所显出的"庄严的单纯和静穆的伟大"，他认为这种"理想的美""用不着顾到情绪和情绪的表现"，要像"没有颜色的清水"。所以个性和特征乃至于内容都被视为对"理想的美"起妨碍作用的。文克尔曼的"理想"在实质上仍近于新古典主义的"类型",为一般而牺牲特殊,是与新的时代精神背道而驰的,所以在德国引起激烈的争论。对立阵营的代表是另一位艺术史家希尔特。希尔特提出"特征"来代替文克尔曼的"理想",断定"古代艺术的原则不在客观的美(指形式方面的美——引者注)和表情的冲淡,而是只在个性方面有意义的或显出特征的东西"[①],他的论文发表在席勒主编的《季节女神》杂志(Die Horen)里,曾引起争论。迈约提出一种理想与特征的调和说。德国文艺界当时特别关心理想与特征的对立,这是可以理解的,因为这是文艺应从主观概念还是应从客观现实事物出发的问题,是典型应理解为抽象化和普泛化,还是应理解为具体化和个性化的问题,古典主义和浪漫主义的文艺理想也就在这个问题上见出分水岭。所以歌德对文艺的思索也集中在这个中心问题上。

在他的最早的理论著作《论德国建筑》(1772)里歌德就提出了特征概念,他指出野蛮人的作品在形式上尽管随意任性,却仍"见出协调,因为有一个单整的情感把它们造成一种显出特征的整体"。接着他下了这样的断语:

> 这种显出特征的艺术才是唯一真实的艺术。只要它是从内在的、单整的、自然的、独立的情感出发,来对周围事物起作用,对不相干的东西毫不关怀甚至意识不到,那么,不管它是出于粗犷的野蛮人的手,还是出于有修养的敏感的人的手,它都是完整的,有生命的。

---

[①] 据鲍桑葵的《美学史》中歌德章的引文。

## 第十三章 歌　德

在这段早年言论里，歌德已把特征和有生命的整体两个概念联系在一起，要排除"不相干的东西"，也多少见出特征与本质的关系，不过他还以主观情感作为衡量事物的标准，对于特征与美的关系也没有明确提出。在从意大利游历回来所发表的第一篇论文《对自然的单纯摹仿，特别作风和风格》（1788）里，歌德把创作方式分为三种，最初阶段是忠实地临摹自然的表面现象，是完全客观的，甚至是自然主义的；进一步则为"特别作风"，由艺术家"自出心裁地找到一种方式，创造一种语言，以便按照他自己的方式把他所心领神会的东西表现出来"，由于偏重主观方面的作用，所以这种作风因人而异；艺术最高的成就是"风格"，这要凭借"人类最辛苦的努力"，"要依赖最深湛的知识的基础，要依赖事物的本质"，要"创造出一种普遍的语言"，"知道怎样去参较和摹仿不同的显出特征的形式"，因而使对象的"本质从可用感官把握的形象方面使我们能认识到"，这其实也就是理想的古典艺术的形式。在这里主观因素与客观因素在较高的水平上达到了应有的统一。在这里歌德已把特征和语言形式联系在一起来考虑，这也就是说，触及了内容与形式的联系。后来在《搜藏家和他的伙伴们》中一段对话里，歌德对特征与美的关系表示了他的较成熟的意见。他不满意于新古典主义者所标榜的类型，认为按照鹰的类型来雕一只鹰去象征天神并不合适，"还必须加上艺术家所赋予给天神的东西，才能使天神成其为天神"，这就是说，类型不能表现出本质。但是他也不满意于文克尔曼在古典艺术中所见到的"理想"，那种"无色的清水"似的抽象形式美，因为它缺乏个别事物的那种有血有肉的生动性和丰满性：

　　类型概念使我们漠然无动于衷，理想把我们提高到超越我们自己；但是我们还不满足于此；我们要求回到个别的东西进行完满的欣赏，同时不抛弃有意蕴的或是崇高的东西。这个谜语只有美才能解答。美使科学的东西具有生命和热力，使有意蕴的和崇高的东西受到缓和。因此，一件美的艺术作品走完了一个圈子，又成为一种个别的东西，这才能成为我们自己的东西。

——《搜藏家和他的伙伴们》，第五封信

个别的东西不抛弃有意蕴的崇高的东西，就是既要显出特征，又要保持古典的理想。这是一个矛盾（"谜语"），而这矛盾只有美才能解决，因为美使抽象的本质（"科学的东西"）获得具体感性形象，使理想不只是冷静而严峻的抽象形式，而变成有血有肉的东西。这其实也就是理性与感性以及一般与特殊的统一。所谓美的艺术"走完了一个圈子"也就指它达到了这种统一，成为既显出特征而又见出理想的个别形象。应该注意的是歌德在这段话里所侧重的还是活生生的"个别的东西"，因为只有它才给人"完满的欣赏"，"才能成为我们自己的东西"。

歌德在这部论著里所得到的结论是："我们应该从显出特征的开始，以便达到美的"。黑格尔还引过歌德的一句名言："古人的最高原则是意蕴，而成功的艺术处理的最高成就就是美"。这两句话总结了歌德的美学思想，应该合在一起来看。这里的"特征"和"意蕴"都是内容，内容经过"成功的艺术处理"才达到美，所以美是艺术处理的结果，表现在既已完成的那个显出意蕴或特征的整体，亦即内容与形式的统一体上，歌德的这两句话前半吸收了希尔特的侧重内容的特征说，后半吸收了文克尔曼的侧重形式的理想美说，可以说是两极端之中的一种调和。黑格尔在《美学》序论里叙述了希尔特与文克尔曼的争执，对歌德的调和

## 第十三章 歌 德

作了这样总结：

> 按照这种理解，美的要素可分为两种：一种是内在的，即内容；另一种是外在的，即内容所借以现出意蕴或特性（即特征——引者注）的东西。内在的显现于外在的；就借这外在的，人才可以认识到内在的，因为外在的从它本身指引到内在的。①

黑格尔自己的美的定义（"美是理念的感性显现"）就是从批判文克尔曼和希尔特以及发挥歌德的思想得来的。我们知道了特征说的这段渊源，就可以明白歌德的美学观点在近代美学思想发展中所处的地位和重要性。

为着说明上文所已提到的歌德和席勒的分歧，还有必要对歌德的"在特殊中显出一般"以及"从显出特征的开始，以便达到美的"这些基本观点作进一步的分析。先须研究一下歌德所理解的"特征"，他说在艺术里，"一切都要依靠把对象认识清楚，而且按照它的本质加以处理。"② 他推荐古代希腊艺术作品，也就因为"这些崇高的艺术作品同时也是人按照真实的自然规律创造出来的最崇高的自然作品，一切随意任性的幻想的东西（偶然的东西——引者注）全抛开了，这里就是必然，就是上帝"③，上帝在歌德心目中是理性的体现，一切符合规律的必然的东西也就是理性的，所以歌德又说，"艺术并非直接摹仿人凭眼睛看到

---

① 黑格尔：《美学》，第一卷，第二二——二三页。
② 《关于艺术的格言和感想》（1824）。根据格尔维努斯（Gervinus）编的《歌德论文艺》译出，以下仿此。
③ 《意大利游记》，1787年9月6日。

的东西，而是要追溯到自然所由组成的以及作为它的活动依据的那种理性的东西。"① 从此可见，说艺术要显出事物的特征，也就是说它应抓住事物的本质和必然规律，显出它们的理性。

是否同类事物中每一件都能同样充分地显出特征呢？歌德并不这样想，他对爱克曼说得很明确："我并不认为自然在所有的表现上（即在一切个别代表上——引者注）都是美的"。"因为要使自然达到完满表现（充分显出特征或本质——引者注）的条件并非永远存在"。他举橡树为例，生在密林里一直朝上长的橡树以及生在低洼地，土壤过于肥沃，长得茂盛，经不住风吹雨打的橡树都显不出橡树所特有的那种坚实刚劲的美。爱克曼从此得出结论："事物达到了自然发展的顶峰就显得美。"歌德却补充了一句："要达到这种性格的完全发展，还需要一种事物的各部分肢体构造都符合它的自然定性，也就是说，符合它的目的。"② 这番话显然受到理性派的美学家关于"完善"的看法以及康德关于美符合目的性的看法的影响。不过歌德在这里所要说明的主要是，一般（类或种）在无数不同的情况下显现为无数不同的特殊（个别），它们不是都能同样充分地显出同类事物的特征或本质，这中间只有最充分最有效地显出同类事物特征的那一种才适合于艺术表现。歌德在另一场合对爱克曼所说的"诗人须抓住特殊。如果这特殊是一种健全的东西，他就会在它里面表现出一般"，这里所谓"健全的"也就是条件具备能按照本质而完满显现的东西。这也就是歌德所说的"显出特征的东西"，他有时也把它叫作"意蕴"或"内容"（Gehalt）。黑格尔在上引一段话里则把

---

① 《关于艺术的格言和感想》（1824）。
② 《歌德谈话录》，1827 年 4 月 18 日。

它叫作"内在的"，问题在于这种"显出特征的东西"怎样才能抓住。传统的类型说都以为统计全类事物而求得其平均数，就可以得到"类型"或"常态"。在歌德看，这样把必然的和偶然的性质混在一起来平均，不但抓不住特征，而且适足以模糊或歪曲特征。特征是最本质的东西，只能在表现得最完满的个别代表上才可见出。也就因为这个道理，歌德认为艺术应从显出特征的个别的东西出发，而不应从主观理想或概念出发。主观理想或概念总不免是抽象的，或多或少是平均式的概括化的结果；从这种主观理想或概念出发，去找足以表现它的个别事例或具体形象，结果那个别事例或具体形象不但是矫揉造作、削足适履，而且至多也只能表现预存的理想或概念，不能达到艺术所要求的"从有限见无限"。席勒恰恰采取了第二种方法，这就是他和歌德的根本分歧所在。这个分歧是深刻的，因为它涉及艺术的最基本问题之一，即典型问题。马克思和恩格斯在分别写给拉萨尔的信中都提到"莎士比亚化"和"席勒化"两种不同的创作方法，并且劝拉萨尔要多在"莎士比亚化"方面下功夫。歌德始终强调"从客观现实出发"，"在特殊中显现一般"，"有生命的显出特征的整体"，所以他的理想正是"莎士比亚化"，而席勒则用马克思的话来说，"把个人作为时代精神的单纯号筒"，也就是歌德所说的"为一般而找特殊"，特殊只是一般的例证。在这两种典型观之中，歌德的当然更符合诗的本质。

## 3. 艺术与自然

典型就是一般与特殊的统一。歌德与席勒都主张要达到统一，分歧在于出发点：歌德主张从特殊出发，席勒主张从一般出发。用歌德的方法，艺术形象才容易成为丰满的有血有肉的整体；

用席勒的方法，艺术形象就容易流为公式概念的说明。这种分歧最后要溯源到对艺术与现实关系的看法，亦即世界观的问题。在这上面歌德和席勒是有很大分歧的。席勒性爱沉思，始终徘徊于文艺与哲学之间，在哲学上接受了康德的影响，虽然对康德的哲学和美学于发挥之中也做了重要的纠正，却没有完全摆脱唯心主义。歌德则于文艺之外，还关心自然科学，在这方面不但进行过深入的钻研，而且作出重要的贡献。自然科学的研究使他基本上站在唯物主义的立场，并且认识到实践对于认识的重要性，所以他在文艺方面强调从感性经验出发，从个别具体事物出发。

唯物主义和现实主义是歌德美学思想的基调[①]。他一则说，"对天才所提出的头一个和末一个要求都是：爱真实"[②]；再说，"对艺术家所提出的最高的要求就是：他应该遵守自然，研究自然，摹仿自然，并且应该创造出一种毕肖自然的作品"[③]；"一部重要的作品是生活的结果"[④]。他对爱克曼谈自己创作经验的话值得特别注意：

> 世界是那样广阔丰富，生活是那样丰富多彩，你不会缺乏作诗的动因。但是写出来的必须全是即兴的诗，这就是说，现实生活必须既提供诗的机缘，又提供诗的材料。一个特殊具体的情境通过诗人的处理，就变成带有普遍性

---

[①] 关于这一点格尔维努斯（W.Gervinus）在《歌德论文艺》选集的序文里有较详细的讨论。
[②] 《关于艺术的格言和感想》（1824）。
[③] 《<希腊神庙的门楼>的发刊词》。
[④] 《文学上的无短裤主义》。"无短裤者"是法国革命中贵族给雅各党人所取的诨号，"无短裤主义"就是过激主义。

和诗意的东西。我的全部诗都是应景即兴的诗,来自现实生活,从现实生活中获得坚实的基础。我一向瞧不起空中楼阁的诗。

——《歌德谈话录》1823年9月18日

"即兴"在原文是"趁时机",意思是"从现实出发",歌德自己解释得很明白。他的诗作品虽大半取材于古代和中世纪,实际上却"来自现实生活",借古喻今,重点还是在今,例如浮士德就是象征浪漫运动时代的奋发进取,寻求无限的精神和歌德自己的改造自然的理想。

由于坚持从客观现实出发的原则,歌德特别强调显出特征的理性内容必须获得个别具体的感性形象。他说,"凡是没有从艺术中获得感性经验的人最好不要去和艺术打交道"[1];"谁若是不会向感官把话说清楚,谁也就不能向心智把话说清楚"[2]。他要求"作品对于感官是明白易晓的,愉快的,可喜爱的,而且具有一种温静的魔力,使人感到非有它不可"。他认为作为艺术最高成就的"风格"须使事物的"本质从可用感官把握的形象方面使我们能认识到"[3],正是这感性方面在一般与特殊的统一体中组成显出一般的特殊。

但是歌德虽强调艺术须根据自然,却也提醒人们不要忘记"自然与艺术之间有一条巨大的鸿沟把它们分开","对自然的全盘摹仿在任何意义上都是不可能的"[4]。所以歌德一方面崇奉

---

[1] 《关于艺术的格言和感想》(1824)。
[2] 《〈希腊神庙的门楼〉的发刊词》。
[3] 《论对自然的单纯摹仿,特别作风和风格》。

自然，一方面也反对自然主义。他的态度在《论狄德罗对绘画的探讨》一文里表现得很清楚："艺术家努力创造的并不是一件自然作品，而是一种完整的艺术作品。""艺术并不求在广度和深度上和自然竞赛"。自然只是艺术的"材料宝库"，艺术家只从中"选择对人是值得愿望的和有味道的那一部分"，加以艺术处理，然后"拿一种第二自然奉还给自然，一种感觉过的，思考过的，按人的方式使其达到完美的自然"。① 反对自然主义可以说是《〈希腊神庙的门楼〉的发刊词》中的主题之一，在这篇里歌德这样描绘了理想的艺术家：

> 他既能洞察到事物的深处，又能洞察到自己心情的深处，因而在作品中能创造出不仅是轻易的只产生肤浅效果的东西，而是能和自然竞赛，具有在精神上是完整有机体的东西，并且赋予他的艺术作品以一种内容和一种形式，使它显得既是自然的，又是超自然的。

艺术为什么是超自然的，歌德在另一段里这样解释过：

> 艺术家一旦把握住一个自然对象，那个对象就不再属于自然了；而且还可以说，艺术家在把握住对象那一顷刻中就是在创造出那个对象，因为他从那对象中取得了具有意蕴，显出特征，引人入胜的东西，使那对象具有更高的价值。因此，他仿佛把更精妙的比例分寸，更高尚的形式，

---

④ 《论狄德罗对绘画的探讨》。
① 两段引文均见《〈希腊神庙的门楼〉的发刊词》。

## 第十三章 歌 德

更基本的特征，加到人的形体上去，画成了停匀完整而具有意蕴的圆。（"圆"指圆满形体。）

从此可见，歌德理想的艺术作品，不只是对自然的摹仿，而且也是从自然出发的创造，不但要揭示事物的本质，而且也要显出艺术家"自己的心情深处"。他所谓"感觉过的，思考过的，按人的方式使其达到完美的自然"就是体验之后概括化，集中化和理想化的结果。他所谓"把握住对象"也就是对对象进行过这些创造活动，所以说"艺术家在把握住对象那一顷刻中就是在创造出那个对象"，"对象就不再属于自然了"。经过这些创造活动，艺术家才把比自然"更精妙的比例分寸，更高尚的形式，更基本的特征"加到自然上去，这样才造成一个美的有生命的显出特征的整体，一种既根据自然而又超越自然的第二自然。

所以歌德所见到的艺术与自然的关系是一种主客观由对立而统一的辩证关系，他随时都提到这种关系，说得最简明的是在和爱克曼谈美的那一次：

> 艺术家对于自然有着双重的关系：他既是自然的主宰，又是自然的奴隶。他是自然的奴隶，因为他必须用人世的材料来工作，才能使人理解；同时他又是自然的主宰，因为他使这种人世间的材料服从他的较高的意旨，并且为这较高的意旨服务。
>
> 艺术要通过一种完整体向世界说话。但这种完整体不是他在自然中所能找到的，而是他自己的心智的果实，或者说，是一种丰产的神圣的精神灌注生气的结果。
>
> ——《歌德谈话录》1827 年 4 月 18 日

这段话除掉说明了艺术与自然的辩证关系之外，还有两个概念是歌德美学思想中的重要组成部分，一个是"较高的意旨"，一个是"完整体"。

什么叫作使自然的材料为艺术家的较高的意旨服务呢？所谓"较高"是较自然为高。这里自然是看作和人对立的，较自然为高的意旨就是人作为社会的人所特有的意旨，也就是道德的意旨。让自然材料服从人的较高的意旨也就是上文已引过的"按人的方式使自然达到完美"。在《论德国建筑》里歌德提到野蛮人的艺术在形式上尽管是随意任性的，却仍见出协调，就"因为有一种单整的情感把它们（作品）创造成为一种显出特征的整体"。这里"单整的情感"也还是指人的理想和愿望的结晶，具有道德的性质。应该指出，歌德所理解的"道德的"（Sittlich）不是狭义的，而是指显出人的精神实质或社会性的，所以它和单纯的自然（包括原始的动物性的人性）是对立的。歌德在伦理思想和美学思想中始终把单纯的自然和与人类社会发生关系的自然分得清楚，而且特别重视后一种自然。他说，"我们不认识任何世界，除非它对人有关系；我们也不想要任何艺术，除非它是这种关系的摹仿"。"现实的东西如果没有道德的关系，我们就把它叫作平凡的东西"，"造型艺术所涉及的是可以眼见的东西，是自然的东西的外在现象。纯然自然的东西只要同时是在道德上使人喜爱的，就叫作纯朴的，所以纯朴的对象才是艺术领域的"。"艺术应该是自然的东西的道德表现。同时涉及自然和道德两方面的对象才是最适宜于艺术的"。[①] 用我们现在的习用语来说，自然的东西单就它的自然性来说，还不是艺术的对象；要成为艺术的

---

[①] 以上引文均见《关于艺术的格言和感想》（1824）。

## 第十三章 歌　德

对象，它就必须同时具有社会性，即必须显出它和人的关系。

整体概念是歌德美学思想中另一个重要的概念。从上引一些段落中已可看出歌德经常强调艺术的完整性。作为一个自然科学家，他经常爱拿艺术作品和生物相比拟，他所用的"有生命的"、"显出特征的"、"健全的"和"完整的"等词都多少带有生物学的涵义。从生物学的观点看，完整就等于健全。一件事物如果能按照它的本质最完满的来表现出来，那就是完整的，也就是健全的，也只有完整或健全的东西才能充分地显出它的特征[①]。歌德把"健康的"看作古典主义的特色，这里"健康的"涵义之一也就是"完整"或"健全"。不过歌德的整体概念还不仅限于生物学的有机体概念，其中还含有在当时德国特别显得活跃的辩证思想，整体就是统一体。它包括理性与感性的统一，主观与客观的统一，自然性与社会性的统一以及艺术与自然的统一。

从亚里士多德以后，整体概念就成为美学思想中一个重要的传统概念。但是在过去，所谓"杂多中的整一"或"寓变化于整齐"基本上只是从形式方面着眼。歌德的整体概念也有这形式的一方面，上文已提到他要求艺术作品比自然事物要有"更精妙的比例分寸，更高尚的形式"，他并不看轻形式，认为"材料是每个人面前可以见到的，意蕴只有在实践中须和它打交道的人才能找到，而形式对于多数人却是一个秘密"[②]。在他看，"音乐最充分地显出艺术的价值，因为它没有材料须考虑，它完全是形式

---

[①] 参看上引《歌德谈话录》，1827年4月18日。
[②] 《关于艺术的格言和感想》。歌德把艺术作品分成三个因素："材料"（Stoff）就是取于自然的素材；"意蕴"（Gehalt）亦可译为"内容"，指人在素材中所见到的意义；"形式"（Form）指作品完成后的完整模样，一般把头两个因素合称"内容"。

和意蕴，凡是它所表现的东西它都加以提高和改进。"① 但是歌德所了解的形式从来不是抽象的、独立的，而是要"生气贯注的"、"显出特征的"，也就是与内容融成一片的。他说得很明白：

> 如果形式特别是天才的事，它就须是经过认识和思考的：这就要求灵心妙运，使形式、材料和意蕴互相适合，互相结合，互相渗透。
>
> ——《东西合集》的注释

在《搜藏家和他的伙伴们》里，歌德进一步阐明艺术的最高成就是"风格"，认为纯然严肃的艺术和纯然游戏的艺术都是片面的。而理想的艺术则是严肃与游戏的结合；他把他的看法总结成一个表：

| 纯然严肃 | 严肃与游戏结合 | 纯然游戏 |
|---|---|---|
| 个别倾向（仅表现个别） | 一般的形成（即概括化） | 个别倾向 |
| 特别作风 | 风格 | 特别作风 |
| 临摹者 | 艺术真实 | 幻想者 |
| 特征主义者 | 美 | 波纹曲线画家 |
| 杂艺家 | 完整化 | 速写者 |

这个表里中间一栏代表"风格"或理想的艺术，"纯然严肃"的艺术大体上侧重内容，"纯然游戏"的艺术大体上侧重形式。值得特别注意的是歌德把美看作"特征主义者"（实即表现主义者）和"波纹曲线画家"（实即形式主义者）相结合而克服各自的片面性的产物，而且与"艺术真实"和"完整化"是联系在一起的。

---

① 《关于艺术的格言和感想》（1824）。

由此可见，他把美摆在内容与形式相结合的整体上。

歌德还把整体概念运用到艺术的创造和欣赏方面，他一方面强调创造想象力的重要性，另一方面也指出想象力须依靠感觉力、知解力和理性，"才会被引到真实和现实的领域，感觉力把誊写清楚的形象交付给它，知解力对它的创造力加以约束，而理性则使它具有完全的确实性，不是戏弄梦中幻象，而是根据观念"[1]。不像当时消极的浪漫主义者片面强调想象，他认为"想象力只有通过艺术，特别通过诗，才受到节制。没有东西比没有审美趣味的想象力更为可怕"[2]。他指出近代侧重理智的文化对艺术不相宜，"我们的这个世纪在理智方面固然是很开明了，但是极不善于把明晰的感觉和理智结合在一起，而真正的艺术作品却只有凭这种结合才创造得出来。"[3] 从此可见，歌德并不认为艺术单靠形象思维或是单靠抽象思维就行，艺术家须以整个的人格进行创作。在欣赏方面也是如此。他说，"人是一个整体，一个多方面的内在联系着的能力的统一体。艺术作品必须向人的这个整体说话，必须适应人的这种丰富的统一体，这种单一的杂多"[4]。

总观以上所述，歌德的"显出特征的整体"说着重从客观现实和具体事物出发，要求理性与感性的统一，主观与客观的统一，自然性与社会性的统一，艺术与自然的统一，内容与形式的统一，以及古典主义与浪漫主义的统一，所以他的文艺思想含有辩证的因素。在美与典型的问题上，他比文克尔曼、莱辛、康德以及他的朋友席勒都前进了很远。后来黑格尔从他那里得到启发，发展

---

[1] 《给玛丽亚·泡洛娜公爵夫人的信》（1817）
[2] 《关于艺术的格言和感想》（1824）。
[3] 《艺术与手工艺》。
[4] 《搜藏家和他的伙伴们》，第五封信。

出"美为理念的感性显现"说,但是黑格尔从抽象理念出发,而歌德却从客观现实出发,这里有客观唯心主义与唯物主义的基本分歧。

## 4. 民族文学与世界文学:历史发展观点

在自然科学中歌德着重发生学和生物进化的观点,在文艺研究中他也着重历史发展观点,这就是不把研究的对象看成孤立的现象,而要把它联系到自然环境和社会环境的影响以及由开始到完成的发展过程。歌德曾自道经验说,"有一个情况对我很有利,在观察事物之中,我总是注意它们的发生学的过程,从而对它们得到最好的理解"[1]。"我们不能就自然作品和艺术作品既已完成时去认识它们,应该趁它们正在发生的过程中去把握它们,才能对它们多少有些了解"[2]。他对英、法、塞尔维亚以及古代希腊文学的评论大半都联系到自然环境、社会背景和民族特点。他晚年所写的自传(《诗与真》)就是从发生学观点出发,揭示他自己的思想发展和文学发展的过程以及在各个时代所受到的外来的影响。

像他的启蒙运动的前辈一样,歌德的希望是通过民族文学的建立去达到德意志民族的统一。他对于建立民族文学的路径的看

---

[1] 给雅各比(Jacobi)的信,1800年1月2日。
[2] 给泽尔托(Zerter)的信,1803年8月4日。

法也是建立在他的发生学观点和历史发展观点之上的。在著名的《文学上的无短裤主义》一文里他着重地讨论了这个问题：

> 一个古典性的民族作家是在什么时候和什么地方生长起来的呢？是在这种情况下：他在他的民族历史中碰上了伟大事件及其后果的幸运的有意义的统一；他在他的同胞的思想中抓住了伟大处，在他们的情感中抓住了深刻处，在他们的行动中抓住了坚强和融贯一致处；他自己被民族精神完全渗透了，由于内在的天才、自觉对过去和现在都能同情共鸣；他正逢他的民族处在高度文化中，自己在教养中不会有什么困难；他搜集了丰富的材料，前人完成的和未完成的尝试都摆在他眼前，这许多外在的和内在的机缘都汇合在一起，使他无须付很高昂的学费，就可以趁他生平最好的时光来思考和安排一部伟大的作品，而且一心一意地（重点原文有）把它完成。只有具备这些条件，一个古典性的作家，特别是散文作家，才可能形成。

这里歌德总结了西方从希腊以后各民族文学的历史经验。可注意的有这几点：第一，民族文学的建立不能只靠一些孤立的各走各路的个别作家，而要靠全民族，它须反映全民族思想的伟大、情感的深刻以及行动的坚强和融贯一致；其次，民族文学的建立是要和一个民族的伟大历史时代联系起来的，这民族要处在高度文化中而且在进行着伟大的历史运动，所谓"伟大的事件及其后果的幸运的有意义的统一"就是指历史运动顺着规律进展，产生推动历史前进的效果；第三，民族文学要植根于本民族的过去文学传统和历史遗产，有前人的成功和失败的经验可以作为教训，而且能更深刻地体现民族特点。有了这些条件，具有天才的作家才容易培养起来，不会在教养方面感到贫乏或困难，而且安定的物质生活也可以保证他们专心致志地进行创作。

在这篇论文里歌德还根据这些建立民族文学所必需的条件来检查当时德国情况，指出德国政治的分裂造成地理上的局促，没有一种固定的文学传统作为"社会生活教养的中心点"，"广大的群众没有审美趣味"，作家们得不到适当的教养和鼓励，"受各种不同情境的影响摆布"，而且迫于生计，须做自己所不爱做的工作，不能专心创作。这是一幅酸辛的写照。歌德寄予他的作家同僚以深刻的同情，并且斥责过激派（"无短裤主义者"）对他们的吹毛求疵。我们现在如果把歌德时代德国民族文学的辉煌成就，和歌德所描写的当时不利于德国民族文学发展的情况作一个对比，就会体会到这个成就实在来之不易，歌德的功劳也就会更令人崇敬。

歌德并不是从一个狭隘的民族主义者的观点去提倡民族文学，他是第一个人瞭望到"世界文学"的产生，并且号召"每个人都应该努力促使它快一点来临"[①]。他所理解的"世界文学"不是把某一"优选"民族的文学强加于世界，把各被统治的民族的文学全压下去，如帝国主义者为着侵略，在"世界主义"的口号之下所宣传的。世界文学是由各民族文学互相交流，互相借鉴而形成的；各民族对它都有所贡献，也都从它有所吸收，所以它和民族文学不是对立的，也不是在各民族文学之外别树一帜。歌德对于世界文学的主张是辩证的：他一方面欢迎世界文学的到来，另一方面又强调各民族文学须保存它的特点。懂得这种辩证观点，我们就可以理解歌德在这问题上一些貌似自

---

① 《歌德谈话录》，1827年1月31日。

相矛盾的言论，例如他一方面说，"我爱用旁的民族的镜子来照自己，我劝旁人也都这样办"，"每一国文学如果让自己孤立，就会终于枯萎，除非它从参与外国文学来吸取新生力量"；另一方面他又说当时德国"上层阶级从异方习俗和外国文学所受到的教养固然也替我们带来了很多好处，却也妨碍了德国文学作为德国文学，得到较早的发展"；①一方面说，"一种普遍的世界文学正在形成，其中替我们德国人保留着一个光荣的角色"②；另一方面又说，"现在一种世界文学正在形成，德国人会蒙受最大的损失，德国人考虑一下这个警告会是有益的"。实际上这些话里并没有矛盾，世界文学愈能吸收各民族文学的特点，它也就会愈丰富，不应为一般而牺牲特殊。歌德在另一个场合说得很明白，"我们重复一句：问题并不在于各民族都应按照一个方式去思想，而在他们应该互相认识，互相了解；假如他们不肯互相喜爱，至少也要学会互相宽容"③。世界文学的产生，像马克思在《共产党宣言》里所指出的，是资本主义时代交通贸易发展的必然结果。歌德值得钦佩处在嗅觉灵敏，在世界文学刚露头角时，就已嗅得出它将要到来，并且提出正确的方针，有意识地指导它走上正常发展的路径。

## 二 结束语

歌德的文艺理论和美学见解远不限于本文所介绍的这几点。

---

① 《文学上的无短裤主义》。
② 评他的《塔索》法文改编本（1827）。
③ 评英国刊物《爱丁堡评论》。

他结合自己的创作经验以及自己对于各民族文艺作品的体会，讨论到许多关于艺术创作的实际问题，对于美学理论的建设具有无比的重要性，但是限于笔者的知识范围和所能支配的篇幅，在这里只能介绍涉及歌德美学思想中一些关键性的观点。总的说来，由于他的理论来自丰富的实践经验，一般是深刻的、正确的，特别是他的文艺应从现实生活出发这条基本原则。他对于近代西方文化思想的形成起了很大的影响，这种影响，我们相信，在社会主义文化中还将继续发挥比过去更大的作用。

歌德作为一个历史人物，当然也免不掉他的历史局限性。他有庸俗市民的一面，这一点恩格斯已说得很透辟。[①]我们在这里只提两点：一点是他毕竟是一个历史唯心论者，认为仅仅通过文艺就可造成人类的理想境界，他不够重视政治，害怕巨大的变革。在《文学的无短裤主义》里，他在指出德国政治分裂不利于民族文学形成之后，接着就坦白地说，"我们不希望有一次翻天覆地的变革，尽管这种变革可能为德国古典性的作品作准备"。这就充分暴露了他的保守的心情。另一点是他和康德、席勒等思想家一样，几乎把全部文艺理论都建立在普遍人性的信念上。他说："只有一种真正的诗，它既不专属于普通人民，也不专属于贵族，既不专属于国王，也不专属于农民；谁若是觉得自己是个真正的人，谁就会在这种诗上下功夫。"[②]在当时，他当然还不可能有阶级观点。[③]

---

① 见《马克思恩格斯全集》，第四卷，第二二三至二五七页。
② 《歌德全集》，第三八卷，第五五页。据韦勒克《近代文学批评史》的引文。
③ 爱克曼的《歌德谈话录》已由编者选译出，由人民文学出版社出版，其中译后记可弥补本章缺陷，可参看。

## 第十四章 席 勒

席勒（Schiller，1759—1805）在德国文坛出现，约比歌德迟十年。像歌德一样，他也经历了由狂飙突进时代浪漫主义的倾向（这时期的代表作：剧本《强盗》，1781；剧本《阴谋与爱情》，1783）到古典主义（这时期的代表作：剧本《华伦斯坦》三部曲，1798—1799；剧本《威廉·退尔》，1804）的转变。他的作品始终表现出反封建的强烈情绪和对民族独立自由的热烈愿望，但也同时暴露出他在政治上的妥协性与改良主义。

自从一七九四年起一直到他死，他和歌德进行了亲密的合作。这两位诗人在文艺创作中主观与客观关系问题以及一般与特殊关系问题上虽有分歧，但是在合作之中他们互相影响，不仅在走古典主义道路去建立德国民族文学的总目标上相同，而且在许多文艺问题上的见解也还是一致的。这一点歌德在谈话中曾经明白指出过。①

席勒和歌德有一点显著的不同：歌德颇厌恶抽象的系统的哲学思考，他的思想始终是从感性的具体的东西出发；席勒却性好沉思，他的思想大半是从抽象的概念出发，始终徘徊于诗与哲学之间，哲学有时妨碍他的诗，诗也有时妨碍他的哲学。他的朋友韩波尔特（Humboldt）有一次向他说，"没有人能说你究竟是一

---

① 《歌德谈话录》，1828年12月16日。

个进行哲学思考的诗人,还是一个作诗的哲学家"。在给歌德的一封信里,席勒自己就意识到这种矛盾。

> 我的知解力是按照一种象征方式进行工作的,所以我像一个混血儿,徘徊于观念与感觉之间,法则与情感之间,匠心与天才之间。就是这种情形使我在哲学思考和诗的领域里都显得有些勉强,特别在早年是如此。因为每逢我应该进行哲学思考时,诗的心情却占了上风;每逢我想做一个诗人时,我的哲学的精神又占了上风。就连在现在,我也还时常碰到想象干涉抽象思维,冷静的理智干涉我的诗。
> ——给歌德的信,1794 年 8 月 31 日

这段自白对于理解席勒的文艺创作和美学理论都是有益的。不过自从认识歌德以后,歌德的影响使席勒逐渐离开抽象的思考而更多地注意现实中和文艺中感性的具体东西。

席勒从早年就从事哲学研究。在这方面他最早受到影响的是法国启蒙运动者狄德罗和卢梭。从他们那里席勒获得了关于自由平等以及自然与社会对立的概念。莱辛和文克尔曼引导他到希腊文艺的领域。和歌德一样,席勒对于希腊文艺精神的认识是从文克尔曼那里来的,他全盘接受了"高贵的单纯,静穆的伟大"那个著名的公式,把它看作德国民族文学所应追求的理想。在美学方面,他接触到鲍姆嘉通,从而吸收了一些莱布尼茨派的理性主义。不过他所受到的最大的影响却来自康德。一般美学史都把席勒看作康德的门徒。席勒接触到康德,是从一七九一年他移居耶那时起,那时《判断力批判》才发表了一年。前此席勒所发表的一些理论文,例如《论剧院作为一种道德的机关》(1784),《喜剧女神刊物的发刊词》(1784),《论歌德的悲剧〈厄格蒙特〉》

（1788）等，虽然已显示出他对美学的兴趣，但是他的主要美学著作，例如《论悲剧题材产生快感的原因》（1791），《给克尔纳论美的信》（1793），《论激情》（1793），《论秀美与尊严》（1793），《审美教育书简》（1793—1794），《论崇高》（1793—1794），《论运用美的形式所必有的界限》（1793—1795），以及《论素朴的诗与感伤的诗》（1795），都在接触到康德之后五年之内发表的。这就足以说明康德的著作引起了他对美学问题进行辛勤的认真的思考。康德在哲学上所揭示的自由批判的精神，他的本体与现象，理性与感性等对立范畴的区分，以及他把美联系到人的心理功能的自由活动和人的道德精神这些基本概念，都成为席勒美学思想的出发点。但是康德把一些对立概念虽然突出地揭示出来而未能达到真正的统一，以及他从主观唯心主义观点去解决美学问题，都是席勒所深为不满而力求纠正的。席勒并不是康德的恭顺的追随者，他不但发挥了康德的一些观点，而且在一定程度上纠正了康德的主观唯心主义。在德国古典美学发展中，他做了康德与黑格尔之间的一个重要的桥梁，推进了由主观唯心主义到客观唯心主义的转变。

席勒的主要的美学著作大致可分三类：第一类关于美的本质和功用，包括《给克尔纳论美的信》七篇，给一位丹麦亲王的《审美教育书简》二十七篇；第二类关于古代诗和近代诗，亦即古典主义诗和浪漫主义诗，在精神实质上的分别，主要的是《论素朴的诗与感伤的诗》；第三类关于悲剧，包括《论悲剧题材产生快感的原因》，《论激情》，《论崇高》以及《论合唱队在悲剧中的用途》。这三类之中最主要的是《审美教育书简》和《论素朴的诗和感伤的诗》。本文将着重地介绍与美学关系较密切的《论美书简》，《审美教育书简》和《论素朴的诗与感伤的诗》。这些著作在大体上组成了席勒的全部美学思想系统。

第三部分　十八世纪末到二十世纪初

# 一　《论美书简》和《审美教育书简》

《论美书简》就是《给克尔纳论美的信》的别名（1793）。当时他正在研究康德的《判断力批判》，但已受过歌德的熏陶六七年。歌德在《论风格》等文中所强调的艺术的客观性给他留下深刻的影响，因此他对康德的主观唯心主义的美学观点有些格格不入，就想写一篇论美的对话来阐明他自己的看法。在一七九二年十二月二十一日他写信给他的朋友克尔纳（C.G.Körner）说："我看我已找到了美的客观概念，这是康德所找不到因而感到绝望的，按照它的本质，它就是审美趣味的客观标准。我想把我的思想写成一篇'论美'（Kallias）的对话，把它加以系统的阐述。"这篇对话并没有写出，写出的是给克尔纳的七封信，其中最重要的是一七九三年二月二十八日写的，题为《论艺术美》的一封。他赞成康德所说的"自然美是一个美的事物，艺术美是一个事物的美的形象显现或表现"，不过认为应加上一句："理想美是一个美的事物的美的形象显现或表现。"他认为艺术美不在表现什么（材料）上见出而在怎样表现（形式）上见出。不过席勒所了解的"形式"不是康德所了解的事物的外在形式，而是想象力所掌握的完整的具体形象。这形象应该"自由地表现出"或"由自己决定"，意思就是说"在一件艺术作品中找到的只是被表现的那个对象的性质"，既不受材料或媒介的限制，也不受艺术家的主观性质的干预。不受材料或媒介的限制，指的就是被表现的对象的形式（形象）能完全征服材料，雕的人像应完全征服用为媒介的石头。席勒把他对艺术中材料与形式关系的看法总结为一句话：

在一件艺术作品里，材料（摹仿媒介的性质）必须消

## 第十四章 席 勒

融在形式（被摹仿对象的形式）里，躯体必须消融在观念（或意象）里，现实必须消融在形象显现里。

他举例说明他的意思说："形式在一件艺术作品里只是一种形象显现，例如大理石在形象上显现为一个人，而在现实界却仍然是一块大理石。""本来硬而脆的大理石的性质必须沉没到软而韧的肤肉的性质里去，无论是情感还是眼睛都不应回到石头上去。"

关于艺术家和被表现的对象的关系，席勒接受了歌德的"对自然的单纯摹仿，特别作风和风格"的分别，而给予"特别作风"以"矫揉造作"的意思，认为"特别作风"是艺术家用自己的特性和癖好来影响对象性质的结果。他反对这种主观的创作手法说，"如果待表现的对象的特性由于艺术家的精神特性而遭受损失，我们就说，那种表现就会是矫揉造作的"（或具有特别作风的）。接着他指出理想的风格是表现纯粹客观性的：

特别作风的对立面是风格，风格不是别的，就是表现具有最高度的独立性，不受一切主观的和客观的偶然性所影响。

表现上的纯粹客观性是好的风格的特质，是艺术的最高原则。

他举当时演莎士比亚的《哈姆雷特》的演员为例来说明他的意思。演哈姆雷特的艾克霍夫"正像一块大理石，从这块大理石里他的天才刻画出一个哈姆雷特，他自己（演员的人身）完全沉没到哈姆雷特的艺术的人身里去，因为要引人注意的只是形式（哈姆雷特的性格）而绝不是材料（演员的人身）"。反之，演国王的布鲁克"在每一个动作里都笨拙而讨嫌地显示出他自己"，他"缺乏真知灼见，不会按照一种观念（意象）去就材料（演员的躯体）造型"。趁便指出，席勒对表演的看法和狄德罗的很相近。

席勒的艺术作品不应受媒介材料和艺术家性格影响的看法当然还带有片面性，是与莱辛的《拉奥孔》里的诗画界限的观点背道而驰的。不过他要强调艺术和美的客观性，来对抗康德的材料来自客观世界，形式来自艺术家的主观创造的看法，在当时对纠正主观唯心主义却起了很好的作用。

在这封信里席勒着重地讨论了诗，指出诗人在用形式征服材料中所遇到的特殊困难。诗人所用的媒介是文字，文字作为抽象符号"具有通向一般的倾向"，即引起诉诸知解力的概念，而诗人的任务却在表现具体的个别的事物形象，使它通过感官而呈现于想象力。"语言把一切摆在知解力的面前。而诗人却应把一切带到想象力的面前（这就是表现）；诗所要求的是观照（对形象的感觉——引者注），而语言却只提供概念"。为着克服这种矛盾，席勒提出下列的办法：

> 如果要使一种诗的表现成为自由的，诗人就必须凭他的艺术的伟大去克服语言的通向一般的倾向，凭形式（即材料的运用）去征服材料（即文字以及构词法和造句法）。语言的性质（即通向一般的倾向）必须完全沉没到给予它的那种形式里，躯体必须消融在观念（意象）里，符号必须消融在它所标志的对象里，现实必须消融在形象显现里。被表现的对象必须从表现的媒介中自由地胜利地显现出来，不管语言的一切桎梏，仍能以它的全部的真实性，生动性，亲切性站到想象力面前。总而言之，诗的表现的美就在于自然（本性）在语言桎梏中自由的自动。

这里"自然"指被表现对象的本性,"语言的桎梏"指"通向一般的倾向","自由的自动"指对象的本性不受艺术家主观特性与媒介的特性影响,而以独立自决的方式表现出来,这也就是诗应表现出对象的"纯粹客观性"。席勒在这里触及了形象思维与抽象思维的关系问题。他说,"待表现的对象先须经过抽象概念的领域走一大段迂回的路,然后才被输送到想象力面前,转化为一种观照的对象"。足见诗必须假道于抽象思维,同时也必须克服抽象思维而终于达到形象思维。这在诗论中是一个值得注意的创见。

席勒的最主要的美学著作《审美教育书简》是他的美学思想最集中最有系统的表现。上文提到过席勒的主要美学著作的写作年代都集中在一七九一到一七九五的五年里,显而易见的原因是康德的《判断力批判》对他的启发,但是更深刻的原因还在于当时欧洲政局的转变以及它在知识界所引起的反响。那是正紧接着法国资产阶级大革命之后,当时一般要求改革封建制度来保障个人自由和民族独立统一的德国知识界起初对法国革命都表示欢迎,等到他们看到雅各宾党人的暴力专政以后都被吓倒了,转过来对革命失望甚至仇视。歌德如此,席勒也是如此。有人说席勒脱离现实,这是不很恰当的。他的著作,包括美学论著,都是针对当时现实而提出他自己的看法的。问题在于他的看法是改良主义的。他渴望自由,但是不满意于法国革命者所理解的自由,而要给自由一种新的唯心主义的解释:自由不是政治经济权利的自由行使和享受,而是精神上的解放和完美人格的形成;因此达到自由的路径不是政治经济的革命而是审美的教育,至少是须先有审美教育,才有政治经济改革的条件。这就是《审美教育书简》的主题思想。

这个主题思想在头十封信中就明确地提出。席勒意识到在法国大革命后避开政治来谈美学,可能引起反对,他首先就问:"正当时代情况迫切地要求哲学探讨精神用于探讨如何建立一种真正的政治自由(这在一切艺术作品中是最完善的一种艺术作品)时,我们却替审美世界去找出一部法典,这是否至少是不合时宜呢?"接着他为"让美走在自由之前"辩护说,"这个题目不仅关系到这个时代的审美趣味,而且也关系到这个时代的实际需要;人们为了在经验界解决那政治问题,就必须假道于美学问题,正是因为通过美,人们才可以走到自由。"(第二封信)理由是国家代表"纯粹理想的人"或"公民胸中的纯粹的客观的人性",它"对公民的主观的人性尊重到什么程度,要以那主观的人性提高到客观的人性的程度为准"。这就是说,国家给个人自由,要看个人的主观性格是否符合社会集体按理性所要求的理想性格。这种理想的人格必须是完整的人格,让自然的感情和"社会道德结构"所必有的理性都得到和谐的发展,让必然和自由统一起来。"只有在有能力,有资格把必然的国家变成自由的国家的那种民族里,才可以找到性格的完整。"

接着席勒拿完整性格的标准来衡量当时的实际社会情况,一方面暴露出他对革命的畏惧,另一方面对当时资本主义社会的病态却也下了很中肯的诊断。他指责"用暴力夺取他们认为被无理剥夺去的东西"或"他们的不可侵犯的权利"的人们,想"把人终于当作本身自有目的来尊重,把真正的自由变成政治结合的基础",说这是"一场梦想",因为"物质的可能性仿佛出现了",而"道德的可能性还不存在"。他指责刚"摆脱绳索"的下层阶级"正以无法控制的狂怒,忙着要达到他们的兽性的满足"。至于上层的"文明的阶级则现出一幅更令人作呕的懒散和性格腐化的景象,这些毛病正起于文化本身,所以更令人厌恨"。"自私自利已在我们的高度文明的社会中建立起它的系统,我们经受

到社会生活的一切传染病和一切灾祸,却没有带来一颗向社会的心。"(以上第五封信)

他拿古希腊社会和近代社会进行对比,认为希腊社会组织单纯,"结合一切的自然"还在发挥作用,还没有造成社会与个体的分裂以及个体自身的人格内部的分裂,所以希腊人能"把想象的青春性和理性的成年性结合在一种完美的人性里"。至于近代则"划分一切的理智"在社会与个体以及个体内部都造成了分裂。"给近代人性以这种创伤的正是文化本身"。这文化本身的毛病有两个,一个是科学技术的严密的分工制,另一个是"更复杂化的国家机器使得各等级和各职业之间更严格的割裂成为必然的",结果是"人性的内在联系也就被割裂开来了,一种致命的冲突就使得本来处在和谐状态的人的各种力量互相矛盾了",知解力和想象力就不能合作了。席勒也认识到要使近代社会回到像希腊那样的单纯的自然的社会已不可能,但是他指出近代社会组织毕竟是不合理的,下面一段话可以说是对近代资本主义社会的一针见血的控诉:

〔近代社会〕是一种精巧的钟表机械,其中由无数众多的但是都无生命的部分组成一种机械生活的整体。政治与宗教,法律与道德习俗都分裂开来了;欣赏和劳动脱节,手段与目的脱节,努力与报酬脱节。永远束缚在整体中一个孤零零的断片上,人也就把自己变成一个断片了;耳朵里所听到的永远是由他推动的机器轮盘的那种单调无味的嘈杂声音,人就无法发展他的生存的和谐;他不是把人性印刻到他的自然上去,而是变成他的职业和专门知识的一种标志。就连把个体联系到整体上去的那个微末的断片所依靠的形式也不是自发自决的⋯⋯,而是由一个公式无情地严格地规定出来的。这种公式就把人的自由智力捆得死死的。死的字母代替了活的知解力,熟练的记忆还比天才和感受能起更好的指导作用。

——第六封信

席勒认识到资本主义社会中的阶级对立是一种"致命的冲突",他的错误在于不能把它的病根推原到经济基础,而把它推原到人性的分裂和堕落。由于他悬"完整人格"或"优美心灵"为最高理想,他对资本主义社会分工制对人格发展所造成的危害的认识更为透彻。他所说的人只是钟表机械中"一个孤零零的断片","变成他的职业和专门知识的一种标志","欣赏与劳动脱节,手段与目的脱节,努力与报酬脱节"。那些现象正是马克思在《1844年经济学哲学手稿》中讨论分工制和"劳动异化"时所详加阐明的。马克思把病源诊断为私有制,把私有制的消灭定为唯一的根本治疗方剂。席勒把病源诊断为人心腐化,于是就把审美教育定为治疗社会的方剂。这个对比就可以见出席勒思想的积极方面(认识到资本主义社会的病象)和消极方面(诊断和治疗都错了)。席勒有时也仿佛意识到他自己的矛盾,因为他提出过这样的问题:"政治领域的一切改善都要来自人的性格的高尚化,但是在一种野蛮的国家制度的影响之下,人的性格怎样能够得到高尚化呢?"这正是问题的症结所在。席勒的庸俗市民方面的意识使他不能正视这个问题。他认为可以避开国家工具而乞灵于美的艺术。(第九封信)

  过分夸大艺术和美的作用是浪漫运动时期的一种通病,"始作俑者"正是席勒。席勒之所以走入迷途,主要由于上文已提到过的德国历史情况,同时也由于他的艺术观点与美学观点中有一个深刻的矛盾:在主观意图上他想证实康德所无法证实的美的客观性质和客观标准，而他用来证实的出发点却仍是康德的感性与理性对立的唯心主义的观点以及卢梭的自然与社会文化对立的也是唯心主义的观点。这个基本矛盾在《审美教育书简》中讨论艺术本质和审美教育途径的部分（第一一封信至第二七封信）暴露得最明显。

依他看，"若是让抽象作用尽可能地上升"，就可以在人里面辨别出两个对立的因素，一个是持久不变的"人身"（人的身份），另一个是经常改变的"情境"。这两个因素在"绝对存在"（又叫作"神性"即理想的完整人格）中是统一的，而在有限存在（即经验世界）中则"永远是两个"。抽象的"人身"就是主体，理性和形式；抽象的"情境"就是对象，"世界"，感性，物质，材料或内容。这两个抽象的对立面都不能独立存在，须互相依存，才能成为完整的统一体。因此，人就有两种自然要求或冲动，一个是"感性冲动"，另一个是"形式冲动"，又叫作"理性冲动"：

> 这就在人身上产生出两个相反的要求，也就是人的感性兼理性本质的两个基本法则。第一个要求是要有绝对的实在性：他要把凡只是形式的东西转化为世界，使他的一切潜在能力表现为现象。第二个要求是要有形式性：他须把他本身以内的凡只是世界的东西消除掉，把和谐导入它（凡是世界的东西）的一切改变里；换句话说，他须把一切内在的东西变成外在的，把形式授给一切外在的东西。
>
> ——第一一封信

第一个要求就是"感性冲动"，第二个要求就是"形式冲动"。席勒把话说得非常抽象，用简单的话来说，人一方面要求使理性形式获得感性内容，使潜能变为实在，也就是使人成为一种"物质存在"，这就是"感性冲动"；另一方面人也要求感性内容或物质世界获得理性形式，使千变万化的客观世界现象见出和谐和法则，这就是"形式冲动"。前一个冲动要"把我们自身以内的必然的东西转化为现实"，后一个冲动要"使我们自身以外的实在的东西服从必然的规律"（第一二封信）。不难看出，席勒在这里已隐约窥测到马克思在《1844年经济学哲学手稿》中所阐明的"人的对象化"和"对象的人化"的辩证关系，但是他错误地随着康德把本须在统一体里才能真实的两对立面（内容和形式，感性和理性等）看成本来可各自独立而后才结合为统一体，并且认为这两对立面还不能因互相依存和互相转化而达到统一，还须有第三种冲动来恢复它们的统一。他问道："人的本性的统一好像完全被这种原始的根本的对立破坏掉了，我们怎样才能把它恢复过来呢？"他回答说：

> 监视这两种冲动，确定它们的界限，这就是文化教养的任务；文化教养……不仅要对着感性冲动维护理性冲动，而且也要对着理性冲动维护感性冲动，所以文化教养的任务是双重的：第一，防备感性功能受到自由（即理性功能——引者注）的干涉；其次，防备人格受支配于感觉的威力。要实现第一个任务，就要培养情感的功能；要实现第二个任务，就要培养理性的功能。
>
> ——第一三封信

总之，感性和理性都要借文化教养而得到充分的发展，从而达到统一，于是"人就会兼有最丰满的存在和最高度的独立自由"（第一三封信）。"假若这种情况能在经验里出现，它们就会在人身上唤起一种新的冲动",即"游戏冲动"。"游戏"在席勒的术语里和在康德的术语里一样,是与"自由活动"同义而与"强迫"①对立的。感性冲动使人感到自然要求的强迫,而理性冲动又使人感到理性要求的强迫;游戏冲动却要"消除一切强迫,使人在物质方面(即感性方面)和精神方面(即理性方面——引者注)都恢复自由"。席勒曾用一个具体的例子来说明他的这种抽象概念:

>当我们怀着情欲去拥抱一个理应鄙视的人时,我们就痛苦地感到自然的压力。当我们仇视一个值得尊敬的人时,我们也就痛苦地感到理性的压力。但是如果一个人既能吸引我们的欲念,又能博得我们的尊敬,情感的压力和理性的压力就同时消失了,我们就开始爱他,这就是同时让欲念和尊敬在一起游戏。
>
>——第一四封信

所谓"同时让欲念和尊敬在一起游戏",就是让欲念和尊敬这两种心情都能自由活动,我们既感觉不到感性的自然要求是强迫,也感觉不到理性法则是压力,鱼水相得,所以是一种游戏状态。席勒把这种游戏冲动与艺术和美联系起来:

>用一个普通的概念来说明,感性冲动的对象就是最广义的生活②;这个概念指全部物质存在以及凡是呈现于感官的东西。形式冲动的对象,也用一个普通的概念来说明,

---

① "强迫"亦可译"压力"。
② 注意席勒所说的"生活"是广义的,包括感性世界。

> 就是同时用本义与引申义的形象；这个概念包括事物的一切形式方面的性质以及它对人类各种思考功能的关系。游戏冲动的对象，还是用一个普通的概念来说明，可以叫作活的形象；这个概念指现象的一切审美的性质，总之，指最广义的美。
>
> ——第一五封信

所以游戏冲动的对象就是美，而美就是活的形象。这活的形象就是感性与理性的统一体，物质世界的存在（生活）与它的形象显现的统一体，内容与形式的统一体。依这个看法，"美既不扩张到包括整个生物界，也不只限于生物界，一块大理石尽管是而且永久是无生命的，却能由建筑家和雕刻家把它变成活的形象；一个人尽管有生命和形象，却不因此就是一个活的形象。要成为活的形象，那就需要他的形象就是生命而他的生命也就是形象。……只有在他的形式（即形象——引者注）在我们的感觉里活着，而他的生命在我们的认识里取得形式的时候，他才是活的形象"（第一五封信），用我国古代艺术理论术语来说，活的形象可以说是"形"与"神"的统一（不过相当于生活或物质材料的是"形"，相当于形象或理性形式的是"神"）。

在当时美学家中，英国经验派（例如伯克）把美和生活等同起来，而形式派（席勒举德国艺术家拉斐尔·孟斯为例）则把美和形式等同起来。席勒的"活的形象"是这两种都是片面的看法的辩证的统一。他指出必须统一的理由说："人不只是物质，也不只是精神。所以美，作为他的人性的完满实现来看，既不能只是生活，也不能只是形象。"生活受制于需要，形象受制于法则。"在美的观照中，心情是处在法则与需要之间的一种恰到好处的中途"。用孔子的话来说，艺术和美的欣赏所由起的"游戏冲动"

是"从心所欲，不逾矩"。只有在达到这种境界时，人才能达到生活与形象的统一，感性与理性的统一，物质与精神的统一，也才能达到"人格的完整"与"心灵的优美"。所以席勒说："只有当人充分是人的时候，他才游戏，只有当人游戏的时候，他才完全是人。"（第一五封信）

就性质说，"美的最高理想要在实在与形式的尽量完善的结合与平衡里才可以找到"；就效果说，理想的美也应产生松弛与紧张的结合与平衡，所以"一件真正的艺术品所应引起的心情正是精神的这种高尚，宁静和自由与刚健和灵活相结合的心情，这是检查真正美的品质的最精确的试金石"（第二二封信）。但是在经验界里理想的美是找不到的。最卓越的艺术品也"只能接近纯美的理想"。在性质上经验界的美不是偏于内容，就是偏于形式；在效果上经验界的美不是偏于松弛，就是偏于紧张。所以席勒说："理想的美尽管是不可分割的，而在不同的情况下却显出不同的特性：熔炼性与振奋性；在经验界里熔炼性的美和振奋性的美却分别存在"（第一六封信）。用中国文论的术语来说，理想的美是"阳刚"与"阴柔"的统一，而经验界的美却往往偏于"阳刚"或"阴柔"。席勒的理想可以说还是文克尔曼的古典理想，即"高贵的单纯，静穆的伟大"。他认为各种艺术到了接近理想时，彼此之间的界限虽未消失，而产生的效果却大致相同：

> 到了各种艺术达到完美时，必然的和自然的结果就会是：它们对我们心境所产生的效果逐渐互相类似，尽管它们的客观界限并没有改动。音乐到了具有最高度的说服力

时，就必须变成形象，以古典艺术①的静穆的力量来影响我们；造型艺术到了最高度完美时，就必须成为音乐，以直接的感性的生动性来感动我们；诗发展到最完美的境界时，必须一方面像音乐那样对我们有强烈的感动力，另一方面又像雕刻那样把我们摆在平静而爽朗的气氛中。正是这种情形显出每门艺术的完美的风格；这种风格既能摆脱那门艺术所特有的限制，而又不致于失去它所特有的便利；通过聪明地运用它的特点，来使它具有一种较普遍的性格。

——第二二封信

从克服艺术种类的限制，席勒进一步提出艺术家应以形式克服艺术材料（内容）的限制。他说，"在一件真正美的艺术品里，内容应该不起作用，而起一切作用的只是形式，因为只有形式才能对人的整体起作用，而内容只能对个别功能起作用。"艺术大师的真正的艺术秘密，就在于用形式来消除材料（第二二封信）。这个观点席勒在《给克尔纳论美的信》里早已提出过，在这里他进一步说明了理由：内容只能对个别功能（感性或理性）起作用，只有形式（活的形象，感性内容与理性形式的统一）才能对人的整体（感性和理性）起作用；这也就是说，艺术感动人，须凭完成的艺术作品，不能凭艺术所处理的原始材料。我们不能把席勒的话理解为否定内容而肯定艺术单靠形式，因为他所谓"形式"是广义的（"活的形象"），而且在他的理论著作里有无数例证都可以说明他坚持内容与形式的统一。《审美教育书简》实际上就是发挥这个主题思想：美的艺术作品就是活的形象，而活的形

---

① 古典艺术特别指希腊雕刻。

象就是生活（材料的来源，感性世界）与形象（康德所说的"形式"或理性法则的产品）的统一。

活的形象或审美对象的形成是一个辩证发展的过程，经历了这个过程，人就从"感性的人"变成"审美的人"，即由自然力量支配的人变成不受自然力量支配的自由的人。只有自由的人才能下一个判断或定一个意向，即发挥思考或意志的主动性于科学探讨或实际行动，转变为"理性的人"。这样，席勒就把人的发展分为三个阶段……

> 人的发展可以分为三个不同的状况或阶段，不管是个人还是全人类，如果要完成自我实现的全部过程，都必按照一定程序经历这三个阶段，……人在他的物质（身体）状态里，只服从自然的力量；在他的审美状态里，他摆脱掉自然的力量；在他的道德状态（即理性状态——引者注）里，他控制着自然的力量。
>
> ——第二四封信

所以审美状态是一个中间状态，是人"从感觉的被动状态到思想和意志的主动状态"的转变之中一个必不可少的桥梁。"如果要把感性的人变成理性的人，唯一的路径是先使他成为审美的人"（第二三封信）。按照当时历史情境把这句话翻译为普通话来说，这就是：要把自私自利的腐化了的人变成依理性和正义行事的人，要把不合理的社会制度变成合理的社会制度，唯一的路径是通过审美教育；审美自由是政治自由的先决条件。

在分析"审美的自由"这个中间状态时，席勒进一步阐明了他所理解的美的本质。他还是从康德的感性与理性的对立出发。感性因素（接受外界印象的感觉以及外界印象在人心上所产生的情感）被认为由自然或物质所决定的,因而是被动的;理性因素(思想和意志的活动)被认为社会人所特有的本性,是要使自然或物质世界见出理性法则的或显出"形式"的,因而是主动的。席勒拿审美活动和科学的抽象活动来对比,认为抽象活动是要把感性世界抛到后面的,是要依靠思想的主动性而同时却仍维持完全客观态度,"丝毫不夹杂被动成分('物质的偶然的东西')的自我活动"。我们对科学的认识固然也感到乐趣,即夹杂有主观情感,但是这种主观情感是"偶然的,丢开它也不致就使认识消失,或是使真理失其为真理"。在审美活动中却不然,对美的形象的认识和美的形象所引起的情感之间的关系是不能割断的。我们"必须把这两项看作串连一气,互为因果";"反思和情感完全融成一片",我们"分辨不出主动(指'反思')和被动(指'情感'——引者注)的交替"。接着席勒对美的本质作如下的定义:

> 因此,美对于我们固然是一个对象,因为要以反思为条件,我们才能从美得到一种感觉①;但是美也同时是我们主体的一种情况,因为要以情感为条件,我们才能从美得到一种观念(或形象显现)②。所以美固然是一种形式,因为我们对它起观照;但是美也同时是生活(指物质内容——译者注),因为我们对它起情感。③总之,美既是我们的情况,也是我们的作为。

---

① 指主体凭反思活动(主动因素)认识到对象的美,或是美是从对象来的。
② 审美要根据主体的情感(被动因素),所以美也标志"主体的一种情况"和"作为"。
③ 唯其是形象,美是观照的对象;唯其是生活,美是情感的对象;合而言之,美是活的形象。作为生活,美须服从物质界的必然规律(被动);作为形象,美须显出精神界的自由(主动),所以美是二者的统一。

## 第十四章 席　勒

　　正因为美同时是这两方面，它就确凿地证明了被动并不排斥主动，材料并不排斥形式，局限并不排斥无限；因此，人也并不因为他在物质（身体）方面的必然依存而就消除了他在道德（精神）方面的自由。……在对美或审美的统一体的欣赏中，材料和形式以及被动和主动之间却发生实在的统一和互相转换，这就足以证明这两种本性是可相容的，无限是可以实现在有限中的，因此，最崇高的人道[①]是可能的。

——第二五封信

从此可见，席勒所见到的美是感性与理性的统一，内容与形式的统一，也是客观（对象）与主观（审美的主体）的统一。完成了这种统一，人才"能对纯粹的形象显现进行无所为而为的自由的欣赏"，才摆脱物质需要的束缚，"才显出人道的开始"。美的欣赏是一种"自由的欣赏"，也就是对一种"物质以上的盈余"（过剩）的欣赏。结合到这个"盈余"概念，席勒又回到审美活动与游戏的密切联系，举例说：

　　狮子到了不为饥饿所迫，无须和其他野兽搏斗时，它的闲着不用的精力就替自己开辟了一个对象，它使雄壮的吼声响彻沙漠，它的旺盛的精力就在这无目的的显示中得到了享受。……动物如果以缺乏（需要）为它的活动的主要推动力，它就是在工作（劳动）；如果以精力的充沛为它的活动的主要推动力，如果是绰有余裕的生命力在刺激

---

[①] 最崇高的人道，即必然与自由以及感性与理性的统一。

> 它活动，它就是在游戏。
>
> ——第二七封信

这种把艺术结合到游戏以及把游戏看成与劳动对立的理论还是来自康德，不过席勒加进去过剩精力的概念，对康德说有所发挥。这一理论后来经过英国哲学家斯宾塞的进一步的发挥，[①] 获得了"席勒·斯宾塞说"的称号。朗格和谷鲁斯又进一步发展为审美幻相说和内摹仿说。[①]

过剩精力首先表现于动物性的身体器官运动的游戏，由此上升为人所特有的想象力的游戏，"想象力在探索一种自由形式中就飞跃到审美的游戏"。从此以后，"凡是人所占有的东西和所制造的东西，就不能再只带着实用的痕迹以及它因迁就实用目的而采取的那种不自在的形式，在实用之外，它还要能同时反映出把它构思成的那种才智，把它制造成的那双显出喜爱的手以及把它选定和展出的那种爽朗而自由的精神"。总之，想象力对自由形式的要求产生了艺术。正如"审美的人"处在"感性的人"和"理性的人"之间，艺术的王国也处在自然暴力的王国与道德法律的王国之间，作为前者过渡到后者所必经的桥梁：

> 在令人恐惧的力量的王国（即原始人的自然状态——引者注）与神圣的法律的王国之间，审美的创造形象的冲动不知不觉地建立起一个第三种王国，即欢乐的游戏和形象显现的王国，在这个王国里它使人类摆脱关系网的一切束缚，把人从一切物质的和精神的压力中解放出来。

---

[①] 参看本书第十八章和第二十章（二）。

## 第十四章 席 勒

> 如果在权利的力量的王国里,人和人以力相遇,他的活动受到了限制,如果在职责的伦理的王国里,人和人凭法律的威严相对,他的意志受到了束缚;在美的社交圈子里,在审美的王国里,人就只需以形象的身份显现给人看,只作为自由游戏的对象而与人对立。通过自由去给予自由,这是审美的王国中的基本法律。
>
> ……如果需要迫使人进入社会生活,理性在人身上栽种社会原则的根苗,拿一种社会的性格交给人的却只有美。只有审美趣味才能给社会带来和谐,因为它在个别成员身上建立起和谐。
>
> ——第二七封信

席勒在这里拿事物的物质存在及其效用和事物的形象显现对立起来,认为人只有从形象显现的观照中才能获得完全的自由,这种思想仍然是发挥康德的"不涉及利害的观照"说,席勒的独到见解在于把审美的自由看作政治的自由的基础。这个思想是《审美教育书简》中的基本思想。它反映出当时德国知识界的一种相当普遍的心理倾向:对德国现实的庸俗鄙陋深为厌恶,想逃到一种幻想的乌托邦里去求安身立命之所。席勒的这种心情在他给歌德的一封信里表明得很清楚:

> 依我看来,我们的思想和冲动,我们的社会,政治,宗教和科学的现实情况都显然是散文气的,与诗对立的。在我们的全部生活中这种散文压倒诗的形势我看是巨大的,带有决定性的,以至诗的精神不但不能统制散文而且不可避免要传染得散文的病。因此我看不出天才有什么脱险的办法,除非抛弃现实的领域,努力避免和现实建立危险的

> 联系,和它完全断绝关系。因此我想诗的精神要建立它自己的世界,通过希腊神话来和辽远的不同性质的理想的时代维持一种因缘,至于现实则只会用它的污泥来溅人。
>
> ——给歌德的信,1795年11月4日。

这是鸵鸟把头埋到沙里去避猎人的办法,它是古今中外"遁世者"所共同采用的,他们一般都把这种避难所美化为天堂。恩格斯在《诗歌和散文中的德国社会主义》一文里曾提到席勒,说他"到康德的理想里去逃避鄙陋","归根到底不过是用夸张的鄙陋来代替平凡的鄙陋"。① 这对席勒是一针见血的批评。

《审美教育书简》出现在《季节女神》刊物上之后,立即引起哲学家费希特的批驳。费希特站在康德的主观唯心主义的立场,指责席勒的"感性冲动"还承认外在事物的存在,这恰好可以说明席勒对于康德的主观唯心主义毕竟还有所纠正。此外,费希特从他的较严肃的政治立场,指责席勒误认为通过审美教育可以达到社会的政治的自由,这却是打中了席勒的要害。

《审美教育书简》对德国古典美学的发展起过重要的作用,它形成了由康德的主观唯心主义转到黑格尔的客观唯心主义之间的桥梁。黑格尔在《美学》序论第三部分里对德国古典美学的发展作了一个简要的述评。在叙述康德之后,他紧接着就讨论席勒,对他作了很高的评价。他说,"席勒的大功劳就在于克服了康德所了解的思想的主观性与抽象性,敢于设法超越这些局限,在思想上把统一与和解作为真实来了解② ,并且在艺术里实现这种统

---

① 参看《马克思恩格斯全集》,第四卷,第二五六页。
② 康德还只能把统一作为抽象概念来了解,而且作为主观思想活动的结果来了解。

一与和解。"提到《审美教育书简》时，黑格尔特别赞扬席勒把美看作"理性与感性的统一"。① 康德本来也曾企图进到这两对立面的统一，却没有真正地达到，据黑格尔看，其原因在于康德所理解的统一是主观的和抽象的，而席勒则克服了这些毛病，所以比康德前进了一大步。黑格尔的"美是理念的感性显现"一条基本思想实际上就是席勒观点的进一步的发展。

## 二 《论素朴的诗与感伤的诗》

在发表《审美教育书简》的第二年（1795），席勒又发表另一篇重要论文：《论素朴的诗与感伤的诗》。在《审美教育书简》里（第5—6信），席勒已就近代文化与古代希腊文化进行了对比，指出在古希腊社会的单纯情况里，个人与社会以及个人内部的感性功能与理性功能都还处在谐和的统一体里，利于审美活动和艺术活动的发展；而在近代社会里则阶级对立和分工制造成人与人的矛盾以及人格内部的分裂和腐化，极不利于审美活动和艺术活动的发展。他还指出要使近代文化危机得到解救，须通过审美教育去恢复人的完整性，即感性与理性的统一，从而恢复社会的和谐和团结一致。这种古代人与近代人在心理情况上的对比一直是席勒在长期中深思熟虑的一个问题。这个问题从文克尔曼和莱辛提倡研究希腊文艺以后，特别是在浪漫运动逐渐露苗头以后，就日渐显得尖锐。人们逐渐意识到近代人的心理习惯，道德习俗，文学艺术乃至于一般文化和古希腊的都大不相同，因而谁优谁劣的问题以及如何继承古典遗产的问题也都跟着起来了。

---

① 黑格尔：《美学》，第一卷，第七三至七五页。

这是一种新唤醒的历史意识，这种历史意识在席勒心里比在当时任何思想家心里都显得更活跃，因为他素性爱沉思反省，对自己的理想与当时德国现实的矛盾以及对自己心中哲学思维与创造想象的矛盾，都特别感到尖锐，有时甚至感到苦痛。他在上文已经引过的给歌德的那封信里就已经道出了这种苦痛。歌德的比较单纯的一切从感性出发的艺术性格和席勒的徘徊于诗与哲学之间的性格的对比，也使席勒自觉相形见绌。他从他自己的缺陷去诊断近代诗人的病根，他羡慕歌德，他羡慕希腊，认为回到他们所表现的那种人格与自然的统一，感性与理性的统一，是近代诗的唯一出路。《论素朴的诗和感伤的诗》就是在这种认识和信念之下写成的。

这篇论文之所以重要，在于它在近代是第一篇论文，认真地企图确定古典主义文艺与浪漫主义文艺的特征和理想，给予它们以适当的评价，并且指出这两种创作方法统一的可能性。我们从下文将可以看出，席勒的"素朴诗"就是古典主义的诗，也就是现实主义的诗，他的"感伤诗"就是近代诗，也就是带有浪漫主义色彩的诗。歌德在《近代哲学的影响》一文里[1]，谈到席勒的这篇论文起于席勒和他自己由于对自然和对希腊文艺的看法不同而引起的争论，并且对这篇论文作了这样的评价："席勒在这篇论文里奠立了美学的全部新发展的基础；因为'希腊的'和'浪漫的'，以及所有其他可能发现的同义词，都是由这个讨论中派生出来的，原来讨论的主题是现实更重要还是理想的处理更重要。"从此可见，歌德也把这篇论文看作古典主义（即现实主义）与浪漫主义之争的出发点。

---

[1] 《歌德全集》，第三〇卷

在这篇论文里,席勒从分析人对自然的爱出发。他所理解的自然是广义的,包括外在自然(现实)和内在自然(人的本性)。人对着自然风景以及还在自然状态的人性(例如儿童和原始民族)都感到一种喜爱。这种喜爱不是由于对象本身,而是由于"它们所表现的一种观念","我们在它们身上爱那种寂静的在发展过程中的生命。……那种按照自己特有规律的生活,那种内在的必然性和永远和自己一致①的统一。"这些特性为什么使我们爱自然的对象呢?席勒回答说:

> 这些对象就是我们自己曾经是的东西,而且还要再是的东西。我们曾经是自然,像它们一样;我们的文化修养将来还必须循着理性与自由的道路,把我们带回到自然。所以这些对象就是一种意象,代表着我们的失去的童年,这种童年对于我们永远是最可爱的;因此它们在我们心中就引起一种伤感。同时它们也是一种意象,代表着我们的理想的最高度的完成,所以它们激发起一种崇高的情绪。

这就是说,人类在童年时代是与自然一体的。近代社会情况使人类与自然分裂对立,失去了童年。自然之所以引起我们的喜爱,一方面是由于它表现我们失去的童年,失去的那种纯洁天真的自然状态,那种"完整性"和"无限的潜能",因此喜爱之中不免夹杂"伤感";另一方面也是由于它表现我们的理想,即通过"文化教养"(审美教育),又回到自然,恢复已经遭到近代文化割裂和摧残的人性的完整和自由,因此喜爱之中带有"一种崇

---

① "和自己一致"即没有内部分裂。

高的情绪"。在这段话里席勒指出了感伤诗人的产生原因和心理特征[①]。

席勒指出近代感伤诗人的这种对自然的向往在古代素朴诗中是找不到的。"古代希腊人在描写自然方面固然极精确,极忠实,极详细,但是这也不过像描写衣服,盾,盔甲,家具或任何机械的作品一样,并不对自然事物感到更深厚的同情。""他们还就个别现象对自然加以人格化和神化,把自然的作用效果表现为自由存在(神或人——引者注)的行动[②],因此他们把自然中的平静的必然性取消掉了,而这正是对于我们近代人特别有吸引力的地方。他们奔放的想象只穿过自然就跳到人生戏剧上去。只有活的和自由的东西,只有人物和行动以及命运和道德习俗才能满足他们。"接着席勒解释这种现象的原因说:

> 希腊人在人道中还没有丧失掉自然,所以在人道以外遇见自然,并不使他们惊奇,他们也没有迫切的需要,要去寻找足以见出自然的对象。他们还没有自己与自己分裂(即内部分裂——引者注),因而自觉为人是快乐的,所以他们必然坚守人道为他们的大原则,努力使一切其他都接近这个原则。

这就是说,在希腊时代,人与外在自然还处在统一体,所以能如鱼与水之"相忘于江湖"(用庄子语);人的内在自然(感性与理性功能)也还没有分裂,人体验到为人的快乐,在自己身上就

---

[①] 参较马克思关于古希腊文艺的吸引力与童年回忆所说的话,见《马克思恩格斯选集》,第二卷,第一一四页。
[②] 例如把太阳看作日神放射的光辉。

可以认识到自然,所以人所关心的不是自然而是人道本身,是人物和行动。这是他们的人道主义。他们看自然,也"努力使它接近这个原则",所以把自然加以人格化和神化,把平静的必然转化为活动的自由。这正是产生素朴诗的心理情况。

近代人恰和希腊人相反。人与自然已由分裂而对立,成为主体与对象的关系,自然对于人已不是与人结成一体的直接现实,而是已成为一种"观念",由于近代社会职业分工以及其他因素,人自己与自己也分裂了,想象力与思考力互相冲突(像席勒自己所深切感到的)。所以"自然已从人道中消失了,我们只有在人道以外,在无生命的世界里,才能认识到自然的真相"。我们依恋自然,是"由于在社会关系,生活情况和道德习俗各方面,我们违抗自然"。这种"依恋自然的情感是和我们追悼消逝的童年和儿童的天真的那种情感密切相关的",也就像"一个病人想望健康的情感"。就是这种情感产生了感伤诗。趁便指出,歌德认为古典主义是健康的,浪漫主义是病态的,这个分别在席勒的这篇论文里可以看得更清楚。

在就古代人和近代人对自然的态度进行比较之后,席勒作出一个简赅的结论:

> 诗人或则就是自然,或则追寻自然,二者必居其一。
> 前者使他成为素朴的诗人,后者使他成为感伤的诗人。

这两种诗人由于社会情境所造成的心理类型不一致,在艺术创作方法上也就不同。在讨论这种不同时,席勒在西方美学史中首次明确地指出古典主义(实即现实主义)的摹仿现实与浪漫主义的表现理想的分别。他说当人"还是纯粹的自然","还作为一个和谐整体而发挥作用"时,"他的感觉是从必然规律出发的,他的思想是从现实出发的"。这就是说,从印象到感觉,从现实到思想,都依据客观世界的必然规律,都是直接的,不假道于反思,所以不参入主观态度。"但是一等到人进入文化状态落到人巧的掌握中,他原有的那种感性的和谐就被消除了,从此他就只能作为道德的①统一体(这就是说,作为向统一体的努力)而表现自己了。在前一种情况中还作为现实而存在的那种感觉与思想的协调一致现在只能作为观念而存在了……,只是一种有待实现的意念,而不是他的生活中的一件事实了。"用较易懂的话来说,人既已与现实对立,又要追求与现实统一,所达到的就不复是素朴人的那种人与自然的天真的协调("感性的和谐"),而是在既已失去协调之后努力恢复协调的有意识的道德的行为("道德的统一体");换句话说,在人就是自然时,这种协调是现实;在人追寻自然时,这种协调就只是一种理想或观念(这两词在西文里往往只是一事)。因此素朴诗人所反映的是直接现实,感伤诗人所反映的是由现实提升的理想,前者是纯粹客观的,后者是透过主观态度来反映客观世界的。席勒的原话是这样说的:

    诗不过是对人道作尽可能完满的表现。如果把诗的这个概念运用到上述两种情况,那就可以见出:在自然的单纯情况中,人还能运用他的一切功能,作为和谐的统一体而发挥作用,因此他的全部自然(本性)就会在现实中完满地表现出来,这就是尽可能完满的对现实的摹仿;至于在开化的情况中,上述人的全部自然(本性)的和谐协作已只是一种观念,于是使诗人成其为诗人的任务就在把现

---

① 德文 moralische 包含"道德的"和"精神的"两个意义。

实提升到理想,或则说,表现理想。

因此,席勒有时把素朴诗与感伤诗的对立看作"现实主义"与"理想主义"的对立,例如他说:

> 如果现实主义者在他的政治倾向上把目的定在幸福上面,这就须使人民的道德(精神)方面的独立性有所牺牲,理想主义者则处在幸福的危机,把自由看作他的目的。

在文学方面席勒是较早的一个人运用"现实主义"这个名词的。他还指出现实主义有蜕化到"自然主义"(用这个名词的席勒也是较早的一个人)的危险,前者以"真实的自然"为对象,后者则以"实在的自然"或"庸俗的自然"为对象。"实在的自然到处都存在着,而真实的自然则是远较稀罕的,因为它需要一种内在的必然来决定它的存在。"可见席勒对于"现实主义"的本质是看得很清楚的。他没有用"古典主义"和"浪漫主义"这一对名词,但是歌德在援用席勒的素朴诗与感伤诗的分别时,曾举过"古典的"与"浪漫的"作为"素朴的"与"感伤的"同义词。席勒在指出素朴诗直接反映现实,感伤诗表现理想之后,接着就指出这两种创作方法是可以统一的:

> 但是还有一种更高的概念可以统摄这两种方式。如果说这个更高的概念与人道观念叠合为一,那是不足为奇的。

席勒说这个道理当另作专文讨论,却没有实践这个诺言;揣测他的意思,大概是说无论是反映现实还是表现理想,都是从人道主义的原则出发,亦即从感性与理性的统一出发,这个较高的概念就可以作为两种创作方法统一的基础。

席勒在说明素朴诗与感伤诗的分别时，曾举出过一些生动的事例。例如荷马在《伊利亚特》卷六中写特洛依方面的将官格罗库斯和希腊方面的将官第阿麦德两人在战场上相遇，在挑战交谈中发现彼此有主宾的世交，就交换了礼物，相约此后在战场上不交锋。后来文艺复兴时代意大利诗人阿里奥斯托在《罗兰的疯狂》里所写的一段情节颇与此类似。回教骑士斐拉古斯和基督教骑士芮那尔多原是情敌，在一场恶战中都受了伤，听到他们所同爱的安杰里卡在避险中，两人就言归于好，在深夜里同骑一匹马去追寻她。席勒指出这两段诗"都很美地描绘出道德感对激情的胜利，都凭心情的素朴使我们感动"。但是两位诗人的描写手法却大不相同。阿里奥斯托是一位近代的感伤诗人，他"在叙述这件事之中，毫不隐藏他自己的惊羡和感动"，"突然抛开对对象的描绘，自己插进场面里去"，以诗人的身份表示他对"古代骑士风"的赞赏。至于荷马却丝毫不露主观情绪，好像他那副胸腔里根本没有一颗心似的，用他那种冷淡的忠实态度继续说，"格罗库斯迷了心窍，把值一百头牛的金盔甲赠给第阿麦德换回一副青铜盔甲，只值九头牛。"这样就处理了他的故事。席勒指出像荷马这样素朴的诗人的特点是：

> 他所用来处理题材的那种冰冷的真实简直近于无情。他专心致志地对着他的对象。……他隐藏在他的作品后面，他自己就是他的作品，他的作品就是他自己。一个读者对于他的作品或是没有本领去了解，或者已感到厌倦，才会追问到他本人如何。

从这个事例以及其说明来看，素朴诗与感伤诗的最明显的分别在于前者是纯粹客观的，后者是要表现诗人主观态度和情感的。这个分别的根源还在于素朴诗人还没有把主体（人）和对象（现实）看成对立，而感伤诗人则相反，要透过已分裂独立的主体来看已分裂独立的对象，这就是所谓"把现实提高到理想"来看。这中间还可看出自发与自觉（"反思"）的分别。

就一般说，素朴诗属于尚在自然状态的古代，感伤诗属于已开化的近代。但是席勒承认古代也可能有感伤诗，例如罗马"贺拉斯那位开化而又腐化的时代的诗人歌颂他的台伯河畔的宁静的快乐生活，他就可以称为这种感伤诗的真正的开山祖"。近代也可能有素朴诗，莎士比亚是一个显著的例子。席勒谈到他早年初次接触到莎士比亚的情形说，"我简直气愤，看到他那样冷酷无情，居然在最高度的激情中开起玩笑，用小丑的戏谑来破坏《哈姆雷特》，《李尔王》，《麦克白》等剧中的那些惊心动魄的场面。"在多年的仔细研究之后，他才学会喜爱莎士比亚。他追究"这种幼稚判断"的根源说："对一些近代诗人的认识把我引入迷途，使我先从作品中去找诗人，去探望他的心，去和他在一起来就他的题材进行思索，总之，从主体去看对象。使我难以忍受的是这位诗人绝不让人去捉摸到他，绝不肯回答我的问题。"此外，在席勒的心目中，歌德完全从感官和客观世界出发，颇接近素朴诗人。他认为《少年维特之烦恼》就是以素朴的方式来处理感伤的题材。这些事例似可说明素朴诗和感伤诗的分别（实即现实主义与浪漫主义的分别）并不是绝对的，它们是可以统一的。上文已经提到，席勒看到了统一的可能性，可惜他没有详加阐明。

素朴诗只有一种处理方式，因为它"追随单纯的自然和感觉，局限于对现实的摹仿"。至于感伤诗人则"要应付两种互相冲突的东西"，现实和理想，这双重原则究竟是哪一个占优势，就决定在处理方式上可以有分歧：

诗人所侧重的是现实还是理想？他是把现实写成引起反感的对象，还是把理想写成令人向往的对象？所以他的表现不是讽刺的，就是哀挽的，在这两种感受方式之中，每个感伤的诗人必居其一。

感伤诗不外讽刺诗或哀挽诗两种。讽刺诗是"把现实写成引起反感的对象"。现实之所以引起反感，是因为它与作者的理想发生矛盾，讽刺诗是作者凭理想对现实的批判。讽刺诗在性质上可分两种：惩罚的和嘲笑的。惩罚的讽刺诗须具有崇高的性质，最好的例子是斯沃夫特和卢梭。嘲笑的讽刺诗须具有美的性质，最好的例子是塞万提斯和费尔丁。前一种不应流于"报复"或诽谤，否则就会失去审美的自由。后一种不应流于"玩笑"，否则就会失去对无限的向往。哀挽诗是"把理想写成令人向往的对象"。"如当诗人拿自然和艺术对立，拿理想和现实对立，使得对自然和理想的描绘占优势，而这种描绘所生的快感也是占统治地位的情感，我就把他叫作哀挽的诗人"。哀挽诗也有两种："自然和理想或则是哀伤的对象，即自然是描绘为已经丧失去的，理想是描绘为尚未达到的；或则是欣喜的对象，即自然和理想都表现成为现实。前一种是狭义的哀挽的诗，后一种是最广义的牧歌性的诗。"换句话说，哀挽的诗是对现实缺陷的惋惜，牧歌性的诗是把理想表现为已成现实而加以欣赏，它所写的是处在童年状态的"天真而快乐的人类"。英国麦克浮生所伪造的《奥森诗》就是一种哀挽的诗，卢梭也是一位哀挽诗的作者，但是席勒嫌他还没有达到哀挽诗所必有的感觉与思想的和谐。牧歌性的诗在席勒的心目中是感伤诗的最高类型，因为在这种诗里"一切现实与理想的对立都已完全消除"。但是席勒所指的并不是西方传统的牧歌和田园诗，因为那些"美丽的虚构"还不足以表现理想，其中生活的平静来自静止不动,而理想所要求的平静却须来自完善。在这一点上后来黑格尔的看法也有些类似,他也不满意牧歌性的艺术,因为它缺乏重大意义的内容[①]。席勒和黑格尔都指责瑞士牧歌作家格斯纳,但是席勒认为密尔顿所写的乐园却是"最美的牧歌性的诗"。论感伤诗部分是全文的重点所在,对近代诗特别是德国诗作了一些深刻的具体的批评,这里不能详细介绍。

## 三　结束语

《论素朴的诗和感伤的诗》是席勒的最成熟的美学著作。它是作者根据自己的创作实践和对古今优秀文艺作品的深刻体会,对文艺与一般社会文化背景的关系进行深思熟虑的结果。在当时所能达到的思想水平上,他企图对欧洲文化与文艺的发展作一种高度概括化的总结,从而替当前德国民族文学的发展指出一个以古典主义的客观性来纠正浪漫主义的主观性的方向。

席勒虽然推崇古典文学,对近代文学有些不满,但也承认:(1)古今社会结构不同,文化不同,文学的性质也就不能强求一致;(2)素朴诗虽以完美见长,近代诗能表现无限,产生崇高感,却也非素朴诗所能赶上。这里可以见出他的历史意识。他的出发点仍是康德的感性与理性的对立以及自然与理想的对立,他对抽象的理想加以过分的宣扬,仍然流露出一些唯心主义。但是他毕竟不同于康德:(1)康德也看出感性和理性须达到统一,所见到的统一却只是主观的(停留在人的思想里)抽象的(统一只作为一种观念),席勒则企图证明感性与理性可以在现实世界

---

[①] 参看黑格尔:《美学》,第一卷,第二三七页。

里，特别是在艺术与审美活动里，统一起来，所以辩证的思想在席勒手里得到进一步的发展。这就启发了黑格尔转到客观唯心主义。（２）康德把现象世界看作主体认识功能赋予形式于物质的结果，席勒在主观意图上却力求纠正这种主观唯心主义的观点，强调艺术和美的客观性，素朴诗固然是从现实出发，感伤诗所表现的理想也还是"由现实提高"来的。从此可见，比起康德，席勒的思想具有较多的唯物主义的因素。

席勒在美学和文艺理论上的最大功绩在于首次指出现实主义的素朴诗与浪漫主义的感伤诗的分别在于前者反映现实而后者表现理想（"更高的现实"），前者重客观而后者重主观，并且指出这两种创作方法应该统一而且可能统一，尽管他对如何统一还没有看得很清楚。他首次在文学领域里确定了"现实主义"的涵义，而且指出它与自然主义不同：自然主义所处理的是"庸俗的自然"，现实主义所处理的是显出"内在必然性"的"真实的自然"。他对自然主义斥责不遗余力。他的文艺观点基本上是现实主义的。

和歌德在一起，席勒在《审美教育书简》以及其他论文里建立了浪漫运动时期的人道主义的理想：理想的人是全面得到和谐自由发展的"完整的人"。这个理想是在文艺复兴时期早就提出的，席勒的功劳在于给予这个理想以一种更具体更深刻的内容：人的完整性在于感性与理性的统一，必然与自由的统一以及现实与理想的统一。他认识到这种理想在近代资本主义社会中由于阶级的划分和严密的分工制而遭到破坏，并且指出近代文化危机的解救在于力求恢复已经割裂的统一。应该说，这种认识是深刻的。但是在寻求恢复统一的道路之中，他迷失了方向。从唯心史观出发，他没有看出近代文化危机的根源在于社会政治经济基础，妄想避开改革社会政治经济基础的任务，单从人的精神世界来寻求挽救文化危机的办法。他错误地自信在文艺和审美教育里找到了这种办法,依他看来,在这个精神领域里,已经失去的统一可以恢复,具体地见于"感性冲动"和"理性冲动"统一于"形式冲动",统一于所谓"活的形象"。就强调文艺须兼备感性形式与理性内容来说,他的美学观有它的正确的积极的一方面。但就强调"存在"(Sein)与"显现"或"形象"(Schein)的对立,因而避开社会实践而把人的精神世界看作孤立和独立的世界来说,他的美学观点仍然是形而上学的,反映当时德国知识界"庸俗市民"习气,而且隐含着消极浪漫主义和颓废主义萌芽的。许莱格尔、叔本华和尼采等消极浪漫主义者思想中有些因素都可以溯源到席勒。

席勒的美学思想是充满着矛盾的。要认识这种矛盾,最好的办法之一是就席勒的《审美教育书简》和马克思的《1844年经济学哲学手稿》来进行一番仔细的比较。马克思在这部名著里所讨论的问题,如"劳动的异化",人的全面发展,人与自然的统一,最高的人道主义以及艺术在人的全面发展中所占的地位之类重大问题,正是席勒所接触到而且努力要求解决的。马克思在一些论点上可能受到席勒的启发,但是马克思和席勒有唯物史观和唯心史观的基本分歧。读者会发现这种比较对于美学史的研究者是一种深刻的教育。

# 第十五章 黑格尔

## 一 黑格尔的客观唯心主义哲学体系和辩证法，它与过去哲学传统的关系以及它的内在矛盾

黑格尔（Hegel，1770—1831）处在法国资产阶级大革命的时代，像当时许多德国知识分子一样，在法国革命由右翼吉伦特党领导的阶段，他热烈地表示欢迎，但是到了左翼雅各宾党领导的阶段，民众掀起了暴力革命，他就表示厌恨。在他看，革命只是主观精神发展的低级形式，而主观精神发展的高级形式则是主观理想与现实的调和。他的"凡是现实的都是理性的，凡是理性的都是现实的"一个公式就有跟现实妥协的一面。所以到了晚年，他颂扬普鲁士君主专制为最完善最合理性的政体形式，显出了当时在德国流行的庸俗市民的气息。但是比起康德，他较关心现实问题。在哲学中他运用了前此哲学家们很少用过的历史发展的辩证观点，这是当时西方历史中巨大变革在他头脑里的反映。他处在德国古典哲学发展的高峰，曾自命是过去一切哲学流派的集大成者。在马克思主义哲学出现以前，黑格尔在哲学中确实达到超过前此一切哲学家的成就。在美学方面也是如此。

黑格尔的美学是建筑在他的客观唯心主义哲学体系和辩证法的基础上的。《美学》第一卷讲原理，其中有很大一部分讲他的哲学体系和辩证法。为着对他的美学思想获得比较正确的理解

和进行比较正确的评价，我们还须进一步说明他的哲学体系和辩证法以及这二者之间所存在的矛盾。

黑格尔有一句名言："凡是现实的都是理性的，凡是理性的都是现实的"，就是肯定理性世界与感性世界的统一。他之所以走到这个结论，多少受了康德的范畴说的启发，康德的十二范畴全是逻辑性的，即人心要认识事物，在逻辑上（即照理而论）就必须假定先有这些先验的范畴。这里所谓"先"是就于理必先来说，并不指时间上在先，黑格尔从范畴说见出了这几点道理：（1）哲学可以从一些普遍的范畴（相当于他的"理念"，为数要比康德所举的多得多）逻辑地把整个宇宙中的万事万物推演出来，这样就可以说明万事万物的理性或必然性；（2）正如范畴结合感性材料产生了人的认识，也就同时产生了现象世界，这种逻辑推演的过程是思想发展的过程，同时也就是客观世界发展的过程（逻辑与历史的统一）。这样，真实世界的演变也就是哲学的演变，世界愈向前进展，知识也就日渐深化。因此，康德的不可知的"物自体"就不复存在了。这样，黑格尔就批判了康德的二元论和不可知论。

在说明如何从理念或范畴逻辑地推演出宇宙之中，黑格尔吸收了而且发展了从古希腊就早已有之、而康德在"先验综合"说里也应用过的辩证发展的观点，亦即对立面由矛盾而统一的观点。我们就举"理念"本身这个范畴来说明黑格尔的辩证法，因为这样最便于下一步介绍黑格尔对于艺术美的基本思想。"理念不是别的，就是概念，概念所代表的实在，以及这二者的统一"（第一三〇页）[①]。这里统一的过程是一个辩证发展的过程。定

---

[①] 本章引文凡是只标页数的都引自编者所译的黑格尔《美学》第一卷（人民文学出版社1958年版）。

义中含着三项：首先是概念，是"正"，其次是概念所代表的实在，是"反"；最后是这二者的统一，是"合"。概念就是理念处在抽象状态（例如"人"或"人之所以为人"），只涉及普遍性，所以还是片面的，不真实的；它是于理应有而于事尚未实有的一种抽象品，一种"浑然太一"，没有有限事物的任何定性。但是既是概念，它就是一种整体，它本身就已潜含它所代表的实在（即黑格尔所谓"自然"或"另一体"），作为它的对立面（例如与"人之所以为人"相对立的个别具体的人），这种实在既是概念的个别事例，它就否定了概念的抽象的普遍性。用黑格尔的术语来说，概念在它自身"设立"了它的对立面来"自否定"。但是这种对立并非永远处于对立，否定也不等于消灭。对立是为着统一，否定还要经过再否定而提升到高一级的肯定。实在（即个别事例本身）如果抽象地看，看成只有个别性，那也就还是片面的、不真实的；它与概念结合，得到了概念的普遍性，因而否定了它原有的片面的、抽象的个别性，这就是"否定的否定"。经过这否定的否定，概念的普遍性与实在的个别性统一起来了，在统一体中二者又重新肯定了自己（例如人的某些普遍性体现于浮士德或哈姆雷特）。"否定的否定"说明辩证过程中两个程序：第一是否定，即概念在它自身里设立对立面（实在），来否定它自身的抽象性和片面性；其次是否定的否定，即由概念与实在的统一来否定这对立。这两个程序只是为说明的方便，才加以区分，实际上并不存在时间上可分先后的两个程序。概念在设立对立面时，同时就已否定了自己，同时也就已由统一而否定了否定，重新肯定了自己。所谓两个程序只是同一运动中的两个方面。从此可知，黑格尔所说的由否定的否定所达到的统一就是一般与特殊的统一。在这个辩证过程中，用黑格尔的术语来说，概念借实在的"中

## 第十五章 黑格尔

介作用"（Vermittled）①，在"自否定"之中就是在"自确定"（得到定性），也就是在"自生展"。

这里要特别注意的是，黑格尔把理念的辩证发展过程看成是自否定即自确定、自生展的过程，就是因为这个缘故，黑格尔把理念看成是"无限的"、"绝对的"、"自由的"、"独立自在的"。这几个词所指的其实只是一回事。

我们不妨单提"无限"来说明。"无限"是对"有限"而言。"限"就是"限定"或"约制"。我们所看到的现象世界叫作"有限世界"，其中每一事物叫作"有限事物"。何以叫作"有限"呢？因为自然界每一事物都与它周围的许多其他事物对立，和那些事物处在一种由必然规律统治着的关系网里，这一事物就要受它和那些事物的关系所限定或约制。就是这种限定或约制使它成为它那样的事物，即使它得到定性。比方说一棵麦子，它要受种子、土壤、水分、阳光、种麦人、技术、生产和分配的关系以及许多其他自然关系和社会关系的限定，它才成其为麦子。麦子因此是"有限的"，与其他事物"相对的"，受外来影响约制的而不是"自由的""独立自在的"或"自生展的"。依黑格尔看，理念却不如此，因为理念的发展过程，不像有限事物那样受与它对立而相关联的事物自外来的限定，而是在自身设立对立面，自否定亦即自确定、自生展的过程。就是在这个意义上理念是"无限的"（不受外来事物的限定），"绝对的"（不与外来事物对立），"自由的"或"独立自在的"（不受对立事物的必然关系的限定）。

---

① Vermittled：列宁在《哲学笔记》里把这字解释为"联系"，编者在《美学》译文中译为"调和"，英俄译本都译为"间接"。

在黑格尔的体系中，整个真实界是一个绝对理念，它是抽象的理念或逻辑概念和自然由对立而统一的结果。绝对理念就是"绝对精神"或"心灵"（Geist），是最高的真实。"绝对精神"是概念与存在的辩证的统一（即近来哲学界所争论的思维和存在的同一），也就是主观精神与客观精神的辩证的统一。首先是主观精神，即主观方面的思想情感和理想。它的特点是内在的即潜伏于内心的，所以还是片面的、有限的。它外现于伦理、政治、法律、家庭、国家等等，这就成为它的对立面，即客观精神。客观精神是外在的、不自觉的，所以也还是片面的、有限的。只有主观精神与客观精神由对立而统一，才产生绝对精神。在绝对精神阶段，精神（主体）才认识到它自己（客体或对象），认识主体同时是认识对象，所以它是主观与客观的统一。绝对精神显现于艺术、宗教和哲学三阶段。到了哲学，精神就发展到了它的顶峰，也就是真实世界发展到了它的终点。

与此相关的还有"存在"的三种不同形式，须顺带地说明一下。理念在逻辑的抽象阶段的那种存在只是"潜在""虚有"或"抽象的有"（sein），在自然的阶段的那种存在是"自在"或"实有"（Ansichsein），而体现于人类精神的那种存在就是"自在又自为的"（Ansich und fursich sein）。所谓"自为"就是"自觉""自己认识到自己"。只有在自在自为的状态，精神才是真正"绝对的""无限的""自由的""独立自足的"。

以上是黑格尔哲学的粗略的轮廓。他的客观唯心主义的哲学体系和辩证法之间的基本矛盾主要地可以从两点上见出：

第一，马克思主义者从唯物观点出发，首先肯定自然与社会存在的第一性。自然和社会（总而言之，客观世界）依矛盾统一的辩证过程发展着，这辩证过程反映于人的意识，于是人对自然和社会的发展就有了主观方面的认识，就有了科学和哲学。黑格尔却不然。他从唯心观点出发，首先肯定理念的第一性。他所谓矛盾统一的过程不是自然和社会的发展过程，而是理念的"自生发"过程，就是理念"生发"了自然，还生发了社会制度以及艺术、宗教和哲学等等。社会制度，科学，哲学，宗教，艺术等不是自然与社会发展的反映，而是绝对精神的显现。哲学的发展本身就是真实世界的发展，他虽然承认理念须经过与自然对立而达到统一，才变成具体的、真实的。但是问题的关键正在于理念如何转变为自然，这也就是说，逻辑概念如何产生物质世界。马克思在《神圣家族》里对黑格尔想从理念产生自然的企图作过极精辟的批判，其中有一句话是一针见血的："要从现实的果实得出'果实'这个抽象的观念是很容易的，而要从'果实'这个抽象的观念得出各种现实的果实就很困难了。"[①]从现实的果实得到"果实"的抽象概念，这是人认识世界的正常程序，而黑格尔却把这种本来由人用理智从事物抽象得来的概念定为不依存于人的客观存在的理念，以为从这种抽象的理念就可以推演出可吃的果实以及整个客观世界。这正是"首足倒置"。他的门徒费尔巴哈曾指出这种倒置是由于把人的思维发展过程对象化为客观世界发展过程，仿佛它就是一种不依存于人的客观存在，这正如宗教把人的理想对象化为神一样，都是幻想的结果。严格地说，黑格尔不但没有达到理性世界和感性世界的统一，而且感性世界在他的体系里根本不能存在，他始终没有跳出他在《逻辑学》里所描绘的那个理性世界的圈子。

其次，辩证发展的道理本来是他的哲学的支柱，合理的内核，但是由于要推演出一套完满自足的理念体系，作为推演出感性世界

---

[①] 见《马克思恩格斯全集》，第二卷，第七一至七五页。

的根据，他就不得不要求有一种涵盖一切的绝对的理念，成为发展的终点，因此他的辩证发展是有止境的、只能应用于过去而不能应用于未来的。这就根本破坏了辩证发展的观点。所以黑格尔的思想中不但存在着客观唯心主义哲学体系与辩证法之间的严重的矛盾，而且就在他的辩证法本身也还存在着严重的矛盾。

但是这并不是说，黑格尔的哲学因此就应全盘推翻。辩证法的合理内核毕竟是不容抹煞的。恩格斯对于黑格尔作过最公允的评价。他说："黑格尔的体系作为体系来说，是一次巨大的流产……它还包含着不可救药的内在矛盾"，但是"他的巨大功绩在把整个自然的、历史的和精神的世界描写为一个过程，即把它描写为处在不断的运动、变化、转变和发展中，并企图揭示这种运动和发展的内在联系"。①

黑格尔所作的是对于理念的抽象的逻辑的演绎，但是他所得的结论往往可以应用到自然和社会现象上去。所以马克思和恩格斯说："黑格尔常常在思辨的叙述中做出把握住事物本身的、真实的叙述。"②甚至黑格尔的有些错误的言论，如果从另一个角度去看，可以包含很深的真理。例如黑格尔对于由理念产生自然的说法，我们在上文已经批判过，是极端错误的，列宁在《哲学笔记》里对这个说法却记下了这几句话："观念的东西转化为实在的东西，这个思想是深刻的，对于历史是很重要的，并且就是从个人生活中可看到。这里有许多真理……"③列宁是从"意识反过来影响存在"或"精神转化为物质"那个马克思主义观点在

---

① 见《马克思恩格斯选集》，第三卷，第六四页和六三页。
② 见《马克思恩格斯全集》，第一卷，第七六页。"思辨的叙述"指对于逻辑推演的论断；"真实的叙述"指对于真实界的论断。
③ 列宁：《哲学笔记》，人民出版社，1957年版，第九一页。

黑格尔的错误的言论中发现真理的。这些评语对我们启示了读黑格尔（乃至于过去一切古典著作）的方法，即在错误体系中发现合理内核的方法。这就是毛主席所说的"去伪存真，去粗取精"的方法。只有用这种方法，我们读黑格尔的哲学（包括美学在内），才能"披沙拣金"。沙在那里，金也在那里；不应让金把沙蒙蔽住，也不应让沙把金蒙蔽住。

## 二 黑格尔美学的几个基本观点

我们既已就黑格尔的哲学体系和辩证法作了简略的说明，现在进一步来说明他的美学就比较容易了。黑格尔美学的内容是极丰富的，这里只能介绍他的下列七个比较关键性的观点。

### 1. 美是理念的感性显现

黑格尔的全部美学思想都是从一个中心思想生发出来的。这就是他的美的定义：

> 真，就它是真来说，也存在着。当真在它的这种外在存在中是直接呈现于意识，而且它的概念是直接和它的外在现象处于统一体时，理念就不仅是真的，而且是美的了。美因此可以下这样的定义："美就是理念的感性显现。"
> ——第一三八页[①]

---

① 本章引文页码均据黑格尔《美学》，第一卷。

理念就是绝对精神，也就是最高的真实，黑格尔又把它叫作"神"、"普遍的力量"、"意蕴"等等。这就是艺术的内容。就内容说，艺术、宗教和哲学都是表现绝对精神或"真实"的；三者的不同只在于表现的形式。艺术表现绝对精神的形式是直接的，它用的是感性事物的具体形象；哲学表现绝对精神的形式是间接的，即从感性事物上升到普遍概念，它用的是抽象思维；至于宗教则介乎二者之间，它所借以表现绝对精神的是一种象征性的图像思维（Vorstellung）①，例如用父子的图像来表现神与基督一体，是用既含有个别形象又含普遍概念的东西来表现普遍真理。美的定义中所说的"显现"（schein）有"现外形"和"放光辉"的意思，它与"存在"（sein）是对立的。比方说画马只取马的外在形象，不把马当作实际存在的可骑行的东西来看待。如果舍形象而穷究"存在"的实质，那就成为哲学的抽象思考，就失去艺术所必有的"直接性"了。这种"显现"就是一种自否定即自生发的辩证过程。"显现"的结果就是一件艺术作品。在艺术作品中，人从一种有限事物的感性形象直接认识到无限的普遍真理。人们常说，艺术寓无限于有限。这种说法其实就是黑格尔的美是理念的感性显现的说法。黑格尔的定义肯定了艺术要有感性因素，又肯定了艺术要有理性因素，最重要的是二者还必须结成契合无间的统一体。拿我们中国目前文艺为例来说，大多数文艺作品都体现社会主义建设总路线的精神，这种精神就是黑格尔所理解的"理念"或理性内容，这普遍的理性内容体现于不同作品的不同的感性形象。每一部成功的作品都是这个理念（总路线精神）的具体的感性显现，都是理性与感性的辩证的统一。

---

① 一般译作"表象"或"观念"。

## 第十五章　黑格尔

黑格尔的这种理性与感性统一说在美学史上是带有进步性的。西方美学自从一七五〇年鲍姆嘉通创立 Aesthetik（美学）这门科学的称号起，经过康德、许莱格尔、叔本华、尼采以至于柏格森和克罗齐，都由一个一线相承的中心思想统治着，这就是美只关感性的看法。美学的名称 Aesthetik 这一词的原义就是研究感觉的学问，是与逻辑对立的；这就是说，美只在感性形象上，美的享受只是感官的享受。这种思想发展到最后，就成为克罗齐的直觉说。在这个潮流之中，黑格尔可以说是一个中流砥柱，他把理性提到艺术中的首要地位。他说得很明确：

> 艺术作品却不仅是作为感性的对象，只诉之于感性领会的，它一方面是感性的，另一方面却基本上是诉之于心灵的，心灵也受它感动，从它得到某种满足。
>
> ——第四二页

这里的"心灵"，依黑格尔惯用的意义，是自觉的心灵活动，主要指"心智"（德文 Geist 本有此义）。黑格尔这样强调理性，意义是重大的。他肯定了思想性在艺术中的重要性，但是他同时也反对另一极端，即艺术的抽象公式化。他说：

> 艺术作品所提供观照的内容，不应只以它的普遍性出现，这普遍性须经过明晰的个性化，化成个别的感性的东西。如果艺术作品不是遵照这个原则，而只是按照抽象教训的目的突出地揭出内容的普遍性，那么，艺术的想象的和感性的方面就变成一种外在的多余的装饰，而艺术作品也就被割裂开来，形式与内容就不相融合了。
>
> ——第六〇页

所以抽象的思想在艺术作品中虽是重要的，却不应只是以抽象的思想出现，而应化成有血有肉的感性形象，这样才能达到艺术所要求的理性与感性的统一。这一点在下文讨论人物性格时还要谈到。

其次，理性与感性的统一也就是内容与形式的统一，内容或意蕴就是理性因素，形式就是感性形象。① 黑格尔说：

> 遇到一件艺术作品，我们首先见到的是它直接呈现给我们的东西，然后再追究它的意蕴或内容。前一个因素——即外在的因素——对于我们之所以有价值，并非由于它所直接呈现的；我们假定它里面还有一种内在的东西，——即一种意蕴，一种灌注生气于外在形状的意蕴。那外在形状的用处就在指引到这意蕴。
>
> ——第二二页

这段话可以看作对康德的形式主义的批判。依康德，"纯粹的美"只是"直接呈现"的外在因素，即艺术的外在形式。美的东西最好不带意蕴，如带意蕴，美就不是"纯粹的"而是"依赖的"。这种学说其实就是"为艺术而艺术"的文艺观的哲学基础。欧洲美学一直是由康德思想中形式主义一方面统治着的。黑格尔是孤立的，尽管他费尽气力阐明理性内容在艺术中的首要地位，而在资产阶级的美学和艺术实践中，他的学说没有发生多大影响，感性主义和形式主义一直在泛滥着。

---

① 把感性形象看作"形式"，与一般人把比例对称变化整齐等看作"形式"不同。这是沿用席勒的用法。后来别林斯基也沿用这个用法。

另一点值得注意的是：黑格尔一方面强调内容与形式的一致，另一方面也强调内容的决定作用：

> 形式的缺陷总是起于内容的缺陷。……艺术作品的表现愈优美，它的内容和思想也就具有愈深刻的内在真实。
> ——第八九页

第三，理性与感性的统一其实也就是主观与客观的统一。这里有两点需要说明。第一点是黑格尔把理性因素看作是主观方面的。这与他强调理念的客观性（客观唯心主义的基础）在表面上好像是互相矛盾的。但是这里含着一个辩证的道理。就其作为客观世界的根源来说，理念是普遍的逻辑范畴，是万事万物后面的理，所以是客观的。就其作为人的生活理想和生活的推动力来说，绝对精神即理念同时也是主观的。第三点是存在于人心中的理念（真理认识，理想，愿望）必须在现实世界中实现，否定它原来的片面性，才能变成统一的整体，这就是黑格尔的下面一段话的意思：

> 内容本来是主观的，只是内在的；客观的因素和它对立，因而产生一种要求，要把主观的变为客观的，……而且只有在这完满的客观存在里才能得到满足。……按照它的概念，主体就是整体，不只是内在的，而且要在外在的之中，并且通过外在的，来实现这内在的。……只有借取消这种自身以内的否定，生命才能变成对它本身是肯定的。经历这种对立、矛盾和矛盾解决的过程是生物的一种大特权；凡是始终都是肯定的东西，就会始终都没有生命。生命是向否定以及否定的痛苦前进的，只有通过消除对立和矛盾，

生命才变成对它本身是肯定的。如果它停留在单纯的矛盾上面，不解决那矛盾，它就会在那矛盾上遭到毁灭。

——第一一九至一二〇页

一切有生命的东西都须经过主观与客观（即内在与外在）的矛盾和统一，包含艺术在内。

总观以上三点，"美是理念的感性显现"这句定义包括理性与感性的统一，内容与形式的统一以及主观与客观的统一三个基本原则，足见它有丰富的内容和高度的概括性。但是由于它的基础是客观唯心主义，它就必然具有客观唯心主义在精神与物质的关系上所犯的首尾倒置的基本错误。如果我们回想起歌德所指出的"为一般而找特殊"和"在特殊中显出一般"的分别，黑格尔的美的定义所包含的缺点就更显而易见，因为他的出发点是一般而不是特殊，是抽象的理念而不是具体的现实生活，即歌德所说的"为一般而找特殊"而不是"在特殊中显出一般"，尽管他在讨论人物性格时，也强调过人物性格应具有生动鲜明的个性，反对过抽象化。他的客观唯心主义的出发点是抽象的理念，在这种哲学基础上他就无法克服这个基本缺点。后来车尔尼雪夫斯基在《艺术与现实的审美关系》里批判了黑格尔的美的定义，提出"美是生活"的定义来代替它，就把美学移置到唯物主义的基础上，这是一个极大的功绩。但是车尔尼雪夫斯基把理性内容与感性形式的统一这个合理内核也一并抛弃掉，却是不正确的。他坚持艺术从生活出发，在这一点上他和歌德是一致的，但是他没有理解歌德的"在特殊中显出一般"的道理，所以他不能理解典型化在艺术中的重要性，而这一点黑格尔却是理解得很清楚的。

## 2. 美学中实践观点的萌芽

黑格尔的主客观统一的观点包含着美学中实践观点的萌芽，这是应该特别提出的。为着理解这个观点，我们首先就要克服一般人在主客观关系上所持的形而上学的看法。在一般人看来，我和外在现实世界是绝对对立的：是我就只是我，里面不能有外在现实世界；是外在现实世界就只是外在现实世界，因其外在于我，里面就不能有我。我们是依两物体不能同时占同一空间那个机械律来看这问题的。所以这种看法是机械唯物论或二元论的看法。黑格尔却不这么看，他认为外在现实世界是人的认识和实践的对象；人在认识和实践之中，就在外在现实世界打下了人的烙印，人把他的"内在的"理念转化为"外在的"现实；同时，人作为心灵，就是他的认识活动和实践活动的总和，也就是和外在世界由矛盾对立而转化成的统一体。用他自己的话来说：

> 理想的完整中心是人，而人是生活着的。……属于生活的主要地是周围外在自然那个对立面，因而也就是和自然的关系以及在自然中的活动。……但是正如人本身是一个主观性的整体，因而和他的外在世界隔开，外在世界本身也是一个首尾贯穿一致的完备的整体。但是在这种互相隔开的情况，这两种世界却仍保持着本质性的关系，只有在它们的关系中，这两种世界才成为具体的现实，表现这种现实就是这种艺术理想的内容。
>
> ——第三〇五至三〇六页

可见脱离外在世界的人，和脱离人（主体）的外在世界，都是抽象的，不真实的，只有二者的统一体才是真实的。统一的联系是

"生活",而"生活"就是认识活动和实践活动。下面两段话说得更清楚:

> 有生命的个体一方面固然离开身外实在界而独立,另一方面却把外在世界变成为他自己而存在的:它达到这个目的,一部分是通过认识,即通过视觉等等,一部分是通过实践,使外在事物服从自己,利用它们,吸收它们来营养自己,因此在他的"另一体"里再现自己。
>
> ——第一五五页

> 只有在人把他的心灵的定性纳入自然事物里,把他的意志贯彻到外在世界里的时候,自然事物才达到一种较大的单整性。因此,人把他的环境人化了,使那环境可以使他得到满足,对他不能保持任何独立自在的力量。
>
> ——第二一八页

这里特别值得注意的是"人把他的环境人化了"这个深刻的概念。在成了人的认识和实践的对象时,自然就已不复是单纯的生糙的自然,而是与人结成统一体的自然了。另一方面,人在"人化"他的环境的过程中,就是把他的能力,理想和意志(理念)体现在那"人化"的环境中,使他自己得到"实现"、"生展"或"肯定"。因此,人也不复是单纯的抽象的人,而是与自然结成统一体的人了。黑格尔是这样说明这个道理的:

> 人还通过实践的活动,来达到为自己,因为人有一种冲动,要在直接呈现于他面前的外在事物之中实现他自己,而且就在这实践过程中认识他自己。人通过改变外在事物来达

到这个目的,在这些外在事物上面刻下他自己内心生活的烙印,而且发现他自己的性格在这些外在事物中复现了。

——第三六至三七页

在这里黑格尔所说的显然就是人在改造世界的同时也改造自己的道理,也就是在这种过程中黑格尔见出艺术的根源:

例如一个男孩把石头抛在河水里,以惊奇的神色去看水中所现的圆圈,觉得这是一个作品,在这作品中他看出他自己活动的结果。这种需要(把内在的理念转化为外在的现实,从而实现自己——引者注)贯穿在各种各样的现象里,一直到艺术作品里的那种样式的在外在事物中进行自我创造。

——第三七页

很显然,黑格尔在这里是把艺术和人的改造世界从而改造自己的劳动实践过程联系在一起的。在这里我们看到美学的实践观点的萌芽。这是黑格尔美学思想的最基本的合理内核。马克思在《为神圣家族写的准备论文》里就特别指出了这一点:

黑格尔把人的自我产生(即"自我实现","自我创造"或"自肯定"——引者注)看作一种过程……这就是说,他看出了劳动的本质,他把对象性的人,真正现实的人,看作他自己劳动的产品。

这就是说,黑格尔见出劳动的本质在于人在自然中实现自己。但是马克思也指出黑格尔在这个问题上的局限性:"黑格尔只知道而且只承认劳动的一种方式，即抽象的心灵的劳动。"黑格尔在谈到英雄时代时，也屡次提到物质生产的体力劳动，但是他基本上是把人的自我实现看成是"理念"的自生展或"外化"，所以马克思说，他只承认"抽象的心灵的劳动"是符合黑格尔思想的基本精神的。因为站在客观唯心主义基础上，不能把实践理解为物质生产的体力劳动，黑格尔就无法充分发展他所隐约见到的美学上的实践观点。只有到马克思在《1844年经济学哲学手稿》和《资本论》里把艺术和物质生产的体力劳动联系在一起，美学上的实践观点才真正建立起来。① 这样，美学便由客观唯心主义的基础上，移置到坚实的辩证唯物主义的基础上。在这个新的基础上，黑格尔美学中一些重要的思想，例如对于人与自然，理性与感性，以及认识与实践的辩证的看法，就通过批判而获得了新的生命。

## 3. 艺术美与自然美

黑格尔在《美学》里一开始就宣布他"所讨论的并非一般的美，而只是艺术的美"，并且认为美学的正当名称应该是"艺术哲学"。把美学的范围这样界定，他"就把自然美除开了"。资产阶级美学家们批评到黑格尔时，大半都责备他忽视自然美。其实黑格尔并没有忽视自然美，在第一卷讨论美的基本原理的三章之中就有一章（第二章）专讲自然美。而且从"美是理念的感性显现"这个定义看，黑格尔所了解的艺术必然要有自然为理念的对立面，才能造成统一体（"自然"在他的美学里有各种别名，

---

① 参看本书第二十章（二）。

例如"感性因素"、"外在实在"、"外在方面"等）。不过黑格尔轻视自然美，这确是事实。他说得很明确：

> 我们可以肯定地说，艺术美高于自然。因为艺术美是由心灵产生和再生的，心灵和它的产品比自然和它的现象高多少，艺术美也就比自然美高多少。
> 
> ——第二页

他并且声明这里说的高低还不仅是一种量的分别，而是一种质的分别，因为

> 只有心灵才是真实的，只有心灵才涵盖一切，所以一切美只有涉及这较高境界而且由这较高境界产生出来时，才真正是美的。就这个意义来说，自然美只是属于心灵的那种美的反映，它所反映的是一种不完全、不完善的形态。
> 
> ——第三页

从此可知，黑格尔对于自然美的轻视是从"理念的感性显现"这个美的定义所产生出来的。据定义，美是显现理念即绝对精神的，所以它是无限的、自由的、独立自在的；而自然却是有限世界，它是相对的、没有自由和独立自在性。所以单纯的自然根本就纳不进美的定义里去。这个分别的根源在于：自然只是"自在"的，它认识不到它自己的存在，而理念作为绝对精神，特点就在"自在自为"，就在自己认识到自己；自然的自在的存在只是"直接的，一次的"，"人作为心灵，却复现他自己，因为他首先作为自然物而存在，其次他还为自己而存在，观照自己、认识自己、思考自己，只有通过这种自为的存在，人才是心灵"（第三六页）。

艺术美正是心灵的这种"观照自己"的"自为"活动所产生的，他所说的"艺术美是由心灵产生和再生的"，指的就是既自在（产生）而又自为（再生）。只是"自在"而不能"自为"的自然，也就当然不能有符合上述定义的美了。因此，黑格尔说："任何一个无聊的幻想，它既然是经过了人的头脑，也就比任何一个自然的产品要高些，因为这种幻想见出心灵活动和自由。"（第二页）

　　但是黑格尔也并非完全否认自然美，自然既然是逻辑概念的"另一体"，是精神这个统一体里的一个否定面，它就有不同程度的抽象的精神或理念的显现，也就有不同程度的美，尽管这种美还是不完善的。自然界有限事物是由低到高，逐渐上升的。最低的是无机物、即矿物界，其次是有机物，而有机物之中又由植物界上升到动物界，动物界之中又由低级动物上升到人。在这逐级上升的过程中，精神的作用显现得愈多，单纯物质的作用就愈少，美的程度也就愈高。这里所谓精神的作用是指灌注生气于各个别部分使它们显出是一个统一体的那种作用。黑格尔把这种作用叫作"内在的"、"主观的"、"观念性的统一"，实即有机体之所以成为有机体的内因。

　　姑从无机物说起。比如一堆石头只是杂多的石头堆集在一起，每块石头是独立的，与全堆无必然的内在联系，添上几块或是拿去几块，并不能影响石堆之为石堆。这石堆就缺乏生命或是灵魂（内在的、主观的、观念性的统一），来使这堆乱石形成一种生气灌注的不可分解的整体，而只是单纯的物质在起作用，所以不能有美。

　　有机物就不如此。比如一匹马也现出杂多的部分如四肢五官等，但是这些杂多的部分却不像一堆乱石，而是令人一眼就看到它们是一个有机体之中的彼此分立而又互相紧密联系的部分。它们是一个统一体，一匹完整的马。马之有别于石堆的就在它有生

## 第十五章 黑格尔

命,生命就是它的"观念性的统一",它灌注生气于全体和每一部分,因此每一部分是统一体的不可少的一部分。用黑格尔的话来说:

> 只有在这种有机组织里,概念(上文"生命")的观念性的统一才出现在各个部分里(如马的四肢五官),作为它们的支柱和内在的灵魂。到了这步,概念才不沉没在实在里(例如上文的石堆),而是作为内在的同一和普遍性(抽象概念的生命)而转化为存在(实在的马在全体各个部分所现出的生命)。(括弧中注是引者加的)
> ——第一四八页

生命是有机体的概念,是内在的统一。这种内在的统一既然不能"沉没在物质里",就须显现为外在的统一。黑格尔说:

> 这种主观的统一在有机的生物身上表现为情感。在情感和情感表现里,灵魂显出自己是灵魂……在发生情感的灵魂及其情感的表现流露于这些部分(身体各部分,——引者注)时,无处不在的内在的统一就显现为对各部分只是实在的独立自在性的否定,这些独立自在的部分现在就不只是表现它们自己,而是表现灌注生气给它们的发生情感的灵魂。
> ——第一六〇页

只有在有机物的阶段,自然才现出灌注生气于全体各部分的"观念性的统一",因此才可以有美。因此,黑格尔替自然美所下的定义是:

>        我们只有在自然形象的符合概念的客观形象之中（即概念与实在的统一体之中）见出受到生气灌注的互相依存的关系时，才可以见出自然的美。这种互相依存的关系是直接与材料（即感性素材，如形状、颜色、声音等）统一的，形式就直接生活在材料里，作为材料的本质和赋予形状的力量。（括弧中注是引者加的）
>
> ——第一六四页

从此可知，黑格尔采取了美是"寓杂多于整一"的看法，石堆只是杂多，有生命的东西才见出整一（如马），使杂多成为整一的正是"生命"，"精神"或"理念"的通体贯注，即黑格尔所说的内在的观念性的统一。

"自然美的顶峰是动物的生命"（第一六六页）。但是纵然达到了顶峰，自然美还是有缺陷的，原因在于动物只是"自在"的而不是"自为"的，还没有自己对自己的认识。"动物的生命不能看到自己的灵魂……动物的灵魂不是自为地成为这种观念性的统一，假如它是自为的，它就会把这种自为存在的自己显现给旁人看"（第一六七页）。换句话说，动物只能使旁人见出它的不完全的美，还不能自觉美，还不能由自己创造美的形象给旁人看。所以黑格尔说：

>        由于理念还只是在直接的（自在的非自为的，——引者注）感性形式里存在，有生命的自然事物之所以美，既不是为它本身，也不是由它本身，为着要显现美而创造出来的。自然美只是为其他对象而美，这就是说，为我们，为审美的意识而美。

## 第十五章 黑格尔

——第一五六页

由于自然美有这种缺陷,艺术美才有必要。"艺术的必要性是由于直接现实有缺陷"(第一九一页)。艺术才是由心灵自为地把理念显现于感性形象,才真正见出自由与无限。黑格尔很形象化地说:"艺术也可以说是把每一个形象的看得见的外表上的每一点都化成眼睛或灵魂的住所,使它把心灵显现出来。……人们从这眼睛里就可以认识到内在的无限的自由的心灵"(第一九三页)。

黑格尔还提到像寂静的月夜、雄伟的海洋那一类"感发心情和契合心情"的自然美,只淡淡地解释了一句说:"这里的意蕴并不属于对象本身,而是在于所唤醒的心情"(第一六六页)。这就是后来几乎统治德国美学思想的"移情作用"。黑格尔并没有在这上面再做文章,足见他对此并不重视。他的门徒费肖尔父子才发挥这个观点,成为移情说。

如上所述,黑格尔对自然美的轻视是"理念的感性显现"那个定义的必然的结论。此外还有一个很深刻的原因:他所处的时代是浪漫主义兴起的时代,而浪漫主义的特征之一是崇拜自然。对自然的崇拜特别是在反动的浪漫主义者的心目里,含有浓厚的泛神主义的神秘色彩。黑格尔轻视自然美,是与他一贯反对反动的浪漫主义的斗争分不开的。他的艺术理想是希腊古典艺术的理想,而希腊古典艺术的基本精神是人本主义的。黑格尔美学的基本精神也是人本主义的。我们应该从这上面认识他的进步性。

黑格尔的人本主义表现在他把人看成几乎是艺术的唯一对象。艺术在表现自然美时,也不是因为自然本身而是因为自然表现了人的活动和人的性格。这个观点他在谈荷兰画时说得最明确。荷兰画所表现的是平凡的自然,但是这种平凡的自然并不是因为它本身而有价值,它之所以成为艺术创造和欣赏的对象,是因为它反映出荷兰人民对自己经过英勇斗争而获得的自由与繁荣所感到的快慰与骄傲(第二一〇至二一一页)。所以荷兰画所表现的自然美毕竟还是"属于心灵的那种美的反映"。

这个看法是与上文所说的实践观点一致的。与此密切相关的是黑格尔反对用自然主义的方式去"摹仿自然",他责备这种创作方法说:

> 总是那些老故事,夫妻,子女,工资,开销,牧师的依赖性,仆从秘书的阴谋诡计,以至主妇和厨房女用人的纠葛,女儿在客厅里多情善感的勾当——这一切麻烦和苦恼,每个人在他自己家里都可以看到,而且比在戏剧里所看到的还更好更真实些。
>
> ——第二〇二页

艺术并不是这样毫无选择,原封不动地把日常生活搬上舞台,"它要把现象中凡是不符合事物真正概念的一齐抛开,只有通过这种清洗,它才能把理想表现出来"(第一九五页),"理想就是从一大堆个别的偶然的东西之中所拣回来的现实"(第一九六页)。艺术要"抓住事物的普遍性"(第二〇六页),要对事物加以"观念化"(第二〇九页)或理想化。"诗所提炼出来的永远是有力量的,本质的,显出特征的东西,而这种富于表现性的本质的东西正是理想性的东西"。这样把带有普遍性的本质的东西"提炼"出来,把偶然的无关要旨的东西"清洗"出去,结果才会使作品中一切个别方面都能完全体现出"基本意蕴","不剩下丝毫空洞无意象的东西"(第二一五页)。这样塑造出的人物就是"活的个性"。从这一切看,黑格尔所提出来的基本上符合现实主义的文艺观点,对当时初露萌芽的自然主义的倾向进行了批判。

## 4. 艺术的发展史:类型与种类的区分

黑格尔对于艺术发展史的看法也是由"理念的感性显现"那个美的定义推演出来的。艺术是普遍理念与个别感性形象,即内容与形式,由矛盾对立而统一的精神活动。但是这两对立面的完全吻合只是一个理想,而事实上它们之间却有不同程度的吻合。因此艺术就分成三种类型(Kunstform),即象征型,古典型和浪漫型;每个类型之下又分若干种类(如建筑,雕刻,音乐,诗歌等)。在历史发展中每个阶段都有它的独特的艺术类型和艺术种类。

最初的类型是象征型艺术。在这个阶段,人类心灵力求把它所朦胧认识到的理念表现出来,但是还不能找到适合的感性形象,于是就采用符号来象征,例如基督教以三角形这个符号来象征神的三位一体的概念。符号和它所象征的概念之间有些相同,否则就不能起象征作用;也有些不相同,否则内容与形式恰相吻合,就失其为象征。由于有些不相同,从形式就不能明确地见出内容,所以象征艺术都有些暧昧,有些神秘的性质。典型的象征艺术是印度、埃及、波斯等东方民族的建筑,如神庙、金字塔之类。这种艺术的一般特征是用形式离奇而体积庞大的东西来象征一个民族的某些抽象的理想,所产生的印象往往不是内容与形式谐和的美,而是巨量物质压倒心灵的那种崇高风格(Sublime)。

形式总是由内容决定的,象征艺术的物质形式和精神内容之所以不调和,正由于它的精神内容本身还不是具体的而是抽象的,例如印度婆罗门教的"梵"是一种没有任何定性的浑然太一,由它本身推演不出任何具体形象来，于是就凭偶然的联系，把牛猴之类动物当作"梵"的体现来崇拜。原始东方民族对于精神内容之所以没有具体的认识，是由于他们还没有完全达到绝对精神既是认识主体又是认识对象那种自觉阶段。只有在精神（或心灵）由主体转到客体或对象，再由主客体的对立而回到主客体统一时，对精神内容的具体认识才有可能，因此艺术理想也才有可能实现。象征艺术在这方面还有缺陷，所以到了一定发展阶段，它就要解体，让位给较高类型的艺术。

这较高类型就是古典艺术。到了古典艺术，精神才达到主客体的统一，精神内容和物质形式才达到完满的契合一致（这就是说，精神内容中没有什么没有表现出来的，而物质形式中也没有什么是无所表现的）。因此，认识到感性形象也就同时很明确地认识到它所显现的理念。典型的古典型艺术是希腊雕刻。这种艺术恰恰符合黑格尔的美的定义，所以他把古典艺术看作最完美的艺术。希腊雕刻所表现的神不像埃及、印度的神那样抽象，而是非常具体的。神总是作为人表现出来的，因为人首先是从他本身上认识到绝对精神，而同时人体既是精神的住所，也就是精神的最适合的表现形式。在人体形象里，神由普遍性而转入个别形体，但是虽在个别形体里，神还要保持他们的普遍性，所以古典艺术的特点在于静穆和悦。雕刻最适宜于表现这种静穆和悦，因为它只表现静态而不表现动作。

但是精神是无限的、自由的，而古典艺术所借以表现神的人体形状毕竟是有限的、不自由的。这个矛盾就导致古典艺术的解体。接着来的是浪漫型的艺术。在浪漫艺术里，无限的心灵发现有限的物质不能完满地表现它自己，于是就从物质世界退回到它本身，即退回到心灵世界。这样，浪漫艺术就达到与象征艺术相反的一个极端：象征艺术是物质溢出精神，而浪漫艺术则是精神溢出物质。这也就是说，浪漫艺术在较高的水平上又回到象征艺术的内容与形式的失调。所以就无限精神的伸展来说，浪漫艺术处于艺术的最高的发展阶段，但是就艺术的内容与形式一致来说，古典艺术终于是最完美的艺术。

典型的浪漫艺术是近代欧洲的基督教的艺术（注意：黑格尔所谓浪漫艺术比一般文学史家所说的浪漫主义意义较广，起来也较早。狭义的浪漫主义起于十八世纪末，黑格尔的浪漫艺术起于中世纪）。在浪漫艺术里，精神回到它本身，这就是说，有自我意识的人回到他的"自我"，所以浪漫艺术的特点之一是把"自我"抬到很高的地位，它的主观性特别突出。近代艺术中的人物性格不像古代人物那样体现普遍的伦理、宗教或政治的理想，而主要地是体现私人的意志和愿望。近代艺术中的冲突主要地是性格本身分裂的冲突，即内心方面的冲突。它所表现的不是古典艺术的那种静穆和悦，而是动作和情感的激动，浪漫的灵魂是一种分裂的灵魂，所以古典艺术经常避免的罪恶、痛苦、丑陋之类的反面东西在浪漫艺术里却找到了地位。

总观黑格尔关于艺术史发展的看法，其中有一个总的概念，是和他的客观唯心主义哲学系统分不开的，这就是艺术愈向前发展，物质的因素就逐渐下降，精神的因素就逐渐上升。象征艺术是物质超于精神，古典艺术是物质与精神平衡吻合，浪漫艺术则转到精神超于物质。就浪漫艺术本身的发展来说，也是精神逐渐超于物质。浪漫艺术的主要种类是绘画，音乐和诗歌。绘画比起雕刻受物质的束缚已较少，因为它只表现平面而不表现立体，但究竟还不能脱离空间的限制。音乐就前进了一步，它不表现空间而只表现时间，就更多地脱离物质的束缚了，但在时间上先后承续的音调究竟还是物质的现象。至于诗歌——最高的浪漫型艺术——则更前进了一步，它不用事物形体而用语言，语言并不直接图绘事物形象，像图画那样，而是起一种符号作用，间接唤起"心眼"中的意象和观念，所以诗歌所表现的主要是观念性或精神性的东西，物质的因素已消减到最低限度。但是诗歌毕竟还未脱艺术范围，因为它毕竟还是对世界的感性掌握，感性对象毕竟只是事物形象，还不是抽象概念。

精神超于物质毕竟是内容与形式的分裂。依黑格尔看，这种分裂不但导致浪漫艺术的解体，而且也要导致艺术本身的解体。到了浪漫时期，艺术的发展就算达到了高峰，人就不能满足于从感性形象去认识理念，精神就要再进一步脱离物质，要以哲学的概念形式去认识理念。这样，艺术最后就要让位给哲学。

艺术是否从此就要达到发展的止境，宣告灭亡呢？黑格尔的回答是这样：

> 我们尽管可以希望艺术还会蒸蒸日上，日趋于完善，但是艺术的形式已不复是心灵的最高需要了，我们尽管觉得希腊神像还很优美，天父，基督和玛利亚在艺术里也表现得很庄严完美，但是这都是徒然的，我们不再屈膝膜拜了。
>
> ——第一二七页

这个答案并不像一般哲学史家和美学史家说得那么绝对（他们认为黑格尔断定艺术终要灭亡），而是有些含糊。这种含糊显出他的矛盾。从一方面看，他的不彻底的辩证逻辑把发展看成是有止境的，同时，如下文还要谈到的，他对资产阶级社会情况不利于艺术发展有锐敏的认识，这也使他推论到艺术会从此一蹶不振。但是从另一方面看，他也认为歌德和席勒的早年的诗歌是"在近代现实情况中恢复已经丧失的艺术的形象的独立自足性"而加以赞赏（第二四二页），而且在讨论史诗发展时，他看到小说这个新起的形式代表"近代社会的史诗",前途有"无限的机会","在旨趣,情境,人物性格和生活关系各方面显得丰富多彩,具有整个世界的广大背景"(《美学》第三卷)。从此可知,他也仿佛见到已丧失的东西有恢复的可能,而且每个新的时代都有相应的新的艺术形式,来代替旧形式。他的三种艺术类型的代谢本来就可以使他把这个道理看得更清楚些。但是由于他受了他的不彻底的辩证逻辑的束缚,而且对于资本主义社会以后的社会毫无预见,所以在艺术将来命运问题上露出他的深刻的矛盾。

黑格尔对于艺术史的最大功绩在于他不但肯定艺术是发展的,而且把这种发展和经济、政治、伦理、宗教等"一般世界情况"联系在一起来看,认为是有规律可循的。他以前的艺术史家还不曾有人有过这样广阔的视野和深刻的分析。但是由于客观唯心主义哲学系统的限制,由于他的辩证逻辑不彻底,由于当时德国文化中庸俗市民倾向,他的见解有时不但是死板的,错误的而且是反动的。他把艺术的黄金时代摆在过去,对艺术未来的远景存在着悲观,把自然和艺术的演变都看成精神逐渐克服物质的演变,这些都是他的基本错误。他的死板处见于他对三种类型艺术的划分,仿佛艺术发展都是按照他的正反合的公式进行的。其实他自己也承认,古典时代可以有象征时代的建筑,浪漫时代可以有象征时代的建筑和古典时代的雕刻,较后阶段的艺术类型也可以出现于较早的时代,例如图画、音乐和诗歌在象征时代和古典时代也都久已具备。从此可知艺术的丰富的史实不能尽纳入简单的刻板的公式。黑格尔的反动处特别表现于他的狭隘的民族主义。他对东方艺术是轻视的,在他看来,历史的发展仿佛是东方为西方作准备,而西方又为普鲁士作准备,不但普鲁士的君主专制是理想的政体形式,普鲁士的哲学在他自己身上达到世界哲学的高峰,而普鲁士的诗歌也是世界文艺发展的顶点和止境。这种思想对德国军国主义和法西斯主义的发展是有直接影响的。

## 5. 人物性格与环境的辩证关系:情致说

黑格尔把人看作艺术的中心对象,所以人物性格的描写成为艺术创作的主要部分,他在《美学》第一卷第三章里着重地讨论了人物性格的问题。

与当时资产阶级的个人主义和唯我主义的文艺思想潮流相反,黑格尔从来不把文艺中的人物当作孤立的个人看待,总是把他们看作社会历史环境的产品,人物行动的推动力不是什么个人的幻想和癖性,而是每个时代的社会力量。

这里有三个重要的术语先须交代明白,这就是"一般世界情况","情境"和"情致"。"一般世界情况"(Der Weltzustand)是"艺术中有生命的个别人物所借以出现的一般背景"(第二四四页),是"把心灵现实的一切现象都联系在一起的",即"教育,科学,宗教乃至于财政,司法,家庭生活以及其他类似现象的情况";总之,它就是某特定时代的一般物质生活和文化生活的背景。从客观唯心主义出发,黑格尔特别着重某特定时代所流行的伦理、宗教、法律等方面的信条或理想,把它们叫作"普遍力量",其实也就是他所了解的抽象的"理念"。这种"一般世界情况"是普泛的,对于同一历史时代的大多数人是共同的,如果要它在某个别人物身上起作用,它就要经过"具体化","在这种具体化过程中,就揭开冲突和纠纷,成为一种机缘,使个别人物现出他们是怎样的人物"(第二四五页)。黑格尔把这种"特殊的",揭开冲突,引起动作,显现性格的"机缘"叫作"情境"(Die Situation)。"情境"是"一般世界情况"具体化成的推动人物行动的客观环境,可以说是人物行动的"外因","一般

## 第十五章　黑格尔

世界情况"中的"普遍力量"还要在个别人物身上具体化为推动行动的"内因"，即"普遍力量"或人生理想所形成的主观情绪，或人生态度，黑格尔把它叫作"情致"（Pathos）。"情致"就是"存在于人的自我中而充塞渗透到全部心情的那种基本的理性的内容"（第二八八页）。这种内容为数不多，就是"恋爱，名誉，光荣，英雄气质，友谊，亲子爱之类的成败所引起的哀乐"（第二九〇页）。以莎士比亚的《哈姆雷特》为例来说，这部悲剧所表现的"一般世界情况"是文艺复兴时代的文化背景（尽管这位丹麦王子是中世纪的人物），"情境"是王子的母亲和叔父通奸，把父亲谋杀了那一个具体事件，"情致"是王子在计划报仇中由于他的人生观和伦理观念所形成的那种复杂的心情。就是外在的"情境"引起内在"情致"的矛盾和冲突，构成了这部悲剧情节发展的推动力。这种"情致"说后来在别林斯基的美学思想里得到了进一步的发展，详见下章。

　　黑格尔的功绩在于指出个人性格与一般社会力量的具体的统一，人物性格的发展起于矛盾冲突，以及在这种发展中内因与外因的辩证关系。但是他的辩证观点和他的客观唯心主义的哲学系统之间的矛盾在这里显得很突出。他一方面承认个人的"情致"决定于"一般世界情况"中的"普遍力量"，而"一般世界情况"是随历史发展的，另一方面却认为这种"情致"或"理性内容"是些普遍永恒的理念。这就是自相矛盾。如果从马克思主义的阶级观点和发展观点去看，黑格尔的错误当然就更明显。黑格尔的永恒理念说就是文艺理论中的"人性论"的来源之一。

　　"一般世界情况"具体化为客观方面的"情境"，"普遍力量"具体化为主观方面的"情致"，这样就引起矛盾冲突，激起行动，推动人物性格的发展。黑格尔把"独立自足性"看作是理想的人物性格所必有的主要特征,所谓"独立自足"并非脱离社会而孤立,而是能掌握环境,能凭自己的力量去发出行动,能对自己的行动负责,能决定自己的命运。这样的人物性格才能既鲜明而又坚强有力。这种具有"独立自足性"的理想的人物性格只有在理想的环境里才能形成。依黑格尔看,理想的环境是"英雄时代"即史诗时代的一般世界情况。在"英雄时代",人物是比较独立自由的。首先就个人对社会的关系来说,"英雄时代"的文化还处在生长期,社会上的道德观念还没有僵化为刻板式的法律秩序,"个人自己就是法律"(第二三一页),这就是说,他可以凭自己的判断,抉择自己所要做的事。同时,他也"意识到自己与他所隶属的那个伦理的社会整体处于实体性的统一"(第二三五页),这就是说,他认识到自己是一定社会的成员,能把这社会中所流行的道德理想作为自己的道德理想。因此他一方面依存于社会,接受社会的理想。另一方面又不受社会限制,能凭自己的认识对行动是否符合这种理想下判断,能凭自己的意志去实现这种理想。例如希腊大力士赫库里斯就是一个具有这种"独立自足性"的性格的。他是一个"维护正义与公道的战士,具有完备的独立自足的能力和筋力,为着实现正义与公道,他出于自己意愿的自由选择,承担了无数辛苦的工作"(第二三二页)。

其次,在"英雄时代",就人对周围物质世界的关系来说,生产方式还是原始的,主要是单干的,每个人都要进行体力劳动,来生产自己的生活必需品。黑格尔从荷马史诗里举过一系列的例子证明当时一些著名的英雄都进行生产劳动:

例如阿伽门农的王杖就是他的祖先亲手雕成的传家宝;俄底修斯亲自造成他结婚用的大床;阿喀琉斯的著名的武

器虽不是他自己的作品，但也还是经过许多错综复杂的活动，因为那是火神赫斐斯托斯受特提斯的委托造成的。总之，到处都可见出新发明所产生的最初欢乐，占领事物的新鲜感觉和欣赏事物的胜利感觉，一切都是家常的，在一切上面人都可以看出他的筋力，他的双手的伶巧，他的心灵的智慧或是他的英勇的结果。只有这样，满足人生需要的种种手段才不降为仅是一种外在的事物；我们还看到它们的活的创造过程以及人摆在它们上面的活的价值意识。

——第三二四页

换句话说，通过劳动实践来生产自己所需要的东西，人"就感觉到它们（外在事物）都是由他自己创造的，因而感觉到所要应付的这些外在事物就是他自己的事物，而不是在他主宰范围以外的疏远化了的事物"（第三二三页）。"人把他的环境人化了"（第三一八页）。这样，人才能是自然的主宰，而不受制于自然，人与自然的关系是调和统一的。在这种关系中，人才有独立自足性。

黑格尔的这番关于"英雄时代"的理论是极端重要的。第一，他是把"英雄时代"经济落后状态和文艺的繁荣联系在一起来看的。就从这一点，马克思后来发展出文艺与经济发展不平衡的规律。[①] 其次，他是把艺术活动和劳动实践联系在一起来看的。可惜这个观点受到他的唯心主义哲学的限制，没有得到发挥。一般地说，像马克思所指出的，黑格尔是把劳动限于脑力劳动的。其三，他在讨论人与自然的关系时，提出了人所创造的事物对于人不是"疏远化的"，以及"人把他的环境人化了"两个重要观念。

---

① 参看《马克思恩格斯选集》，第二卷，第一一二至一一四页。

马克思在《1844年经济学哲学手稿》里所阐明的"劳动异化"("异化"即"疏远化",马克思指出在资本主义社会,人的劳动体现于产品,随着产品而"异化"到资本家那里去,成为自己的敌对力量,这是私有制的起源,也是近代文化衰朽的根源)和"人化的自然"(在生产劳动起来以后,自然经过人的改造,就体现了人的本质力量和人的愿望)两个重要的原则就是批判地接受了,而且发挥了黑格尔在这里约略提到的"疏远化"与"人化"的观念。

与"英雄时代"对立的有两种世界情况,黑格尔认为都不适宜于形成具有"独立自足性"的人物性格,因而不利于文艺。一种是"牧歌式的情况",即西方从希腊罗马以来牧歌体诗人和作家们所描写的那种空想乐园的情况。在这种情况里,自然能"满足人所感到的一切需要,无须人去费什么劳力"。黑格尔说:

> 对于一个完全的人来说,他必须有较高尚的要求,不能满足于与自然相处相安,满足于自然的直接产品。他不应降低到这种牧歌式的生活,他应该工作(劳动)。
>
> ——第三二一页

"这种乡村牧歌式的生活和人生一切意义丰富深刻的复杂的事业和关系都失去了广泛的联系",所以"不能引起多大兴趣"。尽管人在这种生活情况里可以有若干"独立自足性",却不适宜于艺术,因为它所形成的人物性格显不出较高尚的理想,没有理想的人物性格所应有的那种顽强坚定。

另一种是"散文气味的现代情况",即资产阶级的社会情况。在这种情况里,一切个人与社会的关系都已凝定而且僵化为刻板式的"法律秩序",孤立的个人在这种社会中是渺小的,不自由的。他"须服从这种不依存于主观意图的国家所表现的客观理性",

他的行动大半取决于外因，不能见出他自己的自由选择，因此自己对它也不能负多大责任，成不是他的功，败也不是他的过。因此，在这种社会里，个人与社会处于对立地位，不能体现个人行动与社会理想的统一，所以不适宜于充当文艺作品中的理想的人物性格。黑格尔在这里见出资本主义社会中个人与社会的脱节，但尤其重要的是他还见出近代生产方式与文艺之间的矛盾。他对资本主义社会作了如下的描绘：

> 需要与工作以及兴趣与满足之间的宽广关系已完全发展了，每个人都失去了他的独立自足性而对其他人物发生无数的依存关系。他自己所需要的东西或完全不是他自己工作的产品，或是只有极小一部分是他自己工作的产品。还不仅此，他的每种活动并不是活的，不是各人有各人的方式，而是日渐采取按照一般常规的机械方式。在这种工业文化里，人与人互相利用，互相排挤，这就一方面产生最酷毒状态的贫穷，一方面产生一批富人。
>
> ——第三二二页

但是无论是穷人还是富人，都感觉到"自己周围的东西都不是自己创造的"，都失去了对外在世界的主宰，因而都失去了艺术中理想性格所必须具有的"独立自足性"，他在这里指出了剥削制以及资本主义生产方式中的分工制对于艺术的恶劣影响。

在上一节研究黑格尔关于艺术发展史的看法时，我们见过，他认为艺术到了浪漫型出现以后，由于精神溢出了物质，理念溢出了感性形象，就要导致艺术本身的解体，艺术就要让位于哲学。在考察"一般世界情况"时，黑格尔又从近代资本主义社会的具体事实来论证他的艺术衰亡论。在这里我们一方面可以见出黑格尔的思想深刻处，他见出近代资本主义社会与艺术发展之间的矛盾。正是根据这种矛盾，马克思阐明了他的著名的论断："资本主义生产对于某些精神生产部门是敌对的，例如对于艺术和诗歌就是如此。"① 但是另一方面我们也可以见出黑格尔的局限性，他所认识到的历史发展到了资本主义社会就算到了尽头，他没有看出还有更高阶段的社会要代替资本主义社会而兴起，因此他把资本主义社会的矛盾加以绝对化，认为这种矛盾是永远得不到解决的，所以把艺术在资本主义社会的衰亡就看成艺术的永远衰亡。

## 6. 冲突论和悲剧论

与"一般世界情况"这个概念密切相关的是黑格尔的人物性格的冲突说。冲突是人物性格在某具体情境中所遭受到的两种普遍力量（人生理想）的分裂和对立。普遍力量本是抽象的，浑整的，结合到具体的情境与具体的人物，它才"得到定性"。就在这"得到定性"或"具体化"过程中，它才"现出本质上的差异面，而且与另一方面相对立，因而导致冲突"，推动情节（人物动作）的发展，经过否定的否定，终于消除冲突而达到调和统一。黑格尔讨论冲突是联系导致冲突的情境来谈的。情境有三种，最简单的一种是普遍力量还处于浑整未分裂的状态，因而还是没有定性的，例如古代雕刻所表现的就是这种没有定性的情境，所以现出一种"静穆中泰然自足的神情"。其次是所谓"平板状态"或"无害状态"的情境，虽有定性而还

---

① 《马克思恩格斯论艺术》，第一册，第二七三页。

## 第十五章　黑格尔

没有见出矛盾对立，黑格尔举早期希腊雕刻中的神像和抒情诗为例。但是理想的情境是第三种，即见出矛盾对立的一种，在这里才开始有冲突。只有在导致冲突的时候，"情境才开始见出严肃性和重要性"（第二五三页）。不仅如此，人物性格的高度和深度也要借冲突来衡量。"人格的伟大和刚强只有借矛盾对立的伟大和刚强才能衡量出来"（第二二二页），冲突是"动作的前提"，"充满冲突的情境特别适宜于剧艺"（第二五三页），因为戏剧主要地是表现动作的。

　　冲突是对本来和谐的情况的一种破坏，但"这种破坏不能始终是破坏，而是要被否定掉"，使冲突消除，又回到和谐。冲突可能有多种。一种起于"自然所带来的疾病、罪孽和灾害"，例如索福克勒斯的悲剧《斐罗克特提斯》的冲突起于主角被一条毒蛇咬伤。另一种起于家庭出身和阶级关系，例如莎士比亚的《麦克白》的冲突起于主角是国王的最近亲属，有继承王位的优先权。但是这两种冲突或是不合理或是不公平，不能成为理想的情境。理想的冲突的情境却起于"人的行动本身"，起于两种同是普遍永恒的力量的斗争，"冲突所揭露的矛盾中每一对立面还是必须带有理想的烙印，因此不能没有理性，不能没有辩护的道理"（第二九一页）。

　　结合到这种理想的冲突，黑格尔提出了他的著名的悲剧论。悲剧所表现的正是两种对立的理想或"普遍力量"的冲突和调解。就各自的立场来看，互相冲突的理想既是理想，就都带有理性或伦理上的普遍性，都是正确的，代表这些理想的人物都有理由把它们实现为行动。但是就当时世界情况整体来看，某一理想的实现就要和它的对立理想发生冲突，破坏它或损害它，那个对立理想的实现也会产生同样的效果，所以它们又都是片面的，抽象的，不完全符合理性的。这是一种成全某一方面就必牺牲其对立面的两难之境。悲剧的解决就是使代表片面理想的人物遭受痛苦或毁灭。就他个人来看,他的牺牲好像是无辜的;但是就整个世界秩序来看,他的牺牲却是罪有应得的,足以伸张"永恒正义"的。他个人虽遭到毁灭,他所代表的理想却不因此而毁灭。所以悲剧的结局虽是一种灾难和苦痛,却仍是一种"调和"或"永恒正义"的胜利。因为这个缘故,悲剧所产生的心理效果不只是亚里士多德所说的"恐惧和怜悯",而是愉快和振奋。我们最好援引黑格尔自己所举的实例来说明他的意思。

头一个例子来自实际生活。苏格拉底是一位令人崇敬的献身于真理的哲学家,却被雅典法庭以破坏宗教信仰和毒害青年的罪状判处死刑。依黑格尔看,苏格拉底是一位革新者,代表雅典社会精神生活的新理想,在这一点上他在历史上是有功绩的。但是他所代表的新理想和当时雅典社会的法律秩序发生冲突,他破坏了那种同样有理由要维持自己的法律秩序,所以他所代表的理想还是片面的,他的死亡毕竟是罪有应得的,合理的。黑格尔的结论是这样:

> 在世界史中凡是开创新世界的英雄们的情况一般都是如此,他们的原则和旧原则发生矛盾,把旧原则破坏了。他们代表着暴力破坏法律者。所以作为个人,他们遭受到死亡,但是在惩罚中遭到毁灭的只是他们个人而不是伦们的原则。……苏格拉底的命运之所以是真正悲剧性的,并非把一切不幸都看成悲剧性的那种肤浅的意义,……例如说,苏格拉底的命运之所以是悲剧性的,就因为他被判处死刑。无辜的灾难只是悲惨的而不是悲剧性的,因为这种不幸是无理性的。只有在产生于主体的无限的(自由的——引者注),合法的道德的意志时,那种不幸

才是有理性的。

——《哲学史讲义》,第二卷。

总之,苏格拉底的命运之所以是悲剧性的,因为他的死亡还是罪有应得的,合理的。

另一个例子来自悲剧作品,就是索福克勒斯的《安提戈涅》。在这部悲剧里,女主角安提戈涅的哥哥因争王位,借外兵进攻自己的祖国忒拜,兵败身死,忒拜国王克瑞翁下令禁人收尸,违令者死。安提贡不顾禁令,收葬了哥哥,国王于是下令把她烧死。但是她死之后,和她订过婚的王子,即克瑞翁的儿子,也自杀了。①依黑格尔看,这里所揭露的是照顾国家安全的王法与亲属爱两种理想之间的冲突,这两种理想都是神圣的,正义的,但是处在当时那种冲突的情境里,却都是片面的,不正义的。国王因维持他的威权而剥夺死者应得到的葬礼,安提戈涅因顾全亲属爱而破坏王法,每一方面都把一种片面的理想推到极端,因而使它转变成为一种错误,所以互相否定,两败俱伤,冲突才得解除,又恢复到冲突以前的平衡。在这种冲突中遭到毁灭或损害的并不是那两种理想本身(王法和亲属爱此后仍然有效),而是企图片面地实现这些理想的人物。②

从这些例子看,黑格尔的悲剧论还是从"凡是现实的都是理性的"那个基本原则出发的。这个看法的合理内核是把悲剧看成一种矛盾由对立而统一的辩证过程,这就排斥了西方学者用命运来解释希腊悲剧的传统看法。命运还是一种神力。黑格尔明确地

---

① 参看《索福克勒斯的悲剧二种》,罗念生译。
② 《安提戈涅》是黑格尔的理想的悲剧,他在《美学》第一卷第二七二页以及第三卷论悲剧章都举它为例。

反对神力说，"如果把发号施令的权力归之于神，人的独立自足性就要受到损害，而人的独立自足性却已定为对于艺术理想是绝对必要的"（第二七八页）。由于他强调悲剧中冲突的双方都必代表有普遍性和理性的理想，他反对艺术表现"反面的，坏的，邪恶的力量"。他说，"如果内在的概念和目的本身已经是虚妄的，原来内在的丑在它的客观存在中也就不能成为真正的美"（第二七三页），他认为恶魔本身是"一种极端枯燥的人物"，不宜用作史诗或悲剧中的主角。密尔顿在《失乐园》里所描写的恶魔撒旦之所以动人，并非由于他的邪恶而是由于他显出高贵雄伟的品质，不是完全无理性的。

　　黑格尔的悲剧论也暴露了他的全部哲学思想的妥协性。这在他对苏格拉底悲剧的看法中显得很突出。他对苏格拉底和判他死刑的雅典法庭各打五十大板，这就混淆了真是真非。苏格拉底既然是一个革新者，而"凡是开创新世界的英雄们"都应该遭受到毁灭，而这种毁灭都是罪有应得的。这就排斥了一切革命，要让一切反动的法律秩序维持下去。正是受到黑格尔的这种悲剧论的影响，拉萨尔写出了他的《弗兰茨·冯·济金根》，他也认为"革命的悲剧"都起于革命者的主观意图与现实客观条件之间的矛盾，因而必以失败告终。马克思和恩格斯在给拉萨尔的信里都指出弗兰茨之所以失败，是由于他还是没落的骑士阶级的代言人，而不是由于他"自以为是革命者"，这样就批判了"革命的悲剧"就是由于革命那种反动的谬论。①

---

① 参看本书第二十章（三）。

## 7. 理想的人物性格

理想的人物性格就是典型的人物性格。自在自为的人才能真正体现理念，所以黑格尔把人物性格看作"理想艺术表现的真正中心"（第二九二页）。引起动作的是"一般世界情况"中流行的普遍力量或人生理想，黑格尔有时把这种普遍力量称之为"神"，也就是理念。这种普遍力量体现于具体人物的个性中就是"情致"。"神们变成了人的情致，而在具体活动状态中的情致就是人的性格"（第二九二页）。

黑格尔认为艺术中理想的性格应有三大特征。首先是丰富性，黑格尔说：

> 人不只具有一个神来形成他的情致；人的心胸是广大的，一个真正的人就同时具有许多神，许多神各代表一种力量，而人却把这些力量全包罗在他的心里，全体奥林匹斯（希腊众神所居山，代表所有的神——引者注）都聚集在他的胸中。
> ——第二九三页

黑格尔常举荷马所塑造的人物性格作为丰富性的范例。例如阿喀琉斯"一方面有年轻人的力量，另一方面也有人的其他品质。荷马借种种不同的情境，把他的这种多方面的性格都揭示出来了"（第二九四页）。黑格尔还举出荷马所写的许多其他人物性格，替他们作了这样的总结：

> 每个人都是一个整体，本身就是一个世界，每个人都是一个完满的有生气的人，而不是某种孤立的性格特征的

寓言式的抽象品。

——第二九五页

因为他要求性格的丰富性而反对抽象化，所以他推崇莎士比亚的丰富多彩，不像莫里哀在他的喜剧里只突出地写出人物的某一种性格，如"悭吝""伪善"之类。黑格尔这里所要区分的正是马克思在给拉萨尔的信里所强调的"莎士比亚化"与"席勒方式"两种创作方法的分别。其次，人物性格还须具有明确性，否则虽丰富而无重点，显不出主要的矛盾。多方面的性格中"应该有一个主要方面作为统治的方面"。例如莎士比亚所写的朱丽叶是"从许多关系的整体中显出她的性格，例如她对父母，保姆，巴里斯伯爵以及神父劳伦斯的关系。尽管有这些复杂的关系，她在每一种情境也只是一心一意沉浸在自己的情感里，只有一种情感，即她的热烈的爱，渗透到而且支持起她整个的性格"（第二九六至二九七页）。第三，人物性格要有坚定性，即始终一贯地"忠实于它自己的情致"。这种坚定性是与上文已提到的"独立自足性"密切联系着的。从这个标准出发，黑格尔痛斥"长久在德国统治着的那种感伤主义"。他认为歌德的"维特"就是一个"软弱的"性格，他特别反对反动的浪漫主义颓废倾向，替这派作家作了如下的描绘：

> 他的软弱表现于对现实世界的真正有意义的事不但不肯去做，而且不能忍受。其所以如此，是由于他抱着自我优越感来看现实世界，以为其中一切都值不得他关心，因而对它加以否定。这种"优美的心灵"对于人生的真正有价值的道德方面的旨趣是漠不关心的，他只孤坐默想，像蜘蛛吐丝一样，从自己的肚子里织出他的主观的宗教和道

德的幻想……一点微不足道的事情就可以使这种人的心情陷于极端绝望的境界。这就产生了永无止境的忧伤抑郁，愤愤不平，悲观失望。……没有人能同情这种乖戾心情，因为一个真正的人物性格必具有勇气和力量，去对现实起意志，去掌握现实。

——第三〇〇至三〇一页

这段话对于资产阶级没落时期颓废主义文艺的病根是一针见血的。日丹诺夫所斥为"颓废主义祖宗"的霍夫曼在当时正风靡一时，黑格尔在《美学》里就看出他的毒害性而痛加斥责。从这里我们可以看出他对文艺中人物性格所提的理想是针对当时文艺病态倾向的，是健康的而且深刻的。

## 三 结束语

初读《美学》的人容易发生一种不大正确的印象，以为黑格尔仿佛只是在概念里兜圈子，丝毫不接触现实。其实读者如果联系到当时欧洲的哲学思想，美学思想和一般文化情况来读黑格尔，就会感觉到他是密切结合当时现实的。首先他认识到资本主义时代的一般社会情况与文艺活动之间的矛盾在于个人与社会的脱节，在于主观主义和唯我主义的猖獗，使个人性格中不能体现有理性内容的带有普遍性的社会理想，因此不能具有文艺理想所要求的人物性格的独立自足性与坚强性。

他的《美学》就是针对这种情况而企图纠正时弊，指出正确方向的。在文艺方面，当时正是浪漫主义刚兴起就逐渐转入反动的颓废主义的转折点。这个反动倾向在理论方面表现于许莱格尔兄弟所提倡的滑稽说（第七五至八三页），明目张胆地把"自我"提高到绝对地位，鼓吹人应以凭高俯视一切的态度去鄙视现实；在创作方面表现于甲柯比的《浮尔德玛》和霍夫曼的《谢拉皮翁兄弟》，都尽情发泄个人的幻想与伤感，鼓吹什么"幽暗玄秘的力量"（第三〇三至三〇五页）。黑格尔在《美学》里屡次对这种颓废倾向加以斥责，他说："在艺术的领域里没有什么是幽暗的，一切都是清晰透明的，而这种不可知的力量只能是精神病的表现，而描写它的诗也只能是晦涩的，琐屑的，空洞的。"接触过欧洲文艺中所谓"印象派"，"象征派"，"近代派"，"超现实派"等等的作品的人，就会体会到黑格尔对于资产阶级末期文艺病态的诊断是切中要害的。同时我们还要记得黑格尔是和叔本华与尼采两个宣扬悲观主义的哲学家同时代的，而且都是德国人，试看黑格尔的理性主义与他们两人的反理性主义处于多么尖锐的对立！黑格尔不但反对当时正在猖獗的反动的浪漫主义及其连带的颓废主义，而且也反对当时初露萌芽的自然主义的倾向，反对"把逼肖自然作为艺术的标准"和"把对外在现象的单纯摹仿作为艺术的目的"（第五四页），要求艺术把本质的东西"提炼"出来，把偶然的东西"清洗"出去，所以在基本上黑格尔的文艺主张是符合现实主义的。

在美学本身，黑格尔继承康德而对康德进行了切中要害的批判。康德在《美的分析》里把审美活动看成只是感性活动，认为纯美只关形式，涉及内容意义便破坏了纯美。这种形式主义和感性主义在当时美学界以至在现在的资产阶级美学界都是占优势的。黑格尔的全部美学思想就是要驳斥这种风靡一时的形式主义和感性主义，强调艺术与人生重大问题的密切联系和理性的内容对于艺术的重要性。美学从康德到黑格尔的转变是一个很大的转变。康德只把审美判断作为一个孤立的现象，依据形式逻辑的范畴，加以仔细剖析，不曾离题寸步，也不曾结合文艺实践；黑格尔却费大部分工夫讨论艺术的理性内容和艺术的发展史，涉及狭义美学所不曾摸而且也不敢摸的许多与艺术貌似无关而实密切相关的问题。到了黑格尔，美学的天地开阔了。

黑格尔对美学的最重要的贡献在于把辩证发展的道理应用到美学里，替美学建立了一个历史观点。他把艺术的发展联系到"一般世界情况"来研究，即联系到人与自然以及人与社会的关系，联系到经济、政治、伦理、宗教以及一般文化来研究。他认为艺术的发展是有规律可循的。作为这种规律的基础，他提出了一系列的辩证的对立与统一的原则，例如人与自然，精神与物质，主观与客观，感性与理性，特殊与一般，认识与实践，个人性格与当时社会流行的人生理想等对立范畴的辩证的统一。他还隐约见出艺术与劳动（尽管局限于脑力劳动）的关系，替美学上的实践观点种下了种子。此外，他从辩证观点所提出的冲突说对于人物的分析与情节的发展也提供了一个重要的原则。

由于黑格尔的客观唯心主义哲学系统与辩证法之间的深刻的矛盾，也由于他的历史局限性和阶级局限性，他的一些重要思想的萌芽不可能得到正确的充分的发展，而且被一些错误的乃至反动的思想所掩盖起来。他的主要的错误根源在于马克思和恩格斯所指出的"首足倒置"，即不把精神安在物质的基础上，不把理性安在感性的基础上，不把一般安在特殊的基础上，而是把这些对立范畴的关系倒转过来。把这些关系摆正，把头从新安放在脚上，正是马克思和恩格斯对于批判黑格尔所做的工作。他的另一个错误根源在他的历史观，把黄金时代摆在过去，把资本主义社会看成历史发展的止境，看不出历史的未来，因而也看不出艺术的未来。在这一点上也是马克思和恩格斯指出了正确的道路，到了私有制取消，体力劳动与脑力劳动的差别消灭以后。艺术在共产主义社会里将获得无限深广的发展而不是衰亡。

　　由黑格尔到马克思主义创始人，美学经历了一个翻天覆地的转变，但是在这种转变中马克思主义创始人也从黑格尔那里吸收了一些"合理内核"，把它们发展为崭新的东西。试把黑格尔的《美学》和马克思的《1844年经济学哲学手稿》（马克思主义文艺思想主要是在这部早期著作里建立起来的）摆在一起来研究，我们就不但可以更好地理解黑格尔的美学思想，而且可以更生动具体地理解批判继承的意义和方法，可以从历史发展上更清楚地理解马克思与恩格斯的文艺理论。①

---

① 本章主要根据黑格尔的《美学》第一卷，现在《美学》第二、三卷全已译出，交商务印书馆付印。本章述评显然有许多欠缺，读者如果要深入研究，就必须读《美学》全书，其中《译后记》亦可参看。

# 乙  其他流派

## 第十六章  俄国革命民主主义和现实主义时期美学（上）①

### 一  文化历史背景

别林斯基和车尔尼雪夫斯基的文学活动时期大约总共有四十年左右，即十九世纪三十年代到六十年代。这正是俄国革命民主主义运动的上升时期，也正是俄国文学中现实主义的胜利时期。在这两方面，别林斯基和车尔尼雪夫斯基等人都是主要的领导人。他们不但替俄国现实主义文学奠定了美学基础，而且也替一九〇五年以前的俄国民主革命运动的高涨作了第一阶段的思想准备。

俄国革命民主主义运动的任务是废除封建的农奴制。俄国从十八世纪后期开始发展资本主义经济以后，农奴制的生产关系和新兴的资本主义生产方式之间的不适应造成了日益严重的危机。在西欧启蒙运动和法国革命的影响之下，在不断的农民暴动的直接推动之下，进步的贵族青年发动了十二月党人革命运动，但是时机未成熟，一八二五年的彼得堡起义遭到了残酷

---

① 法国现实主义留到第二十章三、四两部分评介。

镇压。别林斯基的活动正在十二月党人失败之后,沙皇尼古拉一世加强反动统治的时期开始的,所以他的处境是极其艰苦的。他的活动主要是通过《祖国纪事》,《现代人》等文学刊物,以文学批评的方式宣传反沙皇专制和反农奴制的革命民主主义思想。列宁曾把别林斯基称作"解放运动中代替贵族的平民知识分子的先驱"。在这解放运动由贵族转到平民知识分子手里的时期,别林斯基和车尔尼雪夫斯基在政治思想上斗争的对象不仅有宣扬"正教,君主专制和民族性的基本原则"的地主农奴主以及反对一切革新的斯拉夫主义者,还有主张妥协改良的"西欧主义"的自由派。别林斯基的政治立场在一八四七年七月写给果戈理的一封著名的信里表现得最清楚。他指责果戈理晚期变节,宣扬"神秘主义,禁欲主义和虔信主义",歌颂俄国统治者和人民的亲密关系并且想当皇太孙的太傅。他指出当时"俄国最重要最迫切的问题是废除农奴制",而作家所应做的事则是"在人民中间唤醒几世纪以来都埋没在污泥和尘芥中的人类尊严"。这样他就向俄国文学界提出了文学为解放斗争服务的明确方向。

别林斯基死于一八四八年,正当西欧法,德,意,奥各国都相继爆发了革命的一年。这个消息鼓舞了垂危的别林斯基,也鼓舞了俄国社会各个进步阶层。但是这些革命都失败了。俄国本身在这时遭到严重的灾荒,又加上一八五六年克里米亚战争的大挫败,社会内部矛盾的加剧引起了解放运动的进一步的高涨,转入列宁所说的运动的平民知识分子的阶段。车尔尼雪夫斯基是这个时期的主要领导人物,和比他年纪稍长的赫尔岑并肩作战。①

---

① 赫尔岑是《谁之罪?》的作者,在别林斯基的论文中以"伊斯康德"笔名出现。关于他的美学思想,可参看刘宁同志的《赫尔岑的美学观和艺术观》,《北京师范大学学报》,1962年第二期。

## 第十六章 俄国革命民主主义和现实主义时期美学（上）

他的活动开始于五十年代，经过二十一年的拘禁和流放（1862—1883），始终不懈地坚持着斗争。他不仅在文学和美学方面有卓越成就，而且研究了当时迫切需要解决的政治经济问题。

革命民主主义者都是把政治斗争和文学与美学的斗争紧密结合在一起的。关于当时俄国文学情况，读者很容易从俄国文学史里去查考，这里只能指出一点重要的事实：这个时代正是俄国文学开始繁荣的时代，是普希金，莱蒙托夫和果戈理时代，是由浪漫主义转到现实主义的时代。

在十九世纪头二三十年，俄国文学中占主导地位的是以茹科夫斯基，马林斯基，波列伏依和早期的普希金为代表的浪漫主义。这个流派是在俄国社会病态既已暴露而革命形势尚未形成的情况之下和在西欧文学影响之下形成的，所以消极的因素居多。特别是茹科夫斯基一派人的作品所提供的不是对腐朽现实的揭露和对革命要求的鼓舞，而是一种感伤忧郁的情调和神秘主义的幻想。与这个流派密切相联系的还有从西欧传来的"为艺术而艺术"的"纯艺术"论，认为文艺的唯一目的是在创造美，是要美化现实。这种论调为统治阶级利用来麻痹人民的斗争意志，对解放运动是极其不利的。

但是到了三十年代，随着社会矛盾日益尖锐化，进步的文学家开始尽情揭露农奴制下的腐朽情况，于是以果戈理为首的"自然派"就作为"浪漫派"的对立阵营而出现了。所谓"自然派"其实就是现实主义派，用别林斯基的话来说，自然派的目的是要"使艺术完全面对现实，不要任何理想"，或"美化现实"，要让"艺术成为现实以其全部真实性的再现"。果戈理的名著《钦差大臣》和《死魂灵》等就是按照这种严格的现实主义精神写成的。这些作品一出世，就遭到敌对派的攻击，特别是波列伏依的攻击。维护封建统治和农奴制的人们骂果戈理丑化政府官吏,留恋浪漫派温情和幻想的人们骂他没有美化现实,破坏了"纯文艺"的规律。从别林斯基的《1847年俄国文学评论》以及车尔尼雪夫斯基的《果戈理时期俄国文学概观》来看,当时这场文学界的斗争是激烈的。这是在现实主义与"纯艺术"的浪漫主义之间谁战胜谁的问题。这是与解放运动和农奴制之间谁战胜谁的问题密切相联系的。这两方面的斗争都进行得很长久。四十年代前后坚决攻击"纯艺术"而维护果戈理和自然派的是别林斯基。他死之后,这项任务就落到车尔尼雪夫斯基身上。这两位杰出的思想家的文学评论和美学著作都主要是为这场斗争服务的。记住这一点,我们就不难了解他们何以有时持论不免褊急,片面地强调现实主义,把浪漫主义一笔抹煞。在当时斗争的情况下,他们这样做是对的。由于他们的努力,现实主义在十九世纪俄国才取得了主导地位。

这时期的文学创作是与文学评论分不开的,而这时期的文学评论又和哲学思想分不开的。在哲学思想方面,当时俄国所受到的西欧影响主要来自德国,莱辛,席勒,谢林和黑格尔的影响特别显著。在别林斯基时期,占上风的是黑格尔;在车尔尼雪夫斯基时期,反对黑格尔的潮流主要是由费尔巴哈的影响所推动的。车尔尼雪夫斯基在他的美学论文第三版序言里以及在《果戈理时期俄国文学概观》第六篇里都曾扼要地叙述了俄国文艺思想与德国哲学的渊源。他说,"在四十年代末和五十年代初,他(黑格尔)的哲学却支配着我国的文学界。"[①]这正是别林斯基积极活动的时期。

在黑格尔的"凡是现实的都是理性的,凡是理性的都是现

---

① 《车尔尼雪夫斯基选集》,上卷,第一三三页。

实的"一个公式的消极影响之下,别林斯基经历过一段"跟现实妥协"时期,到了四十年代,他经过了转变,对黑格尔哲学表示过反感。车尔尼雪夫斯基对这种转变从两方面作了解释。第一,就黑格尔体系本身来看,它的"内容"或结论不符合它的"原则",它的"原则"是用思维的辩证方法去探求真理,破除迷妄,是"深刻的,有效的,伟大的";它的内容则是跟现实妥协的唯心主义,是"渺小的,庸俗的"。但是黑格尔的门徒(作者没有明提费尔巴哈)已"清除教师的错误,抛弃一切虚伪的结论,勇敢地向前迈进了"。其次,就别林斯基来说,他从莫斯科移居到彼得堡,才接触到现实生活,使他能"检验黑格尔体系中那些阿谀现实的理论",认识到"德国的庸俗的理想是和俄罗斯生活没有什么共通点的"。对他的这种转变,车尔尼雪夫斯基曾经在《果戈理时期俄国文学概观》第六篇结尾时作了简赅的评价,说在一八四〇年以后,在他的文章中"带着抽象观点的议论是越来越少了;生活所表现的因素,越来越坚定地占着优势了"。① 他的转变是否就是从唯心主义到唯物主义的彻底转变呢?知道他最清楚的车尔尼雪夫斯基并不曾这样提,我们在下文还要看到,资料的证据也不容许人这样提。别林斯基到了晚期虽基本上转到唯物主义,却也并没有完全摆脱掉黑格尔的影响。

至于车尔尼雪夫斯基本人,情况却不相同。他自认费尔巴哈是他的"先师",他的美学论文是"一个应用费尔巴哈的思想来解决美学的基本问题的尝试",其中"只有那些取自他的先师论文中的思想才有重要意义",而且他的最重要的哲学著

---

① 《车尔尼雪夫斯基选集》,上卷,第四一〇至四四四页。

作《哲学中的人类学的原则》（1860）就是根据费尔巴哈的"人类学主义"①的概念来发挥和命名的。费尔巴哈本属黑格尔门徒中的左派，像施特劳斯一样，也是从批判宗教出发，去批判黑格尔体系的。黑格尔体系的奠基石是绝对理念或神，为一切客观世界事物所自出。费尔巴哈在《基督教的本质》里证明宗教所崇奉的神或上帝并不是一种真实的客观存在，而只是人的本质（意识和理想）的对象化或人格化，即把人的理想体现于一种想象的神上面。人有一种自然倾向，把"自己的本质"加以对象化或人格化（即"外化"），使本来在我的东西成为一种独立的客体。黑格尔的绝对理念也是这样产生的。理念本是人的认识逐渐由低到高，逐渐抽象化的结果，而黑格尔却把它看成不依存于人的意识的客观存在，这其实是把人的思维发展过程对象化为客观世界发展过程，这只是一种认主作宾的幻想。黑格尔是要从客观存在的绝对理念引导出整个感性世界；费尔巴哈却企图把这种首尾倒置摆正过来，认为理念或精神世界是要从感性的物质世界引导出来。他说，"人是一种实在的感性的存在，身体全部就是人的自我，人的本质"，"感性的东西是第一性的"；"没有感性的东西，就无所谓精神的东西"。"感性的"在他的术语里就是"物质的"或"肉体的"。从此可见，费尔巴哈所争辩的正是唯物主义和唯心主义的基本区别，即物质第一性还是精神第一性的区别。黑格尔是主张物质是由精神（理念）"外化"来的，而费尔巴哈则坚

---

① Anthropologismus 一般译为"人本主义"，不妥，因为这就与 Humanismus（有时也译为"人本主义"）相混，Anthropologie 是把人作为一种动物种类来研究的科学，即人类学。"人类学的原则"或"人类学主义"把"人看作只有一种本性的生物"（车尔尼雪夫斯基自己的解释），所谓"一种本性"即生理器官所显示的本性，指肉体决定心灵或物质决定精神而言。

持精神是由物质（人的器官）"外化"来的。他讥诮黑格尔说，"从神①那里引导出自然界，就无异于从画像中或复制品中提炼出原物或蓝本，从关于某物的思想中提炼出某物本身"。这番话就挖去了黑格尔的客观唯心主义体系的基础，从人类学观点建立起唯物主义。所谓"从人类学观点"，是指从生理决定心理，器官决定功能，肉体决定精神这个原则出发。

车尔尼雪夫斯基在《哲学中的人类学的原则》一书里接受了费尔巴哈的这个基本思想，在美学论文第三版序言里曾把这个基本思想作了如下的简赅的说明：

> 他的结论是从费尔巴哈的下面的思想中得出来的，即想象世界仅仅是我们对现实世界的认识的改造物，而这种改造物是我们的幻想按照我们的愿望而产生的；改造物同现实世界事物在我们心中所引起的印象比较起来，在强度上是微弱的，在内容上是贫乏的。
> ——《选集》，上卷，第一四一页。

如果用费尔巴哈的术语来翻译这段话，"想象世界"包括基督教的上帝，黑格尔的绝对理念，乃至于艺术作品，都是人凭想象按照他的愿望所做出的"改造物"，也就是人的"本质的对象化"（主观愿望的客观体现），它只能是第二性的，所以比起现实是较微弱和贫乏的。不难看出，车尔尼雪夫斯基的这番话概括了他的基本哲学观点和基本美学观点，即哲学上的唯物主义的观点，美学上的现实主义的观点。

---

① 黑格尔有时把"理念"或"普遍力量"也叫作"神"。

已经约略介绍了俄国革命民主主义时期的文化历史背景。现在就可以分别讨论这时期两位主要领导人物的美学思想了。

## 二 别林斯基

### 1. 他的思想转变问题

别林斯基（1811—1848）只活了三十七岁，他的文学活动只有十四年（1834—1848）的历史，中间有一段所谓"跟现实妥协"时期（1837—1839），由此过渡到四十年代的"向现实反抗"时期。所以他的思想发展一般被划分为两个时期：第一个时期在四十年代以前，是黑格尔的影响占上风的时期，这期著作以《文学的幻想》（1834），《论俄国中篇小说和果戈理的中篇小说》（1835），《智慧的痛苦》（1840）和《艺术的概念》（1841）为代表；第二个时期是他的思想成熟期，现实主义思想占上风的时期，这期著作以《论普希金》十一篇（1843—1845），《给果戈理的信》（1847）和《1847年俄国文学评论》（1848）为代表。从前期到后期，别林斯基经历过了很大的转变，这是公认的；关于这个转变的性质和程度，苏联学术界却还有些争论。

普列汉诺夫在《论别林斯基的文学观点》[①]一文里批判了当时流行的看法。这个看法认为别林斯基在"跟现实妥协"时期所受的黑格尔的影响是有害的，使他宣扬为艺术而艺术，只重

---

[①] 《普列汉诺夫哲学选集》，1958年俄文版，第五卷，第一九一至二三七页。

## 第十六章 俄国革命民主主义和现实主义时期美学(上)

艺术的形式,但是在"向现实反抗"时期,他的美学观点就有"完全的转变"。普列汉诺夫承认别林斯基早期确实相信过纯艺术论,但并不主张诗只需顾形式而不顾内容;他在早期从黑格尔哲学所吸取的是它的"绝对理念"一方面,忽视了它的辩证发展的历史观方面,因此他过分轻视艺术的主观性而片面强调艺术的客观性,努力寻求艺术的客观规律作为文学批评的基础。普列汉诺夫把别林斯基所找到的客观规律归纳为五条:(1)诗用形象来思维,应显示而不应论证;(2)诗以真理为对象,它的最高美在真实与单纯,不美化生活;(3)艺术所显示的理念应该是具体的理念,应具有整一性;(4)理念与形式应互相融合;(5)艺术作品的各部分应组成一个和谐的整体。在转变以后,别林斯基逐渐放弃了黑格尔的"绝对理念"而转到黑格尔的辩证观点;但是他在早期所定下来的五条客观规律却基本未变,只是对理念的具体性的理解有了重要的改变。从前"具体的理念"指"诗应描写诗人周围现实的合理性",而现在它却指"社会生活的一切方面";因此他在晚期看艺术问题已不再从"绝对理念"出发,而是从俄国社会关系的历史发展观点出发。别林斯基的最明显的转变当然是从坚信纯艺术观转到坚决反对纯艺术观,不过普列汉诺夫却认为他反对纯艺术观的论证没有说服力。但是纯艺术观毕竟被打倒了。

近来苏联学者多半反对普列汉诺夫的看法,我们可选最近一部讨论别林斯基美学最详尽的专著[①]的作者拉弗列茨基为代表。他的基本论点是:"别林斯基始终是一个现实主义者,不过在前期他是在唯心主义的基础上建立现实主义,在后期他是在唯物主

---

[①] 拉弗列茨基:《别林斯基的美学》,苏联科学院1959年版。

义的基础上建立现实主义。"[1]他甚至以为别林斯基早期美学观点"只是在形式上而不是在内容上是唯心主义的"[2]；"唯心主义的外壳有时还扼杀现实主义的思想"[3]；"别林斯基克服唯心主义，自从他开始建立美学时就已开始，自从始终存在于他的美学中的现实主义倾向得到发展时就已开始，从此扩张，后来他就在全部世界观里克服了唯心主义"，在"从社会实践去找主观世界和客观世界之间的桥梁"这一点上，他是朝着马克思主义的方向走，不过由于当时俄国现实的历史局限，他还不能"完全达到马克思主义"[4]。总之，拉弗列茨基企图尽量洗刷别林斯基早期的唯心主义，论证他晚期的唯物主义思想和辩证观点，从而证明他的思想发展是前后融贯的。

　　从这些分歧的意见可以见出对别林斯基美学观点的理解在很大程度上有赖于对他的思想转变过程的理解。在阅读别林斯基前后两期的代表论著和衡量上述不同的意见之后，我们觉得别林斯基在他的思想发展中始终是一个现实主义者，也始终没有完全摆脱黑格尔的影响。这二者之间就有从现实生活出发和从理念或理念的变相出发之间的矛盾，也就是黑格尔的客观唯心主义理论和俄国现实以及俄国现实主义文学创作实践之间的矛盾。这个矛盾在早期表现得较尖锐，在后期得到了一些克服，但也不是完全的克服。拉弗列茨基指出别林斯基一开始就有现实主义的倾向，这是完全正确的。这个现实主义倾向起于当时俄国农奴解放运动的客观现实需要，而以果戈理为首的"自然派"（即现实主义

---

[1] 拉弗列茨基：《别林斯基的美学》，苏联科学院1959年版，第一三页。
[2] 同上书，第一六页。
[3] 同上书，第一九页。
[4] 同上书，第三〇至三一页。

派)反映当时腐朽社会的作品对这个倾向也起了很大的促进作用。唯其如此,别林斯基的美学思想一开始就带着很强烈的社会现实色彩,就有意识地要运用文学武器为农奴解放运动服务。例如他在最早的《文学的幻想》就已强调文学不能离开民族土壤,一切最好的作品都"要在精神和形式上带有它那时代的烙印,并且满足它那时代的要求"。他的现实主义的美学思想一开始就多少是和社会实践观点结合在一起的。这种社会实践观点在黑格尔的影响之下在早期处于劣势,随着俄国社会矛盾日益尖锐化而日渐发展,后来就处于优势。这是事实。这是问题的一方面,不认识到这一方面,就不可能正确地理解别林斯基美学思想的发展和转变。

问题的另一方面在于别林斯基也始终没有完全摆脱黑格尔的影响,他的早期客观唯心主义思想并不"只在形式上",不只是一种"外壳",而是他的艺术本质观,典型观以及美的本质观的哲学基础,他的这些美学观点都是黑格尔的"理念的感性显现"一个公式的发挥。这些观点在四十年代以后,由于俄国解放运动形势的发展以及作者本来的现实主义倾向的加强,确实得到了一些改变,但是并没有完全达到唯物主义,更不消说"没有完全达到马克思主义"。《论普希金》十一篇是他的成熟作品,在第五篇(1844)里他提出了所谓"情致"说,情致说确实指出"主观世界和客观世界之间的桥梁",但是主要地恐怕还不是"从社会实践观点"去找到的,因为他是在发挥黑格尔早已提出的一个概念。这一点在下文还要说明。此外,别林斯基从理念出发的基本观点到晚期还没有得到彻底的改变。如果不认识到问题的这一方面,也就不可能正确地理解他的美学思想的发展和转变。

提出了这个基本看法以后,我们就来顺次介绍别林斯基对于(1)艺术的本质和目的,(2)主观与客观的关系,(3)典型,以及（4）内容与形式的关系和美的本质四个关键性问题的看法。这四个问题实际上只是艺术反映现实这一个基本问题的四个方面，彼此是不能分割的。现在把它们分开来，只是为着叙述的便利。

## 2. 艺术的本质和目的

别林斯基的美学观点都围绕着艺术的本质和目的这个中心问题。依他看来，要解决这个问题，就不能凭主观理想而要针对艺术实践的实际情况。在评《杰尔查文的作品》第一篇（1841）里，他这样确定了美学的任务：

> 真正的美学的任务不在于解决艺术应该是什么而在解决艺术实际是怎样。换句话说，美学不应把艺术作为一种假定的东西或是一种按照美学理论才可实现的理想来研究。不，美学应该把艺术看作对象，这对象原已先美学而存在，而且美学本身的存在也就要靠这对象的存在。①

他在实践中并不能始终坚持美学任务的这个正确原则。特别是在早期，他对艺术本质问题就经常表现出既想从现实出发又想从概念或理想出发的矛盾。例如在他的最早的论著《文学的幻想》第三篇里有这样一段话：

---

① 《别林斯基全集》（苏联科学院，1953—1957），第六卷，第五八五页。以下除经常易见的论著单注篇名以外，引文只注《全集》卷数、页数。这些引文大半是编者试译的。

## 第十六章 俄国革命民主主义和现实主义时期美学（上）

> 什么才是艺术的使命和目的呢？用语文，声音，线条和颜色把一般自然生活的理念描写出来，再现出来，这就是艺术的唯一的永恒的主题，诗的灵感是自然创造力的反映。所以诗人比任何人都应该研究自然（包括物质的和精神的两方面），爱自然，对自然同情共鸣。……如果诗人用他的作品来强使我们用他的观点去观察生活，他就不再是诗人而是思想家，……因为诗本身就是目的，此外别无目的。
>
> 对，艺术是宇宙的伟大理念在它的无数多样的现象中的表现！

这段话是别林斯基的全部美学思想的幼芽，后来的发展都从此出发。他在这里显然把艺术不是作为对象而是作为理想来研究。有三点须注意：第一，他的出发点是黑格尔的"理念的感性显现"说；其次是与黑格尔无关而也是从西欧传来的纯艺术论（艺术无外在目的）；第三，研究自然和再现生活的现实主义信条也已出现了。这中间就已隐藏着他的基本矛盾。"理念"是一般，"现象中的表现"是特殊。艺术究竟应该从一般理念出发还是应该从特殊现象（现实生活）出发呢？这就是歌德所曾提出的"为一般而找特殊"和"在特殊中显出一般"的分别。别林斯基是比较倾向于"为一般而找特殊"即从"理念"出发的。下面的引文可以为证：

> 一切艺术作品都是由一个一般性的理念产生出来的，也正是归功于这理念，它才获得它的形式的艺术性。
>
> ——《全集》，第三卷，第四七三页。

> 故事情节从理念生发出来,就像植物从种子发生出来一样。
>
> ——《全集》,第四卷,第二一九页。

> 诗的本质在于使无形体的理念具有生动的感性的美的形象。
>
> ——《全集》,第一卷,第五九一页。

这些言论是从不同时期论著中引来的,足见他从理念出发的观点是前后一致的。

别林斯基的最著名的诗用形象思维,不论证真理而只显示真理的论点也是根据"理念的感性显现"说提出来的。在评《智慧的痛苦》里他说得很清楚:

> 诗是真理取了观照的形式;诗作品体现着理念,体现着可以眼见的观照到的理念。因此,诗也是哲学,也是思维,因为它也以绝对真理为内容;不过诗不是取理念按辩证方式由它自身发展出来的形式,而是取理念直接显现于形象的形式。诗人用形象来思维,他不是论证真理,而是显示真理。

这个论点他在评《杰尔查文的作品》(1843)里又重复过一遍,可以看作他的后期中比较成熟的看法,也足见他的转变并不如一般人所说的那么突然或彻底。按照上下文来看,当时形象思维直接性的提法有三个用意:第一是说明理念体现于具体形象,其次是辩护纯艺术论,第三是强调艺术的客观性。别林斯基认为诗和哲学在内容(绝对真理,理念)上相同,所不同者哲学用抽象思维,达到概念;诗用形象思维,达到形象。这样把形象思维和抽象思维绝对对立起来，就必然否定诗和艺术与任何理智作用有关。所谓诗人只显示而不论证，涵义之一就是诗人没有外在的目的。紧接着上段引文，我们就读到：

> 但是诗没有外在于自身的目的，它本身就是目的；因此，诗的形象不是一种外在于诗人的或次要的东西，不是手段而是目的；否则它就不会是形象而只是象征（符号）。呈现于诗人的是形象而不是理念，离开形象，诗人就见不到理念。……诗人从来不存心要发挥这个或那个理念，从来不给自己定课题；用不着他的自觉和意志，他的形象就从想象里涌现出来。

足见作者在这里还是在为纯艺术论辩护：说形象不是手段（不是论证真理）而是目的（本身显示真理），就是说诗作品的目的不是外在而是内在的。因此，作者反对存心劝善惩恶的教诲性的诗，因为它所给的是抽象理念的象征而不是艺术形象，而且存有外在的目的。作者所要求的是"具体的理念"，即理念体现于形象中，离开形象就见不出理念。这种内容与形式融合的观点当然是正确的。但是这里仍有一个矛盾，既然说"一切艺术作品都是由一个一般性的理念产生出来的"，何以又说"诗人从来不存心要发挥这个或那个理念"呢？从上面引文看，别林斯基是想用艺术创作的无意识性（不自觉性）来解决这个矛盾的。他的意思是说，形象暗含着理念而诗人或艺术家自己却见不到这理念，所以他说，"呈现于诗人的是形象而不是理念"，"用不着他的自觉和意志，他的形象就从想象里涌现出来"。

但是矛盾不是这样就能解决的。把"理念"和"无意识性"这两个概念联在一起，就是自相矛盾的；因为依别林斯基自己的看法，理念是诗和哲学所共有的内容，艺术用形象来显示真理，还是一种思维的结果。这个看法也不符合黑格尔对于理念的理解。因为"理念"作为一种精神存在，是"自在又自为的"（即自觉的）。

这是一个难问题。别林斯基的想法也并不很明确，有时甚至自相矛盾。例如他在讨论戏剧表演时，说演戏的艺术"也和其他种类艺术一样，在于一种习惯本领，能在体会了理念之后，找到真实的形象去表现它"。[①] 在谈到俄国现实主义小说时，他指出近代现实诗是"对问题的答复"，须有"完满的意识"。[②] 这样看来，"理念"就不能说是"无意识的"了。

本来艺术创作过程中是否包括某些"无意识的"或"自发的"因素还是一个值得讨论的问题，不过别林斯基既然强调艺术是为理念而找形象，他就不能把艺术摆在"无意识"的基础上。他之所以陷入这个矛盾，似有两个原因。第一个原因是他在早期往往把艺术观照的直接性（"艺术是对真理的直接的观照"[③]）和艺术创作的无意识性混为一事。其实直接的观照毕竟还是一种认识，尽管只是感性认识，却不能说是无意识的。在四十年代初，别林斯基开始见出"直接性"与"无意识性"的分别，因此就否定了"无意识性"：

> 现象的直接性是艺术的基本规律和必不可少的条件……无意识性却不但不是艺术所必有的特性，而且对艺术是有害的，会降低艺术的。
>
> ——《论艺术的概念》（1841）

---

① 《全集》，第二卷，第三〇五页。
② 《论俄国中篇小说和果戈理的中篇小说》，以下简称《论俄国中篇小说》。
③ 《论艺术的概念》。

## 第十六章 俄国革命民主主义和现实主义时期美学(上)

下文还要看到,别林斯基在《论普希金》第五篇中提出情致说和强调艺术家个人性格时,实际上还承认艺术创造毕竟有长期的无意识中的酝酿。这里暂只指出,上段引文仍显示出一种暂时还不能克服的矛盾。就否定无意识性来说,"无意识的理念"的矛盾已解决,艺术显示理念的原则就可以保持;但是就肯定"直接性为艺术的基本规律"来说,直接性指对形象的感性观念,只能属于感性认识活动,这就要排除把理性认识的对象,"理念",作为艺术出发点的原则了。

事实上这个矛盾的第二方面,即"现象的直接性",在别林斯基的思想里后来日渐取得主导的地位。在一八四三年以后,他愈来愈少地(这并非说完全放弃)谈艺术显示理念,愈来愈多地强调艺术须面对生活和现实,从这中间揭示事物的本质。他在给巴枯宁的信里说:"我不是按照它的一般抽象意义,而是按照人与人之间的关系来理解现实"。① "一般抽象意义"还是"理念","人与人之间的关系"就是现实社会生活了。所以他愈来愈多地强调文艺须表现"现世纪的兴趣和时代的精神"②,认为"文学是社会生活的表现,是社会给文学以生命,而不是文学给社会以生命"。③ 下面一段话更足以表达他的较成熟的思想:

> 每个时代的诗的不朽都要靠那个时代的理想的重要性以及表现那个时代历史生活的思想的深度和广度。活得最长久的艺术作品都是能把那个时代中最真实,最实在,最足以显出特征的东西,用最完满最有力的方式表

---

① 《全集》,第一一卷,第三一四页。
② 同上书,第五卷,第五五二页。
③ 同上书,第六卷,第四五一页。

达出来的。

　　　　　　　——《全集》，第七卷，第二一四页。

　　这种从理念到现实的观点转变是和当时俄国农奴解放运动的进展以及别林斯基本人对这运动的日益关心分不开的。

　　上文我们提到，别林斯基在评《智慧的痛苦》里对形象思维直接性的提法还有第三个用意，即强调艺术的客观性。艺术既然是"理念直接显现于形象"，艺术创作过程在当时既然还被视为"无意识的"，艺术家的主观能动性就没有多大施展的余地了。为着较详细地说明别林斯基这方面的思想，我们就要转到主观与客观的关系这一个美学上关键性的问题。

## 3. 主观与客观的关系：现实诗与理想诗，"情致"说

　　别林斯基很早就在考虑艺术创作中主客观关系问题，而他对这个问题的看法是长期处在矛盾中的。我们先研究一下他早期说的一段话：

　　　　为什么说创作既有不依存于创作者的自由，又有对创作者的依存呢？——诗人是他的对象的奴隶，因为他对选择对象和发展对象都没有控制权，……因此，创作是自由的，不依存于创作者。……但是为什么在艺术家的创作里反映出时代，民族乃至于他自己的个性呢？为什么反映出艺术家的生活意见和教养程度呢？从此看来，艺术不是要依存于他，他对创作不是既是奴隶又是主子吗？不错，创作依存于创作者，正如灵魂依存于肉体。

　　　　　　　　　　　　——《论俄国中篇小说》

这段话好像揭示出主观与客观的辩证的统一。但是事实上别林斯基在早期所侧重的是诗人是"他的对象的奴隶"一方面,即艺术的客观性一方面。

首先,《论俄国中篇小说》中理论部分是讨论"现实的诗"和"理想的诗"①的对立。在"理想的诗"里,诗人"按照自己的理想来改造生活,这种理想要依存于他看待事物的方式以及他对他所处在的世界,民族和时代的态度";而在"现实的诗"里,诗人却"按照生活的全部真实性和赤裸的面貌来再现现实,忠实于生活的一切细节"。从这些定义看,"理想的诗"是着重主观的,"现实的诗"是着重客观的,二者仿佛是截然对立,不可调和的。在权衡这两种诗的优劣时,作者说,"可能它们分不出优劣,如果它们都满足了创作的条件,这就是说,理想的诗须与情感协调,而现实的诗则与所表现的生活协调。但是现实的诗因为是由我们这个讲究实证的时代所产生的,似乎更能满足这个时代的最基本的要求"。他经常提到"我们时代的口号是现实"。由此可见,别林斯基更看重的是"现实的诗"或客观的诗,事实上他的大部分论著都是为"现实的诗"进行热情的宣传。这是和他的政治态度密切联系着的,他所说的"这个时代的最基本的要求"指的当然是农奴解放运动。因此,我们很难赞同拉弗列茨基所说的别林斯基"在他的唯心主义时期始终表现出'主观性'的观念"。②

其次,别林斯基很早就侧重艺术的客观性。在他的早年著作里,我们读到这样的话:

---

① 别林斯基在用"诗"(**Поэзия**)这个词时通常沿西方传统的用法,指一般文学,所以果戈理的小说也属于"现实的诗","现实的诗"就是现实主义的文学。一般汉译都用"诗歌",这是不妥的。
② 拉弗列茨基:《别林斯基的美学》,第三〇页。

> 客观性是诗的条件，没有客观性就没有诗；没有客观性，一切作品无论怎样美，都会有死亡的萌芽。
>
> ——《全集》，第二卷，第四一九页。

> 诗人所创造的一切人物形象对于他应该是一种完全外在于他的对象，作者的任务就在于把这个对象表现得尽可能地忠实，和它一致，这就叫作客观的描写。
>
> ——《全集》，第三卷，第四一九页。

就在《论俄国中篇小说》里他把客观性说得更具体：

> 说了这番话以后，难道在我们的时代特别得到发展的是诗的这种现实方向，是艺术与生活的这种紧密结合，还足为奇吗？难道最近作品的特征一般在于无情的坦率，仿佛要让生活丢脸，把生活中可怕的丑和庄严的美都一齐赤裸裸地显示出来，仿佛用解剖刀把生活解剖开来，还足为奇吗？我们所要求的不是生活的理想而是生活本身，按照它本来的样子。它坏也罢，好也罢，我们不愿把它美化，因为我们认为在诗的表现里，生活无论好坏，都同样地美，因为它是真实的，哪里有真实，哪里也就有诗。

在较晚较成熟的评《智慧的痛苦》里他又重申过这个信条：

> 最高的现实就是真理；诗既然以真理为内容，诗作品所以就是最高的真实。诗人并不美化现实，他写人物并不按照他们应该有的样子，而是按照他们实在有的样子。
>
> ……客观性是创作的必要条件，它否定了一切目的，

## 第十六章 俄国革命民主主义和现实主义时期美学（上）

一切来自诗人的诉讼。

这些话还不足以证明别林斯基早期侧重艺术的客观性吗？在这些话里他提出旗帜极鲜明的现实主义的信条。如果我们朝后看看车尔尼雪夫斯基，就可以看出他的"美就是生活"的原则早就已由别林斯基提出过，而且别林斯基否定了他所肯定的"应该有的样子"，在这一点上还比他更激进。激进有时不免片面，别林斯基早期所强调的客观性实际上是一种客观主义，所以他早期所理解的现实主义还不免带有片面性。

过正往往由于矫枉，别林斯基早期片面强调客观性并不是偶然的，而是和他对俄国十九世纪二十年代占统治地位的浪漫主义所进行的顽强斗争分不开的，因为浪漫主义是片面强调主观性的。就在上引的评《智慧的痛苦》里他断定浪漫主义先驱卡拉姆津的感伤主义是一个"错误的有害的倾向"，浪漫派大师茹柯夫斯基的神秘主义是"幻梦与妄诞的幻想的结合"，是一种"翻新的感伤主义"，并且拿浪漫主义和现实主义作对照说：

浪漫艺术把尘世搬到天上，它的追求永远是在天上，在现实生活之外。……浪漫诗是幻想的诗，是理想的漫无节制的倾泻，而现代诗却是生活的诗。

他对浪漫主义的鄙视在下面两段里表现得更露骨：

柯斯洛夫是一位情感诗人，所以不用到他那里去找艺术作品。

——《全集》，第五卷，第七五页。

> 凡是不精确的，不明确的，混乱不清的，外表的意思像很丰富而实在的意思却很贫乏的作品都应该叫作浪漫主义的。
>
> ——《全集》，第六卷，第二七六页。

他为什么这样敌视浪漫主义呢？别林斯基自己在《1845年俄国文学评论》里回答了这个问题，他说"浪漫主义者总是一切实践的敌人。……他们的通病是脱离现实"，是消极的，它把人们"从尘世搬到天上"，在"幻想"和"感伤"里过日子，放弃迫切的解放斗争。

所谓"实践的敌人"就是解放斗争的敌人。这种文学绝不能"满足这时代的最基本的要求"，所以别林斯基对症下药，提出文艺再现生活，对现实作无情的忠实的客观描写的口号，指出以果戈理为首的"自然派"做学习的榜样。这样就把当时浪漫主义的颓风打下去，把俄国文学引上了现实主义的康庄大道，因而唤醒民众，促进了解放运动，并且为未来的革命作了思想准备。这是别林斯基的最大功绩，远远超过了他有时矫枉过正的毛病。

他的矫枉过正表现于在片面强调艺术客观性之中，他否定了艺术创作的一些完全合法合理的因素。第一，他因为反对幻想而走到反对艺术虚构的极端，认为"现实以外的一切，即作家所凭空虚构的都是虚伪，都是对真理的毁谤"。[①] 其次他因为反对感伤主义而走到否定艺术表现情感的极端，称赞莎士比亚"没有同情，没有习惯倾向和偏嗜，没有心爱的思想，也没有心爱的典型，

---

① 评《玛林斯基的全集》（1840）。

他是无情的"①。第三,他因为反对"美化"而走到否定艺术表现生活理想的极端,这在上面引文里已不止见过一次。第四,他因为反对作者表示主观态度而走到否定讽刺文学的极端,说讽刺"不属于艺术范围",是一种"伪体裁"。②如果在这几点上艺术家都要听从别林斯基的话,客观性就会流为客观主义,艺术就不可能有思想倾向性。

但是这些只是别林斯基的美学观点的一面,此外也还有重视主观性,情感和理想倾向的另一面。这另一面在早期也就已存在,只是没有和侧重客观性的一面达到辩证的统一,所以表面看来,他的言论往往显得互相矛盾。矛盾是思想发展所必有的条件,也是思想家在发展过程中不轻于下定论的严肃态度的表现,而别林斯基在思想态度上正是极其严肃的。早在《文学的幻想》里他就已认识到诗的思想"不是推理,不是描写,不是三段论法,而是热情,欣喜,绝望和呼号";"思想消融在情感里,而情感也消融在思想里:从思想和情感互相消融里才产生高度的艺术性"。他也很早就认识到"客观性并不是艺术的唯一的优点"③,"客观性绝非不动情感,不动情感就会把诗毁灭掉"④。在一八四一年他写信给波特金谈心事说,"近来我对客观的艺术作品产生了一种敌视"⑤。足见这时期是他的思想转变中一个关键。现在他认识到"对生活作纯然客观的诗的描写,……过去没有过,将来也不会有","客观诗人与主观诗人的称号把同一创作活动割裂成为实际上并不存在的尖锐对立的两半截,这种做法应该从理论

---

① 《论俄国的中篇小说》。
② 评《智慧的痛苦》。
③ 《全集》第二卷,第二九二页。
④ 同上书,第一卷,第九〇页。
⑤ 同上书,第一二卷,第七三页。

中清除出去"①。

这些都足以说明别林斯基已逐渐认识到他自己过去侧重客观性的片面性，仿佛是在纠正早期的片面性，他在晚期就愈来愈多地强调主观性的一面，下面几段话可以为证：

> 果戈理的最大的成功和跃进在于在《死魂灵》里到处渗透着他的主观性。我们所理解的主观性不是由于有局限性和片面性而对所写对象的客观现实性进行歪曲的那种主观性，而是一种深刻的渗透一切的人道的主观性。这种主观性显示出艺术家是一个具有热烈心肠，同情心和精神性格的独特性的人，——它不容许艺术家以冷漠无情的态度去对待他所描写的外在世界，逼使他把外在世界现象引导到他自己的活的心灵里走一过，从而把这活的心灵灌注到那些现象里去。
> 
> ——《全集》，第六卷，第二一七至二一八页。

> 如果一件艺术作品只是为描写生活而描写生活，没有任何植根于占优势的时代精神中的强烈的主观动机，如果它不是痛苦的哀号或高度热情的颂赞，如果它不是问题或问题的答案，它对于我们时代就是死的。
> 
> ——《全集》，第六卷，第二七一页。

> 分析的精神，压制不住的研究努力，热烈的充满着爱和恨的思想在今天已变成一切真正诗的生命。
> 
> ——《全集》，第七卷，第三四四页。

---

① 据拉弗列茨基的《别林斯基的美学》第一七页的引文。

## 第十六章 俄国革命民主主义和现实主义时期美学（上）

这里"占优势的时代精神"就是当时俄国农奴解放运动中的革命精神，这种精神是"热烈的充满着恨和爱的思想"。强调这一点并不是回到消极浪漫主义的主观性，而是肯定"不容许艺术家以冷漠无情的态度去对待外在世界"的那种主观性。根据以上许多引文，我们似可得出这样的结论：随着俄国解放运动形势的发展，别林斯基就逐渐放弃早期偏重客观性的态度，转到渐重视主观性，他已认识到客观性与主观性统一的必要和可能，而且多少已认识到现实主义并不必然要排斥积极的浪漫主义，上引三段话毋宁说是对革命的浪漫主义文学所下的定义。

问题在于客观性和主观性究竟如何统一。别林斯基对这个问题是用他的"情致"说来解答的。情致说是他在一八四三年评《谢内依达·P—的作品》里首次提出来的，他说，"诗作品中的思想就是情致（Пафос）。"① 情致就是对某一思想的热烈的体会和钟情"。在一八四四年《论普希金》第五篇里，他就情致说作了更详尽的阐明。在这篇论文里他首先讨论了艺术家个人性格对艺术作品的重要性：

> 一个诗人的全部作品，尽管在内容和形式上每篇各不相同，却仍有一种共同的面貌，印刻下只有他才有的那种特殊性格，因为这些作品都是从一个人格，一个完整不可分割的"我"生发出来的。因此，要着手研究一个诗人，首先就要在他的许多种不同形式的作品中抓住他的个人性格的秘密，这就是只有他才有的那种精神特点。

---

① 这个词有译为"热情"或"激情"的，这里译"情致"，理由已在黑格尔《美学》中译本第一卷第二八七页的注里说明过。

每个诗人既然要在他的全部作品印刻下他所特有的个人性格,所以就"不能用拜伦的尺度去衡量歌德,也不能用歌德的尺度去衡量拜伦"。要研究一个诗人,单靠浮面的理智的了解还不够,还必须"亲领身受他的作品中的情感和生活",为其中"伟大的思想所完全掌握和渗透,以至它的骨变成自己的骨,它的肉变成自己的肉","为书中的哀伤而哀伤,为书中的欢乐,胜利和希望而感到幸福"。这才算"找到了打开诗人的人格和诗作品的秘密的钥匙"。这把钥匙不是抽象的思想而是"诗的理念"或"情致":

> 艺术并不容纳抽象的哲学的理念,尤其不容纳用理智论证的理念:它只容纳诗的理念,而这种理念却不是三段论法,不是教条,不是规则,而是活的热情或情致。

从此可见,诗和哲学共用同一内容的看法已不声不响地抛开了。诗自有"诗的理念",别林斯基有时又沿用黑格尔的术语,把它叫作"具体的理念",把它和"情致"等同起来。用通俗的话来说,情致就是情感饱和的理念,渗透诗人个人性格的理念,就是这种情致推动诗人去创作:

> 诗人如果不辞劳苦,要从事于创作的艰辛劳动,那就意味着有一股强烈的力量,一种压制不住的热情在推动他,鼓舞他。这种力量和热情就是情致。诗人处在情致中就显得钟情于某一种理念,像钟情于一种优美的东西一样,热情地沉浸到这种理念里去。他观照这种理念,并不是凭理智,凭推理的能力,凭感官的感受或是凭心灵中某一方面的力量,而是凭他的全部丰满而完整的道德存在(精神生活——引者注)。所以这种理念在他的作品中显得是……思想和

形式融成一种整一的有机的作品。凡是理念都来自理智，但是创造和产生有生命的作品的却不是理智而是爱。从此抽象的理念和诗的理念之间的区别就显而易见了，前者是理智的产品，后者却是一种热情或爱的果实。

这种"诗的理念"或"情致"既然还是一种热情，为什么不干脆就把它叫作热情呢？因为一般热情夹杂有私人的自私的本能的或动物性的成分，而情致却要表现上面引文里所说的诗人的"全部丰满而完整的道德存在"或精神生活，它是高度发展的社会人才有的一种道德情操，①别林斯基的说明如下：

> 情致这种热情却永远是由理念在人心灵中激发起来的，而且永远奔向理念，因此它是一种纯然精神道德方面的神明境界的热情。这种情致把单纯通过理智得来的理念转化为对那理念的爱，充满着力量和热情的奋斗。在哲学里理念是无形体的；通过情致，理念才转化为行动，为现实的事实，为有生命的作品。……每一部诗作品都应该是情致的产品，都应该由情致渗透。

从此可见，情致就是"思想和情感的互相融合"所形成的艺术家个人性格或精神特点。别林斯基认为情致的表现是艺术性的重要标志，诗人要达到艺术性，"就应该使情感产生于理念，而且就表现出那个理念"。②他始终强调"思想是一切诗的真正内容"，

---

① 这也是 Пафос 不宜译为"热情"或"激情"的一个理由。

② 《全集》，第六卷，第四六六页。

这"思想"依他在早期所理解的大半还是由理智产生的抽象的理念；自从提出情致说以后，他所理解的"思想"就有远较丰富的涵义，即诗人的整个人格中所蕴藏的世界观或精神倾向，是情与理的统一。这种"思想"就是"情致"，就是"理想"，也就是别林斯基所理解的倾向性。他说得很明白：

> 倾向本身应该不只存在于作者的头脑里，而是要存在于他的心腔和血液里，它首先应该是一种情感，一种本能，然后也许才是一种自觉的思想。
> 
> ——《1847年俄国文学评论》

作为"情感"或"本能"而"存在于诗人心腔和血液里"的"倾向"正是"情致"或"贴心的思想"。这是存在于创作时"自觉的思想"之前的。

这种"情致"或"倾向"是如何形成的呢？它是"时代精神"或现实社会生活对艺术家的教育的结果。别林斯基有一段名言这样描写诗人的崇高任务：

> 诗人要在今天达到成功，单凭才能是不够的，还需要在时代精神中的发展。诗人已不再能在幻想世界里生活着：他是这时代现实王国中的一个公民；一切发生过的事物都应该在他身上活着。社会希望在他身上见到的不是一个提供娱乐的人，而是它自己的精神理想生活的代表者，是对最难问题提出答案的预言者，是首先在自己身上诊断出一般人的疾病痛苦，然后用诗作品去医疗那些疾病的医生。
>
> ——《全集》，第六卷，第九页。

所以情致来自"时代精神中的发展",它是"一切发生过的事物在诗人身上活着","一般人的疾病痛苦在诗人自己身上诊断出来"的结果。别林斯基曾举《谁之罪?》的作者赫尔岑为例,指出赫尔岑的特长"在思想,在情感上深受感动的,完全自觉到和发展出来的思想",换句话说,还是在情致。什么才是赫尔岑的"贴心的思想"呢?别林斯基回答说,"作为他的灵感来源的,以及使他在忠实描写社会生活现象之中几乎提高到艺术性的那种思想乃是人类尊严遭到屈辱,而屈辱人类尊严的就是偏见和愚昧,人对人的不公平以及人对自己的糟蹋",①换句话说,就是他对当时俄国社会中人压迫人的现象的愤恨。这愤恨就是他的情致,是俄国社会现实在他身上的反映。

在这种对情致或倾向的看法之中,有两点值得特别指出。

第一,这个看法表现出主观与客观的辩证的统一。情致不是艺术家个人的飘忽的情感,而是时代精神在他个人性格中的结晶,所以既是主观的,又是客观的;既是特殊的,又是普遍的。这个道理在下面两段引文里说得很明白:

> 伟大的诗人在谈着他自己,他的"我"时,也就是在谈着一般人,谈着全人类。……所以人们从他的悲哀里认识到他们自己的悲哀,从他的心灵里认识到他们自己的心灵,认识到他不仅是一个诗人,而且是一个人。
> ——评《莱蒙托夫的诗》(1841)

---

① 《1847年俄国文学评论》,第二篇。

> 现在长篇和中篇小说所描写的……是作为社会成员的人，它们描写了人，也就描写了社会。
> ——《全集》，第九卷，第三五一页。

从此可见，像诗人所写的人物性格一样，诗人自己也就是当时社会的一个典型性格。从一般与特殊的统一中，别林斯基看到了客观与主观的统一。

其次，我们在上文见过，别林斯基早期在艺术创作的无意识性（或不自觉性）的问题上纠缠得很久，先是强调无意识性，后来又否定无意识性。自从后期提出情致说以后，他实际上已达到无意识性与自觉性的统一。就情致是个人性格的核心，是"存在于心腔和血液里"的一种情感和本能来说，它还是不自觉的；就"在自己身上诊断出一般人的疾病痛苦，然后用诗作品去医疗那些疾病"，"成为对最难问题提出答案的预言者"来说，诗人所表现的就须是一种"自觉的思想"，例如赫尔岑在《谁之罪？》里的思想就是一种"在情感上深受感动的，完全自觉的和发展出来的思想"。"情致"，"倾向"和"个人性格"好比一座大水库，是由当时现实社会各种影响汇流而成的。它是一种长期的储备。体现情致于个别作品，这就好比开渠引水灌溉特定区域的农田，就不能不是有目的，有计划的。

从此可见，别林斯基早期所提出的艺术是理念加形象的那个黑格尔式的老公式现在已获得完全崭新的意义了。从前只是诗与哲学共有的理念，现在是"对理念的爱"或"充满着爱和恨的思想"了。从前是片面地强调客观性，现在客观性和主观性却达到统一了，从前是鄙视浪漫主义的情感，现在却把情感提到首位了。

## 第十六章　俄国革命民主主义和现实主义时期美学（上）

从前否定幻想虚构，现在艺术创作中"主要的活动是想象"①了。从这种对比看，别林斯基在晚期确实经历过巨大的转变。我们不禁要问：在别林斯基的成熟的思想中，文艺在近代是否只有现实主义的一条路，如他早期所坚持的呢？现实主义和浪漫主义是否处于不可调和的对立呢？革命的浪漫主义和革命的现实主义是否有结合的可能呢？我们认为别林斯基在情致说里已足够明确地回答了这些问题。认真考虑一下这些问题是重要的，因为别林斯基的美学思想的影响一直是深刻的，而检查一下这种影响，就不难看出他早年片面强调现实主义而轻视浪漫主义的思想为什么一直得到更大的重视和更广泛的宣扬。

别林斯基早期片面强调现实主义，主要由于当时俄国解放运动的现实需要，他在晚年发展出带有革命浪漫主义色彩的美学思想，也主要是由于俄国解放运动进一步的发展和他本人对社会现实更密切的接触。但是黑格尔的影响也是始终存在的。他的晚期思想体系都围绕着"情致"说，而"情致"说恰恰是从黑格尔那里继承来的。黑格尔把"情致"看作"艺术的真正中心"，"不是本身独立出现的而是活跃在人心中，使人的心情在最深刻处受到感动的普遍力量"，"存在于人的自我中而充塞渗透到全部心情的那种基本的理性的内容"。这种"情致"并不是完全个人的，它是"一般世界情况"所形成的"普遍的精神力量（理想）在艺术家个人性格中的体现"。②别林斯基所用的名词（ποθas）和对这个名词所了解的意义基本上和黑格尔是一致的，但是他发挥了黑格尔的学说，因为他把它结合到俄国解放运动的具体现实，使

---

① 《全集》，第九卷，第一五八页。
② 参看黑格尔的《美学》，第一卷，第三章，特别是第二八七至二九二页，以及本编第一五章（五）。

"情致"具有一个崭新的含义,即革命的热情和理想。

"情致"的这个崭新的涵义是否能证明别林斯基晚期思想已完全摆脱了黑格尔客观唯心主义的影响呢?这问题关系到对他晚期思想的正确估价。人们的意见还是不一致的。我们认为:别林斯基早期所理解的"理念"仍然是黑格尔所理解的客观存在的先于感性现象的普遍的永恒的理念,他以这种理念为艺术的出发点,所以无疑是客观唯心主义的;他晚期所理解的"情致"虽然仍是黑格尔所理解的由"一般世界情况"所决定的情致,但是他更明确地指出情致的根源在于现实社会生活,更清楚地认识到艺术要从现实出发,在这个意义上,他已基本上由客观唯心主义转到唯物主义,而且在唯物主义的基础上认识到一般与特殊的统一,感性与理性的统一,内容与形式的统一以及客观与主观的统一。这是一种世界观上的大变革。

但是这个变革不管有多么大,仍然是不彻底的。这特别表现在他在晚期还没有完全抛弃抽象的人性和抽象的"人类精神"。他说,"诗人不仅是一个诗人,而且是一个人",他把这"人"字理解为"一般人乃至全人类",所以诗人的主观性是"渗透一切的人道的主观性",诗人的职责在"体现认识到的人类尊严的生活理想",赫尔岑所要表达的也是关于"人类尊严遭到屈辱"的思想。就在发挥情致说的《论普希金》第五篇里,他在强调现实社会根源的同时,也还是把个人性格看作人类精神的个别体现:

> 每个人都或多或少地生下来就凭他的个人性格去实现那和永恒(宇宙)同样无限大的人类精神的无限杂多方面的一方面。个人性格的全部价值和重要性就在于这种体现永恒的使命上,因为它(个人性格)就是精神获得存在和

实现,就是精神的现实。……

总之,诗人创作的源泉就在于表现在他个人性格里的那种精神,所以他的作品的精神和性格首先应该从他个人性格里去找解释。

谁也无法否认在这番话里,黑格尔的客观唯心主义的幽灵仍在徘徊着。所以我们不能同意某些苏联美学家的说法,说别林斯基在"反抗现实"时期就已经转到彻底的唯物主义。别林斯基的思想不是单线发展的,是深广的,朝各个方向探险的,因而是充满着矛盾,带有很大发展前途的。可惜他死得过早,没有能得到尽量发展。

## 4. 典型说

在近代美学家中,别林斯基是第一个人把典型化提到艺术创作中首要地位。在他的一些重要评论里,他都着重地讨论了这个问题。他在评《现代人》(1839)里说,"典型化是创作的一条基本法则,没有典型化,就没有创作"。他这样重视典型,还是从他对艺术本质的基本看法出发的。这就是艺术是形象思维,是黑格尔所说的"理念的感性显现"。随着他对艺术本质的基本看法的发展和转变,别林斯基的典型观也有发展和转变。由于发展都有个萌芽,以后变来变去,都很难把这萌芽所指定的趋向完全抛弃掉。我们已经看到别林斯基在艺术本质问题上的思想发展是如此,他在典型问题上的思想发展也还是如此。

这个萌芽在《文学的幻想》中"艺术是宇宙的伟大理念在它的无数多样的现象中的表现"一语中已可见出。这个艺术的定义已包含着典型的定义。在《论俄国中篇小说》里,这句话得到进一步的明确化:"每一个人都应该分为两方面:一般的与人类的,和特殊的与个人的";果戈理所塑造的庞罗果夫"就是整个等级,整个民族,整个国家";"整个世界只纳到一个字里面"。在评《现代人》里,别林斯基早期的典型观已成了定型:

> 创作中的典型是什么?它同时是一个人和许多人,一副面貌和许多副面貌,这就是说,它是这样一种对一个人的描绘,其中包括多数人,即表现同一理念的一整系列的人,姑举实例来说明这个意思。奥赛罗是怎样一个人呢?他这个人有伟大的灵魂,但是情欲还没有受到教养的节制,还没有由思想启发,提升到情感,因此他就成为一个妒忌的人,只因为疑心妻子不忠贞,就把她扼杀了。奥赛罗就是典型。过去有,现在也还会有,许多这样的奥赛罗,尽管在形式上有所不同。

在评《智慧的痛苦》里他进一步把典型看成理想,把典型化看成理想化。"理想"是按黑格尔的辩证式来说明的:

> 理想是一般性的(绝对的)理念,否定了自己的一般性,以便变成个别现象,既变成了个别的现象,又重新回到它的一般性。

他仍举奥赛罗为例。奥赛罗所体现的理念是妒忌。"这个理念……像是不知不觉地落到诗人心灵里的种子,发展成为奥赛罗和苔丝狄蒙娜两人的形象",从而具体的妒忌人物就否定了"妒忌"这个理念的一般性,由于这两人的形象虽是个别的,却是典型的,所以经过否定的否定,又重新回到"妒忌"这个理念的一般性。

至于理想化则是这样解释的：

> 对现实加以理想化就是把一般的和无限的东西体现在个别的有限的现象里，不是从现实中抄袭任何偶然的现象，而是塑造出典型的形象。……例如有一个人，任何人都可以从他身上认识出悭吝人，他就是一个理想，就是"悭吝"这个一般性的属于同一类的理念的典型的表现，这个理念本来包含它所有的一切偶然现象；所以一旦成为形象，一切人都可以从这个形象里认识出不是某一个悭吝人而是任何一个悭吝人的画像，尽管这任何一个悭吝人各有完全不同的面貌特征。

不难看出，这种典型说是把黑格尔的典型即理想说与贺拉斯和多数古典主义者的典型即类型说混合在一起的。

第一，像黑格尔一样，别林斯基也是从理念出发，把典型看作体现一般理念的个别形象，例如奥赛罗体现"妒忌"的理念，阿巴贡体现"悭吝"的理念。这种典型化是歌德说席勒所采用的"为一般找特殊"，不是歌德自己所采用的"从特殊见一般"。这里的分别在于前者是从概念出发而后者是从现实出发。从概念出发的典型化总不免有些抽象化。例如别林斯基把莎士比亚所写的奥赛罗，本来是一位充满想象，热情，原始的生活力与高度民族感的英雄，看成只是一个妒忌人，总未免是削作品之足来就理论之履。他是把莎士比亚式的典型化和莫里哀式的典型化看成等同的。其实这两种典型化方式的不同，黑格尔早就指出过。[①]黑格尔主张每一个典型人物"都是一个完满的有生气的人，而不是某种孤

---

[①] 黑格尔：《美学》，第二卷，第二九二至二九八页。

立的性格特征的寓言式的抽象品"。莫里哀所写的阿巴贡正是孤立的"悭吝"性格特征的寓言式的抽象品,而莎士比亚所写的奥赛罗却不是这样,而是"一个完满的有生气的人"。这个分别也正是马克思在给拉萨尔的信所说的"席勒方式"和"莎士比亚化"的分别。马克思和恩格斯都是赞许"莎士比亚化"的。别林斯基的"理想"只能说是"席勒方式"的典型。不能否认这毕竟还是一种典型,但不是最高意义的典型。

其次,像贺拉斯一样,别林斯基同时又从类型出发,把典型看成代表性或同类事物的共同属性,他说:

> 典型(原型)在艺术里,犹如类和种在自然界里。……典型是一般与特殊这两极端的混合的成果。典型人物是全类人物的代表,是用专名词表现出来的公共名词。……只是赫列斯塔柯夫这一个鼎鼎大名就可以很安帖地安到多少人身上啊!①

这种类型概念和黑格尔的理想概念是不同的。类型是总结现实经验所得到的"统计平均数"。别林斯基在谈果戈理写群众时曾称赞他在平常的"统计平均数"里显出"不平常"的社会性格来。在论《俄国摹写自然的作品》(1842)里谈到典型的本质说,"即使在描写挑水人的时候,也不要只描写某一个挑水人,而是要通过他这一个挑水人写出一切挑水人"。"挑水人"这个类概念就不能是黑格尔的理念了,而是从直接现实经验中概括得来的了。

---

① 《全集》,第五卷,第三一八至三一九页。赫列斯塔柯夫是果戈理的《钦差大臣》里的一个腐朽的小官吏,在俄国已成为贪污枉法,招摇撞骗者的诨名。

如果把概括的结果看成"统计的平均数",把它再现于个别人物形象,所得到的必然是一种抽象的没血没肉的人物。从类型出发的典型观的毛病正在于此。

应该承认,别林斯基认识到一般类型说的毛病。他不只是强调一般或理念,而且也重视特殊或个性。他要求"人物既表现一整个特殊范畴的人,又还是一个完整的有个性的人"。[①]要达到"这种对立面的调和",就要通过集中与提高的理想化:

> 诗人从所写的人物身上采取最鲜明最足以显出特征的面貌,把不能渲染人物个性的一切偶然的东西都一齐抛开。
> ——评《智慧的痛苦》,《全集》,第三卷,第四六三页。

在自然界事物中,必然的和见出本质特征的东西往往为许多偶然的东西所掩盖,因而很难见出典型,典型化的过程就是抛开偶然,揭示本质特征的过程。因此,艺术的典型应该比自然的原型更真实:

> 在一位大画家所作的画像里,一个人比起在照相里还更像他自己,因为大画家通过鲜明的特征,把隐藏在这个人的内在世界里,连对他本人也许是秘密的东西,揭露出来了。
> ——《全集》,第四卷,第五二六至五二七页。

这番话不免令人想起亚里士多德的诗与历史的比较,别林斯

---

① 评《现代人》。

基有些见解是符合《诗学》的,特别是"可能性"这个概念在他的论著里经常出现。他说:

> 理想隐藏在现实里。……它不是对现象的抄袭,而是由理智探索和想象再造出来的某一现象的可能性。
> ——《全集》,第八卷,第八九页。

> 诗的思想……只是可能的现实中一些事例。所以在诗里"这是否曾经有过?"的问题从来没有地位;诗要正面回答的问题却永远是"这是否可能?这在现实中是否可能有?"
> ——《全集》,第四卷,第五三一页。

> 诗是对可能的现实所作的一种创造性的再现。所以在现实中不可能有的东西也就不可能是诗的。
> ——《全集》,第七卷,第九四页。

这"可能性"究竟是什么呢?他在评《智慧的痛苦》里给了解答。"可能性之得到实现,是根据严格的不可改变的规律",它"有合理性和必然性"。这就是说,可能的现实不一定就是已然的现实,而是按必然规律来推测是于理应有的现实。这就不但把再现现实和抄写现实区别得很清楚,而且也把艺术的真实和生活的真实区别得很清楚了。

可能性就是"合理性和必然性",也就是客观规律性。按照客观规律来创造典型,所以典型是近情近理的,可理解的。同时它又是经过创造想象的理想化的结果,抛开了偶然的东西,揭示出必然的东西,所以典型又是"不平常的","新鲜的"。就是在这个意义上,别林斯基把典型叫作"熟识的陌生人"。[①] 熟识的是现实基础,陌生的或新鲜的是艺术创造。他特别强调典型形象的独创性:

> 在真正的艺术作品里,一切形象都是新鲜的,具有独创性的,其中没有哪一个形象重复着另一个形象,每一个形象都凭它所特有的生命而生活着。
> ——评《马林斯基的全集》

这样,他虽有时从类型出发,却克服了过去类型说的一般化的毛病。

别林斯基对典型理论的重要贡献还在于他多少已看出典型性格与典型环境的关系。他一开始就强调一切作品须"在精神上和形式上都带有它那时代的烙印,并且满足它那时代的要求"。[②] 他认为"要评判一个人物,就应考虑到他在其中发展的那个情境以及命运把他所摆在的那个生活领域"。[③] 下面两段话尤其足以说明他的看法:

> 像一切有生命的东西一样,艺术应该属于历史发展的过程。……我们时代的艺术是用精美的形象去表现和实现当代的意识,对当代生活的意义和价值的看法,对人类道路和永恒的真实存在的看法。
> ——《全集》,第六卷,第二八〇页。

---

① 《论俄国中篇小说》。
② 《全集》,第一卷,第九〇页。
③ 同上书,第四卷,第二五七页。

现在俄国长篇和中篇小说所描绘的不是罪恶和德行，而是作为社会成员的人，它们描绘了人，也就描绘了社会。正是因为这个缘故，现在对长篇和中篇小说以及戏剧的要求是每个人物都要用他所属阶层的语言来说话，以便他的情感，概念，仪表，行动方式，总之，他的一切都能证实他的教养和生活环境。

——《全集》，第九卷，第三五一页。

上文我们已指出别林斯基始终抱有抽象的普遍人性的看法，但是与此同时，他也不但有历史发展的观点，而且已隐约有阶级观点了，这里两段引文可以为证。典型应该体现时代精神的特征，而且还要反映出人物所属阶层与生活环境，所以别林斯基还结合莱蒙托夫的小说名著，提出了"当代主角"[①]这一个重要的概念。主角应能体现时代的精神特征，例如普希金的欧根·奥涅金，莱蒙托夫的毕乔林以及果戈理的死魂灵收购人乞乞科夫。

这种看法是深刻的，有独创性的。但是它也还不能说明别林斯基已完全摆脱了永恒理念，抽象的人性以及典型从一般出发那些概念。在上面的引文里，"艺术属于历史发展过程"之后还是拖着"永恒的真实存在"的狐狸尾巴，就说明矛盾并未完全消除。

---

[①] 参看评莱蒙托夫的《当代主角》（1840）和评索罗古柏的《旅行马车》（1845）两文。《当代主角》一般译为《当代英雄》，不妥，因为别林斯基指的是作品中能反映时代特征的角色，可以是卑鄙恶劣的人物，例如乞乞科夫。

## 5. 内容和形式：美

像黑格尔一样，别林斯基也把理念看成内容，表现理念的具体形象看成形式。理念也有时叫作"真理"。"真理是哲学的内容，也是诗的内容；单就内容来说，诗作品和哲学论文是一样的"。[1]"因此，诗也是哲学，也是思维，因为它也以绝对真理为内容"，所不同者哲学用概念和逻辑规律来思维，而"诗人用形象来思维，他不是论证真理而是显示真理"。[2] 所以"诗和思维（即哲学思考——引者注）毕竟不是一回事：它们在形式上是严格区分开来的"。诗和哲学既然只在形式上有区别，这两种思维——形象思维和抽象思维——所用的心理功能也不一样，"哲学或广义的思维是通过理智起作用而且对理智起作用的"，一般"无须借助于情感和想象"；诗却以"想象为主要的动力"，因为"任何情感和任何思想都必须用形象表达出来，才能成为诗的情感和思想"。[3]

别林斯基在内容与形式的关系上前后有时矛盾。按照上引一些话看，诗和哲学的分别不在内容而只在形式，完全相同的内容可以表现为完全不同的形式，内容和形式就可以割裂开来了。但是别林斯基在无数场合都强调过内容与形式的统一以及形式对内容的依存，例如：

> "具体"是指这种情况：其中理念渗透到形式里而形式表现出理念，消灭了理念也就消灭了形式，消灭了形式

---

[1] 评《杰尔查文的作品》第一篇（1842）。
[2] 评《智慧的痛苦》。
[3] 同上书。

也就消灭了理念。换句话说，具体性就是形成一切事物生命的，没有它任何事物都活不了的那种理念与形式之间的秘奥的，不可分割的必然的融合。

——《全集》，第二卷，第四三八页。

理念是一种具体的概念，它的形式对它并不是外在的，而是它自己所特有的那种内容的发展。

——《全集》，第四卷，第五九九页。

无内容的形式和无形式的内容都不可能存在。

——《全集》，第五卷，第三〇六页。

人们不禁要问：诗和哲学所共有的那种"真理"或"理念"或那种"内容"有没有形式呢？既然形式是内容本身的发展，同一理念何以时而发展为哲学的概念，时而发展为艺术的形象呢？既然经过了不同的发展，那原来共同的内容或理念改变了没有？依别林斯基自己的内容形式一致的前提，能说诗和哲学在内容上一致而只在形式上才有区别吗？

这些问题是别林斯基的美学思想的基本矛盾所在。诗和哲学就在内容上也不能看成同一的。他之所以把它们看成同一，是因为他随着黑格尔相信艺术是从理念到形象的。这理念在表现为形象之前究竟是怎样一种"内容"呢？能说它已经是"具体的理念"吗？不能，因为没有表现为形象，它就还不是"具体"的，而只能是抽象的，例如他所说的莎士比亚的奥赛罗表现"妒忌"[①]，

---

[①] 他谈典型时最爱举的例。

普希金的"吝啬骑士",果戈理的泼留希金,以及莫里哀的阿巴贡都表现"吝啬"。[①]这些实例都说明别林斯基心目中的艺术作品大半是从抽象概念出发的,而且他把"主题"和"内容"混为一事。过去许多作家所描写的各种不同的吝啬鬼怎能说在内容上都相同呢?不,在具体的内容上,不但诗和哲学不同,就在诗与诗之间也不能相同。

对内容与形式的看法的矛盾也就必然带来对美的本质的看法的矛盾。美究竟在内容,在形式,还是在内容与形式的统一体呢?依别林斯基的看法,美有时在内容,有时在形式,有时又在内容与形式的统一体。姑先分析下面一段引文:

> 现实本身就是美的,但是它的美在本质上,在它的要素上,在它的内容上而不在它的形式上。就这一点来说,现实是未经洗炼的埋在矿砂堆和泥土里的原金:科学和艺术就现实的金子加以洗炼,把它铸成精美的形式。所以科学和艺术并不虚构原来没有的新的现实,而是从曾经有过的,现有的或将有的东西中采取现成的材料,现成的因素,总之,现成的内容,然后给它一个妥帖的形式,连同比例匀称的各部分以及使我们从各方面都能看到的体积轮廓。
> ——《全集》,第四卷,第四九〇至四九一页。

在这里别林斯基明确地指出两点:(1)现实本身就美,现实美是在内容而不在形式;(2)现实提供现成的内容给艺术,这内容在艺术里在本质上还和在自然里一样,犹如洗炼过的金

---

[①] 《论普希金》,第一一篇(1846)。

子还是埋藏在矿砂里的金子,艺术只是把自然"铸成精美的形式",所以艺术美只是在形式上。美既然可以单独地在内容,也可以单独地在形式,这两种美究竟如何区别呢?它们之间有什么关系呢?

别林斯基和车尔尼雪夫斯基一样坚信现实本身就美。下面的话是经常在他的论著中重复出现的:

> 诗就是生活的表现,或则说得更好一点,诗就是生活本身。
> ——《全集》,第四卷,第四八九页。

> 诗就是现实本身。
> ——《全集》,第五卷,第五○三页。

> 哪里有生活,哪里也就有诗,但是只有在有理念的地方才有生活。
> ——《全集》,第四卷,第五三三页。

> 在诗的表现里,生活无论好坏,都是同样美,因为它是真实的;哪里有真实,哪里也就有诗。
> ——《论俄国中篇小说》

对这几句话稍加分析,可以看出这几点:(1)"诗"字有时指文学作品("诗是生活的表现"),有时指诗的特质,涵义近于"美"字("哪里有生活,哪里也就有诗")。艺术的诗反映生活的诗。(2)生活或现实之所以美,由于它真实,美与真是统一的。也就是在这个意义上,现实美在于内容。(3)在现实生活里,丑恶尽管是真实的,并不能因此而美;"生活无论好坏都同样地美",这句话只是就"诗的表现"或文艺作品而说的。由此可见,诗虽就是生活本身,毕竟有所不同。(4)问题在于别林斯基所了解的"生活"还不是一般人所了解的"生活",因为他说得很明确,"只有在有理念的地方才有生活"。所以他又说,"现实诗的任务在于从生活的散文中抽绎出生活的诗"。① 这就是从一般人所了解的生活(即"生活的散文")中揭示出"理念"(即"生活的诗"),也就是排除偶然而揭示"隐藏"的本质那种典型化或理想化的过程,也就是艺术赋形式(即形象)于自然内容(即理念)的过程。

由(1)和(2)两点看,艺术美反映自然美,美在于真,都应只在内容上见出,所以他说,"只有内容才是衡量一切诗人的真正标准"。② 由(2)和(3)两点看,艺术美只能在创造成的形式(即形象)上见出。艺术美在形式,上引炼金的例子也已说得很明确,此外别林斯基还说过,"形式属于诗人,内容属于他的民族的历史和现实"。③ "形式属于诗人"就等于说形式属于艺术创造。这两种看法显然有矛盾,而矛盾的根源在于内容与形式的割裂。

此外还须指出,俄文 Жизнь 一词和一般西语中相应的词一样,包括"生活"和"性命"两个意义;而"美"这个词在俄文里却有 Красивые 和 Прекрасные 两个词,前者较低,相当于汉语中"漂亮","整洁"之类的美,后者较高,相当于汉语中真正审美意义的美。别林斯基常强调这两种美的分别,把前者摆在形体方面,后者摆在精神或生命方面。他有时强调自然美在内容

---

① 《全集》,第一卷,第二九一页。
② 《评波列查耶夫的诗》(1842)。
③ 《全集》,第二卷,第五二页。

（生命）而不在形式（形体），是就这个意义来说的。例如，他在讨论普希金的诗时说过：

> 普希金的诗好比受到情感和思想灌注生命的那种人眼的美。如果去掉灌注生命的那种情感和思想，那副眼睛就会只是漂亮的（Красивые），不再是神光焕发的美（Прекрасные）了。
> ——《1841年俄国文学评论》

后来他讨论到女性美时，把这个意思说得更明确：

> 有些女人生来就有一种罕见的美，但是她的面貌拘板地端方四正，却给人一种枯燥的感觉；她的动作也不秀气。这种女人也可以凭她的耀眼的光彩而引起惊赞，但是这种光彩却不能使任何人感到一种难以名状的情绪而心跳动起来；她的美不能引起爱，而没有爱伴随着的美就没有生命，没有诗。①

这种观察是精细的，但是根据这种观察所作的美只在内容的理论就还是把形式和内容割裂开来。"神光焕发的眼睛"毕竟有赖于"漂亮的眼睛"，而"伴随着爱的美"也不是和"罕见的美"毫不相干。

如果说别林斯基经常都把内容美和形式美割裂开来，这话也不是正确的。他也很早就有上文所已提到的内容与形式一致的看

---

① 《全集》，第七卷，第九四页。这种看法可能受到英国经验派伯克的影响。

## 第十六章 俄国革命民主主义和现实主义时期美学(上)

法,因此他有时又以为艺术美在内容与形式的统一体上,而形式美是由内容美决定的。这个看法在《论普希金》第五篇里提得很明确:

> 这种理念在诗人的作品里显得不是抽象的思想,也不是死板的形式,而是一部有生命的作品,其中形式的精美正足以证明理念的神圣,而且其中没有拼凑缝补的痕迹,没有形式和思想的割裂,而是思想和形式融成一种整一的有机的作品。

在另一篇评论里他谈自己对一座女爱神雕像的欣赏体会,更具体地说明了美在统一体的道理:

> 这座雕像里的这种理念与形式的生动的交融,这种生命与大理石的有机结合的秘密究竟在哪里?……除掉美丽,和谐与少女的羞态以外,我还在这座女爱神的面貌上,姿势上以及她的整体上看出某种不可名状的东西。……这座美的女爱神是既作为理念而美,又作为个体而美的。……这一切都很好地通过一种鲜明和精巧,一种聪慧而表现出来的,而同时它又那样简单和平常,使人不能指出哪一点来说,"瞧,嘴唇边这个线条,腮帮上这种表情。"……别向我说这套话吧,如果你想把她的内在的生命分解为某些线条和突出点,你就不懂艺术。……这个人物面貌,这个形象使我惊赞,是凭它的整体和一般表情,而不是凭某些部分的线条和突出点。生命不在眼睛上,也不在唇上,也不在腮上,也不在手上或脚上,而是在面貌和整个形体上,在那身体上一切

线条，突出点，轮廓的圆满以及四肢各部分的和谐。
——《全集》第二卷，第四二〇至四二一页。

总之，美是不可分解为内容和形式（神和形）两部分的。这座女爱神既作为理念（神）而美，又作为个体（形）而美，二者是不可分割的。这段话是别林斯基早年写的，是在他在评《智慧的痛苦》和《杰尔查文的作品》两文里提出诗与哲学的分别只在形式说之前写的。

从此可见，别林斯基对于内容和形式以反对于美都持着一些互相矛盾的看法。内容与形式统一的看法愈到后来愈占上风，例如他讨论普希金的诗作品时，总是强调他的特长在于艺术性，而他的艺术性在于"内容与形式的生动的有机的结合"。在他的最后一篇名著《1847年俄国文学评论》里，他既反对只重形式的"纯艺术"，也反对宣传抽象思想的教诲诗，要求思想性（倾向性）与艺术性的统一：

> 毫无疑问，艺术首先应该是艺术，然后才能成为某一时代社会精神和倾向的表现，诗作品不管塞进去多么美的思想，不管多么有力地反映出当代问题，如果它里面没有诗，也就不可能有美的思想和任何问题；人们在它里面所能看到的不过是意图虽美而实现得很坏。

思想性与艺术性的一致归根到底还是内容与形式的一致。

特别值得注意的是别林斯基在晚期从社会发展的观点对于美提出了一种新的看法，他指出审美的世界是"一种不断劳动，不断行动和变化的世界，是一种未来和过去进行永恒斗争的世界"。①

这就是说,审美的世界和现实世界一样,永远是在新旧斗争,推陈出新的发展过程中。在这过程中旧的根干尽管庞大触目,却终将消失;而新的幼芽尽管脆弱,也终将繁荣,这就是下面一段话的意思:

> 在发展过程的顶点上,特别触目的往往正是在发展过程终结时就应该消失的那些现象,而看不见的则往往正是后来应该作为发展过程结果的那些现象。
> ——《全集》,第一〇卷,第四三页。

这可以说是别林斯基是从当时俄国农奴解放运动的现实中得来的一种预感。在发展过程中终将消失的是沙皇专制社会,而终归胜利的则是俄国劳动人民的革命理想。把这个历史发展规律应用到美学上来,别林斯基得出下面一个深刻的结论:

> 精神的发展过程往往是不美的,不过这种过程的结果却总是美的。
> ——《全集》,第一一卷,第四三〇页。

在另一个地方他斥责斯拉夫主义者的一段话可以做这段话的注脚:

> 像斯拉夫主义者一样,我们也有我们的道德理想,……

---

① 《全集》,第七卷,第一九五页。

> 但是我们的理想不在过去,而在建筑在现在基础上的未来。……我们也承认年轻一代的商贩比他们的坚持旧事物的父亲们更为离奇荒谬。……但是这年轻的一代却表现出他们那个阶层的转变情况,从较坏的转变到较好的,但是这个"较好的"之所以较好,只是作为转变过程的结果来看;如果单就转变过程本身来看,它比起旧事物,与其说是较好的,毋宁说是较坏的。
>
> ——《全集》,第一一卷,第四三至四四页。

这是辩证发展的看法,也是革命的看法。可惜别林斯基来不及进一步更具体地发展这里所表现的哲学思想和美学思想。

最后,我们还须约略谈一谈对于现实美与艺术美的地位的看法。首先,他肯定了"生活永远高于艺术,因为艺术只是生活的一种显现"。①"现实永远高于理想的虚构"②这也是后来车尔尼雪夫斯基的论点,但是车尔尼雪夫斯基只停留在这个论点上。而别林斯基却看到了问题的另一面,他说:

> 诗是生活的表现,或则说得更好一点,诗就是生活本身。还不仅此,在诗里生活比在现实本身里还显得更是生活。
>
> ——《全集》,第四卷,第四八九页。

> 现在俄国的长篇和中篇小说已经不是虚构和拼合,而是在揭示现实界的事实,这些事实既然提升到理想,即洗

---

① 《论普希金》,第五篇。
② 《全集》,第四卷,第一七〇页。

净了一切偶然的和个别的东西,就比现实本身还更真实。
——《全集》,第九卷,第三五一页。

艺术中的自然完全不是现实中的自然。
——《全集》,第八卷,第五二七页。

从此可见,现实高于艺术,是就现实作为艺术的源泉来说的;艺术高于现实,是就艺术抛开偶然,揭示事物本质,把形象提高到典型来说的。别林斯基的看法正符合毛主席关于生活美和艺术美地位高低的辩证的论断。[①]也就因为艺术对自然加以典型化,"艺术中的自然完全不是现实中的自然",艺术的真实也不等于生活的真实。

总起来说,别林斯基的美学思想尽管还带有思想发展中所难免的一些矛盾,却建立了一套远比过去为完整的现实主义文艺的理论。这套理论否定了纯艺术论和自然主义,而且在晚期的情致说中也显示出现实主义与浪漫主义结合的可能。别林斯基用这套理论大大地促进了十九世纪俄国现实主义文学的辉煌的发展。

---

[①] 《毛泽东论文艺》,人民文学出版社1958年版,第六四至六五页。

# 第十七章　俄国革命民主主义和现实主义时期美学（下）

## 车尔尼雪夫斯基

### 1. 车尔尼雪夫斯基与别林斯基的关系，他的哲学基础

车尔尼雪夫斯基（1828—1889）的《艺术与现实的审美关系》（1855）在我国解放前是最早的也几乎是唯一的翻译过来的一部完整的西方美学专著，在美学界已成为一部家喻户晓的书。它的影响是广泛而深刻的，很多人都是通过这部书才对美学发生兴趣，并且形成他们的美学观点，所以它对我国美学思想的发展有难以测量的影响。但是如果把它当作一个孤立现象来看待，也难免有对它作窄狭的或片面的理解的危险。像任何一部有价值的著作一样，它是一个历史的产物。只有把它摆在美学思想发展史的大轮廓里，才可以正确地理解车尔尼雪夫斯基所驳斥的和所建立的那些理论的意义，也才可以正确地估计他在美学上的贡献和缺点。

车尔尼雪夫斯基是别林斯基的接班人。比起别林斯基，他的活动大约较晚二十年。处在俄国农民解放运动的较高的发展阶

## 第十七章 俄国革命民主主义和现实主义时期美学（下）

段，他更积极地投身到实际斗争，他的处境也更艰苦，而他的思想活动也更多地面对现实。在文学批评和美学方面，他一方面继承了别林斯基的工作，受了他的先驱者的很大影响；另一方面也和这位先驱者有些重要的分歧，把美学向前推进了一大步。总的来说，这两位革命民主主义者在目标上是一致的，他们都要运用文学来为解放斗争服务；他们对文学创作方法的看法也是一致的，他们都反对浪漫主义，努力建立现实主义的文学理论和美学观点。他们的分歧起于当时哲学的进展：别林斯基处在"黑格尔哲学支配着俄国文学界"的"四十年代末和五十年代初"，像在前一章所已提到的，他始终没有完全摆脱掉黑格尔的影响；车尔尼雪夫斯基则处在费尔巴哈批判黑格尔的著作开始在俄国流行的时代，他虽然也是一位"伟大的黑格尔派"，却更相信费尔巴哈，他自认他的美学论文"就是一个应用费尔巴哈的思想来解决美学的基本问题的尝试"。[①] 所以别林斯基由客观唯心主义到唯物主义的转变不是彻底的，而车尔尼雪夫斯基却一开始就坚决地站在唯物主义方面，尽管费尔巴哈式的唯物主义还是机械的。

先谈车尔尼雪夫斯基和别林斯基在文学方向上的一致性。在前一章里我们已略述别林斯基站在现实主义立场上，对当时流行的充满幻想与感伤情调的消极浪漫主义文学以及纯艺术论所进行的斗争。经过他的揭露和批判，浪漫主义颓风的声势虽然已经衰落，但是仍在做垂死的挣扎。车尔尼雪夫斯基在《果戈理时期俄国文学概观》第五章里把果戈理时期文学批评（主要指纳杰日丁和别林斯基的）的主要功绩归之于"为反对浪漫主义而进行的无情而不间断的论争"，并且就这场论争作了简赅的叙述。他指出

---

[①] 参看《美学论文选》第三版序言。

在这场论争之后,"浪漫主义只做了一些表面上的让步,……可是根本没有销声匿迹","它在文学中还有许多继承者",它在攻击果戈理和"自然派"的人们身上还活着。这样估计形势之后,车尔尼雪夫斯基下结论说,"反对生活中病态的浪漫主义倾向,是一直到现在都还是必要的,甚至一直到文学上的浪漫主义这个名字被人忘却的时候,也还是必要的。"① 这个看法对于理解车尔尼雪夫斯基的许多斥责幻想,想象,理想和热情的话是一把很好的钥匙,因为在他的心目中,幻想,想象,理想和热情这些因素都是浪漫主义的病态。这一点他在对美学论文所作的《自评》里说得很明确。"热病通常是感冒的结果,热情就是道德上的热病,也还是一种病";"只有在现实中感到太无聊的时候,妄诞无稽的幻想才支配着我们",最后,他把这些毛病统归于浪漫主义:

> 就在这个概念上,可以见出产生超验主义科学体系的陈腐的世界观与现时的对自然和生活的科学观点之间,有一个本质的区别。现时科学承认现实远胜于幻想,认识到沉没到幻想和空想中去的那种生活的贫乏无聊;而从前人们由于缺乏谨严的讨探,却认为想象所产生的幻想还比现实生活更高,更能引人入胜。在文学领域里,这种对幻想生活的偏嗜就表现为浪漫主义。②

从此可见,车尔尼雪夫斯基在美学中抬高现实,贬低艺术想象的

---

① 《选集》,上卷,第三九五至三九八页。
② 同上书,第一〇八至一〇九页,译文据原文略有校改。

基本论点是与他在文学上继别林斯基之后,从民主革命立场出发,为现实主义而反对浪漫主义所进行的斗争分不开的。

其次,我们须进一步研究一下车尔尼雪夫斯基的美学思想的哲学基础。上文已经提到他自认这个基础是费尔巴哈的哲学体系。从普列汉诺夫在一八九七年发表他的《车尔尼雪夫斯基的美学观点》论文以来,苏联美学史家们对于车尔尼雪夫斯基在多大程度上是费尔巴哈的门徒,或是他的思想中有多少"人类学主义"这个问题一直还在争论。① 有一派强调他对费尔巴哈的继承,有一派强调他的独创性。其实这两个观点是不难统一的,因为继承理应包括独创。首先应该肯定他从费尔巴哈那里有所继承。他自己就屡次强调了这一点。他的唯一的一部哲学著作《哲学中的人类学的原理》就接受了费尔巴哈的自然是人的基础,物质是精神的基础这些基本观点,而特别着重人的有机的统一性,理性只是感性的提高;"牛顿在发现引力定律时神经系统内所发生的过程和鸡在垃圾尘土里找谷粒时神经系统内所发生的过程是同一的"。人与自然也是服从同样自然科学的规律。"自然科学所制定的关于人类机体统一性的思想,是哲学对人类生命及其全部现象的观点的原则;生理学,动物学和医学的观察消除了一切关于人的二元论的思想。哲学所看到的人和医学,生理学,化学所看到的人是一样的"。所以人只是物质在运动中的一个个别事例。从自然科学观点研究人的学问叫作"人类学";人类学的原理是哲学的基础:

---

① 别立克(Белик)在《车尔尼雪夫斯基的美学》(1961年莫斯科版)第一二章中对围绕着车尔尼雪夫斯基的美学观点所进行的争论作了很详细的叙述。

根据人类学的原理,<sup>①</sup>人这种存在应该看作只有一种本性,人的生命不应分割为彼此不同的两半,各有不同的本性;人的活动无论在哪一方面都应该看作只是他的从头到脚的全部身体组织的活动;如果所涉及的只是人体中某一器官的功能,也应把这个器官和全体组织的关系摆在一起来看。

总之,人体器官决定一切,例如"要产生愉快的感觉就一定需要身体的一种活动"。人的一切活动都由一个原则出发:"怎样做更愉快,人就怎样做,他总是放弃较小的利益或满足,去追求较大的利益或满足",所以"人的一切企图的目的都在于获得享受"。行善骨子里还是为着利己。[2]

不难看出,这种用"人类学的原理"所建立起来的一元论哲学是一种唯物主义,但也只是一种机械唯物主义。其所以是机械的,因为它只从自然科学(特别是生理学)观点,而不从社会科学观点,来看人以及人和自然的关系,社会性的人也还是作为动物性的人来看,因而或多或少地(费尔巴哈较多,车尔尼雪大斯基较少)忽视了社会历史发展的作用,有时不免堕入普遍人性论乃至于功利主义(在这一点上车尔尼雪夫斯基可能受到英国功利主义的影响)。[3]它对于"人","自然","思维"和"存在"这些概念的理解往往是抽象的,即不含具体历史内容的。所以列宁曾指出,费尔巴哈和车尔尼雪夫斯基的"人类学的原理""只

---

① 原译为"人本主义原理",应作"人类学原理",参看本书下卷第十六章第五—八页注。
② 参看《选集》,下卷,《哲学中的人本主义原理》,译文据原文略加校改。
③ 他在经济学著作里受到英国边沁、穆勒等人的影响是很明显的。

## 第十七章 俄国革命民主主义和现实主义时期美学(下)

是关于唯物主义的一种不确切的肤浅的表述"。①

车尔尼雪夫斯基的"美是生活"一个基本思想在一定程度上还是依据他的"人类学的原理",因为他所给的理由是"美的事物在人心中所唤起的感觉,是类似我们当着亲爱的人面前时而洋溢于我们心中的那种愉悦",②而人"觉得世界上最可爱的就是生活","凡是活的东西在本性上恐惧死亡,恐惧不存在,而爱生活"。这里应该指出,俄文 Жизнь 一词兼有"生活"和"生命"两个意义,车尔尼雪夫斯基对这两个不同的意义不加区别,有时指带有社会意义的"生活",有时指只有生理学意义的"生命,在用作"生命"时,他就只从"人类学的原理"出发,例如说美由于健康,丑由于疾病,植物茂盛就美,枯萎就丑,鱼游泳很美,蛙和死尸一样冰冷,所以丑,如此等等。在《自评》里他自问自答说,"人到底是本能地还是自觉地看出美与生活的关系呢?不言而喻,这多半是出于本能的。"车尔尼雪夫斯基曾批评过英国美学家伯克,说他"陷入纯粹生理学的说明",生理学的说明在美学上本来有地位,但是伯克说得太拙劣。③他似乎没有认识到他自己的观点有时和伯克的很相近,也往往陷入"纯粹生理学的说明",尽管没有伯克所说的那么拙劣。

应该指出,车尔尼雪夫斯基虽然基本上还是普遍人性论的信徒,却比费尔巴哈前进了一步,有时也流露一些历史发展观点。例如在历史发展的动力是精神还是物质的问题上,费尔巴哈还寄希望于"爱"的宗教,想通过它来推进人类文化,车尔尼雪夫斯基却明确地认识到物质生活条件在人类社会中起着首要的作用。

---

① 列宁:《哲学笔记》,人民出版社 1962 年版,第七三页。
② 这个看法在伯克的美学著作中也见过。
③ 《美学论文选》,第四六至四七页。

再如费尔巴哈虽然也偶尔能从阶级观点看问题[①],由于他没有参加过实际阶级斗争,他的阶级的意识毕竟模糊,他的"爱"的哲学和阶级斗争是不相容的;车尔尼雪夫斯基却比较清楚地认识到人的阶级性,知道"人是一定阶级的代表",每个哲学家都是"某一政党的代表","一篇学术论文也是历史斗争的反响"。[②] 在美学论文里他就举农民阶级和上流社会为例来说美的理想随阶级地位而不同。列宁曾称赞车尔尼雪夫斯基的著作"散播着阶级斗争的气息"。有些人(例如普列汉诺夫)认为车尔尼雪夫斯基还没有跳出费尔巴哈的窠臼,说他的美学论文"几乎完全没有发展观点",[③] 这种估价不能说是很公平的。在《果戈理时期俄国文学概观》第五章里,他批判了德国哲学没有足够地重视"人类物质生活方面所产生的实践问题",指出研究"人类生活的物质的和道德的条件,支配着社会生活方式的经济规律"的重要性,"个人只是时代与历史必然性的服役者",所以"思想总是完全属于它的时代的"。[④] 没有历史发展观点的人说不出这些话来。当然,这方面的思想在车尔尼雪夫斯基的头脑里还只露萌芽,没有得到充分的发展。

车尔尼雪夫斯基对于哲学遗产的批判继承的态度是很辩证的。他认为在每一种公认的见解里都可以"找到某些哪怕是被歪曲的真理,或对某些也许是被误解了的真理的暗示","在错误中揭示出真理,或是指出错误是从哪种真理引申出来的,这就是

---

① 参看列宁:《哲学笔记》,第五三至五四页引文。
② 《选集》,下卷,第二一二至二一四页。
③ 普列汉诺夫:《车尔尼雪夫斯基的美学理论》,载《文艺理论译丛》,1958年第一期。
④ 《选集》,上卷,第三八五至三九一页。

消灭错误"。① 这就是他对黑格尔所做的工作。他对黑格尔是一个无情的批判者,同时也表示高度的崇敬。他认为黑格尔反对"主观的思维",要求哲学思维从各方面观察现实,探求依存于具体情境的"具体的真理"这些辩证原则是正确的,深刻的,只是他根据这些原则所抽绎出的结论却往往是褊狭的,错误的;他的病根在于不从自然科学出发,所以他的体系还是"形而上学的,先验的,烦琐的"。不过"作为从抽象的科学到生活的科学的过渡来说,黑格尔哲学永远有它的历史意义"。② 车尔尼雪夫斯基还自认费尔巴哈和他自己的新观点和黑格尔的旧观点虽根本不同,毕竟还是那旧观点的"必然的进一步的发展"。在下文我们还会看到,他的"美是生活"的基本观点一方面是对黑格尔美学的彻底批判,另一方面也还是受到黑格尔和他的门徒费肖尔的影响。列宁把车尔尼雪夫斯基称为"俄国的伟大的黑格尔派"。③ 也许会使《生活与美学》的某些读者感到惊异,其实是指出一个确凿不移的事实。

## 2. 车尔尼雪夫斯基对黑格尔派美学观点的批判

车尔尼雪夫斯基的美学论文的标题是《艺术与现实的审美关系》,这个标题就界定了他所研究的范围不包括美的全部问题,也不包括艺术的全部问题,而只抓住美学中的一个最中心的问题,即艺术对现实在审美方面的关系,因为这个问题如果解决

---

① 《美学论文选》,第六七页,原译最后四字是"破除谬论",据原文改。
② 参看《选集》,上卷,第三八四至四三一页。
③ 列宁:《唯物主义与经验批判主义》,人民出版社1956年版,第三七〇页。

了，其他问题都可迎刃而解。他的基本论点是艺术反映现实，现实中原已有美，艺术才能把它反映出来，艺术美是现实美的摹本，而摹本总要比蓝本稍逊一筹。在论文终结时，作者把他的意图概括成为一句话：“这篇论文的实质，是在将现实和想象互相比较而为现实辩护，是在企图证明艺术作品绝不能和活生生的现实相提并论。”这是一个新观点，和当时流行的黑格尔派的观点是对立的。实际上这个新观点正是在批判黑格尔派的观点而建立起来的。所以研究车尔尼雪夫斯基的美学观点，应该从他的破与立两方面来看。他的程序是先研究一般现实美，求出美的本质，然后再研究反映现实的艺术，就艺术美和现实美进行比较，来确定艺术的功用和价值。在破与立两方面，他都大致按照这个程序。

先说破。由于黑格尔的名字当时在俄国还是忌用的，车尔尼雪夫斯基很少直接提到黑格尔本人，他拿来作为批判对象的主要是黑格尔左派门徒费肖尔。依这派的看法，美的本质可以用两个公式表达出：（1）美是理念①在个别事物上的充分显现；（2）美是理念与形象的完全一致。应该趁便指出，拿这两个公式来表达黑格尔的原意，是不很确切的。首先，任何人都可以看出这两个公式实际上只是一回事，不必分开，黑格尔自己并不曾把它分开，他只说，"美是理念的感性显现"，他的定义所强调的是理性内容与感性形象的统一。其次，"充分显现"和"完全一致"对于黑格尔只是美的理想，只有希腊雕刻才达到过。他并不曾要求一切美的东西都达到理念与形象的完全一致，他所举的古代东方象征型艺术和西方近代浪漫型艺术都恰恰是理念与形象不完

---

① 这个词一般译作"观念"，别林斯基和车尔尼雪夫斯基都沿用黑格尔的用法，因改译为"理念"，下仿此。

一致。所以在瞄准靶子时，车尔尼雪夫斯基就已稍微射偏了一点。他对上述两个割裂开来而且略微改变原样的公式进行批判，来证明它们都没有抓住美的本质。按照他的看法，第一个定义其实是说，"凡是出类拔萃的东西，在同类中无与伦比的东西，就是美的"。但是"一只田鼠也许是田鼠类中的出色的标本，却绝对不会显得美"，所以他认为上述定义太空泛，不能说明事物何以有美丑之分；同时，它也太窄狭，因为个别事物都显出具体情境所带来的许多偶然的性质，绝不能充分显现它同类事物的理念。应该指出，车尔尼雪夫斯基是用理性主义者的"完善"和古典主义者的"类型"（同类事物的共同性）来理解黑格尔的"理念"（显现于个别事物的理性内容）的。他指出上述定义"也含有正确的方面——那就是美是在个别的活生生的事物，而不在抽象的思想"。至于第二个美的定义，"美是理念与形象的一致"，他也认为一方面太窄，因为它只适用于艺术而不适用于现实，显出轻视现实的毛病；另一方面又太泛，因为理念与形象的一致是"一般人类活动的特征"，并不仅限于艺术。应该指出，自然美如果须使人"想起人以及人类生活"，像车尔尼雪夫斯基自己所肯定的，"理念与形象的一致"还是可以适用于现实生活。[①]

在批判了关于一般美的本质的两个定义之后，车尔尼雪夫斯基接着就批判关于艺术美以及艺术美与现实美对比的"流行的看法"，特别是费肖尔所发挥的黑格尔的看法。这个看法可以用三个互相关联的命题来表达：（1）艺术美弥补自然美的缺陷，（2）艺术起于人对美的渴望或本性要求，（3）艺术内容是美。应该

---

[①] 对美的定义的批判见《选集》，上卷，第二至六、一二四至一二五等页；《美学论文选》，第三七至六二页。

指出，（1）黑格尔并不是把艺术美和自然美摆在同一个静止的平面上来看，说艺术美是用来弥补自然美的；而是从发展观点来看，说自然只是自在的而不是自为的（自觉的），就精神的发展来说，它所现出的美还是不完满的；等到精神发展到自在又自为的阶段，即到了有自意识的人的阶段，才能有艺术，所以艺术代表美的最高发展阶段，也正因为这个道理，艺术美高于现实美。（2）黑格尔从来没有说"艺术起于人对美的渴望"，他只说，艺术体现人类精神的一个发展阶段，而它具有美的特质。（3）黑格尔也不曾说"艺术内容是美"，而只说艺术内容是"理念"（普遍力量或人生理想），感性形象就是形式，而美则显现于内容与形式的统一体上。他倒有把艺术和美等同起来的毛病，因为"理念的感性显现"适用于美，也适用于艺术。

在批判第一个命题中，车尔尼雪夫斯基花了全书的大半篇幅。① 他的批判主要针对着费肖尔。费肖尔曾指出自然美或现实美的一系列的缺点，例如说自然美不稳固，易遭偶然性干涉或破坏；具有流动性，转瞬即逝；不出于意志，没有意图性或目的性；须从某一定观点来看才见出美；生命过程常破坏自然美；自然美不是绝对的，只能接近美，达不到完全的美，如此等等。除掉意图性（目的性，自觉性，这与黑格尔所了解的"自在自为"或"绝对"有关）一点以外，这些指责本来是肤浅的，烦琐的，只看浮面现象而没有抓住本质的，不完全符合黑格尔本意的，值不得用那么大的力量去批判；因而车尔尼雪夫斯基的批判往往是跟着被批判的对象转，也流于肤浅烦琐。他的总结论是：自然美不见得有费肖尔所指责的那些缺点，那些缺点表现在艺术美上还更严

---

① 《选集》，上卷，第三二至八二、一一八至一二〇等页。

重。但是在批判的过程中,他对于想象和虚构以及典型和个性几个关键性的问题,提出了他自己的片面看法,这些待下文再讨论。

关于"艺术起于人对美的渴望"的命题,车尔尼雪夫斯基是结合艺术起源的问题提出来进行批判的。[①] 他并不完全反对这个命题而只是反对这命题中的"美"这个词的流行的解释。依流行的解释,美是"理念与形式的完全吻合",这就"混淆了'艺术'这个词的两种不同的意义:一,纯艺术(诗,音乐等)和二,将任何一件事做好的技能或努力,只有后者是追求理念和形式的一致的结果"(这里有些混淆,在《选集》第五页里作者说过"理念与形象的一致"只是"艺术作品的美的观念的特征",而在这里,《选集》第八四页,他却认为这只是"一般人类活动"的特征而不是艺术的特征;在《选集》第九〇页,他又说,"内容与形式的一致并不是把艺术从人类活动的其他部门区别出来的一种特性",因为人类一切活动,包括艺术在内,都有这个共同性)。但是如果"把美(如我们所认为的)理解成一种使人在那里面看得见生活的东西,那就很明白,美的渴望的结果是对一切有生之物的喜悦的爱,而这一渴望被活生生的现实所完全满足了"。换句话说,如果把美理解为生活,"艺术起于美的渴望"还是"可以被认为正确的","艺术起于美的渴望"就是艺术起于生活的渴望。这种用"生活的渴望"来解释艺术起源的观点又回到"人类学的原理"了。这一点从作者在《果戈理时期俄国文学概观》里所说的一段话里可以看得更清楚:

……以一种特殊的美的观念作为艺术论的根据,这就

---

① 《选集》,上卷,第八三至八四页。

会陷入片面性,而造成不符合现实的理论。在人的每一种行动中都贯串着人的本性的一切追求,虽然其中之一,在这方面也许特别使人感到兴味。因此连艺术也不是因为对美的(美的观念)抽象的追求而产生的,而是活跃的人的一切力量和才能的共同行动。正因为在人的生活中,例如对于像真理,爱情和改善生活的要求,总是比对于美的追求更强烈,因此艺术不但一直是在某种程度上表现了这些要求,……而且艺术作品……也几乎总是在真理……,爱情和改善生活的要求的大力影响下产生的,因此对美的追求,照人的行动的自然规律说来,总是人的本性中某种要求的表达者。

——《选集》,上卷,第四五七至四五八页。

这段话最足以见出作者思想的矛盾。他一方面看到艺术的要求涉及"真理,爱情和改善生活的要求",有着广泛的认识和实践的意义,并不限于"对美的渴望",这是他的思想中进步的一面,也是主要的一面。但是另一方面他却把艺术和"人的每一种行动"都看成是为着满足"人的本性的要求",而不是从社会历史发展来看这问题,不是从社会基础来看这问题,这不能不说是他的思想中落后的一面,尽管是次要的一面。他在精神和物质关系问题上是一个坚决的唯物主义者,而在涉及社会历史科学问题时,他多少不免像费尔巴哈一样,还保留着一些唯心主义的残余。

关于"艺术内容是美"的命题,车尔尼雪夫斯基是结合艺术内容问题提出来进行批判的。[1] 其实这第三个命题已包含在上述

---

[1] 《选集》,上卷,第八九至九三页。

第二个命题之中,批判了第二个命题,也就已批判了第三个命题。但是作者还是从另一角度把这个问题讨论得更清楚些。

他指出艺术作品在内容上大半不能归入美(包含崇高与滑稽),"最反对把自己的内容归入美及其各种因素的狭窄项目里去的是诗。①诗的范围是全部的生活和自然"。他接着追求这个错误见解的根源,说"真正的原因就在于:没有把作为艺术对象的美和那确实构成一切艺术作品的必要属性的美的形式明确区别开来"。这句话牵涉到内容与形式关系的问题,下文还要谈到。现在只说车尔尼雪夫斯基的批判主要针对当时流行的"纯艺术论",来论证艺术不是专为美而有更深广的现实意义。这个观点却是极端重要的,带有革命意义的,因为像托尔斯泰在《艺术论》(1889)所指出的,西方美学家中大多数人都认为艺术的目的就在创造美,在替艺术下定义时都一定要把美的概念拖进来。托尔斯泰在否定艺术目的在美说这一点上,和车尔尼雪夫斯基的意见是一致的,尽管他在《艺术论》里提了许多西方美学家的名字而没有提到他本国的美学界先驱。他批判了一些用美来界定艺术本质的定义,然后提出他自己的著名的定义:

> 在自己心里唤醒亲身感受过的一种情感,然后运用动作,线条,颜色或用语言表达的形式,把那种情感传达出去,以便旁人也可以感受到那种情感——这就是艺术的活动。
>
> 艺术是人的一种活动,它的要义在于:一个人自觉地通过某些外在的符号,把亲身感受过的一些情感移交给旁

---

① 作者用"诗"字指一般文学,像别林斯基一样。

人，使旁人受到这些情感的感染，也感受到那些情感。
——托尔斯泰：《艺术论》，第五章。

他认为艺术应该传达的只是人类的最高尚的情感，这样通过感染，才能起教育人类和团结人类的作用。这个定义里根本没有提到美。托尔斯泰的基本论点是艺术不仅为美，而要对社会起良好的道德影响，所以和车尔尼雪夫斯基的观点毕竟有类似之处。

黑格尔的美学思想是建筑在他的客观唯心主义的哲学基础上的，所以要有力地彻底地批判他的美学思想，就必须从批判他的哲学基础入手，而不只是批判他或他的门徒的某些个别美学论点。在批判黑格尔哲学基础方面，车尔尼雪夫斯基在《果戈理时期俄国文学概观》第五、六两章里也做了一些，但做得很不够，说来说去，还不外说黑格尔的基本"原则"是正确的，只是他的"结论"是窄狭的甚至于错误的，在基本原则方面，他提到黑格尔提出了"思维的辩证方法"，把解释现实看作哲学思维的根本责任，看出"真理总是具体的"，总要依存于具体情境。这的确抓住了黑格尔的"合理内核"，但是他既没有批判黑格尔的基本原则的错误方面，即从理念引生出自然那个客观唯心主义的奠基石，也没有指出他所认为是错误的"结论"究竟是哪些，它们何以是错误的。在美学论文里，作者在约略介绍了黑格尔派的美的概念之后，说过下面几句话：

作为黑格尔的基本观念的结果和形而上学体系的一部分，上述美的概念随那体系一同崩溃。……还要指出，黑格尔的美的定义，即使离开他的形而上学的现已崩溃的体系单独来看，也仍然经不起批评。
——《选集》，上卷，第三至四页。

他在论文里所做的正是"离开黑格尔的形而上学的现已崩溃的体系,单独来看"他的美的定义。如果黑格尔体系的崩溃以及何以要崩溃的道理都已为一般人所理解,单独来看他的美学定义固无不可;但是车尔尼雪夫斯基之所以断定黑格尔体系的崩溃,只是由于过分天真地相信费尔巴哈的批判就已完成了打垮黑格尔体系的任务,而实际上既打垮黑格尔体系而又发扬其中合理内核的伟大任务,是由马克思和恩格斯出色地完成的,他们关于这方面的著作在车尔尼雪夫斯基写美学论文之前就早已完成了,① 可惜他并没有注意到。他对自己的缺点是认识到而且勇于承认的,在《自评》里说:

> 车尔尼雪夫斯基先生未免匆匆滑过了美学同自然观和人生观总体系相接触的交点。在论述流行的美学理论时,他差不多没有谈及它是凭借什么样的总论据,而只凭一片叶子去分析"思想树"的枝桠。
> ——《选集》,上卷,第一〇五页。

由于这个缘故,他对黑格尔的破有时是零碎的,软弱的,片面的,尽管他为现实辩护的总出发点是正确的,进步的。他没有击中黑格尔的要害,因为没有从哲学基础上批判"美是理念的感性显现"这个定义。这个定义本来有两方面,一方面是它从抽象概念出发,另一方面是它肯定在艺术里理性内容与感性形式的统一,前者是错误的,而后者却是德国古典美学在长期谋求统一大陆理性主义

---

① 马克思和恩格斯批判黑格尔的工作在 1848 年就已基本完成,车尔尼雪夫斯基写美学论文是在 1853 年。

与英国经验主义的努力中辛苦得来的一点可珍贵的成果。车尔尼雪夫斯基在批判之中把这一点合理内核也和从理念出发的错误观点一齐抛弃掉了。他笼统地说这个美的概念和黑格尔的体系"一同崩溃"。

## 3. 车尔尼雪夫斯基所建立的美学观点

其次说立。车尔尼雪夫斯基在论文的总结部分所提出的十七条已经说得很简要而明确。这里只需介绍几个要点。

首先是方法论。车尔尼雪夫斯基放弃了黑格尔派从概念出发去逻辑地推演出结论的"先验的"和"超验的"方法，而改用从现实事实出发去归纳出结论的科学方法。他说，"这些思想是在现实的基础上发生的"，"尊重现实生活，不信先验的［假设］，尽管为想象所喜欢的假设，——这就是现在科学中的主导倾向的性质"；他"努力从分析事实以求得新概念。在他看来，这些新概念更符合于现代科学思想的一般特征"。① 这种方法上的转变反映出哲学观点的转变，作者一开始就站在很稳实的唯物主义的基础上。这就决定了他对许多美学问题采取了唯物主义的看法。

其次是美学的对象。问题在于美学是关于美的科学还是关于艺术的科学。车尔尼雪夫斯基说，"假如美学在内容上是关于美的科学，那么它是没有权利来谈崇高的，……假使认为美学是关于艺术的科学，那么它自然必须论及崇高，因为崇高是艺术的领域的一部分。"②

---

① 引文依次见《选集》，上卷，第一至二、一〇四页。
② 《选集》，上卷，第二〇至二一页。

## 第十七章 俄国革命民主主义和现实主义时期美学(下)

从他着重地讨论了崇高以及选择"艺术对现实的审美关系"为美学论文的题目来看,他是把美学看作"关于艺术的科学"的。他断定艺术的目的不只在美,如果把美学看作"关于美的科学",这也就会违反他的基本美学观点。

最中心的当然是他的美的定义。这个定义包括三个命题:(1)"美是生活";(2)"任何事物,凡是我们在那里面看得见依照我们的理解应当如此的生活,那就是美的";(3)"任何东西(原文亦可译为'对象'或'客体'),凡是显示出生活或使我们想起生活的,那就是美的"。这第三个命题的另一表达方式是"美是生活,首先是使我们想起人以及人类生活的那种生活"。①依上下文看,第一个命题是总纲,"生活"包括人的生活和自然界的生活,第二个命题指符合人的理想的生活,第三个命题指自然界事物中能暗示人的生活的那种生活。这三个命题都还只涉及现实美。这里有几点值得注意。

第一,定义肯定了现实本身美。所以作者在结论里说,"客观现实中的美是彻底地美的";"客观现实中的美是完全令人满意的"。

第二,前已提到,"生活"还包括"生命"的意义。"生活"之所以是美的,因为它是"世上最可爱的","凡活的东西在本性上就恐惧死亡"。所以定义有根据"人类学的原理"或生理学观点的一面。

第三,定义并不排除美的理想性。作者并不认为一切现实生活中的事物都是美的,他指责"美是理念在个别事物上的完全显现"那个定义,就因为它"没有说明为什么事物和现象类

---

① 《选集》,第六、一〇页。

别本身分成两种,一种是美的,另一种在我们看来一点也不美"。①依他看,美的生活的区别点就在于应当如此。亚里士多德早就做出"本来的样子"和"应该有的样子"的分别,认为后者较宜于艺术摹仿。别林斯基也屡次提到这个分别,但是他主张艺术只再现"本来有的样子",不应该表现"应该有的样子"。在这一点上车尔尼雪夫斯基似与亚里士多德一致,而比别林斯基前进了一步。但是在他的论文里这个极端重要的观点没有得到应有的发挥。

第四,定义表现出人本主义的精神,特别是第三个命题,自然只有在暗示到人的生活时才美。作者在《当代美学批判》里把人本主义的精神表达得更清楚:

> 在整个感性世界里,人是最高级的存在物;所以人的性格是我们所能感觉到的世界上最高的美,至于世界上其他各级存在物只有按照它们暗示到人或令人想到人的程度,才或多或少地获得美的价值。许多个别的人结合成一个整体,就成为社会;所以美的最高领域就在人类社会。②

他不满意于没有人在里面的风景画:"我们需要人,最低限度需要提及人的一点什么,因为没有人的自然生活对于我们未免太软弱,太暗淡了。"③从此可见,车尔尼雪夫斯基并不把一般人所说的"自然美"摆在很高的地位,在这一点上,他还是和黑格尔一致的。

---

① 《选集》,上卷,第四页。
② 《美学论文选》,第四一至四二页,译文据原文略有校改。
③ 同上书,第六三页。

## 第十七章　俄国革命民主主义和现实主义时期美学(下)

车尔尼雪夫斯基自认他的"新的概念（'美是生活'——引者）似乎是以前的概念（黑格尔派的——引者）的必然的进一步的发展",①特别在提到第三个命题时，他说：

> 美是生活，首先是使我们想起人以及人类生活的那种生活，——这个思想我以为无须从自然界各个领域来详细探究，因为黑格尔和斐希尔（即费肖尔——引者）都经常提到，构成自然界的美的是使我们想起人来（或者用黑格尔的术语来说，预示人格）的东西，自然界的美的事物，只有作为对人的一种暗示才有美的意义。伟大的思想，精辟的思想！啊，假使这个在黑格尔美学中发挥得淋漓尽致的思想被提出作为一种基本思想，以代替观（理）念的完全显现的虚妄探索，那么黑格尔的美学会是何等高明呀！
> ——《选集》，上卷，第一〇页。

这段话对于车尔尼雪夫斯基继承黑格尔的那方面的理解是极为重要的。所做的正是把黑格尔的美离不开生活的思想"提出作为一种基本思想"。不过他没有足够地注意到黑格尔所做的自在阶段的生命（自然）和自为阶段的生命（人）的区别。黑格尔固然看重生命，但更看重处在更高发展阶段的人的意识和思维。对意识和思维的片面强调固然导致他的唯心主义，但是如果用"生命"的概念来吞并或淹没意识和思维的作用，毕竟也还不全面。恐怕这种"人类学的原理"正是车尔尼雪夫斯基的机械唯物主义的根源之一。这一点在他反驳费肖尔对自然美的无意图性的指责中突

---

① 《选集》，上卷，第一二页。

出地表现出来了。有意图性或目的性正是自在自为的人的活动的特征，也正是车尔尼雪夫斯基在《自评》中提到黑格尔时所说的"无思想性和不自由性"的一个方面。他抱歉自己只反驳了费肖尔对无意图性的非难，却没有反驳黑格尔对"无思想性和不自由性"的非难。①这就足以见出他对黑格尔的理解有时是肤浅的。他反驳对无意图性的指责也是很牵强的，话是这样说的：

> 这种倾向的无意图性，无意识性，毫不妨碍它的现实性，正如蜜蜂之毫无几何倾向的意识性……毫不妨碍蜂房的正六角形的建筑。
> ——《选集》，上卷，第四一至四二页。

事情真正很凑巧，马克思也用过蜜蜂营巢的例子来说明蜜蜂和人在建筑方面的劳动有实质的不同：

> 本领最坏的建筑师和本领最好的蜜蜂从一开始就有所不同，这就在于人在用蜡制造蜂巢之前，先已在头脑里把蜂巢制造好。劳动所要达到的结果先以观念的形式存在于劳动者的想象里。劳动者之所以不同于蜜蜂，不仅在于他改变了自然物的形式，而且在于他同时实现了他自己的自觉的目的。②

这段话仿佛是针对车尔尼雪夫斯基的话来驳斥似的。马克思所

---

① 《选集》，上卷，第一一八至一一九页。
② 《资本论》，第一卷，第五章，引文据原文改译。

指出的分别也正是单纯的"自在"和"自在又自为"的分别。这个分别是极重要的,对这个分别的理解会影响到对美的本质和艺术本质的看法。车尔尼雪夫斯基没有认识到这个分别的重要性。

自然事物由暗示出人类生活而显得美,这个观点由费肖尔父子加以发挥,后来成为弥漫德国美学界的"移情作用"说。① 车尔尼雪夫斯基的美的定义中第三个命题所指的现象,事实上就是"移情作用",他可能受到费肖尔的影响。对于究竟如何解释这种现象的问题,他的看法不是很明确的。他一方面用"令人想起"或"暗示"的字样来解释这类现象,这就只能归入"类似联想",但另一方面又讥笑这是由于人的无知。② 在列举一系列移情现象事例之后,他下结论说:

> 一句话,知识不足的人认为大自然也像人一样,或者用术语来说,他把自然人格化,认为自然界的生活也像人的生活一样;对于他,河流是生灵,树林有若人群。当人有所为,他定想把某一思想见诸实行,……或许大自然也是如此,当产生了点什么,那是大自然在实行,实现自己的某一思想。③

我们不禁要问:知识丰富的人是否就失去了欣赏自然美的能力呢?车尔尼雪夫斯基自己不是批判过黑格尔的"思想发展得愈

---

① 见本编一八章。
② 在美学论文里他把认为"树完全像人一样会说话,有感觉,有快乐,也有痛苦"的人叫作"野蛮人或半野蛮人",见《选集》,上卷,第二五页。
③ 《当代美学概念批判》,见《美学论文选》,第六七至六八页。

高,美也消失得愈多"的看法,而且肯定过"人的思想发展毫不破坏他的美的感觉"吗?① 事实上移情现象在近代浪漫派的作品里经常出现,远远超过在古代的文艺作品里。其次,承认自然美起于对人类生活的"暗示",离开这种"暗示"就不能有自然美,我们又如何理解"美与崇高都离开想象而独立"②之类论断呢?总之,美的定义中第三个命题充分暴露了车尔尼雪夫斯基把美只归在客观一方面的看法的矛盾。第二个命题也起了同样的作用,因为"依照我们的理解应当如此的生活"也毕竟有"我们的理解"在内,有"应当如此"的理想在内。

在论证了现实生活本身就是美的之后,车尔尼雪夫斯基接着就讨论艺术。这部分包括三个大问题:(1)艺术和现实的优劣,(2)艺术的起源和内容以及(3)艺术的作用和功效。

关于艺术和现实的优劣的问题,车尔尼雪夫斯基在美学史里可以说是唯一的重要的美学家,毫无保留地肯定现实高于艺术。他说,"我们的艺术直到现在还没有造出甚至像一个橙子或苹果那样的东西来";"彼得堡没有一个雕像在面孔轮廓的美上不是远逊于许多活人的面孔的";"诗的形象和现实中相应的形象比较起来,显然是无力的,不完全,不明确的"。其原因在于艺术要凭想象,而"想象的形象比起感觉的印象来是暗淡无力的","想象不能想出一朵比真正的玫瑰更好的玫瑰,而描绘又总是不及想象中的理想"。③ 然则何以有许多人认为艺术美高于现实美呢?车尔尼雪夫斯基认为艺术的价值一般是过分夸大的,其原因有三个:(1)人都以难能为可贵,自然的东西不费人力,而创造艺

---

① 《选集》,上卷,第三页。
② 同上书,第一五页。
③ 引文依次见《选集》,上卷,第四一、六〇、六四、六九、七〇等页。

术却要克服困难；（2）艺术是人的作品，人都尊重人的力量；（3）艺术迎合人爱矫揉造作的趣味，不过这种要"美化自然"的愿望是不应该满足的。三者之外，艺术比起现实还有一个有利的条件：人走向艺术，目的就在欣赏，所以特别注意到它的美；人走向现实，目的只在实用，所以没有心思去想它的美。说到这里，作者作了一个很有名的比喻：

> 生活现象如同没有戳记的金条，许多人就因为它没有戳记而不肯要它，许多人不能辨出它和一块黄铜的区别；艺术作品像是钞票，很少内在的价值，但是整个社会都保证着它的假定的价值，结果大家都宝贵它，很少人能够清楚地认识，它的全部价值是由它代表着若干金子这个事实而来的。
>
> ——《选集》，上卷，第八二页。

这就要过渡到第二个问题，即艺术的起源问题。艺术既然远逊于现实，有了现实就够了，何以又要产生艺术？唯心主义者说，艺术起于人对美的渴望，现实美有缺陷，艺术的使命就在弥补现实美的缺陷。如前所说，车尔尼雪夫斯基批判了这个观点。他认为艺术的内容不是美而是"现实（自然和生活）中一切能使人——不是作为科学家，而只是作为一个人——发生兴趣的事物"。[①]从此可知，并不是全部现实都可以成为艺术内容，可成为艺术内容的那部分现实的区别点在于"能使人发生兴趣"，这个重视艺术的社会意义的看法是重要的，但是能使人发生兴趣的现实原已

---

[①] 《选集》，上卷，第九〇页。

存在，何必又要艺术来再现它呢？艺术再现现实，是要在现实不在面前时能成为现实的"代替品"，使人看到它就可以回想起或想象到现实，例如描绘海的画，"自然，看海本身比看画好得多，但是当一个人得不到最好的东西的时候，就以较差的为满足，得不到原物的时候，就以代替物为满足"，所以无论看过海而现在不在海边的或是根本没有看过海的人就满足于看海的图画。"这就是大多数艺术作品的唯一的目的和作用"。① 这样，"艺术对现实的审美关系"就成了代替品和原物的关系。事实上无须用艺术作为代替品时，即原物易得时，人还是要求有再现这原物的艺术；如果艺术的功用仅限于代替现实，有了照相术，绘画和雕刻就变成多余的了。这种代替说显然是不圆满的。问题的关键还不在此，而在于车尔尼雪夫斯基跟着他所批判的唯心主义者转，只考虑到艺术的心理起源而不曾考虑到艺术的社会历史起源。这是他和马克思主义者的基本分野所在。如果他多从社会历史发展而不是单从人的本性要求来看这问题，他就会看到艺术与劳动生产实践的密切关系，因而是现实生活本身的一个重要组成部分，而不只是什么与现实生活对立的"代替品"。在这一点上他还落后于黑格尔，因为黑格尔还多少看到艺术与劳动的关系，"他看出了劳动的本质，把对象性的人，真正现实的人，看作他自己劳动的产品"，尽管"他只知道而且只承认劳动的一种方式，即抽象的心灵的劳动"。② 车尔尼雪夫斯基在他的小说《怎么办？》（1862—1863）里屡次谈到劳动在生活中的重要性。但是这个思想在他的美学里还不曾得到发挥。在比较现实美与艺术美时，

---

① 《选集》，上卷，第八四至八五页。
② 马克思：《为＜神圣家族＞写的准备论文》。

## 第十七章 俄国革命民主主义和现实主义时期美学(下)

他提到人们把艺术创作须费劳力作为抬高艺术的理由,却没有对它加以重视。

代替说本身在车尔尼雪夫斯基的美学系统中其实也是多余的,因为"代替"不仅涉及艺术根源问题,也涉及艺术的作用与功效问题,而他接着提出的艺术的三大作用,即(1)再现生活,(2)说明生活和(3)对生活下判断,以及艺术作为"生活教科书"的功效,就已经把这方面的问题概括无余了,"代替"说不仅是多余的,而且是和这三个命题不相称的。关于艺术的作用和功效的几个命题本身已很清楚,无须多加说明,作者自己所做的重要说明也不过是这几点:第一,再现现实并不是"修正现实"或"粉饰(美化)现实",其目的在于"帮助想象"而不在引起无聊的毕肖原物的幻觉,因而他的再现说不同于伪古典派的"摹仿自然说"(在这一点上他接受了黑格尔对"摹仿自然说"的批判)。第二,艺术说明生活本身所不说明的现象,"提出或解决生活中所产生的问题",成为"研究生活的教科书","其作用在准备我们去读原始材料",即从艺术回到现实。艺术判断生活,凭这一点,它就"成了人的一种道德活动"。特别是在诗里"有充分的可能去表现一定的思想。于是艺术家就成了思想家,艺术作品……获得了科学的意义。不言而喻,现实中没有和艺术作品相当的东西"。[①]

后来在《自评》里作者自认"没有更详细地发挥艺术的实用意义"是一个"大错",但是他所补充的也只是艺术有利于传播科学知识这一点。科学知识是"改造客观现实"所必需的,"艺术最能够把科学所获得的知识普及于广大民众之中,因为了解艺

---

[①] 《选集》,上卷,第九五页。

术作品总比了解科学的公式和枯燥的分析容易得多而且更引人入胜"。[1] 这个提法还是不圆满的。第一，说艺术的用处在普及科学知识，这似乎是要艺术从概念出发，回到别林斯基早期的观点，这是违背作者的艺术从现实生活出发的基本观点的。其次，这还是片面强调艺术的知识作用（即所谓"艺术的力量就是注释的力量"），没有认识到艺术不必假道于科学，它本身就能起"改造客观现实"的作用。

### 4. 车尔尼雪夫斯基在美学上的功绩和缺点

车尔尼雪夫斯基对旧美学观点的批判和他自己所建立的新美学观点略如上述。在叙述的过程中，我们已约略提出一些批评的意见。现在再就他的美学的总体系进行一些分析，来检查他的功绩和缺点。先去伪，后存真，所以先从缺点说起。

他的基本观点是现实本身原已有美，美仿佛单纯地是客观事物的一种属性；艺术对现实的关系只是摹本对蓝本的关系，因此艺术所再现的不但不能多于现实，而且远低于现实。为着证明这个观点，他尽量地缩小创造想象的作用以及艺术典型化的作用，尽量地夸大现实一方面的决定意义，因而混淆了生活的真实与艺术的真实以及割裂了内容与形式的关系。这就是他的缺点方面的总的情况。现在把这种情况说得较具体一点。

他虽然强调他的再现说不同于过去的摹仿说，却经常把现实和艺术比作蓝本和摹本或是原画和复制品，[2] 这种比譬却只能说

---

[1] 《选集》，上卷，第一三〇至一三一页。
[2] 同上书，第七二、八五等页。

明在他的眼中，艺术毕竟是一种依样画葫芦的摹仿。他认为"现实中每分钟都有戏剧，小说，喜剧，悲剧，闹剧"，"现实生活对于一部戏剧来说，常常是戏剧性太多，对于一篇诗歌来说，又常常是诗意太浓"。现实生活中的素材就往往"具有艺术的完美和完全"，所以"不需任何改变"，就可以"重述"成为戏剧和小说。① 因此，"创造的幻想的力量是十分有限的"，"人绝对不可能想象出比现实中所碰见的更高更好的东西"，尽管"想象力拼命要去创造……现实中绝无伦比的东西，它就会力竭而垮台，仅能给我们以模糊，苍白，不明确的浮光掠影"。② 但是作者也"毫不怀疑诗歌作品中有许多人物不能称为肖像，而是诗人所'创造'的"，其实与其用"创造"这个"过于夸耀的名词"，还不如用"虚构"，虚构的需要不是由于现实中缺乏蓝本，而是由于诗人对蓝本的记忆不清楚。即使是这样，艺术中来自现实的总比来自"创造"的要多得多，而"虚构的人物差不多从来不会像活生生的人一样在我们面前显现出来"。这种虚构或"想象的干预"究竟能起什么作用呢？依车尔尼雪夫斯基看，这只能限于两点，也只有在这两点上"诗歌作品可以胜过现实：一是能够用一些精彩的细节来修饰事件，其次只是能使人物性格和他们所参与的事件协调"。③ 所谓用细节来修饰事件，指的是诗人从生活经验中所选取的事件只是一个模糊的轮廓，细节还不够明确，"为着故事首尾连贯"，他从记忆中其他场景中去借取，来加以补充。但是他又认为这种细节的填补毕竟是"修辞的铺张"，有伤叙述的简洁明快。所谓人物性格与事件的协调，作者前后作了两种不

---

① 《选集》，上卷，第七三至七四页。
② 同上书，第一〇九至一一一页。
③ 同上书，第七二至七五页。

同的解释,在《选集》第七五页里他说,在现实中坏事往往不是坏人做的,"一个绝不能叫作坏蛋的人可以毁坏许多人的幸福",至于在诗中坏事总是由坏人去做,好事总是由好人去做,荣辱分得很清楚,这种"理想化""有时是长处,但多半是缺点"。在第九七至九八页里作者却给了另一个较圆满的解释:现实中许多事件纠缠在一起,为着揭示事物的内在联系和保存事件的本质,诗人就须把不必要的事件"分解"出去,这就使原来事件的活的完整性之中显出漏洞或空白,需要想象来填补,这就是说,原来的事件既已"孤立化",环境也就要加以剪裁,才能使二者协调。

车尔尼雪夫斯基对艺术形象思维的这种看法是混乱的,自相矛盾的。其中有合理的因素,那就在于他多少看出艺术创造要揭示事物的内在联系和本质。但是他把这种揭示看作"分解"和"填补",毕竟是把一种活生生的完整的发展过程看作一种拼凑的机械过程。更重要的是他根本上很看轻这个过程。能说雕刻、绘画中许多杰作都是"模糊,苍白,不明确的浮光掠影"吗?能说《战争与和平》,《红楼梦》或是任何一部文学杰作中的人物"不会像活生生的人一样在我们面前显现出来"吗?能说"莎士比亚之被赞美"就在于他的"修辞的铺张"或"缛说繁词"吗?车尔尼雪夫斯基的"将现实和想象互相比较而为现实辩护"的意图在当时历史情况下本来有很大进步意义,但是矫枉过正,他的看法往往不免是片面的,因而是形而上学的。例如"人绝对不可能想象出比现实中所碰见的更高更好的东西"这种提法就要排除一切理想,不但无益于文艺创作,而且有害于一切凭理想去改造现实的活动,包括革命在内。这种轻视理想的看法是与他反对浪漫主义的态度分不开的。由于他把浪漫主义的幻想,热情和理想都看作"病态",他就尽量缩小这些因素的作用。他要针对想象来"为现实辩护",认为理想还是一种想象,于是就轻率地否定了理

## 第十七章 俄国革命民主主义和现实主义时期美学(下)

想。其实这种观点不但和他的美的定义中"应当如此的生活"一句话的基本精神相违背,而且也被他自己的艺术实践所否定了。在他的小说《怎么办?》里,特别在其中"第四梦"里,他就描绘了未来的理想社会和理想人物,充分表现出浪漫主义的热情和幻想,这样他就通过他自己的创作证明了浪漫主义和现实主义并不是如他原来所想的那样绝对对立的,因为理想和现实也不是绝对对立的。

别林斯基说过,"没有典型化,就没有创作",这是一句一针见血的话。所以要衡量一位美学家的艺术观,首先就要衡量他的典型观。典型化在实质上就是理想化,"典型"和"理想"在许多西方美学著作中就是同义词。理想毕竟还是一种对未来的或可能的情况的想象,一种比现实更高的要求。车尔尼雪夫斯基对于想象和理想既然有上文所述的鄙视,他的典型观就必然要受到影响,而事实上它也还是充满着矛盾的。他的典型观之中有很多合理的因素,首先是他特别强调人物个性的鲜明生动。他指出黑格尔派的"美是理念在个别事物的完全的显现的"定义"也含有正确的方面——那就是美是在个别,活生生的事物而不在抽象的思想"。他还根据他的"人类学的原理"举出重视个性的理由:"人的一般活动不是趋向于'绝对',……他心目中只有各种纯人类的目的。……我们作为不能越出个体性范围的个体的人是很喜欢个体性的。"此外,"美是生活"的定义也要求艺术"尽可能在生动的图画和个别的形象中具体地表现一切","因为在自然和生活中没有任何抽象地存在的东西"。他指出典型的创造不是从抽象概念出发而是从生活出发:"诗人在'创造'性格时,在他的想象面前通常总是浮现出一个真实人物的形象,他有时是有意识地,有时是无意识地在他的典型人物身上'再现'这个人。"其次,作者还认识到艺术不能用自然主义的方式创造出典型,必须抓住人物性格的特征。"任何摹拟,要求其真实,就必须传达原物的主要特征;一幅画像要是没有传达出面部的主要的,最富于表现力的特征,就是不真实;但是如果面部的一切细微末节都被描绘得清清楚楚,画像上的面容就显得丑陋,无意思,呆板"。所以艺术家"需要辨别主要的和非主要的特征的能力","须能够理解真人性格的本质……此外,还必须理解这个人物在被诗人安放的环境将会如何行动和说话"。这一切都说得非常好,实际上已经概括了现实主义的典型观。在始终强调从现实生活出发这一点上,他比别林斯基徘徊于"理念"和"生活"之间,是迈进了一大步。

但是车尔尼雪夫斯基的典型观也还有在实质上无异于否定典型化的一方面。他认为"人能够在现实中找到真正的典型人物",这种典型人物大半无须改变就可以从现实界搬到艺术作品里去,结果所产生的艺术形象也不过是现实形象的一种"苍白的,一般的,不明确的暗示"。这种典型形象往往是"作者自己的真实画像"或他的"熟人的肖像"。他反对"把一切个别的东西抛开,把分散在各式各样的人身上的特征结合成为一个艺术整体",例如"凑合一个美人的前额,另一个的鼻子,第三个的嘴和下颚成为一个理想的美人"。作者没有意识到这是很大一部分古典派艺术家的创作方式,虽然不是唯一的乃至于最好的创作方式,但有足够的记录可以证明,这在大艺术家手中也往往是一种行之有效的方式。如果把这种方式理解为机械的拼凑,那当然是应该反对的;如果把它理解为有机的融合,从现实界选择原来不在一起的因素联系在一起,这正是形象思维的作用之一,车尔尼雪夫斯基自己在谈"想象的干预"时不也承认过诗人可以就记忆中从"别的场景中去借取"细节吗?在典型的问题上他和多数美学家(包括别林斯基在内)有两点显著的差异:第一,多数美学家认为典

## 第十七章 俄国革命民主主义和现实主义时期美学(下)

型化就是艺术创造,车尔尼雪夫斯基却竭力缩小创造的作用;其次,多数美学家认为艺术中的典型是经过集中和理想化的,所以高于现实中的典型;车尔尼雪夫斯基却反对集中和理想化,认为艺术中典型必然要远远低于现实中的典型。在这个问题上,真理是在大多数人方面。

典型是"一般与特殊的统一"这个大原则下的一个个别事例。车尔尼雪夫斯基的病源在于他在这个问题上的思想方法是形而上学的:他要为特殊而牺牲一般,因反对抽象化而抛弃概括化。他反对"诗人把真人提高到一般意义"的提法——这本来是别林斯基的提法——理由是"这提高通常是多余的,因为原来之物在个性上已具有一般的意义"。这句话有对的一面,因为特殊与一般必然是统一的;也有不对的一面,因为个体性之中有偶然的非本质的为艺术形象所不必要的因素,就同类人物形象进行概括化是典型化所常用乃至必用的一项工作。车尔尼雪夫斯基反对集中与提高的提法是"事物的精华通常并不像事物的本身:茶素不是茶,酒精不是酒"。这话完全不错,但是从此所得的结论可以不同乃至相反。多数美学家的结论是:艺术虽反映现实,却不等于现实,艺术因为经过提炼,所以高于现实,正如酒精之浓于酒;而车尔尼雪夫斯基的结论则是:艺术只是现实的"代替品",用不着提炼,提炼就是歪曲现实,现实是酒,艺术要的还是酒,酒精不能作为酒的"代替品";而且酒从现实的壶里转注到艺术的壶里,还必然要减少和冲淡。从此可知,车尔尼雪夫斯基之强调艺术美必然低于现实美,在很大程度上决定于他的典型观。①

---

① 车尔尼雪夫斯基论典型的引文主要参看《选集》,上卷,第四五、五〇、七〇至七五、八八、九一至九三等页。

美学里还有一个关键性的问题，那就是内容与形式的关系。车尔尼雪夫斯基的看法是把内容和形式割裂开来的。他反对"美在内容与形式的一致"的提法，这个"内容与形式统一"的大原则固然不足以见出美的特征，却仍然是美所必隶属的一个原则。他把现实生活的美叫作"客观的美或本质的美"，认为这种美"应该和形式的完美区别开来，形式的完美在于理念与形式的一致，或者在于形象完全适合于它的使命"（结论三）。这就是说，他所讨论的现实生活的美只是内容的美，须与一般技巧和纯艺术所共有的那种理念与形象一致的"形式的完美"区别开来（参看结论十四和十五）。他没有深究现实生活的美是否也还有形式的一面，但认为艺术再现现实，艺术与现实的区别不在内容而只在形式。在论证艺术的内容不只是美时，他声明他说的"是内容的性质，不是形式，形式任何时候都应当是美的"；① 在谈到艺术说明生活和对生活下判断时，他又说，"在这一点上，现实中没有和艺术作品相当的东西，——但只是在形式上，至于内容，至于艺术所提出或解决的问题本身，这些全都可以在现实生活中找到。"② 他还沿用别林斯基的艺术和科学在内容上相同而只在形式有别的看法，并且进一步论证艺术和历史在内容上也是同一的，都是现实。他仿佛以为内容和形式并不互相影响，所以他说，在诗人用想象的细节来补充真实的事件时，"事件被这些细节补充后并没有改变，艺术故事和它所表现的真事之间仍只有形式上的差别"，③ 这就是说，内容并不随形式而变。从此可见，他对于"内容"和"形式"两词的理解都很不精确。艺术的内容不应

---

① 《选集》，上卷，第九页。
② 同上书，第九五页。
① 同上书，第九七页。

## 第十七章 俄国革命民主主义和现实主义时期美学（下）

指未经艺术处理之前已存于现实中的素材，而是指已经艺术处理之后的具体形象。只有在前一种意义上才可以说艺术和科学与历史在"内容"上相同，而在后一种意义上，即在具体的内容上不但艺术和科学与历史不同，而且这一具体艺术作品和另一具体艺术作品也不能完全相同。每一个具体作品都有它在形式方面的独特性，因为每一具体作品都有它在内容方面的独特性，所谓艺术的"内容与形式的统一"只能理解为这两方面的独特性的一致。但是按照车尔尼雪夫斯基的看法，内容和形式都是通套的，都是在艺术创作之前就已存在的，内容是通套的现实，形式是通套的"史诗"，"戏剧"，"小说"之类体裁，而"内容与形式的一致"不表示内容与形式两方面的关系，只表示"形式的完美"一方面的性质（如他在结论三里所明白规定的），而这个性质还不是艺术所特有的。这样把内容和形式割裂开来，他在事实上也就把美割裂为两种：内容的美（即"本质的美"，这种美与形式无关）和形式的美（这种美又与内容无关）。在讨论艺术内容不只是美时，他所指的就只是前一种美而不是后一种美，如他自己一再郑重声明的。在论证美感不苛求时，他说，"只有缺乏美感的人才会不懂得贺拉斯，维吉尔，奥维德"等罗马人的诗歌，在这类作品里不是完全没有内容，就是内容毫不足道。但是"这些诗人已经把形式提到了高度的完美，单是这一点好处，就已足够满足我们的美感"。[①]这不就已落到了形式主义的陷阱吗？这当然不符合车尔尼雪夫斯基偏重内容的基本态度，但这毕竟是他对内容与形式的割裂在理论上所必然导致的结果。

对想象与现实，内容与形式以及典型化之类问题的看法都要

---

[①] 《选集》，上卷，第四〇页。

涉及主观与客观的关系，车尔尼雪夫斯基在这方面的看法也有矛盾。他并不是完全没有看到主观因素的作用，他的美的定义中三个命题以及关于艺术作用的三个命题都充分地说明他实际上很重视人的主观作用。他说得很明白，"人的生活充满美和伟大事物到什么程度，全以他自己为转移。生活只有在平淡无味的人看来，才是空洞而平淡无味的"。① 在谈到艺术再现不是复写时，他说，"在艺术里，人纵使想忠实地照实物钞写，他也不能放弃他自己的作用（不用说，这种作用固然很小），不能放弃运用他的全部道德力量和心智力量（包括想象在内）的责任"。② 但是与此同时，他却说过一些完全忽视主观因素的话，例如说，"我们觉得崇高的是事物本身，而不是这事物所唤起的任何思想"，"美与崇高都离开想象而独立"，现实中就已有戏剧和小说，记录下来就可成为艺术作品；纵使有所虚构，也改变不了在素材状态的事物，③ 如此等等。他的矛盾突出地表现于他对崇高的看法，他替崇高所下的定义是："一件东西在量上大大超过我们拿来和它相比的东西，那便是崇高的东西。"这个定义就假定了人的比较活动，事物不能离开人的这种比较活动而就产生崇高的印象，某些东西的大对于熟悉的人可能是很平常的，只有对于突然遇见而惊讶其大的人才引起崇高的印象。在这里就不能说是没有思想或心情的作用在内。作者虽不承认崇高的东西就是"可怕的"，但也承认"可怕的感觉也许会加强崇高的感觉"。尽管如此，他还是断定崇高在事物本身，而"不是这事物所唤起的任何思想"。④ 这里的漏

---

① 《选集》，上卷，第四二页。
② 同上书，第一二二页，译文据原文略有修改。
③ 同上书，第一五、二〇、七三至七四等页。
④ 同上书，第一二至二〇页，参看普列汉诺夫的批评：《车尔尼雪夫斯基的美学观点》最后一节。

洞是很明显的。作者后来仿佛也意识到这个漏洞,在《自评》里他的提法就有所改变:"美与崇高其实就存在于自然与人生之中。同时也应该说,欣赏美与崇高的事物之能力,直接取决于欣赏者的能力。……美与崇高在现实中的客观存在也要配合人的主观看法"。[1] 这个改变是重要的,它多少显出主客观的统一。如果严格地按照这个新的提法,车尔尼雪夫斯基的美学系统就有重新调整的必要。

按照这个系统原来的样子,人与自然,主观与客观,艺术与现实,典型与个性,内容与形式这一系列对立面的关系都是按照形而上学的方式来理解的,即过分地强调它们的对立而没有充分认识到它们的辩证的统一。在辩证的统一体之中两对立面是交互起作用的,而车尔尼雪夫斯基往往过分强调自然,现实,客观,内容这一方面的作用,所以把艺术创造想象的活动和典型化的过程这一方面的作用估计得很不足。因此,艺术对现实的关系就彼看成"代替"的关系。这样一来,他就混淆了生活(包括历史)的真实和艺术的真实。应该承认,他在这方面的思想也不是一致的。他也认识到"'美丽地描绘一副面孔'和'描绘一副美丽的面孔'是两件全然不同的事",[2] "现实生活的描画和现实生活并不属于同一个范围"。[3] 但是他的整个美学体系却把"现实生活的描画"和"现实生活"看作"属于同一范围",把"美丽的面孔"(现实素材)和"美丽地描绘"出来的面孔(艺术作品)看作没有本质的差别。所以艺术中的小说和戏剧仿佛就是现实中的戏剧和小说,"诗人差不多始终只是一个历史家或回忆录作

---

[1] 《选集》,上卷,第五页。
[2] 同上书,第五页。
[3] 同上书,第九八页。

家",① "艺术对生活的关系完全像历史对生活的关系一样"。车尔尼雪夫斯基再三拿艺术和历史作比较,就强调从生活出发这一点来说,有他的正确的一面,但他忽视了亚里士多德在《诗学》第九章里所指出的诗与历史的分别,即历史叙述已经发生的事而诗叙述可能发生的事,历史叙述特殊的事,而诗则把特殊提到一般,所以比历史更带有普遍性。车尔尼雪夫斯基援引过这一段话,说它"深刻而精彩",② 却没有认识到亚里士多德所要说明的正是艺术的真实和生活的真实之间的分别,而只认识到二者之间的联系。

别林斯基曾经把艺术对现实的关系比作纯金对原金(或矿砂)的关系,指出分别在于提炼或典型化,并且就典型化这一点来断定艺术高于现实生活。这个正确的观点被车尔尼雪夫斯基轻率地抛弃了。他轻视典型化,因而忽视了艺术虽是现实的反映,却不能因此就只是现实的代替,它是一种根据现实的虚构,和现实毕竟属于不同领域。因此他把艺术和现实这两种本来属于不同领域的东西,摆在现实生活这个领域里来比高低,断定艺术美永远低于现实美。他的理由之一是"诗人没有现实生活所有的那些手段任他使用","我们的艺术直到现在还没有造出甚至像一个橙子或苹果那样的东西来";但是他同时又否认再现就是能制造幻觉的"奴性摹仿",而且还承认人类活动"产生了自然所不能产生的东西",自然中没有什么可以比得上呢绒,钟表和房屋之类产品。③ 从此可见,单用自然的标准来衡量艺术的高低,或是单用艺术的标准来衡量自然的高低,同样是不公允的。作为艺术

---

① 《选集》,上卷,第七三、九六、一二三至一二四页。
② 《美学论文选》,第一四一至一四三页。
③ 《选集》,上卷,第九八、四一、八六至八八、五八至五九等页。(顺引文次第)

的源泉,现实生活是艺术无法完全再现的,艺术造不出可吃的苹果来,在这一点上现实生活无疑地要比艺术高得多;但是作为对现实生活加以提炼而形成一种新的和谐的完整的有机体,艺术也无疑地要高于现实生活中的素材,现实中并没有歌德所写的浮士德或贝多芬的第九交响曲。

我们指出了车尔尼雪夫斯基美学体系中的一些缺点,是否就要说明它竟像"七宝楼台,拆碎不成片段"呢?我们并没有这种企图,而是鉴于对于车尔尼雪夫斯基的这样重要的美学遗产,有必要来进行一番"去伪存真"的工作,尽管这里的尝试还只是初步的。车尔尼雪夫斯基对黑格尔进行批判时,说他的基本原则大半正确而他的结论却往往错误,这句话恐怕也正好适用于车尔尼雪夫斯基自己。正如黑格尔的错误结论埋没不住他的基本原则中的"合理内核",车尔尼雪夫斯基的艺术代替现实,艺术美永远低于现实美,典型化是多余的之类的结论也绝不能有损于他的基本原则的正确性和重要性。

车尔尼雪夫斯基的基本原则是他的美的定义中三个命题以及关于艺术作用的三个命题。在美的定义中,他不但肯定了美与现实生活的血肉联系,而且还肯定了美离不开人的理想("应当如此的生活"),自然美也不能离开人类生活而有独立的意义("暗示人类生活的那种生活")。在关于艺术作用的三个命题中,他不但肯定了现实生活是艺术的源泉,而且也肯定了艺术家在说明生活和对生活下判断中所必须发挥的主观能动性。从这些基本原则中并非逻辑地必然地要达到艺术"代替"现实和艺术美永远低于现实美,把个别事物提高到一般意义的典型化是"多余的"那些错误的结论,相反地这些基本原则正足以揭示这些结论的错误。

车尔尼雪夫斯基在美学上最大的功绩就在于提出了关于美

的三大命题和关于艺术作用的三大命题。这些命题把长期由黑格尔派客观唯心主义统治的美学移置到唯物主义的基础上,从而替现实主义文艺奠定了理论基础。车尔尼雪夫斯基抛弃了别林斯基所未能完全抛弃的艺术从理念出发的原则而代之以艺术从生活出发的原则,这是德国古典美学以后的一个重大的发展。固然,"生活"的概念在歌德,席勒和黑格尔等人的著作中都已有了一些萌芽。但是坚决地明确地把生活提到首位的是车尔尼雪夫斯基。而且"生活"这一词在车尔尼雪夫斯基心里,比起在歌德,席勒或黑格尔的心里,具有远较丰富的涵义,当时俄国的农民解放斗争赋予"生活"这一词以一种更深刻的社会内容。这就使现实主义文艺负有远比过去更明显的促进阶级斗争的任务。在美学论文里,车尔尼雪夫斯基作了运用阶级观点的初步尝试,例如对农民女子美和上流社会女子美的分析。他经常提到实践的重要性,说"实践是个伟大的揭发者","实践是判断一切争端的主要标准",并且抱歉自己"没有说明现代实际的或者说实践的,世界观对人的所谓'理想的'憧憬之关系"。① 他的思想中孕育着许多这类极为重要的,尽管还未得到发展的观点的萌芽。美学论文是他在二十七岁时写的。在《自评》里他曾自认在"写此论文时还没有完成他所引申的思想的发展过程"。② 由于他的注意力后来转向更为迫切的经济学的研究,而且后半生都在流放中过着极端艰苦的生活,他终于没有能完成这个发展过程,我们不能不为此惋惜,而且痛恨反动统治对天才的摧残!

---

① 《选集》,上卷,第一一四、一三一等页,参看同书第三八七至三八八页。
② 同上书,第一三二页。

# 第十八章 "审美的移情说"的主要代表：费肖尔，立普斯，谷鲁斯，浮龙·李和巴希

## 一 移情说的先驱：费肖尔父子

近百年来德国主要的哲学家和心理学家之中，几乎没有一个人不涉及美学，而在美学家之中也几乎没有一个人不讨论到移情作用。这个风气由德国传播到西方其他各国，提到移情说，人们总是把它联系到它的主要代表立普斯。有人把美学中的移情说比作生物学中的进化论，把立普斯比作达尔文，①仿佛这个学说是近代德国美学界的一个重大的新发现。这种估计当然是夸大的，但是移情说在近代美学思想中所产生的重要影响却是无可否认的。

什么是移情作用？用简单的话来说，它就是人在观察外界事物时，设身处在事物的境地，把原来没有生命的东西看成有生命的东西，仿佛它也有感觉，思想、情感、意志和活动，同时，人自己也受到对事物的这种错觉的影响，多少和事物发生同情和共鸣。这种现象是很原始的、普遍的。我国古代语文的生长和发展

---

① 参看浮龙·李：《美与丑论文集》，第六八页。

在很大程度上是按移情的原则进行的,特别是文字的引申义。[1]我国古代诗歌的生长和发展也是如此,特别是"托物见志"的"兴"。最典型的运用移情作用的例是司空图的二十四"诗品"以及在南宋盛行的咏物词。

在西方,亚里士多德也早就注意到移情现象。他在《修辞学》里说到用隐喻格描写事物应"如在目前",并且解释"如在目前"说,"凡是带有现实感的东西就能把事物摆在我们眼前",然后举荷马为例说,"荷马也常用隐喻来把无生命的东西变成活的,他随时都以能产生现实感著名,例如他说,'那块无耻的石头又滚回平原','箭头飞出去'和'燃烧着要飞到那里','矛头站在地上,渴想吃肉','矛尖兴高采烈地闯进他的胸膛',在这些事例里,事物都是由于变成活的而显得是现实的"。[2]从此可见,亚里士多德不但注意到移情现象,而且已替它作了解释:它是一种隐喻。我国汉郑康成把诗六义中的"兴"解释为"兴者托事于物",唐孔颖达加以引申说,"兴者起也,取譬引类,启发己心;诗文诸举草木鸟兽以见意者皆兴辞也",[3]这也都是以"兴"为一种"隐喻",可与亚里士多德的看法参较。

我们不必列举西方关于移情现象的一些较早的看法,单提一些近代美学家对这问题的注意。自从英国经验派把美学的研究转到心理学的基础上,人们就不断地讨论到移情现象。哈奇生用类似联想来解释自然界事物何以能象征人的心情;休谟用同情来解释平衡感说,"一个摆得不是恰好平衡的形体是不美的,因为它

---

[1] 读者试翻阅段玉裁的《说文解字注》,注意一下文字的引申义,就可以明白这个道理。
[2] 亚里士多德:《修辞学》第三卷,第一一章。
[3] 《十三经注疏》,《诗大序疏》。

第十八章 "审美的移情说"的主要代表：费肖尔，立普斯，谷鲁斯，浮龙·李和巴希

引起它要跌倒，受伤和痛苦之类的观念"；伯克也用同情来解释崇高和美，他说，"同情应该看作一种代替，这就是设身处在旁人的地位，在许多事情上旁人怎样感受，我们也就怎样感受"，他并且把同情和摹仿联系起来，"正如同情使我们关心旁人所感受到的，摹仿则使我们仿效旁人所做的"，① 对于移情问题作出较大贡献的是意大利的维柯，他把移情现象看作形象思维的一个基本要素，认为"人心的最崇高的劳力是赋予感觉和情欲于本无感觉的事物"，并且举出大量的实例来论证语言、宗教、神话和诗的起源都要用这个原则来解释。②

在德国，对移情现象的重视首先是与浪漫运动萌芽期和鼎盛期中所流行的泛神主义思想以及人与自然统一的思想密切联系在一起的。文克尔曼在《古代艺术史》里描绘他对一些古代雕刻（例如《拉奥孔》）的亲身感受时，就经常涉及移情现象和内摹仿现象。康德在分析崇高时把移情现象称为"偷换"（Subreption）：

> 对自然的崇高感就是对我们自己的使命的崇敬，通过一种"偷换"的办法，我们把这崇敬移到自然事物上去（对主体方面的人性观念的崇敬换成对对象的崇敬）。
>
> ——康德：《判断力批判》，第二七节。

他的一个基本的美学概念是"美是道德精神的象征"，而这个概念也和移情现象有密切的联系：

---

① 参看《英国经验主义派美学思想》章。
② 参看本书第十二章。

> 我们经常把像是建立在道德评价基础上的名词应用到自然或艺术中美的事物上去。我们说建筑物或树木是雄伟或壮丽的,平原是喜笑的,乃至于颜色也是纯洁的,谦逊的或柔和的,因为它们所引起的感觉包含某种类似由道德判断所引起的那种心情的意识。
>
> ——康德:《判断力批判》,第五九节。

狂飙运动的领袖赫尔德进一步强调精神与自然的统一,他在《论美》里把美看作生命和人格在艺术品和自然事物中的表现。例如"一条线的美在于运动,而运动的美则在于表情",花的美在于它表现了生命力和欣欣向荣的气象,声音的美在于它传出在运动中的物体的活力,抵抗力和哀伤。他并且指出"古代一些最美的形式都由一种精神,一种伟大思想,灌注生命给它们,这种精神或思想采取这种形式,就像把它当作自己的身体,通过它把自己显现出来"。黑格尔也说,"艺术对于人的目的在使他在对象里寻回自我";"自然美只是心灵美的反映"。例如寂静的月夜,雄伟的海洋那一类自然美是"感发心情和契合心情"的,它们的"意蕴并不在于对象本身而在于所唤醒的心情"。[①]此外,用"设身处地"和"外射"来解释移情现象的还有哲学家和《德国美学史》的作者洛慈(Lotze,1817—1881)。他对移情现象曾作过这样的描绘和解释:

> 我们的想象每逢到一个可以眼见的形状,不管那形状多么难驾御,它都会把我们移置到它里面去分享它的生命。

---

① 参看本书第十五章。

第十八章 "审美的移情说"的主要代表：费肖尔，立普斯，谷鲁斯，浮龙·李和巴希

> 这种深入到外在事物的生命活动方式里去的可能性还不仅限于和我们人类相近的生物，我们还不仅和鸟儿一起快活地飞翔，和羚羊一起欢跃，并且还能进到蚌壳里面分享它在一开一合时那种单调生活的滋味。我们不仅把自己外射到树的形状里去，享受幼芽发青伸展和柔条临风荡漾的那种欢乐，而且还能把这类情感外射到无生命的事物里去，使它们具有意义。我们运用这类情感把本是一堆死物的建筑物变成一种活的物体，其中各部分俨然成为身体的四肢和躯干，使它现出一种内在的骨力，而且我们还把这种骨力移置到自己身上来。
>
> ——洛慈：《小宇宙论》，第五卷，第二章。

洛慈在这里已指出移情现象的主要特征，把人的生命移置到物和把物的生命移置到人，所差的只是他还没有用"移情作用"这个名词。首先用这个名词的也不是立普斯而是劳伯特·费肖尔（Robert Vischer）。这位美学家的父亲弗列德里希·费肖尔（Friedrich Theodor Vischer，1807—1887）是黑格尔派中一个重要的美学家，著有一部六卷本的《美学》巨著。[1] 这是后来车尔尼雪夫斯基在美学上的主要批判对象，但是在移情观念这一点上，对车尔尼雪夫斯基也产生过不容忽视的影响。[2] 他从黑格尔的泛神论的观点出发，强调"美是理想与现实的统一"，而理想则是一种客观存在的典型，须克服自然或现实界的"偶然机会的王国"，才能显出事物的内在本质。他指出形象思维与抽象思维

---

[1] 据《马克思恩格斯论文艺》法文本《序文》第六五页，马克思在此书刚出版后，曾于1857—1858年仔细读过这部巨著，并作过大量笔记。
[2] 参看本书第十七章。

629

的分别说:"有两种思想方式:用文字和概念或是用形状,有两种翻译宇宙的方式,用字母或是用意象"。意象对于他像对于黑格尔一样,是概念或理想的显现。他晚年逐渐致力于心理学的研究,对过去的客观唯心主义的观点有所纠正,特别是在《论象征》和《批评论丛》里注意到移情现象,而且作出一些心理学的解释,他把移情作用称为"审美的象征作用",说这种作用就是"对象的人化":

> 这种对每一个对象的人化可以采取很多的不同的方式,要看对象是属于自然界无意识的东西,属于人类,还是属于无生命或有生命的自然。通过常提到的紧密的象征作用,人把他自己外射到或感入到(fühlt sich hinein)自然界事物里去,艺术家或诗人则把我们外射到或感同入到(fühlt uns hinein)自然界事物里去。
> ——费肖尔:《批评论丛》,第五卷,第九五至九六页。

值得注意的是他虽还未把"移情作用"用作名词,却已把它用作动词("感入到")了。

费肖尔把这种象征作用分为三级。第一级是神话和宗教迷信所用的象征作用,例如埃及宗教用牛象征体力和生殖力,这种原始的象征作用是在无意识中发生的,用来象征的形象和被象征的观念之间的关系还是暧昧的,从形象不一定就能看出观念。第二级是寓言所用的象征作用,例如用天平象征公道,这是由人有意识地把有类似点的两件东西,形象(天平)与观念(公道),联系在一起,这种联系是比较清楚的,从形象就可以认出观念。另外一级就是审美活动中的象征作用,这是第一级与第二级之间的中间级。在审美观照中,形象与它所象征的观念融成一体,我们

## 第十八章 "审美的移情说"的主要代表：费肖尔，立普斯，谷鲁斯，浮龙·李和巴希

"半由意志半不由意志地，半有意识半无意识地，灌注生命于无生命的东西"，形象与观念的关系也是若隐若现。费肖尔把这种审美的象征活动叫作"黄昏"的心理状态。费肖尔关于象征的看法显然是黑格尔的象征艺术说的发挥。

正是从费肖尔的"审美的象征作用"这个基本概念出发，他的儿子劳伯特·费肖尔在《视觉的形式感》（1873）一文里发展出"移情作用"的概念。视觉到的外物的形式组织，据他的分析，并不是空洞无意义的，它们就是"我自己身体组织的象征，我像穿衣一样，把那形式的轮廓穿到我自己身上来"，例如"那些形式像是自己在运动，而实际上只是我们自己在它们的形象里运动"，在看一朵花时，"我就缩小自己，把自己的轮廓缩小到能装进花里去"，反之，看庞大的事物时，"我也就随它们一起伸张自己"。劳伯特·费肖尔从此下结论说："这一切都会不可能，假如我们没有一种奇妙的本领，能把自己身体的形式去代替客观事物的形式，因而就把自己体现在那种客观事物形式里。"这就说明了移情作用中对象形式与主体活动之间象征的关系。

劳伯特·费肖尔把这种"审美的象征作用"改称为"移情作用"（Einfuhlt1ung，意思为"把情感渗进里面去"，美国实验心理学家惕庆纳铸造了 Empathy 这个英文字来译它）。据他的分析，一切认识活动都多少涉及外射作用，外射的或为感觉，即事物在头脑中所生的印象，或为情感，即主体方面的心理反应，如快感、不快感以及运动感觉之类。知觉起于知觉神经的刺激兴奋，情感起于运动神经的刺激兴奋。感觉分三级，第一级叫作"前向感觉"，在这一级感觉里，眼睛还只注意到对象的光线和颜色，还没有认出对象的形式，主要地是知觉神经在活动。这可以说是视觉的准备阶段。等到进一步注意到对象的形式时，运动神经的活动就占优势，因为眼睛筋肉在追随着对象的轮廓，所以这一级的知觉叫

作"后随感觉"。再进一步,知觉才达到完备阶段,这时眼睛不"满足于追随对象的线条轮廓",还要"试图摹仿对象的全部形状,把它的全部造型的生动性和鲜明性都摹仿到","感觉神经活动和运动神经活动也就结合在一起"。这叫作"移入感觉",因为观照者已感觉到对象的内部而进行摹仿。到了这个阶段才算进入"低级的感性的"审美的欣赏。

情感比起感觉,是"更深刻更亲切的心理活动"。离开单纯的感觉而进入情感时,我们才算进入了"想象的领域"。情感也分"前向情感","后随情感"和"移入情感"三级,与感觉的三级相对应。情感的三级中的每一级都不过是感觉的三级中的对应级的浓化和深化;它们不同于感觉三级的在于都不只是追随或摹仿对象的线条轮廓或全部形状,而是都要涉及想象的活动和情感的外射。情感三级本身的差别就在外射的广狭深浅上见出。"前向情感"的对象也是光和色方面的现象,例如月光,晨曦和黄昏可以象征人的情调,红色可以显得热,蓝色可以显得冷之类。"后随情感"的对象也是事物的形式轮廓,它们被看成有生命,能活动的,显得在奔腾,翻滚,蜿蜒,或跳跃。最后,到了"移入情感"(即移情作用),审美的活动才达到最完满的阶段,"我们把自己完全沉没到事物里去,并且也把事物沉没到自我里去:我们同高榆一起昂然挺立,同大风一起狂吼,和波浪一起拍打岸石"。[①]费肖尔反对用记忆或联想来解释这种移情现象,因为移情现象是直接随着知觉来的物我同一,中间没有时间的间隔可容许记忆或联想起作用。

---

① 劳伯特·费肖尔的移情说是在《论视觉的形式感》一文里提出来的,原书未见到,这里主要根据巴希在《康德美学的批判》一书中的援引和介绍。

第十八章 "审美的移情说"的主要代表:费肖尔,立普斯,谷鲁斯,浮龙·李和巴希

从以上的介绍看,费肖尔父子已基本奠定了移情说的基础,从此证明一切形式如果能引起美感,就必然是情感思想的表现,就必然有内容,当时德国美学分两派:"形式美学"派与"内容美学"派,"形式美学"派以侯巴特(J.F.Herbart,1776—1841)为代表,专从抽象形式来研究美,"内容美学"派就是黑格尔派,以费肖尔父子为代表,强调内容的重要性,反对形式主义,所以他们的移情说在当时有进步的意义。

## 二 立普斯

从上文可见,移情说并不是立普斯的新发现,但一般人却总把移情说和他的名字联系在一起,这也足见他对这方面研究的贡献较大。立普斯(Theodor Lipps,1851—1914)原是一位心理学家,在慕尼黑大学当过二十年的心理学系主任。他研究美学,主要是从心理学出发的。他翻译过英国休谟的《人性论》,他的移情说可能受到休谟的同情说的影响。他的研究对象主要是几何形体所生的错觉,他的移情说大半以这方面的观察实验为论证,这也足以说明他继承了劳伯特·费肖尔的衣钵,因为费肖尔也是着重研究空间形象感觉的。在美学方面他的主要著作有《空间美学和几何学·视觉的错觉》(1897)和一部两卷本的《美学》(1909)。此外,他在德国《心理学大全的文献》中所发表的《论移情作用,内摹仿和器官感觉》(卷一,1903)和《再论移情作用》(卷四,1905)两文里对他的观点作了简赅的总结。

像一般德国美学家一样,立普斯的文字是抽象的、艰晦的。要介绍他的移情说,我们最好用他在《空间美学》里所着重讨论的具体的例子,希腊建筑中道芮式石柱来说明。道芮式石柱支撑

希腊平顶建筑的重量，下粗上细，柱面有凸凹形的纵直的槽纹。这本是一堆无生命的物质，一块大理石。但是我们在观照这种石柱时，它却显得是有生气，有力量，能活动的。首先，朝纵直的方向看，石柱仿佛从地面上耸立上腾。这种耸立上腾或纵直伸延的活动就成为石柱所"特有的活动"。有这种活动，石柱才获得它那一特殊模样的存在。但是石柱显出活动，不是没有条件的：活动要在克服反活动中才能显出。反活动就是石柱本身的和它所支撑的重量。顺着这重量所施加的压力，石柱就会倒塌。现在它不但不倒塌，而且显得昂然挺立，这就是因为它抵抗住而且克服了重量压力的反活动，才使人感觉到有直立上腾的力量和活动。其次，朝横平的方向看，重量压力本来会使石柱膨胀，以至于破碎成为一盘散沙，这种反活动却不像在纵直方向那样起伸延运动的感觉，而是引起石柱自己"凝成整体"，"界定范围"的印象，即保持住形体，不致破碎的印象。所以朝横平方向看，石柱所特有的活动不是耸立上腾而是凝成整体。在凝成整体之中，它仿佛就"压住了"挣扎着要冲破局限（所界定的范围）的那种重量压力。无论是"耸立上腾"还是"凝成整体"，都是一种错觉，都是活动与反活动的矛盾对立的统一的结果。这里可以看出立普斯思想中的辩证因素。

　　立普斯把这种从力量、运动、活动、倾向等方面来看待对象的方式叫作"机械的解释"，即运用动力概念（即运动、活动、力量之类概念）的解释。名为"解释"，实际上并不涉及意识活动，这一点待下文再谈。"机械的解释"只是移情作用的一方面，另一方面还有一种"人格化的解释"，也就是以人度物，把物看成人的解释。这种"人格化的解释"之所以发生，是因为"我们都有一种自然倾向，要把类似的事物都放在同一观点下去理解"；"我们总是按照在我们自己身上发生的事件的类比，即按照我们

## 第十八章 "审美的移情说"的主要代表：费肖尔，立普斯，谷鲁斯，浮龙·李和巴希

切身经验的类比，去看待在我们身外发生的事件"。就是按照这种以己度物式的类比，我们才感觉到外物仿佛像我们自己一样，在显出一种变化（即发生一种事件）时，总是由"力量"和"活动"造成的，总有努力，成功，失败，主动，被动之类活动感觉：

> 这种向我们周围的现实灌注生命的一切活动之所以发生，而且能以独特的方式发生，都因为我们把亲身经历的东西，我们的力量感觉，我们的努力，起意志，主动或被动的感觉，移置到外在于我们的事物里去，移置到在这种事物身上发生的或和它一起发生的事件里去。这种向内移置的活动使事物更接近我们，更亲切，因而显得更易理解。
> ——《空间美学》，第一章。

这里所说的就是"人格化的解释"，就是把物化成人，也还是不涉及意识的。

这两种解释或看待事物的方式虽可分辨，却不可分割。它们不是先后承续而是一次进行的。再拿石柱为例来说：

> 石柱的存在本身，就我所知觉到的来说，像是直接的（马上就看到，不假思索——引者注），就在我知觉到它那一顷刻中，它已显得是由一些机械的（即动力的）原因决定的，而这些机械的原因又显得是直接从和人的动作的类比来体会的。在我的眼前，石柱仿佛自己在凝成整体和耸立上腾，就像我自己在镇定自持，昂然挺立，或是抗拒自己身体重量压力而继续维持这种挺立姿态时所做的一样。
> ——《空间美学》，第一章。

这种以己度物的原因何在？立普斯在前段引文里提到这种类比"使事物更接近我们，更亲切，因而显得更易理解"，这是一种理智方面的解释（"易理解"），但是也已包括情感方面的解释（"接近"，"亲切"）。他在下结论时所侧重的是情感方面的解释：

> 这个道芮式石柱的凝成整体和耸立上腾的充满力量的姿态，对于我是可喜的，正如我所回想起的自己或旁人在类似情况下的类似姿态对于我是可喜的一样。我对这个道芮式石柱的这种镇定自持或发挥一种内在生气的模样起同情，因为我在这种模样里再认识到自己的一种符合自然的使我愉快的仪表。所以一切来自空间形式的喜悦，——我们还可以补充说，一切审美的喜悦——都是一种令人愉快的同情感。
>
> ——《空间美学》，第一章。

值得注意的是立普斯在《空间美学》里以及在较迟一年发表的《论喜剧与幽默感》（1898）里都还只用"同情感"和"审美的同情"而没有用"移情作用"，后者只是在后来的著作里才采用的。不过前后用的名词虽不同，实质仍是一事。

"一切审美的喜悦"既然"都是一种令人愉快的同情感"，同情感就成为一切审美活动的必有条件了。但这并不等于说，一切移情作用都是审美的。我们看见一个人笑，自己也喜悦，也有笑的倾向。这种同情的了解就已涉及移情作用，立普斯把它叫作"实用的移情作用"，认为它不是审美的移情作用，因为审美的移情作用只有在忘去实际生活中的兴趣和情调时才会发生。然则审美的移情作用的特征究竟何在呢？这是理解移情作用所必须理

第十八章　"审美的移情说"的主要代表：费肖尔，立普斯，谷鲁斯，浮龙·李和巴希

解的基本问题之一。立普斯对这问题的前后解答不完全相同。在《空间美学》里他从主观反应和对象形式两方面来界定审美的同情的特征。从主观反应方面来说，"向我们周围的现实灌注生命的活动"以及这活动所伴随的"一种令人愉快的同情感"是一个特征。从对象形式方面说，审美的对象不是物质而是形式。再举道芮式石柱为例来说，使我们感觉到耸立上腾的，即使我们起审美的移情作用的，并不是"石柱所由造成的那大块石头"，而是"石柱所呈现给我们的空间意象"，即线、面和形体所构成的意象。不是一切几何空间都是审美空间，"空间对于我们要成为充满力量和有生命的，就要通过形式。审美的空间是有生命的受到形式的空间。它并非先是充满力量的，有生命的而后才是受到形式的。形式的构成同时也就是力量和生命的形成"。[①] 这就是说，对象所显出的生命和力量是和它的形式分不开的，二者的统一体才是意象，也才是审美的对象。

在《空间美学》里，具体事例的分析多于理论的探讨，在《论移情作用，内摹仿和器官感觉》（1903）一文里，立普斯才就他的理论系统作了一个简赅的总结。他仍从审美的对象说起，仍认为审美的对象是直接呈现于观照者的感性意象。但是他指出审美欣赏的对象和审美欣赏的原因不是一回事，说"审美欣赏的原因是我自己，或是'看到''对立的'对象而感到欢乐或愉快的那个自我"，因为在对着审美对象而感到愉快时，我还感觉到努力、使劲、抵抗、成功之类"内心活动"，"而且在这一切内心活动中我感到活力旺盛，轻松自由，胸有成竹，舒卷自如，也许还感到自豪之类。这种情感才是审美欣赏的原因"。这样说来，美感

---

① 《空间美学》，第二章。

637

的起因就不在对象而在对象所引起的主观情感了,立普斯在这里显然堕入了主观唯心主义,但是他又始终强调审美价值的判断绝对依存于对象,不是一种个人的主观的武断,而是对象的一种正当的"权利要求"。①

立普斯在论文中费大力要说明的其实不过是一句很简单的话:在审美的移情作用里,主观与客观须由对立关系变成统一的关系。懂得这一点,我们就会懂得下面两段话:

> ……在对美的对象进行审美的观照之中,我感到精力旺盛,活泼,轻松自由或自豪。但是我感到这些,并不是面对着对象或和对象对立,而是自己就在对象里面。……这种活动的感觉也不是我的欣赏的对象,……它不是对象的(客观的),即不是和我对立的一种东西。正如我感到活动并不是对着对象而是就在对象里面,我感到欣赏,也不是对着我的活动,而是就在我的活动里面。……②

和我对立的对象,乃至于我自己的活动(在和我对立时已变成对象),对于我都只能是一种观念或印象,而审美的移情作用的内容却不能只是一种观念而是一种实际感受,经验或生活,我须与对象打成一片,就活在对象里,亲身体验到我活在对象里的活动,我才能感受审美欣赏所特有的那种喜悦。所以立普斯说,

> 从一方面说,审美的快感可以说简直没有对象,审美

---

① 参看《美学》,第二章,第三六八页。据李斯特威尔在《近代美学批判史》中的介绍。
② 这部分几段引文均见立普斯:《论移情作用,内摹仿和器官感觉》。

第十八章　"审美的移情说"的主要代表：费肖尔，立普斯，谷鲁斯，浮龙·李和巴希

的欣赏并非对于一个对象的欣赏，而是对于一个自我的欣赏（这就是说，不是欣赏一个和我对立物的观念而是欣赏我在对象里亲身体验到的生活本身——引者注）。它是一种位于人自己身上的直接的价值感觉；而不是一种涉及对象的感觉。毋宁说，审美欣赏的特征在于：在它里面，我的感到愉快的自我和使我感到愉快的对象并不是分割开来成为两回事，这两方面都是同一个自我，即直接经验到的自我。（即在对象里面生活着的自我——引者注）

自我和对象既已成为一体，我们就不能说审美活动中所欣赏的只是对象或只是自我，而是既是对象又是自我的统一体。立普斯把审美的移情作用的主客之间这种辩证的关系界定如下：

审美快感的特征就在于此：它是对于一个对象的欣赏，这个对象就其为欣赏的对象来说，却不是一个对象而是我自己（既是被欣赏着的，就是我自己在其中生活着的——引者注）。或则换过方式说，它是对于自我的欣赏，这个自我就其受到审美的欣赏来说，却不是我自己，而是客观的自我（即不是日常实用生活中的自我，而是"对象化"了的，生活在所观对象里的自我——引者注）。

总观以上所述，立普斯从三方面界定了审美的移情作用的特征，不过这三方面又不能割裂开来而要综合在一起来看。第一，审美的对象不是对象的存在或实体而是体现一种受到主体灌注生命的有力量能活动的形象，因此它不是和主体对立的对象。其次，审美的主体不是日常的"实用的自我"而是"观照的自我"，只在对象里生活着的自我，因此它也不是和对象对立的主体。第三，

就主体与对象的关系来说，它不是一般知觉中对象在主体心中产生一个印象或观念那种对立的关系，而是主体就生活在对象里，对象就从主体受到"生命灌注"那种统一的关系。因此，对象的形式就表现了人的生命，思想和情感，一个美的事物形式就是一种精神内容的象征。所以在基本观点上，立普斯和费肖尔父子还是一致的。

最后，我们还要约略谈一下德国移情派美学家们内部所经常争辩的一个问题：移情作用是否可以用观念联想的原则来解释呢？是否因为看到对象的某种形式而联想到自己的某些生活经验，就产生移情作用呢？以西伯克（H.Siebeck）为代表的美学家们力持观念联想的解释，以浮尔克特（J.Volkelt，立普斯以外，德国最重要的移情说的代表，《美学系统》的作者）为代表的美学家们则竭力反对观念联想的解释。立普斯在这个问题上的态度是有矛盾的。在《空间美学》里，他肯定了对过去生活经验的联想在移情作用中确实发挥作用，不过认为这种联想作用是在下意识中进行的。他指出对象的活动有难有易，即所要克服的障碍有大有小，"这种情况就使我们回想起自己所经历过的与它虽不同而却相类似的过程，使我们回想起自己发出同样动作时的意象以及自然伴随这种动作的亲身感到过的情感"。[①] 这里所谈的正是"类似联想"，不过立普斯又认为移情作用与寻常的类似联想有所不同：

> 过去经验无疑地在我们心里不涉及意识地发挥作用，它们在我们心里发挥作用，并不是作为个别孤立的东西，

---

[①] 《空间美学》，第一章。

第十八章　"审美的移情说"的主要代表：费肖尔，立普斯，谷鲁斯，浮龙·李和巴希

我们并不能把在过去经验中所学习到的东西完全移到一个类似的新事例上来运用。凡是属于同一范围的过去经验，只要积累得够多，就会在我们心里凝成一种规律。一旦凝成规律，这些过去经验就不再个别孤立地在我们心里发挥作用，而是像一般规律一样，作为共同件或整体来发挥作用。我们无须意识到这种规律，也无须意识到其中个别事例。

——《空间美学》，第八章。

过去类似经验所凝成的规律，共同性或整体就是在观照美的事物形象时心中所引起的"力量"，"活动"，"抵抗"，"挣扎"，"成功"之类的抽象的情感。它们就是"人格"或"自我"的基本组成部分。在审美活动中起作用的就是"自我"中这类抽象的情感，而不是过去经验中某些具体细节的联想。在《再论移情作用》（1905）一文里立普斯又进一步指出审美的移情作用与联想作用的区别在于有无表现：

说一种姿势在我看来仿佛是自豪的或悲伤的表现，这和说我看到那姿势时，自豪或悲伤的观念和它发生联想，是很不相同的。如果我看到一块石头，硬软之类观念就和这一知觉发生了联想；但是我绝不因此就说我所看到的石头或是在想象中的石头表现出硬和软。反之……，说一种姿势是自豪的或悲伤的，这就不过是说，它表现出自豪或悲伤。……姿势和它所表现的东西之间的关系是象征性的。……这就是移情作用。凡是只以普通意义的联想的关系而与所见对象联系在一起的东西都不属于纯粹的审美的对象。浮斯特的苦恼和绝望使我们感到不愉快（这是由于联想——引者注），这件事实却不妨碍我们对浮斯特的苦

恼和绝望的总的体验是愉快的,由于这体验中包括心灵的丰富化、开扩和提高。体验到浮斯特痛苦的不是实在的自我而是观照的或观念性的自我。

立普斯在这里更强调的是同情而不是联想。所以他说,"使我愉快的并不是浮斯特的绝望,而是我对这绝望的同情。"他仿佛认为反面的人物很难引起审美的移情作用,因为它们不能引起同情:

> 表现给我看的一种心境如果要对我产生快感,那就只有一个条件:我须能赞许它,……"赞许"就是我的现在性格和活动与我所见的事物之间的实际谐和。正是这样,我必须能赞许我在旁人身上发现的心理活动(这就是说,我对它们必须能起同情),然后它们对于我才会产生快感。
>
> ——《再论移情作用》

能引起同情共鸣的东西才能引起审美的移情作用,所以立普斯说美感就是"在一个感官对象里所感觉到的自我价值感"。在《论喜剧与幽默感》里,他说得更清楚:"一切艺术的和一般审美的欣赏就是对于一种具有伦理价值的东西的欣赏"。在这个意义上,美与善是密切联系着的。

立普斯的移情说主要是从心理学观点提出的。在心理学观点上他一向反对"身心平行说",即反对从生理学观点来说明心理现象,所以他反对用内摹仿的器官感觉来解释移情作用。在这方面他的主要的论敌是谷鲁斯。

第十八章 "审美的移情说"的主要代表：费肖尔，立普斯，谷鲁斯，浮龙·李和巴希

## 三 谷鲁斯

谷鲁斯（Karl Groos，1861—1946），像立像普斯一样，也是一位从心理学观点出发去研究美学的德国学者。席勒在《审美教育书简》里所提出的艺术起于"游戏冲动"说对他起了很大影响。如果艺术与游戏在本质上是一回事，要研究艺术的原理，就不能不深入地研究游戏。谷鲁斯所以在这方面做了很多的观察与分析的工作。他的研究结果都总结在两部著作里：《动物的游戏》（1898）和《人类的游戏》（1901）。此外他还发表了一些美学专著，主要的有《美学导言》（1892）和《审美的欣赏》（1902）。在他看来，艺术创造和欣赏都是"自由的活动"，游戏也是"自由的活动"，艺术和游戏是相通的。在审美中，这种自由的活动表现于内摹仿。他的内摹仿说实际上就是移情说的一个变种。为了便于理解他的内摹仿说，先须约略介绍他的游戏说。

游戏说自从席勒提出以后，首先采用来加以发挥的是英国哲学家斯宾塞（H.Spencer，1820—1903）。他认为游戏和艺术都是"过剩精力"的发泄。高等动物无须费全副精力来保存生命，而且在进行某种活动时，其他活动都暂时停止，使所需要的精力因休息而得到补充，所以它们有过剩的精力。这种过剩的精力既无须发泄于有用的工作，就发泄于无用的自由的摹仿活动，即游戏或艺术活动。[①] 接着德国艺术史家朗格（Konrad Lange，1855—？）在《艺术的本质》里进一步发挥了席勒的游戏说。他也认为艺术和游戏一样，都比实际生活提供人更多的而且更丰富的运用本能冲动而进行自由活动的机会。他特别从席勒以及其他德国古典美学家所

---

① 斯宾塞：《心理学原理》，第二卷，第九部分。

指出的"存在"（Sein）与"显现"（Schein）的分别中得到启示，认为艺术和游戏都满足于"显现"或形象，把虚构的形象看成"仿佛是"真实的，所以都是一种"有意识的自欺"或"有意识的自蹈幻觉"（Eine bewusste Selbsttäuschung），即明知其为虚构而仍"佯信"以为真，虽是游戏而仍以认真的态度去进行。

谷鲁斯反对斯宾塞的"精力过剩"说，因为它不能解释游戏的方式何以随种属、性别和年龄而有差异。他提出所谓"练习说"，主张游戏并不是与实用生活无关的活动，而是将来实用活动的准备和练习，例如小猫戏抓纸团是练习捕鼠，女孩戏喂木偶是练习做母亲，男孩戏打仗是练习战斗本领。所以游戏就是学习。除掉在低级阶段，游戏只是遗传的本能冲动的满足以外，较高级的游戏"归根到底是我们惯常感到的对力量的快感，觉得有能力扩张施展才能范围的那种欣喜"以及连带的"自我炫耀"的快感。由于游戏产生快感，所以过了儿童的学习期，人还是继续游戏。在高级阶段，游戏总是带着外在的目的，过渡到艺术活动。谷鲁斯是不赞成"为艺术而艺术"的，他说：

> 就连艺术家也不是只为创造的乐趣而去创造；他也感到这个动机（指上文所说的"对力量的快感"），不过他有一种较高的外在目的。希望通过他的创作来影响旁人，就是这种较高的外在目的，通过暗示力，使他显出超过他的同类人的精神优越。
>
> ——《动物的游戏》，《游戏与艺术》章。

关于游戏过程中的心理状态，谷鲁斯也不完全赞同朗格的"有意识的自蹈幻觉说"："朗格似乎做得太过分，把这个（摇摆于自蹈幻觉和对这幻觉的意识之间的心理状态）看成一切审美乐趣

### 第十八章　"审美的移情说"的主要代表：费肖尔，立普斯，谷鲁斯，浮龙·李和巴希

和游戏乐趣的基本。根据自我检查就可以看出：在长久继续的游戏里我们所感到的高度快感之中，实在的自我总是安静地隐在台后，并不出面干预。……例如在看《浮斯特》剧中监狱一场时，自始至终我们都在紧张地欣赏，完全忘却我们自己，只有在幕落后我们吸一口长气，才回到现实世界中来。"①

游戏不都是摹仿性的，例如猫戏捕鼠，犬戏殴斗，都不一定要有范本，它们全凭本能冲动但是艺术总是属于摹仿性的游戏。在这一点上谷鲁斯与席勒，斯宾塞和朗格诸人都是一致的。我们无须对这种观点多加批判，只消说他们的共同错误在于由艺术与游戏的部分类似，推论到它们的全部的等同，忽视了一个基本事实：艺术在反映现实，影响现实以及作出持久的作品等重要方面，都与游戏有本质的不同。

谷鲁斯把游戏和摹仿都看作本能，而且认为在一般审美活动中游戏和摹仿总是密切联系在一起的。他指出凡是知觉都要以摹仿为基础，例如看见圆形物体时，眼睛就摹仿它作一个圆形的运动，看见旁人发笑，自己也随之发笑。不过审美的摹仿虽建立在知觉的摹仿的基础上，却有它的特点。一般知觉的摹仿大半外现于筋肉动作，审美的摹仿大半内在而不外现，只是一种"内摹仿"（Innere Nachahmung）。"例如一个人看跑马，这时真正的摹仿当然不能实现，他不愿放弃座位，而且还有许多其他理由不能去跟着马跑，所以他只心领神会地摹仿马的跑动，享受这种内摹仿的快感。这就是一种最简单、最基本也最纯粹的审美欣赏了。"②谷鲁斯把这种"内摹仿"看作审美活动的主要内容，正犹如立普

---

① 谷鲁斯：《动物的游戏》，《游戏与艺术》章。参看普列汉诺夫《没有地址的信》中第二封信对游戏说的介绍和批判。
② 谷鲁斯：《动物的游戏》，《游戏与艺术》章。

斯把"移情作用"看作审美活动的主要内容。不过立普斯的"移情作用"并不完全排斥"内摹仿",谷鲁斯的"内摹仿"也不完全排斥"移情作用"。两人只在侧重点上有所不同:立普斯的"移情说"侧重的是由我及物的一方面,谷鲁斯的"内摹仿说"侧重的是由物及我的一方面。由于侧重点不同,"移情说"和"内摹仿说"就显出一些重要的差异。

谷鲁斯在界定"审美的同情"的特征的同时,就已说明他和立普斯的分歧。他指出在当时流行的"审美的同情说"(即"移情说")所讨论的复杂过程里,可以分辨出这些主要的特征:

> 1a,人心把旁人(或物)的经验看作仿佛就是它自己的。1b,假如一种本无生命的对象具有和我们人类一样的心理生活,它也就会经历到某些心理情况,对这些假设它有的心理情况我们也亲身经历一遍。2a,我们内在地参加一个外在对象的动作。2b,我们也想到一个静止的物体会发出什么样的运动,假如它们实在有我们所认为它们有的那些力量("形式的流动性")。3,我们把自己的内心同情所产生的那种心情移置到对象上去,例如说到崇高事物严肃,美的事物喜悦之类。
>
> ——《人类的游戏》,第二部分,第三章。

这可以说是立普斯派的移情说的一个简赅的叙述。谷鲁斯认为这些特征并不足以概括全部审美的事实,还必须加上他所强调的游戏,内摹仿和内摹仿所涉及的器官感觉。

他举立普斯在《空间美学》所详细讨论的道芮式石柱为例。立普斯用对象形式"提醒"我们自己的类似动作的"观念"来解释石柱的耸立上腾和凝成整体,实际上是把这种过程看作承续的

## 第十八章 "审美的移情说"的主要代表:费肖尔,立普斯,谷鲁斯,浮龙·李和巴希

联想。但是"承续联想在审美欣赏中并不是一个因素",因为连立普斯自己也承认审美过程不经过反思,"我们对自己的动作并没有一个真正的意象悬在眼前,我们实际上并没有被'提醒',因为所说的过程是一种同时发生的'融合过程'",即所谓"机械的解释"和"人格化的解释"的融合过程,由于这种融合,过去经验和当前感官印象才融成一个和谐整体,我们才有石柱耸立上腾之类感觉。谷鲁斯承认审美活动不能没有这种融合,但是认为它也不能止于这种融合,因为如果它止于融合,它就还仅是一般的知识而不是具有特殊喜悦的审美的知觉。例如小孩和野蛮人听到雷的吼声,就产生一种宏壮声音在盛怒中咆哮的印象而感到恐惧。这种恐惧情感还不是审美的,只有在人能以游戏的态度,从雷的吼声本身感到一种独立的快感时,他才能对它有审美的欣赏。石柱的例子也是如此:

> 我们不可能想到石柱的上腾运动而不想到自己的过去经验,这当然是不证自明的,但是我认为在审美的知觉里,当事人有意识地抱着这个印象(即石柱上腾的印象——引者注)流连不舍,只是为着它的一些产生快感的性质,这也就是说,他是带着游戏的态度而抱着这种印象流连不舍。

谷鲁斯认为这就足以证明游戏是审美活动中的一个重要因素。在审美活动中,这种游戏是一种"内摹仿的游戏"。内摹仿颇近似戏剧表现中的摹仿,在戏剧摹仿中,演员"把自我转移到另一个人的情境中和他同一起来";内摹仿则"前进一步,走向把摹仿冲动加以精神化",不一定实现为外在的动作:

> 内摹仿是否应看作一种单纯的脑里的过程,其中只有

过去动作,姿态等等的记忆才和感官知觉融合在一起呢?绝不是这样。其中还有活动,而活动按照普通的意义是要涉及运动过程的。它要表现于各种动作,这些动作的摹仿性对于旁人也许是不能察觉到的。依我看来,就是对实际发生的各种动作的瞬间知觉才形成了一个中心事实,它一方面和对过去经验的摹仿融合在一起,另一方面又和感官知觉融合在一起。

从此可见,谷鲁斯把内摹仿的运动知觉(即器官知觉)看作审美活动的核心,围绕着这个核心,过去经验的记忆和当前对形象的知觉才融合成为整体。如依立普斯,则当前形象的知觉和过去经验(如努力,挣扎,成功等)的记忆的联想就形成了审美的移情作用。谷鲁斯则认为,"单是过去经验的回声绝不造成我所了解的内摹仿的游戏",因为它不能解释"审美性的同情所具有的那种温热亲切的感受和逐渐加强的力量",这种运动感觉究竟包含什么内容呢?谷鲁斯说它包含"动作和姿势的感觉(特别是平衡的感觉),轻微的筋肉兴奋以及视觉器官和呼吸器官的运动"。这些运动"只是一种象征而不是一种复本",这就是说,部分可以代替全体,例如看螺旋形并无须发出真正的螺旋形的运动,只消眼睛和呼吸器官的一些轻微运动以及颈部喉部筋肉的轻微的兴奋就行了。

谷鲁斯和立普斯的基本分歧就是内摹仿的运动感觉是否组成审美快感的要素这一问题上。立普斯并不否认移情现象中带有内摹仿,只是否认这种活动能影响到审美的意识。他在《论移情作用,内摹仿和器官感觉》一文里详细地讨论过这个问题。他认为审美活动是一种聚精会神的状态,我们既然凝神观照对象的动作,就"意识不到我实际已在发生的动作,也意识不到我身体里

第十八章　"审美的移情说"的主要代表：费肖尔，立普斯，谷鲁斯，浮龙·李和巴希

所发生的一切"，但是"仍然有一种活动，努力，成就或成功的感觉，仍然有一种内摹仿的感觉"。这内摹仿的感觉并不是器官感觉，因为"对于我的意识来说，这种内摹仿只是在能见到的对象里发生。努力，挣扎，成功的感觉就不再和我的动作联系在一起，而是只和所见到的那个客观的物体动作联系在一起"：

> 总之，这时我连同我的活动的感觉都和那发出动作的形体完全融成一体。……我被转运到那形体里面去了。就我的意识来说，我和它完全同一起来了。既然这样感觉到自己在所见到的形体里活动，我也就感觉到自己在它里面的自由，轻松和自豪。这就是审美的摹仿，而这种摹仿同时也就是审美的移情作用。
>
> ——立普斯：《论移情作用，内摹仿和器官感觉》。

这就是说，物我同一中的聚精会神的状态不容许我意识到自己眼睛颈项等部的筋肉运动或是呼吸的变化。所以立普斯下了这样的结论：

> 任何种类的器官感觉都不以任何方式闯入审美的观照和欣赏。按审美观照的本性，这些器官感觉是绝对应排斥出去的。

很显然，这种结论和谷鲁斯的结论是完全对立的。

这种争执在西方美学界至今还未得到解决。据一般心理学家的看法，人在知觉反应方面本来有"知觉型"与"运动型"之别。属于"知觉型"的人在知觉事物时只起视觉或听觉的意象。属于"运动型"的人在知觉事物时，运动感觉或器官筋肉感觉才特别

强烈。因此,"知觉型"的人在审美活动中也只起视觉和听觉方面的意象,"运动型"的人才起器官感觉,这种器官感觉就大大加强视觉和听觉方面的意象。谷鲁斯自认属于"运动型",并且认为如果只有"运动型"的人才有内摹仿的器官感觉,"审美欣赏中一个很重要的组成部分就会只限于这一部分人才有",也就是说,运动型的人就有较高的欣赏力。不过谷鲁斯后来部分地接受了立普斯的批评,承认他的理论只能适用于"运动型"的人,单凭静观的"知觉型"的人也还是可以有很高的欣赏力。[①]这就是承认运动感觉并不是审美欣赏中必然的普遍的要素了。

## 四 浮龙·李

在英国方面,移情说的主要代表是浮龙·李(Vernon Lee, 1856—1935)。这是文艺批评家巴格特(Violet Paget)的笔名。她著有《美与丑》(1897)和《论美》(1913)等书。《美与丑》是她和汤姆生(C. Anstruther Thomson)合著的,其中例证大半是汤姆生对自己在审美活动中生理和心理反应的内省和描写,理论大半是浮龙·李的分析和总结。汤姆生是属于运动型的,在观照雕刻,建筑和绘画时,有强烈的器官感觉,例如她观照花瓶时如果"双眼盯着瓶底,双足就压在地上。接着随着瓶体向上提起,她自己的身体也向上提起,随着瓶体上端展宽的瓶口的向下压力,自己也微微感觉到头部的向下压力……有一套完整的平均分布的身体适应活动伴随着对瓶的观照。正是我们自己身上的这

---

[①] 见谷鲁斯发表在《二十世纪初期哲学》(文德尔邦编,1907)里的《美学》部分;参看李斯托威尔的《近代美学批评史》,第六四至六五页。

第十八章　"审美的移情说"的主要代表：费肖尔，立普斯，谷鲁斯，浮龙·李和巴希

类动作的完整与和谐才是和感觉到瓶是一个和谐的整体这个理智的事实相适应的"。她甚至认为"我们不可能聚精会神地圆满地欣赏一座像《麦底契爱神》那样身体微向前弯的雕像，如果我们昂首挺胸，全身筋肉紧张地站在雕像面前"。①

　　浮龙·李对审美现象富于敏感而不擅长于逻辑分析。她根据汤姆生的自省和自己的观察所建立的理论是含糊的而且前后自相矛盾的。她在写《美与丑》时还没有接触到立普斯和谷鲁斯的著作。她的看法显然很接近谷鲁斯的内摹仿说，所不同者谷鲁斯更侧重内摹仿中筋肉运动的感觉，而她则更侧重内摹仿中情绪反应所涉及的内脏器官感觉，如呼吸循环系统的变化之类。在这方面她吸收了当时流行的关于情绪的"哲姆士、朗格说"。情绪发动时身体器官上都要起变化，例如恐惧时面色变白，羞惭时面孔变红，欢喜时喜笑颜开，悲哀时愁眉流泪之类。一般心理学家都以为先有情绪而后有器官变化；情绪是因，器官变化是果。美国实用主义派心理学家威廉·哲姆士和德国心理学家朗格却反对此说，认为事物的知觉直接引起身体器官的变化，这些变化所生的感觉的总和就是情绪，所以器官变化是因而情绪是果，例如笑并不是由于喜而喜倒是由于笑，逃避并不是由于恐惧而恐惧倒是由于逃避。浮龙·李把这个理论应用到审美欣赏上，例如上文所说的看花瓶时各种身体器官变化的总和就产生审美活动中所特有的那种喜悦情绪。她还认为采用哲姆士、朗格的情绪说，就有一个辨别美丑的标准：凡是对象能引起有益于生命的器官变化就美，能引起有害于生命的器官变化就丑。应该指出，哲姆士、朗格的情绪说由于把情绪化成感觉，已遭到心理学家们的抛弃；这个学说既

---

①　浮龙·李和汤姆生：《美与丑》。

不能成立，浮龙·李把审美的情感简单化为器官感觉总和的理论也就要随之倒塌了。

在接触到立普斯和谷鲁斯的著作之后，浮龙·李对于她早年在《美与丑》中所提出的看法做了一些修改。特别是在受到立普斯的批评之后，她放弃了"哲姆士、朗格情绪说"，承认审美的情感不能归结为各种器官运动感觉的总和。在大体上她接受了立普斯的移情说。例如她所举的"山立起来"的例子。山是一堆静止的物质，我们何以觉得它立起来呢？她说，山的形状"迫使我们要提起或立起我们自己，以便看得到它"，"山的立起是由我们意识到自己抬起眼睛、头或颈时所引起的一个观念"。"这个现时的特殊的'抬起'动作只是一种核心，围绕着这核心凝聚着我对一切类似的'抬起'或'立起'动作的记忆，成为一种"复合照相"似的一般"立起"观念，在聚精会神之中，"被移置到那座山上去"。她把这种移情作用过程做了如下的总结：

> 由于我们有把知觉主体的活动融合于对象性质的倾向，我们从自己移置到所见到的山的形状上去的不仅是现时实际进行的"立起"活动的观念，而且还有一般"立起"观念所涉及的思想和情绪。正是通过这种复杂的过程，我们才把我们活动的一些长久积累的，平均化过的基本形态（即抽象化的"起立"感觉——引者注），移置到（这完全是不知不觉的）那座静止的山，那个没有身体的形状上去。正是通过这种过程，我们使山抬起自己来。这种过程就是我所说的移情作用。
>
> ——《论美》，第九章。

这种看法和立普斯在《空间美学》里所提出的看法似并无二致，

第十八章 "审美的移情说"的主要代表：费肖尔，立普斯，谷鲁斯，浮龙·李和巴希

可是浮龙·李却又反对立普斯的"移置自我于非自我"即"物我同一"的提法，说他"落到了隐喻的陷阱"，因为在移情作用中愈凝神观照对象（"非自我"），也就愈意识不到"自我"。其实立普斯明确说过这种移置是在下意识中进行的，而且浮龙·李所说的平均化的或抽象化的活动观念以及它所涉及的思想和情绪，也正是立普斯所说的"自我"或"人格"的组成部分。所以总的来说，浮龙·李对于移情说并没有作出什么新的贡献，只是由于文笔流利，对宣扬移情说有些功劳。

## 五 巴希

移情说的法国代表是巴黎大学美学教授巴希（V.Basch），他的主要著作是《康德美学批判》（1897）。这部巨著的内容并不完全符合它的名称，除掉批判康德美学以外，还介绍了近代美学主要流派（特别是德国主要流派）的思想，并且阐明了作者自己的美学观点。巴希接受了当时在德国盛行的移情说，他的来源主要是费肖尔父子而不是立普斯，同时他也接受了谷鲁斯的内摹仿说。在这部书的中心部分题为"审美的情感"的第五章里，他着重地讨论了美感的特点。他认为审美的情感和一般的情感的区别在于：a、来自视听两种高级感官；b、起因是事物的形状；c、直接的，即不假思索的；d、不受一般感官满足的条件约制；e、比一般情感较温和，对起实际行动的意志影响较弱；f、较易丢开；g、它是一种同情的社会情感。在这些特点之中起主导作用的是最后一个，即同情感。

巴希追随费肖尔父子，把审美的同情叫作"审美的象征作用"，因为在审美的同情里，客观的形象总是象征主观的思想和

情感。他还声称这种审美的同情也就是费肖尔所说的移情作用和谷鲁斯所说的内摹仿。他替同情所下的定义是:"灌注生命给无生命的事物,把它们人格化,使它变成活的,这就是和它们同情,因为同情正是跳开自己,把自己交给旁人或旁物。"这个原则适用于对自然的欣赏,例如我们随岩石一起昂然挺立,随溪流一起溅浪花,都是由于同情而达到物我同一中的生命交流。这个原则也适用于对艺术的欣赏。在欣赏艺术作品时,"我们在过着艺术家所描绘的那些人物的生活",既能分享荷兰画中的卑微的日常生活,也能分享近代文艺作品中的圣徒和英雄的生活;既能分享莫扎特的微笑的静穆,也能分享贝多芬的沉雄悲壮。不过欣赏艺术的同情要比欣赏自然的同情较为复杂:

> 当我们对一件艺术作品起美感时,在我们身上发生的有一种双重同情活动。一方面我们同情于所描绘的人物,他们的外貌以及他们的温柔的或强烈的内心活动;另一方面我们的同情还由作品转到艺术家,是他才把我们从日常猥琐事务生活中解放出来,我们对他的敬慕使我们有一种倾向,要从他的天才所放射出的人物中去寻找他自己的灵魂中的一丘一壑。
> 
> ——《康德美学批判》,第五章。

从此可见,审美的同情有解放自我和扩大心灵的作用。

巴希的结论是:"审美的情感(美感)主要在于对事物,或则说得更精确一点,对事物的形状的同情活动。"他在美感里分辨出三种不同的因素:第一种是由简单的光和色直接引起的感官快感,叫作"感性因素";其次是由形状的形式引起的理性快感,叫作"形式因素";第三种是由联想到内容意义或与其他事

第十八章　"审美的移情说"的主要代表：费肖尔，立普斯，谷鲁斯，浮龙·李和巴希

物的关系而引起的快感，叫作"联想因素"。巴希就美感的这三种因素逐一检查，认为每一种因素都可以归纳到审美的同情。就直接的感性因素来说，红色使人感到热烈兴奋，并不是因为眼睛构造是否习惯于看红色，而是"因为我们在某种程度上把自己和红色同一起来，把血和火曾经使我们感受过的那些情感移交给红色，使它具有人格"。就形式因素来说，巴希反对形式主义者的单凭形式就足以引起美感的主张，引用德国移情派美学家们所举的一些事例来说明抽象的形式都须带有某种象征的意义才能引起美感：

> 我们先是把线条和轮廓转化为力量和运动，然后感觉到自己的身体也参与这种运动，把线条和轮廓看成活的，只有在这种时候，形式才变成真正是审美的。

最后是联想的因素。我们已经见到，移情作用是否可以用联想来解释，在德国移情派美学家之中有过热烈的争论。巴希肯定了"审美的象征作用必然要有联想作用为前提"，但是也否认审美的象征作用就可以归结为联想作用，因为使死物变成活物，变成有生命有灵魂的东西，须凭借一种不同于联想的活动，那就是同情活动。

在法国，巴希以外，柏格森的直觉说也是与同情说或移情说密切相联的。在《创化论》里，柏格森在日常知觉功能之外，又提出另一种功能，叫作"审美的直觉"，并且解释说，这就是"一种同情"，凭这种直觉或同情，艺术家才能"设身处在事物的内部"。在《论意识的直接资料》一书里，他还提出催眠暗示说，认为艺术有催眠日常意识的作用，使人更驯服地接受艺术所创造的幻境，更好地同情于艺术所描写的情感。移情说被吸收到柏格

655

森的哲学系统里，就成了反理性主义中的一个组成部分。

## 六　结束语

从十九世纪后半期以来，移情说在西方资产阶级美学界一直在起着广泛而深刻的影响，流派甚多，说法也不一致，我们在这里只约略介绍了一些主要代表的主要观点。

移情现象是原始民族的形象思维中一个突出的现象，在语言，神话，宗教和艺术的起源里到处可以见出。所以美学家和文艺理论家很早就已注意到移情现象，亚里士多德在《修辞学》里所说的"隐喻"以及我国《诗大序》中所说的"兴"都可以为证。不过对移情现象进行比较深入的研究却从十七世纪英国经验主义派才开始。十八世纪意大利的维柯，在英国经验主义影响之下，把这种研究又推进了一步，直到十九世纪后半期移情说才在美学领域里取得了主导的地位。

移情说盛行于十九世纪，这是有社会历史根源的。它是浪漫运动时期文艺思想的余波。浪漫运动是上升资产阶级要求自我解放与自我无限伸张的结果。它要冲破封建古典文艺所宣扬的那种理性的窄狭局限，把想象和情感提到首位。凭想象与情感的指使，人把自我伸张到外在自然里，从而冲破人与自然的隔阂。这种情况首先表现于一般浪漫诗人所信奉的泛神主义。所谓泛神主义，就是把神看作在自然中无处不在的一种周流不息的生命主宰。自然就是躯壳，神就是这架躯壳中的灵魂。很显然，这种"拟人"的世界观就是移情作用的虚构。神与自然的统一实际上就是人与自然的统一，或则用德国哲学家费希特的术语来说，也就是"自我"与"非自我"的统一。在浪漫派诗人的作品里，特别是在咏

## 第十八章 "审美的移情说"的主要代表：费肖尔，立普斯，谷鲁斯，浮龙·李和巴希

自然景物的诗歌里，移情作用的例子触目皆是，从此就可以见出移情说与浪漫主义文艺实践之间的密切关系。风气既开，后来现实主义派作家也受了影响。巴尔扎克谈自己观察事物的经验说："就我的情况来说，观察变成了直觉的，……它给我一种本领，能过它所涉及的那个人物的生活，使我变成了他。"① 福楼拜在自述写《包法利夫人》的经历时，也说他"写这部书时把自己忘去，创造什么人物就过什么人物的生活"，例如写到她和情人在树林里骑马游行时，"我就同时是她和她的情人，……我觉得自己就是马，就是风，就是他们的甜言蜜语，就是使他们的填满情波的双眼眯着的太阳。"② 象征派诗人也把物与物以及物与我之间的"感通"当作他们的基本信条。波德莱尔就说："纯艺术是什么？它就是创造出一种暗示魔术，同时把对象和主体，外在于艺术家的世界和艺术家自己都包括在内。"③ "往往有这样的境界：你的人格消失了，客观性相（这是泛神主义的诗歌的特质）在你身上获得反常的发展，以至对外在事物的观照使你忘去你自己的存在，把你自己和那些事物混同起来。你注视一棵轮廓和谐，在风前弯曲的树，……你先把你的情绪、欲念和愁思都移交给树，然后树的呻吟和摇曳也就变成你的，不久你就成了那棵树。"④ 巴希的"审美的象征作用"说也多少是为当时流行的法国象征主义文艺作辩护的。他说，"一切审美的感觉，尽管是很简单的，

---

① 巴尔扎克：《法西诺·侃》（Facino Cane），见德拉库洛瓦：《艺术心理学》，第一一九页引文。
② 福楼拜：《通信集》，第二卷，第三五八页。
③ 波德莱尔：《论浪漫的艺术》，第一二七页，参看他的十四行诗《感通》（Correspondance），这首诗是象征派的信条。
④ 波德莱尔：《人为的乐园》，第五一页。

也像是普遍和谐的象征",例如"在欣赏光和色的时候,我们隐约地意识到外在世界与我们的神经系统之间有一种预定的和谐"。从这些话我们也可以看出,移情说往往带有很浓厚的神秘主义与唯心主义色彩。不过作为浪漫主义文艺思想的结晶,它的总的精神是强调审美者的主观能动性以及形式表现内容的必然性,反对当时美学上的形式主义,在这一点上它还是有积极意义的。

移情说引起了一个问题:是否一切审美欣赏和艺术创造都必然带有移情作用呢?从立普斯,谷鲁斯,浮龙·李和巴希等人的主要著作看,"审美的移情作用"和"审美的情感"几乎成为同义词,而费肖尔父子则把移情作用看作审美活动的最高阶段。这种看法是不尽符合事实的。我们已经见到,谷鲁斯的内摹仿说在当时就引起了争论,在审美中起移情作用和内摹仿作用的大半是属于"运动型"的人,至于"知觉型"的人大半可以从冷静的观照中得到美感,谷鲁斯到晚年也被迫承认了这个事实。后来德国美学家佛拉因斐尔斯(Müller Freinfels)在他的《艺术心理学》里把审美者分为"参与者"(Mitspieler)和"旁观者"(Zuschauer)两种类型,实际上是相当于"运动型"和"知觉型"的。"参与型"通常都起移情作用,"旁观型"通常都不起移情作用。但是这两个类型的人都可以享受美感。佛拉因斐尔斯举看戏为例,"参与者"说,"我忘去了自己,我只感受到剧中人物的情感。我时而跟奥赛罗一起发狂,时而跟苔丝狄蒙娜一起战栗,[①] 时而又想干预他们,挽救他们。""旁观者"却说,"我面对着戏剧场面就像面对着一幅画,我随时都知道这并不是实人实事,我固然感到剧中人物的情绪,不过这只是对我自己的美感提供材料。……

---

[①] 莎士比亚的《奥赛罗》中的主角因听谗言扼杀了他的爱妻苔丝狄蒙娜。

第十八章　"审美的移情说"的主要代表：费肖尔，立普斯，谷鲁斯，浮龙·李和巴希

我的判断力始终是清醒的。我也始终意识到自己的情感。"① 从此可见，这个问题涉及狄德罗所谈的两种演剧方式。我们记得，狄德罗是力主冷静观察的，所以和"移情说"的宣扬者处于对立地位。这两派人都抓住了真理的片面，错误都在把片面的真理当作全面的真理。根据我们所能掌握的资料来看，移情作用本身也有深浅程度之别，它在审美活动中是一个相当普遍而也不是绝对普遍的现象，所以把"审美的移情作用"和审美活动等同起来是不妥的。

---

① 佛拉因斐尔斯：《艺术心理学》，第一卷，第六六至七一页。

# 第十九章 克罗齐

克罗齐（Benedetto Croce，1866—1952）是近代资产阶级中一个发生广泛影响的哲学家，文学批评家，历史学家和美学家。他家住意大利南部那不勒斯，即维柯的故乡。由于家境富裕，他没有借职业谋生的必要，能用毕生大部分精力于学术研究工作。在政治上他打着思想自由的旗帜，反对宗教。在墨索里尼建立法西斯政权以前，他任过教育部长，墨索里尼上台以后，他拒绝发誓效忠法西斯政权，不但被撤去部长职，而且被意大利学院除名。他早年研究过马克思的著作，后来成为马克思主义的顽敌，著过诬蔑马克思主义的书籍。他的研究范围原来侧重历史，后来转到文学和哲学（包括美学）。在哲学上他被一般哲学史家列入"新黑格尔派"，但是他的基本观点更接近康德，主观唯心主义的成分更多。在美学上他受到维柯的影响较大，把维柯的关于形象思维的学说发展为他的"直觉即表现"说。这个学说可以说是对西方颓废时代的"为艺术而艺术"的思想所做的有系统的辩护。在这个意义上他是帝国主义时期的西方美学思想的代言人。麦尔文·拉多（Melvin M.Rader）在《近代美学论文选集》里介绍他说，"克罗齐在美学领域里，比任何其他活着的作家影响都较广泛"。他的影响之大，也正说明他反映出帝国主义时期美学的中心思想。

## 一 克罗齐的哲学体系

克罗齐的美学思想是建立在他的哲学系统上面的。

继承黑格尔的客观唯心主义，克罗齐把精神世界（心灵活动）和客观现实世界等同起来，哲学如果揭示出精神世界的发展，同时也就揭示出现实世界的发展，所以哲学和历史也被等同起来。因此，他的哲学只研究精神活动。他把精神活动分为认识和实践两类。认识活动和实践活动属于低高"两度"，但彼此循环相生，认识生实践，实践又生认识。这两度又各分两阶段：认识活动从直觉始，到概念止；实践活动基于认识活动，从经济活动始，到道德活动止。这四阶段的活动各有其价值与反价值，视其所产生的结果而定：直觉产生个别意象，正反价值为美与丑；概念活动产生普遍概念，正反价值为真与伪；经济活动产生个别利益，正反价值为利与害；道德活动产生普遍利益，正反价值为善与恶。这四种活动各有专门科学负责研究：直觉归美学，概念归逻辑学，经济活动归经济学，道德活动归伦理学。四门之外别无其他哲学性的科学，四门合起来就是哲学，也就是历史。克罗齐自己写了《美学》和《逻辑学》，还写了一部《实践活动的哲学》，把经济学和伦理学都包括在内。克罗齐的哲学系统可如下表：

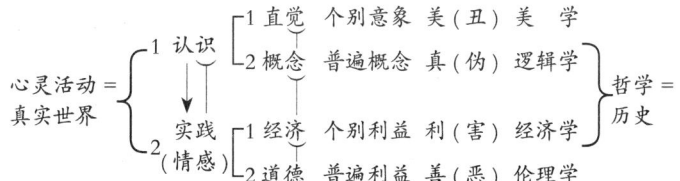

注：→表示产生，例如认识→实践，表示认识产生实践；—（也表示内含，例如直觉—（概念，表示概念内含直觉（注意关系倒转）。

这个系统里有两个大关键：一个是直觉的来源，一个是发展的辩证过程。克罗齐的思想的反动性正须在这个关键上见出。

先说直觉的来源。直觉是认识的起点，就是感性认识的最低阶段，还只限于认识个别事物的形象，对这形象还不下肯否的判断，这形象还是孤立的，还不与任何其他事物发生关系，所以还是没有意义的。我们说"事物的形象"，就已肯定物质世界的存在。康德假定了"物自体"，也就是假定了物质世界的存在，不过康德以为物质只是现象方面可知，本体却不可知；而对现象的认识则是心灵据"先验范畴"赋予形式于物质的活动，因此人所认识到的现象世界毕竟是人用物质材料而铸造出来的。康德的主观唯心主义就在此。克罗齐部分地采取康德的心灵因赋予形式而铸造现象世界的主观唯心主义的论点，不过他迈进了一步：为着抛弃康德的二元论，他索性把康德的"物自体"也抛弃了，这就是说，他否定了"物质"的存在。"物质"这一词在他的词汇里只有"材料"一个意义，而这"材料"并不来自物质世界而还是来自精神世界或心灵活动：它就是实践活动所伴随的快感，痛感，欲念，情绪等。他把这些"感动"的因素笼统地叫作"情感"，并且认为"情感"与"感受"，"被动"，"印象"，"自然"和"物质"（即"材料"）都是同义词。他说：

> 在直觉界线以下的是感受，即无形式的物质。这物质就其为单纯的物质而言，是心灵永不能察觉的。心灵要察觉它，只有赋予它以形式，把它纳入形式才行。单纯的物

质对心灵为不存在,不过心灵活动须假定有这么一种东西,作为直觉以下的一个界线。物质,在脱去形式而只是抽象概念时,就只是机械的被动的东西,只是心灵所领受的而不是心灵所创造的东西。

——《美学原理》,第一章。①

单就字面看,这段话好像是从康德口中说出的,假定了"物自体",并且说明了心灵的"先验综合"作用。但是懂得了克罗齐所说的"物质"只是与形式对立的"材料",而且这材料就是心灵的实践活动所产生的"情感",我们就会懂得这段话就已根本否定了物质(我们一般人所了解的物质)的存在,因为说来说去,直觉的来源还在心灵活动本身。直觉的来源是"情感",而情感在未经直觉(还"在直觉界线以下")时还是无形式的,一旦经过直觉,它才为心灵活动所掌握,才得到形式,亦即转化为意象,"对象化"了。这意象是些什么呢?就是大地山河草木鸟兽之类,也就是一般人所了解的客观世界的事物。所以直觉这种"心灵综合作用"不但表现了(即"对象化"了)情感,而且同时还创造了表现情感的意象,即客观世界的事物。这些既然都只是意象,须由心灵创造,当然也就不能离开心灵而客观存在。"主观"与"客观"在克罗齐的哲学中是无意义的一对词,因为对象(意象)只是主体(情感)的对象化。从此可见,克罗齐的认识论把主观唯心主义推演到极端,比康德走得更远。他的直觉说就是他的主观唯心主义哲学系统的奠基石。

另一个关键是心灵活动的发展过程。在《黑格尔的哲学》一

---

① 作家出版社1958年版。

书里，克罗齐着重地批评了黑格尔的辩证法，提出了"相异面"不同于"对立面"的看法，认为黑格尔没有看出"对立面"之外还有"相异面"。举他自己的哲学系统中"美"，"真"，"利"，"善"四个概念来说，其中每一个（例如"美"）既然是一个具体的共相，本身就要包含它的对立面，美必包含丑，美与丑须连在一起来想才各有意义，二者相反适以相成。纯美（不含丑概念的美）与纯丑（不含美概念的丑）都是抽象的，所以都是不真实的，具体的美总是抽象的美与其对立面抽象的丑的统一。此外，真与伪，利与害，善与恶的关系也是如此。

但是克罗齐认为"美"，"真"，"利"，"善"这四个概念彼此相望，只是相异的而不是相反的，例如"美"与"真"和"善"都相异而不相反。因此，与这四个概念相应的四种心灵活动的发展不是对立面的矛盾和统一的发展，而是两相异面中高一度内含低一度的统一。例如在两种认识活动（两相异面）中，直觉（美）是低一度，概念（真）是高一度，由直觉发展到概念并不经过对立面的矛盾和统一，而是概念必须包含直觉：直觉可不依存于概念，概念却必依存于直觉。直觉上升到概念是由低而高，仍是发展，但这种发展不来自对立矛盾统一的辩证过程，而是由于心灵本身就不是静止的而是发展的。

从此可见，克罗齐从两方面阉割了黑格尔的辩证法。一方面是用"相异面"来代替"对立面"。心灵活动既和真实世界等同起来，而心灵活动的四阶段之间的关系既只是两相异面中高度包含低度的关系，而不是对立面矛盾统一的辩证关系，那么，真实世界的发展也就不是依辩证的程序而进行了。这就无异于根本抛弃了辩证法。另一方面是用概念上的依存来代替实际发展中的两对立面由矛盾斗争而达到的统一。克罗齐也承认每一个相异面（例如美）本身是与它的对立面（例如丑）的统一。

但是他把这个关系理解为在概念上这一面不能离开那一面而思议，而获得意义，并没有认识到这一面和那一面在实际上须经过斗争才达到统一，例如美虽包含丑为其对立面，但美也须克服丑而后才能达到与丑的统一。所以克罗齐所理解的相异面本身的两对立面的关系仍只是高级包含低级的关系而不是真正的辩证发展的关系。

根据克罗齐的思想体系，无论是心灵世界还是真实世界都不可能有发展，因为根本没有发展的推动力。"没有推动力的发展"是一个自相矛盾的名词。只说"心灵本身就是发展的"并没有解决"何以有发展"的问题。问题的关键在于"相异面"与"对立面"的对立根本就是荒谬的。像毛主席在《矛盾论》里所指出的，"差异就是矛盾",[1] 差异可以"激化为对抗"。克罗齐的错误正是毛主席所批判的德波林学派的错误。这种错误的社会历史根源，就克罗齐的情况来说，在于帝国主义时期阶级斗争日益激烈，统治阶级为着巩固现存秩序，必然要反对须经过矛盾斗争而后可以得到发展的学说。所以克罗齐提出"相异面"与"对立面"的分别来阉割黑格尔哲学的"合理内核"，即他的辩证法，在客观效果上只能是为资本主义世界的现存秩序辩护。

这是和他反对马克思主义的历史唯物主义的立场是一致的。如果我们研究一下他的唯心主义的历史观，就会对这一点看得更清楚，因为四种心灵活动的承续是循环的，如滚雪球，虽是在滚，虽是愈滚愈大，而滚来滚去，却还停留在原地不动。[2]

---

[1] 《毛泽东选集》，第二卷，第七七三页。
[2] 参看克罗齐的《历史学》。

## 二 克罗齐的基本美学观点

既已这样约略评介了克罗齐的哲学体系,现在就可以进一步来评介他的美学观点。他的全部美学观点都从一个基本概念出发:直觉即表现。为着使眉目醒豁,我们最好就这个基本概念所肯定的东西和所否定的东西两方面分开来谈。先谈他所肯定的一些原则。

1. 直觉就是抒情的表现:上文已经提到,直觉是最基层的感性认识活动,它所产生的是个别事物的意象,所以它其实就是想象(或形象思维),或意象的形成。例如直觉到太阳红,心中就有了一个红太阳的意象。我们对此并无异议。不过我们说,心中的红太阳的意象是现实界红太阳的反映,而克罗齐却说,这红太阳的意象就是红太阳的存在,是由直觉创造出来表现人的主观情感的。这"情感"就是物质(材料),"感受","被动"或"自然",还未成为认识的对象,即还未经心灵综合或直觉,还没有形式。一旦心灵对它起了直觉,这直觉就初次显出心灵的主动,这主动就施展在赋予形式于本无形式的情感上。在获得形式的同时,情感就转化为意象或认识的对象。所以在克罗齐的词汇中,说一种情感"被直觉到","被认识到","得到形式","成为意象","被对象化"和"被表现",其实所指的都是同一回事。

上文也已说过,问题的关键在于直觉的来源。我们说直觉反映客观现实,克罗齐否定了客观现实,于是就说直觉表现主观情感。我们可以理解,因而可以接受,在特定的情况下,某些直觉到的意象可以表现情感,这就是一般所说的"情景交融";但是我们无法理解和接受:在一切情况下,一有了直觉,有了意象,就有了情感的表现。我们对许多事物形象的察觉,心里都要起意象,可是有些意象并不表现任何情感。我们尤其不能理解主观情感如何能凭直觉创造出客观事物的意象乃至于客观事物的本身。这种凭心灵活动来产生现实世界的主观唯心主义企图是克罗齐的全部美学观点的病根所在,这是我们不能接受的。

现在回到克罗齐的推演。既然直觉就是表现,既然直觉所表现的就是情感,一切直觉就当然是"抒情的表现",从此就过渡到克罗齐的第二个肯定。

2. 直觉即艺术:逻辑的线索是很明显的,直觉和艺术都等于"抒情的表现",直觉当然就是艺术了。这个等式的涵义很多,其中一个涵义是艺术作品要完全在心中成就,这一点留到下文讨论传达问题时再谈。另一个涵义是人在以直觉的方式认识一件事物或是对事物有了一个意象时,就已完成了一件艺术作品,一切基层感性认识活动都是一种艺术创造。我们既已否定了一切意象都是情感的表现,所以也就不能承认一切直觉或想象都是艺术活动。不过克罗齐从这个等式所推演出的另一结论却有些片面的道理,那就是把艺术活动看作尽人皆有的一种最基本而且最普通的活动。人人既不能离开直觉,即不能离开艺术活动。人既是人,就必有几分是艺术家。依克罗齐看,大艺术家和我们平常人在这一点上只有量的分别(他们是大艺术家,我们是小艺术家),而没有质的分别(同用直觉)。"人是天生的诗人"。如果人类之中只有一小部分人是艺术家而大部分人不是艺术家,那小部分人的作品就无法使大部分人去了解欣赏。我们说,这个看法有片面的道理,因为过去有许多文艺理论家(例如休谟在《论审美趣味的标准》里,席勒在《审美教育书简》里)都认为只有少数"优选者"才有真正的判别美丑的本领,克罗齐抛弃了这种"精神贵族"的观点。在这一点上他继承了维柯的优良传统,但是这道理也只是片面的,因为量变到了一个限度必然要引起质变,不应忽视大艺术家与无艺术修养的人在创作才能上的距离。

3. 直觉与艺术的统一还包含创造与欣赏的统一。创造与欣赏的分别也还只是量的分别而不是质的分别，因为二者都要用直觉。欣赏就是用直觉来再造艺术家所创造的抒情的意象，从而得到和作者本人大致相同的体会和感动。过去康德曾经把审美趣味或鉴赏力和天才对立起来，以为创造须凭天才，而欣赏只凭鉴赏力。克罗齐把创造和欣赏统一起来，其实也就是把天才和鉴赏力统一起来。他描写艺术创造过程说：

> 某甲感到或预感到一个印象（即感受，情感，"物质"——引者注）要设法表现它。……他试图用文字组合 M，但是觉得它不恰当，没有表现力，不完善，丑，就把它丢掉了。他再试用文字组合 N，结果还是一样。他简直没有看见，或是没有看清楚，所寻求的表现品还在闪避他。经过许多其他不成功的尝试，离所瞄准的目标有时很近，有时很远，可是突然间（几乎像是不求自来的）他碰上了他所寻求的表现品，"水到渠成"。霎时间他感到审美的快感。

从此可见，创造里也有欣赏，也需要鉴赏力。接着他描写欣赏的过程说：

> 如果某乙要判断某甲的表现品，决定它是美还是丑，他就必须把自己摆在甲的观点上，借助于甲所提供给他的物理的符号（即见诸文字的作品——引者注），循甲的原来的程序再走一过。如果甲原来看清楚了，乙（既已把自己摆在甲的观点）也就会看清楚，看得出这表现品是美的。如果甲原来没有看清楚，乙也就不会看清楚，就会发现这表现品有

# 第十九章 克罗齐

些丑,正如甲原来也发现它丑。

——《美学原理》,第一六章。

欣赏也用直觉,就是在不同程度上也要用创造或再造,所以也需要几分天才。克罗齐说,"要了解但丁,我们就必须把自己提升到但丁的水平",这就是要把我们自己摆在但丁的历史情境,让对但丁起作用的历史情境对我们也起作用,但是那个历史情境久已变更了,文学史家的任务就在把已经变更的历史情境恢复到眼前来。尽管如此,那过去的历史情境必须结合我们当前的历史情境而起作用,所以艺术的"再造"也绝不是原"创造"的"复演",每次"再造"的都是一件新的艺术作品。所以艺术是常新的,无限的。

应该承认,克罗齐的创造与欣赏的统一,亦即天才与鉴赏力的统一的观点,在美学思想发展史上是一个新的贡献。没有鉴赏力的天才是一个自相矛盾的名词,历史经验证明,天才的艺术家都有很高的鉴赏力。欣赏如果不"再造"出作者所"创造"的东西,它就会成为被动的接受,就体会不到艺术作品的真正的妙处。特别值得注意的是克罗齐对于欣赏者既要置身于作者的历史情境,又要结合到自己的当前历史情境的看法。不置身于作者的历史情境,就无从了解作者以及他和他的作品与时代的关系;不结合到自己的当前历史情境,也就不能凭实际生活经验去体会作品,不能使作品对自己发生正当的作用。历史的透视确实是文艺欣赏的一个重要条件。不过每次再造都是一个新的艺术作品的提法也有它的片面性,它会导致在文艺标准问题上的相对主义。不同的人欣赏同一作品,在体会上不能没有个别差异,但欣赏的对象毕竟是同一作品,正确的欣赏总会达到大致相同的体会。

4. 直觉即表现的定义还包含着美即成功的表现一个等式。

直觉的功用在赋予形式于本无形式的情感,使它因成为意象而对象化。这种"心灵综合活动",就上文所引的关于创造过程的一段话看,是一种尝试与摸索的过程,可能成功也可能失败。所谓成功与失败,指的就是情感是否能恰如其分地被意象表现出来。表现的成功,就效果方面来说,便生快感,就价值方面来说,便是美;表现的失败,就效果方面来说,便生痛感,就价值方面来说,便是丑。美是成功的表现,是正价值;丑是失败的或受阻挠的表现,是反价值。克罗齐还认为不成功的表现就不能算是表现,所以美其实就是表现。成功的表现没有多寡与优劣的分别,所以美是一种绝对价值。我们只能说此美彼丑,如果彼此都美,就不能说此比彼较美。例如莎士比亚的《哈姆雷特》是成功的表现,是美的,他的某一首十四行诗也是成功的表现,也是美的,我们就不能因为内容广狭或篇幅长短不同,说《哈姆雷特》比某一首十四行诗更美,因为这两部作品在各自的限度以内都已尽了表现的能事。丑却不然,成功虽没有程度之分,不成功却有程度之分(例如某部分成功,某部分失败,失败可多可少,可大可小),所以美虽无比较而丑却可比较。美是绝对的,丑却是相对的;美就是整一,丑却现为杂多。

这种美为绝对而丑为相对的说法是新柏拉图主义与莱布尼茨派理性主义的残余。它不能令人满意,首先是因为它对欣赏批评的实践不能起任何指导作用。一切评价都须假定比较的可能以及规范或标准的存在。历史事实和日常经验都证明:人们常说这部作品比那部作品较好,那部作品又不如另一件作品好,并且还要举出理由,克罗齐认为"较美的美是不可思议的"[①],就根本

---

[①] 《美学原理》,第一○章。

蔑视这种简单的事实。其次，绝对美说就是美的绝对标准说。绝对标准是唯心主义者的虚构。文艺作品都是一定历史情况下一定阶级中一定的人的产物，美的标准就要随时代，阶级和不同的文化修养而有差异。同时，美的标准也必须根据事物本身的性质来衡量，有它的客观基础。这里包含着主观与客观统一以及相对与绝对的统一的辩证道理。克罗齐不懂得这个辩证道理，所以时而走到上文已提到的相对主义，时而又走到绝对主义。第三，美与丑问题必然涉及内容与形式的关系问题。克罗齐在口头上也强调内容与形式的统一，他却把内容与形式这两词的意义弄得非常混淆；他时而说情感是内容而意象是形式，时而又把形式和直觉活动本身等同起来！

> 这物质，这内容，就是使这直觉品有别于那直觉品的；这形式是常住不变的，它就是心灵的活动；至于物质则为可变的。
>
> ——《美学原理》，第一一章。

这就是说，内容尽管可以千变万化，形式却只有一个，那就是直觉活动。这样把形式和赋予形式的活动等同起来，显然是离奇的混淆。这种混淆就把形式提高到唯一重要的地位。克罗齐说得很明白："审美的事实就是形式，而且只是形式。"[①] "诗人或画家缺乏了形式，就缺乏了一切，因为他缺乏了自己。诗的素材可以存在于一切人的心灵，只有表现，只有形式，才能使诗人成其

---

① 《美学原理》，第二章。

为诗人。"[1]由此所得出的结论就只能是这样:艺术就是直觉,直觉就是形式,形式只有一个,所以价值也就只有一个,是美就绝对美,没有什么高低之分。这种绝对美的看法是克罗齐所特有的一种形式主义,一般形式主义把外表形式中某些因素(如平衡,对称等)单提出来作为美的因素,克罗齐的形式主义则把赋予形式于内容的直觉活动和美等同起来,并且把它看成绝对独尊的。事实上我们说一件艺术作品完美,不仅是指它把内容表现得恰到好处,成为完美的形式,更重要的还要顾到内容的好坏、大小和深浅。较健康较深广的内容可以使我们对现实世界有较正确较深广的认识,起更有益更深刻的教育作用,所以在美的价值上也就应该更高些,内容与形式固不可分,而决定形式的毕竟是内容。克罗齐否定了这个基本原则,所以实际上是替"为艺术而艺术"的艺术观作辩护。

5. 最后,直觉即表现的定义还肯定了语言就是艺术,而语言学也就是美学。语言与艺术既同为表现,即同为心灵活动的创造,语言与艺术在本质上就只能是同一的。十九世纪流行的看法是"语言在起源时是一种心灵的创造(即语言学中所谓'哎哟说',语言是思想情感的自然表现——引者注),但是后来借联想而扩充光大"(联想说即约定俗成说,语言被看成公认的符号)。克罗齐反对此说,认为"语言如果是心灵的创造,它就始终是创造;如果是联想,它也就应从开始就是联想"。"我们开口说新词时,往往改变旧词,变化或增加旧词的意义,但是这过程并非联想的而是创造的"。[2]这就是说,我们尽管用的是旧的词和语,却不

---

[1] 《美学原理》,第三章。
[2] 同上书,第一八章。

只是"复述"而是不断地随着客观情境与主观思想情感的变化而赋予它们以新意义,新生命,也就是说,不断地在凭直觉创造。所以语言与艺术都是常新的,无限的。"人说话随时都像诗人一样",一般谈话和诗文并无分别。这个看法与"人是天生的诗人"的看法都带有一定程度的民主思想,从下面一段话可见:

> 诗人不应该不欢喜归到一般平民的队伍里和他们团结一起,因为这种团结才能说明诗(就诗的最崇高和最精确的意义来了解)在一切人类心灵的力量。如果诗是另一种语言,"神的语言",人们就不能懂;如果说诗能提高人,这也不是提高到人以上,而是正就人本身去提高:真正的民主性和真正的贵族性在这里也还是统一的。
> ——《美学纲要》,第二章。

语言与艺术既然同一,语言学与美学当然也就不是两回事了。事实上克罗齐的《美学原理》有一个副题就是"表现的科学和一般语言学"。

在语言与艺术统一的观点上,克罗齐是继承维柯的语言起于形象思维说而加以发挥的。十九世纪德国韩波尔特(Humboldt)和斯坦因塔尔(Steinthal)一派学者对于语言学与美学的综合研究对他也有影响。这个观点有它的革命性一面。过去一般学者都认为语法与逻辑学是统一的,其要点在着重语言的逻辑性。克罗齐的语言与艺术统一说则着重语言的直觉性或形象思维性。但是语言既可表现形象思维,也可表现抽象思维。过去的说法使语言中抽象思维因素吞并了形象思维因素,这固然是片面的;克罗齐在指出这种片面性上是有功劳的,但是他又走到另一极端,让形象思维因素吞并了抽象思维因素。他认为概念必含直觉,必以直觉为基础,所以哲学也就必含艺术,必以艺术为基础,一个哲学家必同时有几分是艺术家,"每一部学术著作都必同时是一件艺术作品"。"概念从来不能离开表现品而存在"。[①] 克罗齐也强调思想与语言的统一,但是他所理解的"思想"只是形象思维或直觉的活动,至于概念或抽象的思考则因其须以直觉为基础,于是也就被纳到直觉里去,这显然是一种离奇的混淆。

直觉即表现亦即艺术的定义所包含的主要的否定也有五个。

1. 艺术不是物理事实。所谓"物理的事实"是指还未受到直觉或心灵综合作用的客观存在的事物,包括生糙的自然和人工制作品的物理的或机械的方面。所以这个否定又包含两个否定,一个是否定"自然美",一个是否认艺术美可以单从作品的物理方面见出。

既已介绍了克罗齐的哲学体系,就无须多费工夫来说明他对自然美的否定。美既然就是直觉或表现,还未经直觉掌握住的自然当然就无所谓美。"只有对于用艺术家的眼光去观照自然的人,自然才显得美。……如果没有想象的帮助,就没有哪一部分自然是美;有了想象的帮助,同样自然的事物或事实就可以随心情不同,显得有时有表现性,有时毫无意味,有时表现这个,有时表现那个,愁惨的或欢欣的,雄伟的或可笑的,柔和的或滑稽的。"[②] 人们所说的"自然美"实际上"只是审美的再造所用的一种刺激品",再造须假定先有创造,即先有直觉。

其次,否定艺术的"物理的美",就是否定艺术传达媒介(如线条,颜色,声音或文字符号之类)可以单凭它们本身而美,这

---

① 《美学原理》,第三章。
② 同上书,第一三章。

是可以理解的,甚至是可以接受的。不过克罗齐还更进一步,从否定传达媒介的"物理美",进而否定艺术传达是艺术活动。我们一般都把艺术创造分为两个阶段:前一阶段是构思,例如把一部小说的计划先在心中想好;后一阶段是表现或传达,例如把大致已构思好的小说写在纸上。克罗齐把直觉(构思)本身就已看成表现,构思完成了,艺术作品便已在心里完成,至于把已在心里完成的作品"外观"出来,给旁人看或给自己后来看,就只像把乐调灌音到留声机片上,这种活动只是实践活动而不是艺术活动,它所产生的也不是艺术作品,而是艺术作品的"备忘录",仍只是一种"物理的事实"。依克罗齐看,一个诗人只是"一个自言自语者",作为艺术家,他没有传达他的作品的必要,作为实践的人,他才考虑到发表作品的利害问题。传达本身既有实益,即应受重视,但是这种实践活动与艺术活动在本质上不同,不应相混。

克罗齐对于自然美或"物理美"的否定是从心灵活动创造现实世界那个主观唯心主义的基本立场出发,这个基本立场是站不住的,因而从这个立场出发所得到的结论就不可能是正确的。他没有认识到审美活动中人与自然或主观与客观的辩证的关系,以为美单在人的主观直觉活动一方面,这当然是极端错误的。但是他突出地强调了这一方面的重要性,对于把美单摆在自然那一方面的形式主义的看法也可以起些补偏救弊的作用。他对于这种看法的批判还是有些参考价值的。至于否定传达为艺术活动,也是他的主观唯心主义立场所必然达到的结论,但是在这一点上他否定了公认的事实。我们对这一说的反驳可以归纳为以下三点:

第一,构思与完成作品之间还有很大的距离,还要经过一段艰苦工作。我心里可以想到许多美妙的意象,但是因为没有绘画的训练,我提笔来画我的意象时,总是心手不相应,不能把它画出，成为一件艺术作品。从此可知艺术作品的完成不单是构思的事。

第二，在实际艺术创造中，想象和传达并不是可以截然分开的。画家想象人物模样时，就要连颜色、线条、光影等在一起想；诗人想象一种意境时，也要连文字的声音和意义在一起想。从此可知想象之中就已多少含有传达在内，传达不能说是纯粹的"物理的事实"。从艺术史看，媒介和传达技巧的变迁可以影响艺术本身的风格，壁画、油画和水彩画在效果上不同，文言诗与白话诗也是如此。这也足以证明传达的媒介和技巧对于艺术的重要性。

第三，蔑视传达实际上就是蔑视艺术的社会性和社会功用。艺术是一种社会意识形态，同时也是一种社会交际工具，一方面要反映现实，对人有认识的功用，另一方面要促进改造现实，对人有实践的功用。正是认识和实践这两方面的社会教育功用决定了艺术的存在，也决定了艺术的本质。否定了传达，就否定了艺术。克罗齐所说的"诗人是自言自语者"那句露骨的话正是"艺术独立自主"一个口号的另一个提法，反映了资本主义社会颓废时期艺术脱离社会的实际情况，并且为它辩护。

2. 艺术不是功利的活动。"艺术既是直觉，而直觉既是按照它的原义理解为'观照'的认识，艺术就不能是一种功利的活动；因为功利的活动总是倾向于求得快感而避免痛感的，……快感本身不就是艺术的，例如饮水止渴的快感。"[①] 艺术的快感须有别于一般快感，"既然承认艺术是一种特种快感，它的特质就不在快感上，而在它这种快感之所以区别于其他种快感的地方"。

---

① 《美学纲要》，第一章。

这个区别点正在于直觉到一个"抒情的意象",直觉固然也有快感作为"陪伴",但是不应把陪伴混为主体。克罗齐的这个否定是针对英国经验派把美感和快感等同起来的"享乐主义的美学"而发的。单就这一点来说,他的批判是正确的。问题在于他所谓"功利的活动"就是"经济的活动",而"经济的活动"是不能简单化为寻求快感与避免痛感的。如果按照正确的意义来理解"经济活动",它就是为社会谋利益的活动。不过克罗齐把为社会谋利益的活动归到"道德的活动",他把艺术与道德活动的关系也否定了。

3. 艺术不是道德的活动。这和艺术不是经济活动的理由其实是一致的,因为二者都属于实践活动,而艺术在克罗齐看,只是最单纯的认识活动。他说得很清楚:

> 直觉,就其为认识活动来说,是和一切种类的实践活动相对立的。……艺术并不起于意志。善良的意志可以形成一个好人,却不能形成一个艺术家。……一个审美的意象显现出一个在道德上可褒或可贬的行动,但是这个意象本身却不是在道德上可褒或可贬的。世间没有一条刑律可以定一个意象的死刑或是判它下狱;世间也没有一个由理性的人作出的裁判可以用一个意象做它的对象。判定但丁的佛兰切斯卡是不道德的,或是判定莎士比亚的考地利亚是道德的,……就无异于判定一个方形是道德的,或一个三角形是不道德的。①

---

① 《美学纲要》,第一章。佛兰切斯卡是《神曲》中一段恋爱情节中的女主角,考地利亚是《李尔王》悲剧中的被牺牲的孝女。

克罗齐从此就断定过去美学家们"说艺术的目的在于引导人趋善避恶，改良风俗，还要求艺术家们为教育群众，提高一个民族的民族精神或战斗精神，宣扬勤俭生活等理想作出贡献"是白费力，因为"这些事是艺术所做不到的，正如它们是几何学所做不到的一样"。这就是完全否定了艺术的教育作用。但是克罗齐又说这只是从艺术观点说话，如果从道德实践观点说话，艺术家既已在心中完成一件艺术品之后，"是否要把它传达给旁人，传达给谁，何时传达，如何传达等等都还是要待解决的问题，这些考虑就全要受效用与伦理的原则节制了"。①我们看不出艺术既不能做到对道德有益或有害的事，在传达时何以又要顾到道德的效果。

克罗齐否定艺术的道德功用是和他否定传达为艺术创造的组成部分一致的，都是否定艺术的社会性和社会功用。对于他，艺术为谁服务和如何服务都不应成为问题，因为艺术根本谈不到服务。他所了解的"道德"或"伦理"是包括政治在内的，所以否定艺术的道德功用同时也就必然否定艺术的政治标准。艺术既只关直觉，直觉既先于实践活动，可离实践活动而独立，所以衡量艺术就只有一个标准，即艺术标准，而这个艺术标准也就只涉及形式，只涉及表现的成功或失败。归根到底，这还是"为艺术而艺术"，"艺术独立自主"。"为艺术而艺术"可以有不同的理解，依克罗齐的理解，它就是"为个人的霎时的飘忽的情感或心境找到表现而艺术"。这种美学观点一方面是颓废时期资产阶级艺术极端反理性的个人主义倾向的反映，一方面也是这种倾向的辩护。

4. 艺术不是概念的或逻辑的活动。克罗齐把这个看作"在

---

① 《美学原理》，第一五章。

所有的否定中最重要的一个否定"，因为否定了艺术带有任何概念，就否定了艺术与哲学和科学的联系。艺术既是直觉，直觉在定义上既然先于概念而不依存于概念，所以它不能同时是哲学的或科学的活动。根据这个观点，克罗齐批判了近代一些主要美学流派的看法。

> 想把艺术解释为哲学，为宗教，为历史，为科学，在较小程度上为数学的理论侵占了美学史的大部分地位，而且拥有十九世纪一些最大的哲学家的名字来装饰门面。谢林和黑格尔把艺术与宗教和哲学等同或混淆起来，丹纳把艺术和自然科学等同起来，法国真实主义者①把艺术和历史证据的研究混淆起来，侯巴特派②的形式主义则把艺术和数学混淆起来。
> ——《美学纲要》，第一章。

他特别攻击康德、席勒和黑格尔等德国古典美学家所强调的"理念"。

> 据说在艺术的意象里可以见出感性与理性的统一，这种意象表现出一个理念。但是"理性"，"理念"这些词只能指概念。……所以这个艺术定义实在是把想象归到逻辑而把艺术归到哲学。
> ——《美学纲要》，第一章。

---

① 真实主义者（Veristes）指福楼拜一派要求搜集证据的作家。
② 侯巴特派指十九世纪后期与黑格尔派对立的形式主义派。这派专讲形式的量的关系（如比例），所以说他们把艺术和数学混淆起来。

从同一观点，他否定了寓言是艺术，因为寓言是"一个概念和一个意象的从外面强加上来的结合，也就是循陈规的勉强的拼凑"，概念与意象并没有融合成为一体。克罗齐也并不否认艺术作品里可以含有概念，思想或哲理，但是认为概念在艺术作品里既已转化为意象，即已失其概念的功用。他借用了德国美学家费肖尔的一个譬喻，概念在艺术作品里好比"一块糖溶解在一杯水里，在每滴水里都还存在着而且起着作用，可是人们再找不出那块糖来"。克罗齐没有认识到黑格尔所理解的"理念"，作为理性与感性的统一体，正是如此。由于否定了艺术的逻辑性，克罗齐把欣赏和批评也对立起来了，认为批评是概念的活动，而欣赏则纯粹是直觉的活动，"诗人死在批评家里"，批评是继直觉之后的名理思考。

克罗齐在这里所争辩的确实是美学中的一个基本问题，即形象思维与抽象思维的区别和联系的问题。克罗齐把直觉或想象和概念或逻辑思维的对立加以绝对化，多少是受了维柯的影响。这正是他的美学观点的基本特点所在，也是它的基本弱点所在。德国古典美学里，理性与感性的统一是一个基本观点。克罗齐继承康德和黑格尔的唯心主义的传统，却放弃了这个基本观点，把直觉或形象思维提到独尊的地位，把理性或概念因素就一笔勾销掉了，因而就否定了艺术的思想性，抛弃了德国古典美学的合理内核。这还是和他的"艺术独立自主"的总的观点一致的。

5. 艺术不能分类。艺术分类通常有两种，一种以媒介为标准，把艺术分为诗歌，音乐，图画，雕刻，建筑，舞蹈，戏剧等部门；一种以体裁为标准，把每门艺术又分为若干类，例如文学分为抒情，叙事和戏剧，而戏剧又分为悲剧，喜剧，悲喜混杂剧，正剧，滑稽剧等等。过去文艺理论家一直重视这种分类工作，并且仿亚里士多德和贺拉斯的先例，替每门和每种体裁艺术找出一些经验性和规范性的规律。克罗齐企图把这种分类的工作一概推翻。他的理论根据是：艺术在本质上只是直觉，而直觉是整一不可分的，这是艺术的普遍性；直觉都是每个人在一定情境的心境或情感的表现，这是艺术的特殊性：

> 在普遍与特殊之间，从哲学观点来说，不能插进什么中间因素，没有什么门类或种属的系列。无论是创造艺术的艺术家，还是欣赏艺术的观众都只需要普遍与特殊，或则说得更精确些，都只需要特殊化的普遍，即全归结到和集中到一种独特心境的表现上那种普遍的艺术活动。
>
> ——《美学纲要》，第二章。

此外，他还指出一种经验根据，那就是旧的门类和规律不断地遭到破坏，新的门类和规律不断地建立起来，如此辗转翻旧更新，没有止境。因此他就断定："如果把讨论艺术分类与系统的书籍完全付之一炬，那也绝对不是什么损失。"[1] 根据同一理由，他也否定了审美范畴（例如秀美，崇高，悲剧性，喜剧性等）的分类。[2]

在否定艺术门类和规范的一成不变性上，克罗齐的观点是正确的，但不能据此就否定艺术的分类与经验总结，否定了这类工作就无异于否定科学方法在美学领域的运用。一切都在发展变化，但是科学并不因此就不能对所研究的对象进行分类和寻求规律。

---

[1] 《美学原理》，第一五章。
[2] 同上书，第一二章。

## 三 结束语

克罗齐的直觉即表现,亦即艺术,亦即美的基本美学观点所包含的意义俱见于上述五个肯定和五个否定中。在介绍中我们已一再指出这种美学观点剥夺去艺术的一切理性内容和一切实践活动和社会生活的联系,把艺术降低到最单纯的最基层的感性认识活动,亦即表现个人霎时特殊心境或情感的意象;这种意象的单纯据说就保证了艺术的独立自主。从此可见,这种美学观点是资本主义垂死时期艺术脱离社会生活和自禁于作者个人感受的小天地那种颓废情况的反映和辩护,是"为艺术而艺术"的理论最极端的发展,也是唯心主义美学在德国达到顶峰以后的总结。这种美学观点在本世纪一直在资产阶级美学界得到普遍的重视,发生过广泛的影响,这就足以说明它道出了这个时期资产阶级中一般人的心事。

如果从十九世纪以来文艺发展的趋势来看克罗齐的美学,我们可以说它是消极浪漫主义在理论上的回光返照。克罗齐在《美学纲要》第一章里说,他对艺术问题的答案乃是"浪漫主义与古典主义的巨大冲突所产生的结果"。"古典主义坚决地趋向再现,而浪漫主义则坚决地趋向情感"(从此可见,古典主义与浪漫主义的对立基本上就是现实主义与浪漫主义的对立)。他认为第一流作品"绝大部分是既不能称为浪漫的,也不能称为古典的,既不能说单是情感的,也不能说单是再现的,因为它们同时是古典的与浪漫的,再现的与情感的,都是一种活泼的情感变成完全是一种鲜明的意象。古希腊的艺术作品特别如此"。从这段话看,他仿佛认识到古典主义与浪漫主义统一的必要性,而且从他特别重视古希腊的艺术作品以及他的许多讥讽浪漫主义的话看,他仿佛在古典主义与浪漫主义之间,更偏向古典主义的"整一性"。

## 第十九章 克罗齐

但是这些都是假象,因为他所理解的古典主义与浪漫主义的结合乃在于"一种活泼的情感变成一种鲜明的意象",这就是说在于他所要求的"抒情的直觉"。在这个定义中,古典主义所要求的客观现实的再现变成了主观情感的表现,这仍然是片面的浪漫主义的艺术观,至多也只能是浪漫主义的灵魂,披上古典主义的躯壳(形式的整一)。这样理解的浪漫主义之所以是消极的,正如许莱格尔,叔本华,和尼采诸人所理解的浪漫主义是消极的一样,它把艺术最后归结到孤立的个人的情感和幻想,放弃了积极的浪漫主义的改造人类社会的热情和理想,甚至堕落到维护反动的社会秩序。

如果从十八世纪以来唯心主义美学发展趋势看克罗齐的直觉说,我们可以说克罗齐从康德和黑格尔所达到的地方倒退了一大步。近代德国古典美学的基本课题始终是要求克服感性与理性的对立而达到统一,在解决这个课题中,康德,歌德,席勒和黑格尔逐渐发展了美学上的辩证观点,看到了艺术必然是感性形式与理性内容的结合,尽管在如何结合这一问题上,他们囿于唯心主义的成见,还不能看得很清楚。克罗齐既然抛弃了黑格尔的辩证法,结果对于他所讨论的各种"心灵活动"的关系,就只见到对立而见不到统一。他对于艺术进行了逐层剥夺的工作。首先他把认识活动和实践活动的对立加以绝对化,把艺术放在认识活动这个鸽子笼里,于是艺术就被剥夺了它与实践生活(经济的和道德的活动)的联系而"独立"起来。其次他又把感性认识活动和理性认识活动(直觉和概念,形象思维和抽象思维)的对立加以绝对化,把艺术和直觉等同起来,于是艺术就被剥夺了一切理性的内容以及它和哲学,科学与历史的联系而"独立"起来。这样逐层剥夺之后,美学就只剩下一个空洞的等式:

最基层的感性认识活动＝直觉＝想象＝表现＝抒情的表现＝艺术＝创造＝欣赏（＝再造）＝美（＝成功的表现）

在这个等式里，艺术内容等于个人的霎时的情感，艺术形式等于表现这情感的意象。无论是情感还是意象，都还停留在理性活动（概念）以下，所以艺术不能有什么思想或意义。这一切都无异于宣告艺术的灭亡与美学的灭亡！

　　克罗齐可以使我们认识到唯心主义美学经过什么道路走到了这种死胡同，以及它和近代资产阶级颓废主义艺术实践的联系。但是他的贡献也还不只这一点。在突出地提出形象思维与抽象思维的对立以及认识活动与实践活动的对立之中，他强调认识活动中形象思维的一方面，对这方面的估价尽管是夸张的，片面的，却还可以帮助我们认识到形象思维的重要性；同时，这一点是更重要的，他对过去许多美学流派对于形象思维与抽象思维的混淆以及艺术活动与其他活动的混淆（总而言之，美与真和善的混淆）所进行的批判往往有独到见解，含有片面真理的。例如他对美学上享乐主义，联想主义，同情说，天才与鉴赏力的对立说，游戏说以及美在平衡对称之类形式因素的学说所进行的批判还是富于启发性的。

# 丙　结束语

## 第二十章　关于四个关键性问题的历史小结

在以上的叙述中，我们只就每个时代中挑选几个重要的代表人物，对每个代表人物也只约略介绍他的主要观点，挂一漏万是势所难免的。挑选的标准是他们要确实能代表当代的主要思潮而且可以说明历史发展线索。我们希望通过他们可以窥见西方美学思想发展的大轮廓，为进一步较全面较系统地研究打下基础。我们的目的不仅在灌输知识而在启发思考，不仅在罗列古董而在古为今用，所以对美学上的一些带有普遍性和现实意义的问题，企图做比较深入的探讨。由于知识和思想水平的局限，实际上所达到的比原来企图要达到的当然还有很大的距离。

美学史可能有两种写法：一种是通史的写法，顺时代的次序，就各时代具有代表性的人物对各种美学问题的看法，作广泛的叙述；另一种是专史的写法，以专题为纲，来追溯这个专题在不同时代和不同思想家的著作中的不同的提出方式和不同的解决方式。本编所写的只是美学通史，所以比较着重的是每个时代的总面貌和派别源流的关系，对于某些专题（例如审美范畴，艺术种类，创作技巧之类问题）的历史发展线索就照顾得不够。这方面的研究就有待于美学专题史。但是即使在通史阶段，对美学上一些关键性的问题在历史上的发展，仍应有一些提纲挈领的认识，否则对通史的认识就难免是一盘散沙或是一架干枯的骨骼。在结束之前,我们想挑选几个这样关键性的问题作为样本,对它们进行一种初步的专题史的研究,帮助读者把分散在各章的叙述贯串起来,使所得到的知识多少能成为一种有机整体。我们所挑选的问题只有四个:(1)美的本质,(2)形象思维,(3)典型人物性格,(4)浪漫主义和现实主义。我们将来会看到,这四个问题都是美学上的中心问题,不理解它们就不可能理解美学。这四个问题也是互相紧密联系在一起的,为着叙述的方便,我们才把它们拆散开来。

# 一 美的本质问题

美的本质问题不是孤立的。它不但牵涉到美学领域以内的一切问题,而且也要牵涉到每个时期的艺术创作实践情况以及一般文化思想情况,特别是哲学思想情况,这一切到最后都要牵涉到社会基础。像一般社会意识形态方面的问题一样,美的本质问题的提出和解决方式也是受历史制约的,因而同一问题在不同时代具有不同的历史内容。这就叫作历史发展。

专就美的本质问题的历史发展来说,它主要是内容与形式的关系以及理性与感性的关系的问题。在西方很长时期之内,内容与形式,理性因素与感性因素都是割裂开来的,各个美学流派各有所偏重。到了十八九世纪,德国古典美学才企图达到这些对立面的统一。美学流派甚多,对美的本质的看法也言人人殊。但是在一团乱丝中还是可以理出一些线索来。把次要的看法抛开,单挑出主要的看法就有五种:(1)古典主义:美在物体形式;(2)新柏拉图主义和理性主义:美在完善;(3)英国经验主义:美感即快感，美即愉快；（4）德国古典美学：美在理性内容表现于感性形式；（5）俄国现实主义：美是生活。这五种看法的出现大致顺着时代的次序，在发展中当然有些交叉或互相影响。现在分述如下：

## 1. 古典主义：美在物体形式

美在物体形式的看法在西方是一个出现最早的看法，也是在很长时期内占统治地位的看法。一般所举的理由是：美只关形象，而形象是由感官（特别是耳目）直接感受的，所以只有可凭感官感受的物体及其运动才说得上美。就艺术来说，古希腊人一般把美只局限于造型艺术，很少有人就诗和一般文学来谈美，因为用语文来描绘形象是间接的，不是能凭感官直接感受的，而是须通过理智的。由于这个缘故，古代人就想到美只在物体形式上，具体地说，只在整体与各部分的比例配合上，如平衡，对称，变化，整齐之类。古希腊人说"和谐"多于说"美"。和谐的概念是由毕达哥拉斯学派发展出来的。他们从自然科学观点去研究音乐，发现音乐在质的方面的差异是由声音在量（长短高低轻重）方面的比例的差异来决定的。如果只有一个单纯的声音在量上前后无变化，就不能有和谐；要有和谐，就须在量的差异上见出适当的比例。他们从此得到结论："音乐是对立因素的和谐的统一，把杂多导致统一，把不协调导致协调。"这句话是希腊辩证思想的最早的文献，也是希腊美学思想的最早的文献。它也就是后来文艺理论家所常提到的"寓变化于整齐"或"在杂多中见整一"的原则。毕达哥拉斯学派还应用这个原则去研究建筑和雕刻等艺术，想借此寻出物体的最美的形式，"黄金分割"就是由他们发现的。

亚里士多德基本上接受了毕达哥拉斯学派的看法。他的《诗学》主要是分析希腊史诗和悲剧，很少用"美"字来形容这些类型的文学作品，他要求于文学的首先是真；不过他谈到和谐感和节奏感是人爱好文艺的原因之一，并且把文艺作品须是有机整体的原则提到最高的地位。他在《诗学》第七章里明确地提到美：

> 一个有生命的东西或是任何由各部分组成的整体，如果要显得美，就不仅要在各部分的安排上见出秩序，而且还要有一定的体积大小，因为美就在于体积大小和秩序。

体积大小合适，才可以作为由部分组成的整体来看，"秩序"就是部分与整体以及各部分彼此之间比例关系的和谐。从此可见，亚里士多德也还是就物体形式来谈美的。到了罗马时代，西赛罗对他的美的定义做了一点补充：

> 物体各部分的一种妥当的安排，配合到一种悦目的颜色上去，就叫作美。

这个定义广泛流行于古代和中世纪，圣奥古斯丁和圣托马斯都接受了它。到了文艺复兴时代，米琪尔·安杰罗，达·芬奇以及杜勒等艺术大师都穷毕生精力去探求所谓最美的形式。当时论比例的专著特别流行。十八世纪英国画家霍加兹所著的《美的分析》也完全是对物体形式的分析，他认为最美的线形是蜿蜒形的曲线，因为它最符合"寓变化于整齐"的原则。同时代的英国经验派美学家伯克在《论崇高与美两种观念的根源》的论美部分也还没有把"美"这个概念应用到文学上，另辟一专章来论文学。他指出美的主要特征在于细小和柔弱,还是从形式上着眼。

在启蒙运动时代,德国出现了两部影响很人的书:文克尔曼的《古代造型艺术史》和莱辛的《拉奥孔》。文克尔曼认为希腊造型艺术所表现的最高的美的理想是"高贵的单纯,静穆的伟大",单纯到像"没有味道的清水",静穆到没有表情。这种最高的美的理想主要体现在形体的轮廓和线条上,所以他也辛苦钻研希腊艺术作品的线条,所得到的结论是:

> 一个物体的形式是由线条决定的,这些线条经常改变它们的中心,因此绝不形成一个圆形的部分,在性质上总是椭圆形的。在这个椭圆的性质上,它们颇类似希腊花瓶的轮廓。

这就是说,美由曲线形成,但各部分曲线不宜围绕同一圆心,也不形成完整的弧线而是"椭圆的"曲线。这还是"寓变化于整齐"的原则。文克尔曼已认识到艺术美有理想或内容的一方面(如静穆,单纯,高贵,伟大),比较单讲求形式的似稍前进一步,但是他所要求的毕竟是抽象的理想表现于抽象的线条或形式,而且他反对表情,所以形式仍然是首要的。莱辛在确定诗画界限时,本来要驳斥文克尔曼的希腊艺术不表情的看法,而实际上仍和文克尔曼站在同一个形式主义的立场上。《拉奥孔》的结论是:只有绘画描绘各部分在空间里同时并存的物体的静态,才宜于表现美,诗则叙述在时间上先后承续的动作,不宜于描绘物体形状,所以也就不宜于表现美;如果诗要勉强写物体美,只有化静为动,化美为媚(动态美)或是只写美的效果而不写美本身。足见莱辛还是以为美在物体形式。

德国古典美学的最大代表之一是康德。他的美学观点中也有一方面是继承这种形式主义的。他在《判断力批判》里所分析的美也只是由感官直接感觉到的美，也就是物体及其运动的形式美。他在美的分析部分根本没有接触到文学，甚至很少接触到艺术。从对物体的感官接受的直接性出发，他作出美不涉及利害计较，欲望和目的，也不涉及概念或抽象思考的结论。美只在形式，不涉及内容意义，一涉及内容意义，美就不是"纯粹的"而是"依存的"。他的《美的分析》可以说是形式主义美学的一套最完整的理论。他是后来德国"形式美学"派的开山祖，也是近代资产阶级中各色各样的形式主义（例如印象主义，超现实主义，结构主义等等）的最后理论根据。近代"实验美学"也是从这种形式主义观点出发的。

　　美学上的形式主义是怎样产生和发展的呢？在古代，这是一种朴素的唯物主义的观点。人们最初在物体上看到美，只凭感官而不假思索，便以为美是物体的一种属性。这本是很自然的，希腊人在艺术上的最高成就主要在雕刻，而雕刻一般很少表现动态，在各种艺术中表情的或叙述的因素降到最低限度。希腊人从艺术欣赏和创作中于是形成一种看法，以为美只在"造型"上，而"造型"又主要靠线条的比例和形体轮廓的安排。所以希腊人所爱好的美主要是所谓"造型美"，也就是形式美。而这种形式最好是庄严静穆的，这里就有阶级根源，因为希腊奴隶主认为精神上最高的享受是像日神阿波罗那样，凭高俯视世界，无动于衷地静观世间一切事物的形象。这种理想正是文克尔曼所说的"高贵的单纯，静穆的伟大"。

　　美在物体形式的看法发源于希腊，与古典主义艺术理想有血肉的因缘，原因大致就在于此。这种看法之所以得到长远的流传，其原因大概有三种：一则希腊传统的习惯势力在西方文化各部门都很顽强，希腊人的文艺成就一直为后来人所景仰；二则美本来有形式这一方面的因素，而且形式因素是最易为人所直接感受到的；三则西方思想方法从希腊以后长久处于形而上学的桎梏中，辩证思想发展得很慢。应该指出，同是形式主义在不同的时代却有不同的具体内容。例如古代希腊人所理解的形式是与造型艺术和静穆理想密切联系的；中世纪新柏拉图派所理解的形式是与基督教神学中上帝赋形式于物质的概念密切联系的；至于近代形式主义的猖獗，则反映出资本主义社会生活各方面的分崩离析以及思想内容的贫乏和空虚。

## 2. 新柏拉图主义和理性主义：美即完善

"美即完善"说与"美在物体形式"说是既有关联而又有区别的：关联在于持"美即完善"说者大半同时持"美在物体形式"说，区别在于持"美即完善"说者还要替形式美找出一种名为"理性"的而其实是神学的基础。这一说的创始人是新柏拉图派。他们把柏拉图的理式说和基督教神学结合起来，认为每类事物各有一个"原型"，而这个原型是上帝在创造世间事物时所悬的一种"目的"。上帝创造每一类事物，都分配给它在全体宇宙中它所特有的一种功能，为着尽这种功能，它就需要一种相应的形体结构。例如动物在功能上不同于植物，而在动物之中牛又不同于马，因而在形体结构上各有不同的模样。一件事物如果符合它那类事物所特有的形体结构或模样而完整无缺，那就算达到它的"内在目的"，就叫作"完善"（新柏拉图派有时把它叫作"适宜"），也就叫作美。所以"美即完善"说的哲学基础是有神论和目的论。十七八世纪西方理性主义哲学家们大半在新柏拉图派的目的论的基础上发展这种美即完善说。他们的领袖是莱布尼茨。他把世界比作一座钟，其中每一部机器或零件各有各的功能，各有各的形式，安排得妥帖，具有一种"预定的和谐"，所以是美的。做这种安排的当然是上帝。他的门徒伍尔夫和鲍姆嘉通相继发挥了他的这种美学观点。鲍姆嘉通在《美学》第一章里就说，"美学的对象就是感性认识的完善，这本身就是美"。所谓"感性认识的完善"，即凭感官认识到的完善，与"理性认识的完善"是对立的。一条科学定理也是完善的，但是这种完善要通过理智思考才能认识到，至于美的事物所显出的那种完善却只须通过感官就可直接认识到。

理性派所说的"完善"实际上是指同类事物的常态。例如人既是人，就有人这类事物所共有的常态，五官端正，四肢周全，这就是完善，也就是美；完善的反面是残缺不全或畸形，也就是丑。这一说仍主要从物体形式着眼，强调美的感性与直接性，所以理性派大半采取"寓变化于整齐"那条形式原则。但是它和"美在物体形式"说毕竟有所不同，认为美的形象虽是感性的，还是有它的理性基础。美的事物符合它按本质所规定的内在目的，在这一点上就有内容意义了，所以比单纯的形式主义似乎进了一步。

但是理性派所理解的理性不是我们一般人所理解的理性，而是"天意安排"的合理性，所以它是先天的，先验的。人生来仿佛就有一些与经验无关的"理性观念"，如康德的"先验范畴"以及"德行""完善"，美丑善恶之类观念。根据这些先验的理性观念，人才可能有理性认识。判别美丑善恶的能力也是先天的。例如英国新柏拉图派美学家夏夫兹博里就把这种能力叫作"内在感官"或"内在眼睛"，认为"从行动，精神和性情中见出美和丑"（即善恶——引者）和"从形状，声音和颜色中见出美和丑"在本质上是一致的，都是由内在感官掌管的。这样，他就把美与善以及丑与恶密切联系起来，认为它们都有"社会情感的基础"。

他认识到美的形式后面有内容意义,美不只是一种自然属性,而且具有社会性,这是他的思想中的进步方面。不过他对美的社会性的认识还是很模糊的,他的主要论点还在于美符合天意安排的目的,目的论是与社会观点不相容的。

这种根据目的论的美即完善说在西方也有长久的历史。就连在科学上有很大成就的歌德也还相信这一说。在爱克曼的《歌德谈话录》(1827年4月18日)里他说,"我并不认为自然的一切表现都是美的。……但是使自然能完全显现出来的条件却不尽是好的"。他举橡树为例,如果土壤过于肥沃,长得太茂盛,经不起风吹雨打,橡树就显不出它所特有的那种坚实刚劲的美。爱克曼接着说,"事物达到了自然发展的顶峰,就显得美。"歌德补充了一句说,"要达到这种性格的完全发展,还需要一种事物的各部分肢体构造都符合它的自然定性,也就是说,符合它的目的。"这段话是"美在完善"说的最简明的说明。自然发展到顶峰,就是完善;这种完善见于各部分的安排,达到一件东西按照本质应该达到的目的。不过歌德是从自然科学观点而不是从理性派的目的论来看这问题的,他所理解的目的是自然发展所走的方向。他总是把美和"健全"或"完满"看作同义词。所以他赋予传统的唯心主义的"美即完善"说以一种新的倾向唯物主义的内容。

在美学上,目的论还表现为"内外相应"说。毕达哥拉斯派和新柏拉图派都认为"小宇宙"(人)与"大宇宙"相对应,人心里本来有内在的和谐或美,碰到外在世界的和谐或美,"同声相应",所以才爱好它,才产生美感。这种内外相应当然还是上帝的巧妙安排。康德在很大的程度上还保留许多理性主义派的糟粕。他排除了"美即完善"那种目的论,所以他说美不涉及目的;但是他接受了"内外相应"那种目的论,所以他又说美虽不涉及目的而却见出目的性,美的事物形式恰好让人的认识功能(想象力和理解力）能自由地和谐地活动，所以才能产生美感。这里还是隐约见出"天意安排"，所以说美无目的而有目的性。

从以上两节可以看出："美在物体形式"说在古希腊时代本是建立在朴素唯物主义的基础上，而且反映希腊造型艺术的理想；到了后来，在新柏拉图派和理性派的手里，这一说就和根据目的论的"美即完善"说和"内外相应"说结合在一起，因而就带有神秘主义和唯心主义的性质了。

### 3. 英国经验主义：美感即快感，美即愉快

英国经验主义无论在哲学方面还是在美学方面，在西方思想发展史中都是一个重要的转折点。它标志着近代自然科学的上升和经院派思辨哲学的下降。这种转变不但表现在批判理性派的先验的理性与理性观念，从而确定一切知识来自感官经验这个基本出发点上，而且也表现在把哲学和美学的对象从客观世界的性质与形式的分析，转到认识主体的认识活动这个基本方向上。它一方面导致主观唯心主义（例如贝克莱和休谟），另一方面也导致机械唯物主义（例如伯克）。

英国经验派批判了"美在比例平衡对称""美在完善和适宜"那些根据目的论的形式主义的看法，因为这些看法都以先天理性为根据，而不是从感性经验出发。他们既然肯定感性经验是一切认识的最后根据，所以把美的研究重点从对象形式的分析转到对美感活动的生理学和心理学的分析。他们一方面建立了"观念联想"律作为创造想象的根据，另一方面又着重地研究人的各种情欲和本能以及快感和痛感，想从此找到美感的生理和心理的基础。这是经验派美学的总的方向。就美的本质这个专题来说，经验派美学家的意见也不完全一致，这里姑以休谟和伯克为代表。

休谟首先驳斥了美是对象的一种属性的看法,指出几何学家幽克立特曾说明了圆的每一属性,始终没有提到圆的美,"美只是圆形在人心上所产生的效果。这人心的特殊构造使它可以感受这种情感(美感——引者)。如果你要在这圆上去找美,……你就是白费气力。"他明确地把美感和快感等同起来,把美和美感等同起来:

> 美是〔对象〕各部分之间的这样一种秩序和结构,由于人性的本来构造,由于习俗,或是由于偶然的心情,这种秩序和结构适宜于使心灵感到快乐和满足。这就是美的特征。美与丑(丑天然地产生不安的心情)的区别就在于此。所以快感与痛感不只是美与丑所必有的随从,而且也是美与丑的真正的本质。

美既然等于美感,而美感是一种主观方面的心理作用,美就当然只是主观的了。所以休谟说,"美不是事物本身的属性,它只存在于观赏者的心里。每一个人心里见出一种不同的美。"不过休谟并不否认美与"对象各部分之间的秩序和结构"有关,只是肯定对象的形式因素要适应人心的特殊构造,才能产生美感。这实际上还是"内外相应"说的一种变相,不过休谟反对理性派的有神论和目的论。

休谟进一步分析美感,认为美感基本上是一种同情感。例如人对物体平衡对称的喜爱就是同情感的表现。石柱要上细下粗,雕像要使人物保持平衡,才能引起美感,因为这样才能引起安全感。这里的美感只是对对象的安全表示同情。这就说明了过去人所常谈的形式美实际上毕竟有内容意义。休谟的同情说对近代美学思想发生过很大的影响(例如对立普斯的移情说),它有力地打击了形式主义。

伯克是从经验主义走到机械唯物主义的。他主要从生理学观点出发来探讨美与崇高的根源。他认为人类有两种基本"情欲"或本能，一是自我保存的本能，一是种族保存的本能。自我保存受到威胁就引起恐惧，恐惧就是崇高感的主要内容。种族保存的本能表现于对异性的爱，爱就是美感的主要内容。现在只说美，伯克对美下了这样的定义：

> 我所谓美，是指物体中能引起爱或类似爱的情欲的某一性质。我把这个定义只局限于事物的纯然感性的性质。

不过他同时指出，对美的爱和对异性爱毕竟有所不同，对异性的爱是一种欲念，是"迫使我们占有某些对象的那种心理力量"，对美的爱却不涉及欲念，只是"在观照任何一个事物时心里所感觉到的那种喜悦"。像休谟一样，伯克也把美感和快感等同起来，而且也强调同情在审美中所起的作用。同情是一种"社会生活的情欲"，其中包括爱。不过他只把"社会生活"理解为社交生活，这只是一种本能的群居要求。艺术的作用在摹仿，而摹仿也只是一种变相的同情。摹仿的结果总抵不上被摹仿的蓝本，例如悲剧不管对悲惨事件摹仿得多么好，它所引起的同情远不如杀人的场面。因此，伯克的结论很类似后来车尔尼雪夫斯基的：

> 悲剧愈接近真实，离虚构的观念愈远，它的力量也就愈大。但是不管它的力量如何大，它也绝比不上它所表现的事物本身。

这个看法的优点在把美与真联系起来，缺点在于混淆艺术的真实与生活的真实。

伯克不同于休谟，他一方面肯定美就是爱，另一方面又认为美是客观事物的属性。他找到美的主要客观属性是"小"以及与小相关的一些性质，例如柔滑，娇弱之类。这些客观属性之所以美，因为它们最能引起同情或爱。这种纯粹生物学的观点忽视美与社会生活以及与历史发展的联系，显然仍是片面的，机械的，简单化的。

## 4. 德国古典美学：美在理性内容表现于感性形式

在十七八世纪的西方哲学中，英国经验主义与大陆理性主义形成两个鲜明的对立阵营，因而美学上内容与形式，理性与感性以及主观与客观这一系列的对立面的矛盾也就日益尖锐化。坚持某一片面而反对另一片面的立场也就日渐显得站不住。因此，寻求达到这些对立面的辩证的统一就成为近代美学的主要课题，而在这方面工作做得最多的要推十八九世纪的德国古典美学。

德国古典美学的真正的开山祖是康德。他首先认识到鲍姆嘉通的理性主义的美学观点和伯克的经验主义的美学观点的尖锐对立以及每一派的片面性，并且努力寻求达到统一的路径。他是由沃尔夫和鲍姆嘉通这一派教养出来的，在很大程度上还受到理性主义影响的束缚，但是同时又觉得休谟和伯克的美学观点也不无可取之处。他从这两派中都抛弃了一些，也都吸收了一些。他所抛弃的是鲍姆嘉通的"美即完善"说和伯克的"美感即快感"说；他所吸收的是理性派的理性，先验范畴和"内外相应"的目的论和一部分形式主义的观点，以及经验派的美的生理和心理的基础，感觉的直接性以及美与崇高的对立。结果他所做到的只是拼合而不是统一。这就说明了他在《判断力批判》上卷中所表现的一个突出的矛盾。这书分两部分：《美的分析》与《崇高的分析》。在《美的分析》部分，他得到了一个形式主义的结论：美只在形式上，不涉及概念，目的和利害计较；这种形式美才是"纯粹美"，丝毫不涉及内容意义。因此，他很少谈到艺术，根本没有谈到文学。在《崇高的分析》部分，他才谈到有内容意义的"依存美"，才谈到文学和艺术。这时他却得到一个完全相反的结论：崇高根本是无形式的，只凭数量或力量的无限大，在人心中先引起恐惧接着就引起崇敬，即人能不屈服于自然威力的人类尊严感。所以崇高感主要起于崇高对象所隐含的道德观念和理性内容。康德的这种对崇高的看法就改变了他对美的看法，从前是美在形式，现在却是"美是道德精神的象征"了。不但如此，从前他所抛弃的"概念""目的""完善"等观念，现在又跑回来了。他说从前那个形式主义的看法只适用于自然美，至于艺术美却是有内容意义的"依存美"：

> 对象如果是作为一件艺术作品而被宣称为美的，由于艺术总要假定一个目的作为它的成因，它究竟为什么的概念就势必首先定作它的基础；而且由于一件事物的杂多方面与它的内在本质的协调一致，就是那件事物的完善，所以在评判艺术美时，也就必然要考虑到那件事物的完善。

这番话是言之成理的，但是问题在于康德把"纯粹美"和"依存美""自然美"和"艺术美"都绝对对立起来，没有找出达到这两种美统一的通道，所以感性与理性，形式与内容，都仍然是彼此割裂开来的。他的企图是失败的，但是这种失败却成为促进进一步研究的推动力。在这一点上他对美学的贡献仍是重要的。

这进一步的努力首先来自德国文艺批评。我们须回溯到时代略早的文克尔曼。上文已经提到他提出古希腊造型美的理想是"高贵的单纯，静穆的伟大"，这主要表现于"椭圆形的"即抽象的线条，所以他反对艺术里有激烈的表情。他的看法在当时引起了一场大争论。另一位研究古代艺术史的德国学者希尔特对文克尔曼提出异议说：

> 古代艺术的原则不在客观的美和表情的冲淡，而是只在个性方面有意义和显出特征的东西。

希尔特提出个性"特征"来代替文克尔曼的"理想"，这牵涉到艺术典型的问题，下文还要谈到。现在只说他把艺术的重点从抽象理想和抽象形式上转到个性特征即具体内容上，这就标志着近代美学对于美的本质问题的看法大转变的关键。

这场争论引起当时德国两大诗人歌德和席勒的关心。歌德主张文艺从生活出发，也强调个性特征，在这一点上他和希尔特是一致的；不过他也并没有完全排除文克尔曼的理想美。他对特征与形式美的关系是这样提的：

> 我们应从显出特征的东西开始，以便达到美。
> 古人（希腊人——引者）的最高原则是意蕴，而成功的艺术处理的最高成就是美。

这里"特征"和"意蕴"指的都是艺术内容，美则是内容经过艺术处理成为作品时的最高成就。这个看法一方面批判了文克尔曼的古代艺术的"静穆"排斥表情的形式主义的观点，另一方面也纠正了希尔特为强调特征而排斥"客观的美"（即对象形式的美）的片面性。这就已达到了内容与形式的统一，理性与感性的统一，对德国古典美学的发展起了很大的作用。

席勒本是康德的信徒，但对康德的主观唯心主义的观点甚不满，认为自己"已找到了美的客观概念"。在《给克尔纳论美的信》（1793年2月28日）里，他提到"在一件艺术作品里，材料必须消融在形式里，……现实必须消融在形象显现里"，就已隐约见到内容与形式的统一。在《审美教育书简》里他进一步发挥了这个思想。他认为人有两个相反的要求：一种要求是要使理性形式获得感性内容，使潜能变为现实，这叫作"感性冲动"；另一种要求是要使感性内容获得理性形式，使千变万化的现实现象见出秩序和规律，这就叫作"形式冲动"或"理性冲动"；把这两种对立的冲动统一于"游戏冲动"（其实就是艺术冲动，即使感性事物显出理性的自由活动），人才获得真正的自由，才具有人格的完整，也才达到美。他说：

> 感性冲动的对象就是最广义的生活，指全部物质存在以及凡是呈现于感官的东西。形式冲动的对象就是形象，包括事物的一切形式方面的性质以及它对人类各种思考功能的关系。游戏冲动的对象可以叫作活的形象，这个概念指现象的一切美的性质，总之，指最广义的美。

席勒在这里把生活看成艺术的内容，形象看成艺术的形式（这与过去人对形式的理解不同），美则在这两对立面的统一体，即活的形象上面。不管他的语言多么晦涩，他把艺术美看作内容与形式的统一，感性与理性的统一，则是显而易见的。

黑格尔在《美学》里曾指出康德所理解的艺术美的内容与形

式的统一"只存在于人的主观概念里",席勒却能"把这种统一体看作理念本身,认为它是认识的原则,也是存在的原则"。这就是说,席勒认识到这种统一体不只存在于主观的思维中也存在于客观的存在中;"通过审美教育,就可以把这种统一体实现于生活"。

从此可见,席勒是德国古典美学由康德的主观唯心主义转到黑格尔的客观唯心主义之间的一个重要桥梁。上文黑格尔所说的"把这种统一体看作理念本身"之中"理念"既是感性与理性的统一体,就已经不是抽象而是具体的了。"具体的理念"是黑格尔的客观唯心主义的奠基石,黑格尔说席勒已认识到这种具体的理念,并且认为这是他的"大功劳",这就是承认席勒是他自己的理念说的先驱。黑格尔自己的"美是理念的感性显现"这一条美学基本原则也正是发挥席勒的关于"理性与感性的统一体"的理论而得来的。他把理念看作艺术的内容,把"感性显现"看作艺术的形式,这种对"形式"的新的理解也是从席勒那里得来的。所不同者,席勒用词有时不统一,他有时把概念(一般)看作内容,有时又把生活(特殊现象)看作内容;有时把对形式的要求看作理性的,有时又把"活的形象"看作形式,足见他在思想上仍不免有些混淆。黑格尔的定义却比较明确:理性内容(理念)显现于感性形象(形式)。

这里有必要说明一下黑格尔的"理念"。理念其实就是道理或宇宙间万事万物的原则大法。它是客观存在的。这一点我们都承认。我们所难承认的是这种抽象的理念先于具体感性世界而存在,这就是他的客观唯心主义所在。"理念"也近似柏拉图的"理式",但有一个重要分别。柏拉图的"理式"是一切事物的原型或模子,是不依存于感性世界的,只有它才真实,感性世界不过是它的幻影。黑格尔的"理念"处在抽象状态时还只是片面的,不真实的，它要结合到感性事物，否定了自己的抽象的一般性，同时又在这感性事物里显现出自己，否定感性事物的抽象的特殊性而又回到有具体内容的一般，经过这种否定的否定，才达成一般与特殊的统一体，亦即所谓"具体的一般"或"具体的理念"，只有"具体的理念"才是真实的。在这种一般与特殊的统一体里，理性与感性是互相否定而又互相肯定，即互相依存的。

我们不妨举例来替黑格尔的理念作一种通俗的解释。例如"勇敢"这个理念。抽象的勇敢还只是一个概念而不是真实的勇敢，因为还没有体现于具体的行动。但是既有个别的具体的勇敢行动，就必有勇敢之所以为勇敢的道理。黑格尔认为这种道理（理念）于理是应该先就存在，尽管它在抽象状态还是不真实的。勇敢这个抽象理念如何转化成为具体的勇敢行动呢？黑格尔认为这首先要取决于当时"一般世界情况"（即历史背景），结合到具体"情境"和具体的"人物性格"，才能实现为勇敢的行动。抽象的勇敢还是所谓"普遍的力量"，还是一种"客观精神"，通过历史环境的影响，成为个人的生活理想，这种生活理想还须凝成"情致"（Pathos，也有译为"激情"的），成为个人性格的组成部分和他的行为的推动力，遇到具体情境，它才实现为勇敢的行动。这是就现实生活来说，如果应用到艺术，一件艺术作品如果要表现一个英雄人物的勇敢，就必须通过事件和动作，塑造出一个具体的形象来。勇敢就是这件作品的理性内容，人物形象就是这个理性内容的感性显现。这样达到理性内容与感性形式的统一，就算是艺术作品，也就算是美。

从此可见，黑格尔的定义是只适用于艺术美的。自然还只处在自在阶段，还不自觉，所以自然美只是低级美。使自然显得美的是生命，生命才能使杂多的部分成为有机整体。自然的顶峰是人，人才是自在自为（自觉）的，既是认识的主体，又是认识的对象。这样自觉的人才能有理想或理念，也才能有意识地把理念显现于感性形象。这就是说，只有人才能有艺术，也只有人才能创造美和欣赏美。艺术美之所以高于自然美，也就因为它是绝对精神（其实就是自觉的精神）的显现。这是黑格尔美学观点中的人道主义的一方面。

黑格尔的客观唯心主义哲学系统注定了他的美的定义要从抽象的理念出发，这是他的基本缺点所在；但是理性内容和感性形式的统一这个思想却仍是他的美学的合理内核。此外，还须注意他把这个统一看成是由辩证发展来的一种理念，不是悬空的，而是受"一般世界情况"和当时具体情境决定的。这种历史发展的观点是他对于美学的最重要的贡献。他认识到艺术和美尽管都是"理念的感性显现"，不同时代却有不同的理念，也有不同的感性显现，这都要随历史发展而发展，所以有象征型，古典型以及浪漫型几种各显时代精神的艺术创作方法和风格。美的理想当然也就不会是一成不变的。

## 5. 俄国现实主义：美是生活

黑格尔以后，美学的重要发展是在俄国。结合到革命民主主义者所进行的农民解放运动的阶级斗争以及在俄国新兴的现实主义文学，别林斯基和车尔尼雪夫斯基都既批判而又继承了黑格尔美学的某些方面，发挥了"美是生活"的大原则，从而为现实主义文艺奠定了美学理论基础。

别林斯基既是一个黑格尔的信徒，又是一个坚定的现实主义者，这就造成了他的思想中的许多矛盾。而且他在十九世纪四十年代以后，思想上经过了一些转变，所以前后的论调也不一致。例如他在前期为拥护现实主义而反对浪漫主义，特别强调艺术的客观性；在后期发挥了黑格尔的"情致"说，又特别强调艺术的主观性。他对于艺术和美的本质都有两个不同的提法。一个提法接受了黑格尔的美的定义：艺术是"理念取了观照的形式"（即感性形象），艺术美当然只有在满足了艺术的这个条件才能存在；另一个提法是从现实主义出发："诗是生活的表现，或是说得更好一点，就是生活本身"，"在诗的表现里，生活无论好坏，都同样美，因为它是真实的，哪里有真实，哪里就有诗"。别林斯基所理解的"诗"泛指一般文学，有时甚至包括艺术。他肯定了生活本身就美，而且把美与真紧密联系在一起，这是符合他的现实主义立场的。他的矛盾主要见于他对内容与形式的看法。他认为在内容方面，艺术和哲学并无分别，它们所处理的都是现实的真实；它们的不同在于处理的方式，哲学通过抽象思维而艺术则通过形象思维。"现实本身就是美的，但是它的美是在本质上，在内容上而不在形式上"。现实好比金矿砂，艺术"把它加以洗炼，铸成精美的形式"；艺术只是"用现成的内容，给它一个妥帖的形式"。"形式"仍照黑格尔的用法，指具体形象。从此可见，他把美分为自然美和艺术美两种，自然美只在内容（本质）而不在形式，艺术美只在形式而不在内容。这显然是把内容与形式割裂开来了。但是在谈自己欣赏一座女爱神的雕像时，他却说，"这座美的女爱神既作为理念而美，又作为个体而美"，这里"理念"是内容，"个体"是感性形象，是形式。他称赞这座雕像是"理念与形式的生动的交融"，"生命与大理石的有机的结合"。这样看来，艺术美又在内容与形式的统一体上了。他有时还认为内容重于形式，曾举面貌端方四正而呆板枯燥的女性美为例，说这种"美不能叫人爱，而没有爱伴随着的美就没有生命，没有诗"。在《1841年俄国文学评论》里他讨论普希金的诗时，也说过类似的话：

## 第二十章 关于四个关键性问题的历史小结

普希金的诗好比受到情感和思想灌注生命的那种人眼睛的美；如果去掉灌注生命的那种情感和思想，那副眼睛就会只有点美（Красивые），就不再有神光焕发的美（Прекрасные）了。

这里应该注意的有两点：首先，别林斯基在内容与形式的问题上徘徊于内容加形式以及内容与形式的统一这两个看法之间，统一的看法当然是他的正确的看法。其次，他在内容的问题上又徘徊于"生活"与"理念"之间，而且"生活"往往是作为"生命"来理解的。记住这两点，就可以更好地理解由别林斯基到车尔尼雪夫斯基的发展。

在内容问题上，车尔尼雪夫斯基克服了别林斯基的矛盾，肯定了艺术的内容就是生活。在内容与形式的关系问题上，车尔尼雪夫斯基却始终把内容和形式割裂开来，而且根本抛弃了"内容与形式一致"的提法。此外，还有一点是别林斯基所看到而车尔尼雪夫斯基所没有看到的，就是"艺术中的自然完全不是现实中的自然"，"在诗里，生活比在现实本身里还显得更是生活"。车尔尼雪夫斯基始终坚持艺术美低于现实美。

车尔尼雪夫斯基明确地指出"美是生活"，但是像别林斯基有时主张的一样，他认为现实生活的美只在内容本质上而艺术的美则只在形式上，艺术与现实的区别只在形式而不在内容。这种把内容和形式割裂开来的看法在一定程度上影响到他对艺术，艺术美以及艺术美与现实美的关系等问题的全盘看法。依他的看法，形式变，内容可以不变，作为艺术作品的内容还是作为艺术素材（现实）的内容，因此，艺术就可以成为现实的"代替品"。他没有认识到在艺术创作中，通过艺术家的创造想象和艺术锤炼，内容与形式要经过既互相否定又互相肯定，既互相依存又互相转化的辩证过程，因此，他过低地估计典型化的作用，单就现实一方面来看，将处在素材状态的现实内容和已经艺术处理的艺术作品内容作比较，于是断定艺术美远低于现实美，犹如画的苹果之远低于可吃的苹果。这些结论显然是不能言之成理的。

但是结论的错误并不妨碍所据原则的正确。车尔尼雪夫斯基的基本原则是"美是生活"以及附带的两个命题："美是按照我们的理解应该如此的生活"和"美是使我们想起人以及人类生活的那种生活"。他的艺术定义也是从这个美的定义发展出来的：艺术再现生活，说明生活和对生活下判断，因此成为研究生活的教科书。这些基本原则都是颠扑不可破的。提出这些基本原则，就是车尔尼雪夫斯基对美学的极大贡献。

作为科学的定义，"美是生活"这句话固然过于笼统，但是它毫不含糊地指出艺术不应该从概念出发而应该从现实生活出发。这是德国古典美学以后的重大的转变。别林斯基还徘徊于从理念出发和从生活出发之间而踌躇不决，车尔尼雪夫斯基却斩钉截铁地要从生活出发。这样他就把长期以来由德国唯心主义统治着的美学移转到唯物主义的基础上，从而为现实主义文艺奠定了坚实的美学基础。歌德，席勒和黑格尔等人固然也已早就看到美与生活的密切联系，但是"生活"在车尔尼雪夫斯基的词汇里具有比过去远较丰富的涵义。他是结合当时俄国革命斗争来考虑美与艺术问题的，因而赋予"生活"一词以一种更深刻的社会内容。这就使现实主义文艺担负起远比过去更鲜明的促进阶级斗争的任务。

## 二 形象思维：从认识角度和实践角度来看

从毛主席《给陈毅同志谈诗的一封信》在一九七八年一月发表以来，文艺界一直在进行深入的学习和热烈的讨论，大家都体会到这封信指示出新诗和一般文艺今后发展的大方向，其中最重要的一点是肯定了形象思维在文艺创作中的重要作用。毛主席说，"诗要用形象思维，不能如散文那样直说，所以比兴两法是不能不用的。"毛主席还指出不用形象思维的弊病，"宋人多数不懂诗是要用形象思维的，一反唐人规律，所以味同嚼蜡。"联系到新诗，毛主席指示说，"要作今诗，则要用形象思维方法，反映阶级斗争与生产斗争，古典绝不能要。"这个关于文艺方针的一项极重要的文件解决了美学理论中一个在国内久经争论的问题，彻底粉碎了"四人帮"所鼓吹的"从路线出发"、"主题先行"和"三突出"之类谬论及其在文艺界造成的歪风邪气，为马克思主义文艺理论的发展和我国文艺创作的繁荣奠定了牢固的基础。

编者多年来在介绍西方文艺理论之中不断地述评情感与想象对文艺创作的重要性。凡是看过这部《西方美学史》近代部分的人都会看出述评的主题之一就是形象思维。在这部教材一九六三年出版之后不久，在一九六五年夏季曾有人大张旗鼓地声讨形象思维论，说"所谓形象思维论……正是一个反马克思主义的认识论体系，正是现代修正主义文艺思潮论的一个认识论基础"，"不过是一种违反常识，背离实际，胡编乱造而已"。当时北京文化界曾为此举行过一次座谈会，由反形象思维论者说明他的论点，让与会者讨论。作为形象思维的一个辩护者，编者也应邀参加讨论，提出过一些直率的意见。几个月之后，这篇声讨形象思维论的大文就在陈伯达控制的《红旗》（1966年第4期）上最显著的地方发表了，对座谈会上的反对意见毫未采纳。接着

"四人帮"对知识分子实行法西斯专政,编者对此也就不再有谈论的余地了,但是心里并没有被说服。去年初读到毛主席《给陈毅同志谈诗的一封信》,憋了十几年的一肚子闷气一下子就通畅了。接着在报刊上陆续读到一些讨论形象思维的文章,受到不少的启发。看来意见也还有些分歧,似值得深入地讨论下去,把这个问题弄个水落石出。问题的牵涉面很广,这里只能从美学史出发,从认识和实践的角度来提出一些看法,请同志们批评指正。

首先来谈一下反形象思维者控诉形象思维论的一个罪状:"违反常识,背离实际,胡编乱造。""形象思维"这个词要涉及语言学的常识。它在英文和法文是Imagination,在德文是Einbildung,在俄文是Воображение;相应的字根是Image,Bild和Образ,意思都是"形象",派生的动名词就是"想象","形象思维"和"想象"所指的都是一回事:过去常用的是"想象",到了十八世纪中期德国黑格尔派美学家移情说的创始人弗列德里希·费肖尔(见本编第十八章)在《论象征》一文[①]里说过:"思维方法有两种:一种是用形象,另一种是用概念和文词;解释宇宙的方式也有两种,一种用文词,另一种用形象。"在俄国较早用"形象思维"这个词的是别林斯基。这两人都是用"形象思维"来诠释"想象"。"名者实之宾",先有事实而后才有把它标出的词。无论在外国还是在中国,"想象"都是有事实可指的,字源很古的而且现在还是日常生活中经常运用的词,绝不是什么"违反常识,背离实际,胡编乱造"。汉语"想象"这个词,屈原在《远游》里就已用了("思故旧以想象兮"),杜甫在《咏怀古迹五首》里也用过("翠华想象空山里")。汉语文字本身

---

① 《论象征》,载在作者的《批评论丛》,德文本,第四卷,第四三二页以下。

就大半是形象思维的产品,许慎《说文解字序》里所说的六书之中"象形","谐声","指事"和"会意"四种都出自形象思维。中国诗文一向特重形象思维,不但《诗经》、《楚辞》和汉魏《乐府》如此,就连陆机的《文赋》和司空图的《诗品》也还是用形象思维而不是抽象说理。难道这一切都是"胡编乱造"吗?

## 1. 从认识角度来看形象思维

认识论首先涉及心理学常识,人凭感官接触到外界事物,感觉神经就兴奋起来,把该事物的印象传到头脑里,就产生一种最基本的感性认识,叫作"观念","意象"或"表象"。这种观念或印象储存在脑里就成为记忆,在适当时机可以复现,单纯的过去意象的复现是被动式的。文艺创作所用的却是一种"创造性的形象思维",就各种具体意象进行组织、安排和艺术加工,创造出一个新的整体,即艺术作品。哲学家和科学家对这种来自感性认识的具体事物的意象却用不同于艺术的方式加以处理。那就是用分析、综合、判断和推理,得出普遍概念或规律的逻辑思维。逻辑思维是根据感性认识而比感性认识高一级的认识活动。这个道理毛主席在《实践论》里说的再精辟不过了。"认识的感性阶段就是感觉和印象的阶段","社会实践的继续,使人们在实践中引起感觉和印象的东西反复了多次,于是在人们的脑子里生起了一个认识过程中的突变(即飞跃),产生了概念。""概念同感觉不但是数量上的差别,而且有了性质上的差别。"形象思维属于感性认识范畴,在文艺方面强调形象思维,因为文艺要从现实生活出发而不是从概念公式出发,所达到的成果也不是概念性的理论而是生动活泼的艺术形象。所以毛主席谆谆教导文艺工作者必须深入工农兵群众中去,深入工农兵的实际斗争中去,"到唯一的最广大最丰富的源泉中去,观察、体验、研究、分析一切人,一切阶级,一切群众,一切生动的生活形式和斗争形式,一切文学和艺术的原始材料,然后才有可能进入创作过程。"[①]从此可见,文艺创作之前必须有深入现实生活,加深对现实生活的感性认识,积蓄文艺创作的原始材料。这正是根据马克思主义的认识论和文艺观点。反形象思维论者所提出的公式却是"表象(事物的直接印象)→概念(思想)→表象(新创造的形象)"。这个公式并不符合马克思主义的认识论和文艺观点,其理由有二:首先,概念是逻辑思维的结果,是由感性认识到理性认识的一种飞跃,要经过分析综合和判断推理的复杂过程,表象能简单地就"飞跃"到概念吗?其次,第二个表象即文艺作品,据上述公式,它是由概念产生的,也就是说,文艺是逻辑思维的产品。逻辑思维既然担负了文艺创作的任务,当然就不用形象思维了。这种论点和"主题先行论"倒是一丘之貉。提出这种论点的人反而叫嚷"现代形象思维论是现代修正主义文艺思潮的一个认识论的基础",大家试想一想,这顶大帽子究竟应该给谁戴上才最合适呢?

## 2. 从西方美学史来看形象思维

我们的主要课题是要从西方美学史角度来看形象思维问题。在西方,从古希腊一直到近代,奉为文艺基本信条的是"摹仿自然"。摹仿自然实际上就是反映现实,但这个提法也可能产生误解,以为摹仿即抄袭,因而忽视文艺的虚构和创造作用。柏拉图就有过这种误解。从客观唯心主义出发,他认为只有"理"或"理

---

① 见《毛泽东选集》,第三卷,第八六二页。

式"（Idea）才真实，具体客观事物是理式的摹仿，离真理隔了一层，只是真理的"摹本"或"影子"，至于摹仿具体客观事物的文艺作品和真理又隔了一层，只是"摹本的摹本"、"影子的影子"，也就是虚构的幻想。根据这种理由，柏拉图要把诗人驱逐出他的"理想国"境外。他可以说是西方反对形象思维的第一个人，反对形象思维所导致的结果就是限制文艺的发展，甚至排斥文艺，《理想国》一书的结论正说明了这一点。他的门徒亚里士多德是"摹仿自然论"的坚决维护者，他的《诗学》肯定了诗人要描写的是"按照可然律或必然律可能发生的事"，描写的方式是"按照事物应该有的样子"，在《伦理学》里他还肯定了艺术是一种"生产"、一种"创造"，作品的"来源在于创造者而不在对象本身"。因此，他认为文艺作品虽要虚构，却不因此就虚假；不但如此，它比起记载已然事物的历史"还是更哲学的，更严肃的"，更"带有普遍性"。亚里士多德这些观点已包含了形象思维和艺术创造的精义，尽管他还没有用"形象思维"这个词。[①]在《修辞学》里他还讨论了"隐喻"和"显喻"，这就涉及"比"、"兴"了。

西方古代文艺理论中想象或形象思维这个词最早出现在住在罗马的一位雅典学者斐罗斯屈拉特（Philostratus，170—245）所写的《阿波罗琉斯的传记》（*Life of Apollonius of Tyana*），[②]这里涉及形象思维的一段话是文艺由着重摹仿发展到着重想象的

---

① 参看本编上卷第三章。他用过 Phantasie 这个词，不过指的是被动的复现的幻想活动。参看英国 Butcher 的亚里士多德的《诗学》英译本评注，第一二五至一二七页。不过在近代西文中 Phantasie 也往往用作 Imagination 的同义词。
② 阿波罗琉斯是一位新毕达哥拉斯派学者，这部传记的原文和英译文载英国 Loeb 古典丛书中，参看第二卷，第七七至八一页。

转折点。阿波罗琉斯向一位埃及哲人指责埃及人把神塑造为一些下贱的动物，并且告诉他希腊人却用最好的最虔敬的方式去塑造神像。埃及哲人就问："你们的艺术家们是否升到天上把神像临摹下来，然后用他们的技艺把这些神像塑造出来，还是有什么其他力量来监督和指导他们塑造呢？"他回答说，"确实有一种充满智慧和才能的力量。"埃及哲人问："那究竟是什么力量？除掉摹仿以外，我想你们不会有什么其他力量。"接着就是以下一段有名的回答：

> 创造出上述那些作品①的是想象。想象比起摹仿是一种更聪明伶巧的艺术家。摹仿只能塑造出见过的事物，想象却也能塑造出未见过的事物，它会联系到现实去构思成它的理想。摹仿往往畏首畏尾，想象却无所畏惧地朝已定下的目标勇往直前。如果你想对天神宙斯有所认识，你就得把他联系到他所在的天空和众星中间一年四季的情况，菲底阿斯就是这样办的。再如，你如果想塑造雅典娜女神像，你也就必须在想象中想到与她有关的武艺、智谋和各种技艺以及她如何从她父亲宙斯的头脑中产生出来的。②

这里值得注意的是"想象也能塑造出未见过的事物"，会"联系到现实去构思成它的理想"，而且在塑造人物形象时须联系到人物的全部身世和活动去构思，足见想象仍必须从现实生活出发，但不排除虚构和理想化。这里也可看出典型人物的要义。

--------

① 指上文谈到的一些著名的希腊神像雕刻。
② 据希腊神话，雅典娜是智慧女神、工艺女神和女战神，又是雅典城邦的女护神。她母亲怀她时，她父亲宙斯把她母亲吞吃下去，雅典娜是从宙斯头脑里生出来的。

涉及的题材是神话，据黑格尔对象征型艺术的论述，希腊众神都是荷马和赫西俄德两位史诗人按照人的形象把他们创造出来的，每个神都代表一种人物，所以各是一种典型，也各是一种形象思维的产品。

斐罗斯屈拉特生在公元三世纪左右，基督教已在西方开始流行。基督教在欧洲统治达一千几百年之久，到文艺复兴才渐受冲击。它对文艺在创作和理论两方面都起过很大影响。单就形象思维来说，读者不妨参考黑格尔的《美学》第二卷，特别是论象征型艺术中涉及希腊、中世纪欧洲以及古代埃及、印度和波斯的宗教和神话的部分。从此可见，形象思维是各民族在原始时代就已用惯了。

对于一般关心西方美学史和文艺批评史的人来说，注意力宜集中到由封建社会过渡到资本主义社会近代五百年这段时间里。在这段时间里，社会制度和人类精神状态都在随经济基础和自然科学的发展起着激烈的变化。哲学界进行着英国经验主义对大陆理性主义的斗争，文艺界进行着以英德为代表的浪漫主义对法国新古典主义的斗争。这两场意识形态领域里的斗争是互相关联的，都反映出上升资产阶级对封建制度的冲击以及个性自由思想对封建权威的反抗。十七世纪欧洲大陆上流行的是笛卡尔、莱布尼茨和沃尔夫等人的理性主义。当时所谓"理性"还是先天的，先验的，甚至是超验的，不是我们现在所理解的以感性认识为基础的理性认识。和大陆理性主义相对立的是当时工商业较先进的英国的培根、霍布斯、洛克、休谟等人所发展起来的经验主义。他们认为人初生下来时头脑只是一张白纸，生活经验逐渐在这张白纸上积累下一些感官印象，这就是一切认识的基础。他们根本否认有所谓无感性基础的"理性"。肯定感性认识是一切认识的基础，这是经验主义的合理内核。形象思维在文艺创作中的作用日益受到重视是和经验主义重视感性认识分不开的,也是和浪漫主义运动对片面强调理性的法国新古典主义的反抗分不开的。新古典主义的法典是布瓦洛的《论诗艺》。这部法典是从笛卡尔的良知(Bonsens)论出发的,强调先天理性在文艺中的主导作用:

> ……要爱理性,让你的一切文章
> 永远只从理性获得价值和光芒。
> ——《论诗艺》,I,37—38 行。

全篇始终没有用过"想象"这个词。但在英国,比布瓦洛还略早的培根就已在强调诗与想象的密切关系。在他的名著《学术的促进》里,培根把学术分成历史、诗和哲学三种,与它们相适应的人类认识能力也有三种,记忆、想象和理智。他的结论是"历史涉及记忆,诗涉及想象,哲学涉及理智"。从此可见,培根不但已见出形象思维和抽象思维的分别,把文艺归入形象思维,而且还指出复现性想象(记忆)和创造性想象的分别,指出诗不同于历史记载。在《论美》一篇短文里他还指出:形象思维,诗与画却有所不同,诗能描绘人物动作,画却只能描绘人物形状,这也就是后来莱辛在《拉奥孔》里所得到的结论。此后英国文艺理论著作没有不强调想象的。就连本来崇拜法国新古典主义的爱笛生就写过几篇短文鼓吹"想象的乐趣"。到了浪漫主义运动起来以后,想象和情感这一对孪生兄弟就成了文艺创作的主要动力,具体表现在抒情诗歌和一般文艺作品里,也反映在文艺理论里。这是上升的资产阶级的自我中心、力求自由扩张的精神状态的反映,后来虽有流弊,却也带来了一个时期的文艺繁荣。

十八世纪中美学研究也开始繁荣了,大半都受到英国经验主义的影响。涉及形象思维要旨的有两部著作值得一提。一部是意大利哲学家维柯的《新科学》。① 维柯初次从历史发展观点,根据希腊神话和语言学的资料,论证民族在原始期,像人在婴儿期一样,都只用形象思维,后来才逐渐学会抽象思维。在神话研究方面,后来黑格尔在《美学》第二卷论象征型艺术部分以及马克思关于神话的看法多少有些近似维柯的看法。在美学和语言学方面受他影响最深的是他在意大利的哲学继承人克罗齐。现代瑞士儿童心理家皮亚杰(Piaget)也从研究儿童运用语言方面论证了儿童最初只会用形象思维。②

十八世纪另一部值得注意的著作就是初次给美学命名为"埃斯特惕克"的鲍姆嘉通③的《美学》。作者明确地把美学和逻辑学对立起来,美学专研究感性认识和艺术的形象思维;逻辑学则专研究抽象思维或理性认识。

总之,"形象思维"古已有之,而且有过长时期的发展和演变,这是事实,也是常识,并不是反形象思维论者所指责的"违反常识、背离实际、胡编乱造"。这种指责用到他自己身上倒很适合。

## 3. 马克思肯定了形象思维

反对形象思维论者不但打着"常识"的旗号,而且打着"马克思主义的认识论"的旗号,说什么形象思维论是"一个反马克思主义的认识论体系"。上面我们已根据毛主席的《实践论》说明了形象思维所隶属的感性认识的合法地位,现在不妨追问:究

---

① 见本书上卷第十一章。
② 皮亚杰(J.Piaget,1876年生),关于儿童心理学的著作有许多种,其中一种专从儿童语中研究形象思维,他在英国讲过学,有些著作已译成英文。
③ 见本书上卷第十章。

竟马克思本人是不是一位反形象思维论者呢？梅林在《马克思与寓言》一文里论证了马克思继歌德和黑格尔之后，是"一位天生的寓言作者"（faisseur d'allégories né）。①寓言或寓意体诗文就是中国诗的"比"，黑格尔的《美学》第二卷结合象征型艺术详细讨论过，它还是形象思维方式之一。马克思在他的经典性著作里也多次肯定了形象思维。最明显的例子是《政治经济学批判》的"导言"里关于神话的一段话：

……任何神话都是用想象和借助想象以征服自然力，支配自然力，把自然力加以形象化；……希腊艺术的前提是希腊神话，也就是已经通过人民的幻想用一种不自觉的艺术方式加工过的自然和社会形式本身。这是希腊艺术的素材。②

接着谈到社会发展到不再以神话方式对待自然时，马克思说，这时就"要求艺术家具备一种与神话无关的幻想"。"想象"在原文中用的是 Einfildung，"幻想"在原文中用的是 Phantasie，这两个字在近代西文中一般常用作同义词，足见马克思肯定了艺术家要有形象思维的能力，尽管神话时代已过去。在对摩根的《古代社会》的评注里，马克思也是就神话谈到"想象"，把想象叫作人类的"伟大资禀"。毛主席在《矛盾论》里谈到神话时也引了上引马克思的一段话，并且结合到神话中的矛盾变化，指出神话"乃是无数复杂的现实矛盾的互相变化

---

① 参看法文本《马克思恩格斯论文艺》，第三六九至三七〇页的法译文。
② 见《马克思恩格斯选集》，第二卷，第一一三页。

对于人们所引起的一种幼稚的、想象的、主观幻想的变化","所以它们并不是现实之科学的反映"。从此可见,毛主席肯定形象思维,并不是从《给陈毅同志谈诗的一封信》才开始,而是早就在这个问题上发挥了马克思主义。毛主席自己的诗词就是形象思维的典范。

## 4. 从实践角度来看形象思维

马克思主义创始人分析文艺创造活动从来都不是单从认识角度出发,更重要是从实践角度出发,而且分析认识也必然是要结合到实践根源和实践效果。早在一八四五年马克思在《关于费尔巴哈的提纲》里就反复阐明实践的首要作用,他指出:"人的思维是否具有客观的真理性,这并不是一个理论的问题,而是一个实践的问题",费尔巴哈的"主要缺点是:对事物、现实、感性,只是从客体的或者直观的形式去理解,而不是把它们当作人的感性活动,当作实践去理解,不是从主观(应作'主体'——引者)方面去理解";"费尔巴哈不满意抽象的思维而诉诸感性的直观,但是他把感性不是看作实践的,人类感性的活动。"[①]这些论纲是马克思主义哲学的核心。伟大导师毛主席在《实践论》里更加透辟地发挥了《费尔巴哈论纲》的要旨。在这篇光辉的著作里,实践论取代了过去的认识论,对哲学做出正本清源的贡献。可惜我们过去在美学讨论和最近在形象思维的讨论中没有足够地深入学习这些重要文献,所以往往是隔靴搔痒。片面强调美的客观性和片面从认识角度看形象思维,都是例证。最近哲学界还有

---

① 见《马克思恩格斯选集》,第一卷,第一六、一九页。

人否认实践是检验真理的标准。这就说明马克思主义在我们头脑里扎根还不深,值得警惕。

从实践观点出发,马克思主义创始人一向把文艺创作看作一种生产劳动。生产劳动,无论就现实世界这个客体还是就人这个主体来看,都有千千万万年的长期发展过程。这道理恩格斯在《劳动在从猿到人转变过程中的作用》一文里已作了科学叙述。[①] 马克思著作中讨论文艺作为生产劳动最多的是在一八四四年写成的《1844年经济学哲学手稿》[②] 这部著作里研究了各种感官和运动器官的发展与审美意识的形成,研究了劳动与分工对人的影响,证明了在劳动过程中人类不断地按自己的需要在改变自然,在自然上面打下了人的烙印(这就是对象或客观世界的"人化"),同时也日渐深入地认识自己和改变自己(这就是作为"主体"的人的"对象化")。

马克思后来在《资本论》第一卷第三编第五章里扼要概括了《1844年经济学哲学手稿》里关于劳动过程对改造客观世界从而改造作为劳动主体的人这个道理:

> 劳动首先是在人与自然之间所进行的一种过程,在这种过程中,人凭他自己的活动来作为媒介,调节和控制他跟自然的物质交换。人自己也作为一种自然力来对着自然物质。他为着要用一种对自己生活有利的形式去占有自然物质,所以发动各种属于人体的自然力,发动肩膀和腿以及头和手。人在通过这种运动去对外在自然进行工作、引

---

① 见《马克思恩格斯选集》,第三卷,第五〇八至五二〇页。
② 1956年出版过中译本,译文艰晦,后未见再版,听说马恩列斯编译局在重译中。

起它改变时,也就在改变他本身的自然(本性),促使他的原来睡眠着的各种潜力得到发展,并且归他自己去统制,我们在这里姑不讨论最原始的动物式的本能的劳动,……我们要研究的是人所特有的那种劳动。蜘蛛结网,颇类似织工纺织;蜜蜂用蜡来造蜂房,使许多人类建筑师都感到惭愧,但是即使最庸劣的建筑师也比最伶巧的蜜蜂要高明,因为建筑师在着手用蜡来造蜂房以前,就已经在他的头脑中把那蜂房构成了。劳动过程结束时所取得的成果已经在劳动过程开始时存在于劳动者的观念中,已经以观念(或理想)的形式存在着了。他不仅造成自然物的一种形态改变,同时还在自然中实现了他所意识到的目的。这个目的就成了规定他的动作的方式和方法的法则,他还必须使自己的意志服从这个目的。这种服从并不是一种零散的动作,在整个劳动过程中,除各种劳动器官都紧张起来以外,还须行使符合目的的意志,这表现为注意,劳动的内容和进行方式对劳动者愈少吸引力,劳动者就愈不能从劳动中感到自己运用身体和精神两方面的各种力量的乐趣,他对这种注意的需要也就愈大。①

马克思的这番教导对于美学的重要性无论怎样强调也不为过。它会造成美学界的革命。这段话不仅阐明了一般生产劳动的性质和作用,同时也阐明了文艺创作作为一种生产劳动的性质和作用。建筑是一种出现较早的艺术,已具有一切艺术活动的特征。

---

① 参看中文版《资本论》,第一卷(上),第二〇一至二〇二页,校对过德文本对译文稍作修改。

建筑师用蜡仿制蜂房，不是出于本能，而是出于自意识，要按照符合目的的意识和意志行事。在着手创作之前，他在头脑中已构成作品的蓝图，作品已以观念（或理想）的形式（原文是副词ideel）存在于作者的观念或想象（原文是Vorstellung，一般译为"观念"或"表象"，法译本译为"想象"）中，足见作品正是形象思维的产品，更值得注意的是形象思维不只是一种认识活动而是一种既改造客观世界从而也改造主体自己的实践活动，意识之外还涉及意志，涉及作者对自己自由运用身体的和精神的力量这种活动的欣赏。也就是在这个意义上，劳动（包括文艺创作）会成为人生第一必需。

从这个观点来看形象思维，它的意义与作用就比过去人们所设想的更丰富更具体了。过去美学家们在感官之中只重视视觉和听觉这两种所谓"高级感官"和"审美感官"，就连对这两种感官也只注意到它们的认识功能而见不出它们与实践活动的密切联系。马克思在《1844年经济学哲学手稿》里五种感官都提到，特别阐明在人与自然的交往和交互作用的过程中，双方都日益发展，自然日益丰富化，人的感官也日益锐敏化。五官之外马克思还提到头、肩、手、腿之类运动器官，恩格斯特别强调人手随劳动而日益发展是由猿转变到人的关键。"手变得自由了，能不断地获得新的技巧"，完善到"仿佛凭着魔力似地产生出拉斐尔的绘画，陶瓦尔德生的雕刻和巴加尼尼的音乐"。

## 5. 近代心理学的一些旁证

近代心理学的发展也给感性认识与实践活动的密切联系提供了一些旁证。

第一个旁证就是法国心理学家夏柯（Charcot）、耶勒（Janet）

和库维（Coué）等人根据变态心理所发展出来的"念动的活动"（Ideomotor acfivity）说。依这一学说，头脑里任何一个固定化观念（或意象）如果不受其他同时并存的观念的遏制作用，就往往自动机械似地转化为动作，例如人格分裂症和睡行症之类情况。即在日常生活中，"念动的活动"的事例也不少，例如专心看舞蹈或赛跑，自己的腿也就动起来，看到旁人笑或打呵欠，自己也不知不觉地照办。法国另一个著名的心理学家芮波（Th.Ribot）把"念动的活动"应用到文艺心理学里，写出了《创造性的想象》（*L'Imagination creatrice*）[①] 一书。他从各方面研究了形象思维。另外一个法国著名的美学家色阿伊（G.Séailles）在他的《艺术中的天才》（*Le Génie dans l'art*）[②] 里也详细讨论了"念动的活动"与形象思维的问题，特别是其中第三章。这一类的著作对于研究形象思维问题的人们都是不可忽视的资料。

第二个旁证是关于筋肉感觉（Kiuetic sensation）或运动感觉（sense of motion）的一些研究。[③] 过去只提五官，现在又添了一种感觉到运动的筋肉感官。感觉到运动也就要在脑里产生一种意象，而这种运动意象也就要成为形象思维中的一个因素。近代美学中费肖尔父子和立普斯派的"移情作用"以及谷鲁斯派的"内摹仿作用"都是从研究运动感觉而提出的。[④] 编者过去读过一部评论意大利弗罗棱斯派绘画的名著。作者是本世纪初还活着的英国人，可惜因自己年老，想不起他的名字了。这部评论特别着重

---

① 1926年，巴黎F.Alcan书店出版。
② 1923年，同上书店出版。
③ 参看德国心理学家闵斯特堡（H.Münsterburg）的《心理学》，有英译本，在美国出版。
④ 参看本书下卷第十八章。

绘画作品对观众心中所产生的筋肉紧张或松弛的感觉。其实这种看法在我国早已有之。画论中所提的"气韵生动",文论中所提的"气势"、"骨力"、"雄健"、"阳刚"和"阴柔"之类观念至少有一部分与筋肉感觉有关。传说王羲之看鹅掌拨水,张旭看公孙大娘舞剑,从而在书法上都大有进展。还有一位名画家画马之先,脱衣伏地去体验马的神态姿势,这些都必然要借助于筋肉感觉。不过造型艺术(雕刻和绘画)之类"空间艺术",一般较难表现运动,所以文克尔曼主要从希腊雕刻入手,才得出伟大艺术必以"静穆"为理想的片面性结论。筋肉感觉起作用最大的是音乐、舞蹈和诗歌之类"时间艺术"。这一类艺术都离不开节奏,而节奏感主要是一种筋肉感或运动感。我们不妨挑选一些描绘运动的作品来体验一下,例如:

> 噫吁戏,危乎高哉!蜀道之难,难于上青天!
> （李白《蜀道难》）

> 荡胸生层云,决眦入归鸟。会当凌绝顶,一览众山小。
> （杜甫《望岳》）

> 昵昵儿女语,恩怨相尔汝。划然变轩昂,勇士赴敌场。……跻攀分寸不可上,失势一落千丈强。
> （韩愈《听颖师弹琴》）

读这类作品,如果不从筋肉感觉上体会到其中形象的意味,就很难说对作品懂透了。历来在诗文上下功夫的人都要讲究高声朗读,其原因也正是要加强抑扬顿挫所产生的筋肉感觉,从而加深对诗文意味的体会。

第三个旁证是关于哲学界和心理学界对"有没有无意象的思想"（imageless thought）问题的争论。编者在欧洲学习时正赶上这场争论，报刊上经常有报导，①一位英国学者（名字记不起了）写过一部书评价了这场争论。所谓"无意象的思想"就是一般所谓"抽象的思想"。抽象思想的存在是不容否认的，坚持没有"无意象的思想"的一派人的出发点还是理性认识不能没有感性认识的基础这一基本原则。值得注意的是这派人也正是强调筋肉感觉的。记得他们所举的事例之一是"但是"这个联结词。从表面看，这个词及其所代表的思想是一般性的，无意象的。说它是"有意象的"，他们却也拿出了心理学实验仪器所记录下来的筋肉感觉转向的证据——筋肉在注意力强化、弱化或转向时都产生不同的感觉，留下不同的意象。所以像"但是"、"如果"这类词所代表的思想毕竟还不是完全无意象的。这一点旁证可以帮助我们更好地理解马克思在上引一段话里所提到的"劳动器官紧张"和表现为"注意"的"符合目的的意志"活动。

## 6. "艺术作品必须向人这个整体说话"

从以上所述各点可以看出形象思维这个问题是很复杂的，绝不能孤立地作为一种感性认识活动去看，既不涉及理性认识，更不涉及情感和意志方面的实践活动。这种形而上学的机械观在美学界至今还很流行。病根在于康德的《判断力批判》上部这一美学专著。康德在这里用的是分析法。为科学分析起见，他把人的活动分析为认识和实践两个方面，认识活动又分为感性和理性两

---

① 如果查本世纪二十至三十年代的英国哲学刊物"Mind"，可能还查得出。

个方面，实践活动又分为互相联系的意志和情感两个方面。接着他就在这个体系中替审美活动或艺术活动找一个适合的位置，把它分配到感性认识那方面去。"界定就是否定"，康德的界定就带来了两个否定，一个是否定了审美活动与逻辑思维所产生的概念有任何牵连，另一个是否定了它与实践方面的利害计较和欲念满足有任何牵连。这样，真善美就成了三种截然分开的价值，互不相干。康德的出发点是主观唯心主义和形而上学的机械观。不可否认他在美学方面做出了一些功绩，但是也应该认识到他的观点所造成的恶劣后果，在文艺界发展为"为艺术而艺术"的风气，在美学界发展成为克罗齐的"直觉说"。从此，文艺就变成了独立王国，摆脱了一切人生实践需要的形象"游戏"。一般对文艺活动没有亲身经验和亲切体会的美学学究们（包括编者本人）中这种形而上学机械观的毒都很深，在十九世纪科学界的有机观特别是马克思主义的唯物辩证法日益占优势已很久了，现在是彻底清算余毒的时候了。

什么是辩证的有机观呢？歌德在《搜藏家及其伙伴们》中第五封信里说得顶好：

> 人是一个整体，一个多方面的内在联系着的能力（认识和实践两方面的——引者注）的统一体。艺术作品必须向人的这个整体说话，必须适应人的这种丰富的统一整体，这种单一的杂多。

要"适应人的这种丰富的统一整体"，艺术活动（包括形象思维在内）就必须发动和发展艺术家自己的和听众的全副意识，意志和情感的力量和全身力量，做到马克思论生产劳动时所说的"从劳动中感到运用身体和精神两方面各种力量的乐趣"。这样才不会对美、美感和形象思维之类范畴发生像过去那样片面孤立因而仍是抽象的观念。

这样一来，美学的任务就比过去远较宽广，也远较复杂了。艺术虽然主要用形象思维，既不以概念为出发点，也不以概念为归宿，但是作为人类古往今来都在经常进行的一种活动，艺术必然也有它自己的逻辑或规律，寻求这种规律是美学中一项比过去更艰巨的工作。过去从英国经验主义派研究观念联想的工作，到近代心理学家们研究"移情作用"、"念动的活动"和运动中的"筋肉感觉""创造性想象"以及儿童运用语言等等问题的工作，都各以某种片面方式在寻求艺术形象思维的规律。对这些工作我们绝不应持虚无主义态度，至少要弄清在现代世界美学方面人们在干些什么。如果我们坚持从马克思主义出发来对待美学方面批判继承和推陈出新的任务，我们就应承认自己的落后。我们不应该浪费时间去发些空议论，而应该按规划、分步骤地多做些踏实而持恒的研究工作，这样才有希望在美学方面完成新时期的历史任务。

## 三 典型人物性格

### 1. 从古代到黑格尔的演变

美的本质问题在历史上一直是与典型问题密切联系在一起的，特别是在德国古典美学家和俄国现实主义美学家们的著作里。别林斯基说过，"没有典型化，就没有艺术"，足见典型问题在实质上就是艺术本质问题，是美学中头等重要的问题。

"典型"（Tupos）这个名词在希腊文里原义是铸造用的模子，

用同一个模子托出来的东西就是一模一样。这个名词在希腊文中与 Idea 为同义词。Idea 本来也是模子或原型,有"形式"和"种类"的涵义,引申为"印象"、"观念"或"思想"。由这个词派生出来的 Ideal 就是"理想"。所以从字源看,"典型"与"理想"是密切相关的。在西方文艺理论著作里,"典型"这个词在近代才比较流行,过去比较流行的是"理想";即使在近代,这两个词也常被互换使用,例如在别林斯基的著作里。所以过去许多关于艺术理想的言论实际上也就是关于典型的。

从同一个模子托出来的无数事物都具有一种普遍性,都具有模子所铸的那种模样。所以典型性与普遍性或一般性是密切相关的,许多关于文艺普遍性的言论也往往涉及典型。最早的而且也很精辟的典型说是亚里士多德在《诗学》第九章里提出来的。他指出诗与历史不同,"历史家描述已发生的事,而诗人则描述可能发生的事。因此,诗比历史是更哲学的,更严肃的,因为诗所说的多半带有普遍性,而历史所说的则是个别的事。"接着他解释"普遍性"说:

> 普遍性是指某一类型的人,按照可然律或必然律,在某种场合会说什么话,做什么事。

但是这种普遍性还须透过"安上姓名"的个别人物表现出来。这里所说的实质上就是典型,尽管他没有用这个词。这个典型说里有三点要义:(1)亚里士多德是从文艺的真实性来看典型问题的,诗比历史更真实(即"更哲学的,更严肃的"),因为诗揭示出普遍性或典型性;(2)诗所写的仍是个别人物("安上姓名"),但是须见出普遍性,这是亚里士多德所理解的一般与特殊的统一,是他在哲学上的一个大贡献,也是他的典型说所依据的基本的辩证原则;(3)这种普遍性不是数量上的总结或统计的平均数,而是规律的体现,须符合"可然律或必然律",所以典型所显示的普遍性就是规律性。像一条红线贯串在《诗学》里的基本思想是:文艺作品必须是有机整体,而有机整体首先要见于动作或情节的前后承续现出必然的内在联系。所以在亚里士多德心目中,典型是与文艺的高度真实性(即普遍性或规律性)和整一性(即"三一律"中的动作的整一)分不开的。

亚里士多德还见出典型与理想的密切关系。他认为最好的创作方法是"照事物应当有的样子去摹仿"。这样的摹仿如果照浮面现象看,或许是"不可能的";但是照本质和规律来看,却仍是"近情近理的"或"可信的"。在《诗学》第二十五章里有一段很深刻的话:

> 一种合情合理的(亦可译为"可信的")不可能总比不合情理的可能还较好。如果指责宙克什斯所画的人物是不可能的,我们就应回答说,对,人物理应画得比实在的更好,因为艺术对原物范本理应有所改进。

从此可见,亚里士多德的看法是辩证的。他首先肯定文艺应以现实人物为范本,其次他又强调文艺在现实基础上应有所改进。"改进"就是"理想化",也就是提炼,集中和概括。由于着重典型的理想化性质,他主张文艺所描述的不是按事实是已然发生的事,而是按规律是可能发生的事。"合情合理的不可能"指宙克什斯集中许多美人的优点所画成的海伦后在事实上不可能存在,但仍然是现实基础上的提高。"不合情理的可能"指偶然事故,虽然事实上可能发生,却不符合规律。艺术应该排除偶然而显示必然。亚里士多德很清楚地指出了:艺术的真实不同于生活的真实，尽管它们有联系。

亚里士多德在《修辞学》卷二里还提出过与艺术典型有别的"类型"，典型的普遍性是符合事物本质的规律性，类型的普遍性只是数量上的总结或统计的平均数，其中不免带有许多偶然的非本质的东西。亚里士多德以年龄和境遇为标准把人分为幼年人，成年人，老年人以及出身高贵的人，有钱的人和有权的人几种类型，并且对每一类型作了很有概括性的描绘。不过他的用意不在要文学家们如法炮制，去创造典型人物性格，而在要他们透懂听众的性格和心理，以便对不同的人说不同的话，才较易产生更好的说服效果。

但是在很长时期以内，在西方发生影响的不是亚里士多德的《诗学》传统，而是他的《修辞学》传统，《诗学》里的典型说没有立刻发生影响，而《修辞学》里的类型说却成为古典主义时期关于人物典型的理论根据。首先发挥《修辞学》里类型说的是罗马诗人贺拉斯。他在《论诗艺》里劝诗人说：

> 如果你想欣赏的听众屏息静听到终场，鼓掌叫好，你就必根据每个年龄的特征，把随着年龄变化的性格写得妥帖得体。

接着他仿亚里士多德的先例，把幼年人，成年人和老年人的类型特征描绘了一番，最后下结论说：

> 我们最好遵照生命的每个阶段的特点，不要把老年人写成青年人，或是把小孩写成成年人。

很显然，不把老年人写成青年人，或是不把青年人写得像个老年人,这不能就算创造了艺术典型形象而只是概念化和公式化。概念化和公式化却恰恰是与真正的典型化相对立的。

类型之外,贺拉斯还提出"定型"说。原来古典主义者号召学习古典,不但要摹仿古人的创作方法,还要借用古人已经用过的题材和人物性格。古人把一个人物性格写成什么样,后人借用这个人物性格,也还是应该写成那样,这就叫作"定型"。例如贺拉斯劝戏剧家写"远近驰名的"阿喀琉斯时,就要按照荷马在史诗里所写的那样,把他写成一个"暴躁,残忍和凶猛的人物",这就像我国过去旧戏写曹操,就要一定把他写成老奸巨猾,不准翻案。这还是概念化和公式化的另一种表现方式。

新古典主义者所崇奉的鼻祖就是贺拉斯。替新古典主义定法典的是布瓦洛。他在《论诗艺》里把贺拉斯的类型说和定型说又复述了一遍,例如:

　　写阿迦麦农应把他写成骄横自私,
　　写伊尼阿斯要显出他敬畏神祇,
　　写每个人都要抱着他的本性不移。

这就是把典型看成定型,十七世纪西班牙戏剧家洛普·德·维迦也是一个新古典主义者,他为典型即类型说提供了例证,在《喜剧写作的新艺术》里,他劝告剧作家说:

　　如果是一位国王在说话,就须尽量摹仿王侯的严肃;
　　如果是一位老年人在说话,就要显出他谦虚,肯思考;如
　　果写男女相爱,就要写出动人的情感。

这就是写类型。与这种类型说密切相关的是美即类型而类型是事

物的"常态"的说法。法国启蒙运动领袖之一孟德斯鸠说过一段话可为代表：

> 毕非尔神父给美下定义，说美是最普通的东西的汇合。一经解释，这个定义就显得很精确。……他举例说，美的眼睛就是大多数眼睛都像它那副模样的眼睛，口鼻等也是如此。

所谓"最普通的"就是"最常见的""最有代表性的"，所以也就是同类事物的常态或类型。自然主义的文艺理论家丹纳也认为凡是能很清楚地显示"种类特征"的就是美的事物。

类型说和定型说的哲学基础都是普遍人性论。依古典主义者的看法，文艺要写出人性中最普遍的东西才能在读者或观众之中发生最普遍的影响，才能永垂不朽。写最普遍的东西就是写类型和定型。普遍人性论是脱离社会历史发展和具体情境而抽象地看人的结果。所以类型说和定型说所着眼的也都是抽象的人，其结果当然写不出具体生动，有血有肉的人。在类型说和定型说的拥护者的眼里，一般和特殊是绝对对立的，为着显出共性，就不得不牺牲个性。

类型说和定型说不但反对个性，而且反对变化，都要求规范化和稳定化。这里可能毕竟有它的阶级根源，反映出过去统治阶级维持统治阶级体统的愿望。

类型说和定型说在西方最流行的时代主要是封建时代，当时文艺所表现的主要是封建社会上层人物，类型和定型的人物描绘有利于维持他们身份的尊严。这从新古典主义时代所定的一些清规戒律中可以看出。

十六世纪意大利诗论家穆粹阿反对把国王写成是平民出身

的，① 十八世纪英国批评家责怪莎士比亚在《柯里拉弩斯》剧本里把一位罗马元老写成一个小丑，就连启蒙运动领袖伏尔泰也责备莎士比亚在《哈姆雷特》里不该把国王写成一个小丑。约翰生针对这两人的指责，从人性论的角度，替莎士比亚进行过辩护，可是他自己还是责备莎士比亚不该让麦克白用"屠夫和厨子在最卑微的任务中所使用的一种工具"（刀）去"干一种重要的罪行"（杀国王）。他们责备的理由都是破坏类型，违犯"合式"（Decorum）那条规则。从此可见，新古典主义者的"守住典型"的口号如果译成具体的语言，就会是"不要让统治阶级的大人物丧失身份"。

法国启蒙运动本来是反对封建以及点缀封建场面的新古典主义文艺的，但是伏尔泰和狄德罗在典型观点上都还没有完全摆脱新古典主义的影响。狄德罗在《谈演员》里很强调理想，而他的理想毕竟还是类型。他曾举莫里哀所写的《伪君子》喜剧为例，来说明"某一伪君子"（现实中个别的伪君子）与"准伪君子"（经过艺术典型化的伪君子）的分别，认为理想的人物（即典型人物）形象应显出同一类型人物的"最普遍最显著的特点，而不是某一个人的精确画像"。从此可见，狄德罗仍是把典型和个性对立起来，为着典型，就宁愿牺牲个性。他的看法如果作为反映法国古典喜剧创作经验来看，倒可以说是正确的，因为法国喜剧写典型人物一般都像莫里哀写《伪君子》那样，把同类人物的"最普遍最显著的特点"突出地表现出来。不过狄德罗对于典型说毕竟作出了新的贡献。首先，他认识到人物性格取决于导致冲突的情境（见《论戏剧体诗》第十三节）。这是主要的一点。其次，他认识到"理想"（即典型）是艺术家先构思好的"内在范本"，然

---

① 见斯宾干：《文艺复兴时代文学批评》，第八七页。

后体现于外在的作品，它是既根据现实而又超越现实的，所以理想总要比现实高一层。这就回到亚里士多德的关于诗的普遍性和理想化的学说，对于打破新古典主义的类型和定型的窄狭圈套，毕竟起了一些推动作用。此外，他虽强调喜剧写类型，却主张悲剧须写个性。

总的说来，十八世纪以前西方学者都把典型的重点摆在普通性（一般）上面，十八世纪以后则将典型的重点逐渐移到个性特征（特殊）上面。所以十八世纪以前，"典型"几乎与"普遍性"成为同义词，十八世纪以后，"典型"几乎与"特征"成为同义词。这个转变主要由于资产阶级个人主义思想的发展。在美学领域里，鲍姆嘉通就首先指出："个别事物是完全确定的，所以个别事物的观念（意象）最能见出诗的性质。"这句话就标志着风气的转变。康德在典型问题上也已超越出过去古典主义派的类型观。他在《美的分析》里把典型叫作"美的理想"，"理想是把个别事物作为适合于表现某一观念的形象显现"，其中包括"审美的规范意象"和"理性观念"两个因素。"理性观念"的例子是慈祥，纯洁，刚强，宁静之类道德品质，这些品质在艺术作品中要通过"审美的规范意象"表现出来。就他用"规范"这个字来看，他仍未摆脱"常态"或"类型"的看法，但是他已认识到只有类型还不够，还要"足以见出特性的东西"。后来在《崇高的分析》里，他又把典型叫作"审美的意象"，说这是"想象力所形成的形象显现，它能引人想到很多的东西，却又不可能由任何明确的思想或概念把它充分表达出来"。这就是说典型形象"寓无限于有限"，具有高度的概括性和暗示性，它是"最完满的形象显现"。承认典型形象所包含的意蕴远远超过某一明确概念所能表达出的东西，这就已不再是类型说或常态说了。康德对典型对于艺术作品的重要性有充分的估计，从他两度认真讨论这个问题以及从他把表达审美意象（即典型形象）的能力看作天才所特有的本领，都可以看出。

近代典型观转变的关键在于上文已提到的希尔特对文克尔曼的批判。文克尔曼所宣扬的"高贵的单纯，静穆的伟大"那个古典理想所指的不是个别人物性格而是整个民族在整个时代中的一种精神面貌，是一种最广泛最抽象的典型。他反对表情和描绘个别人物的特点，所以他的典型观还是属于过去的。希尔特反对他的这种看法，提出"个性特征"来代替他的抽象的"理想"，这样就把典型的重点从一般转到特殊上，这可以说是浪漫主义的典型观的开始。

典型作为"一般与特殊的统一"这条大原则之下的一种事例，从历史发展的角度来看，包括着两个问题：一个问题是：重点是摆在一般上还是摆在特殊上？对这个问题，历史已提供了答案：到了近代，典型的重点已从一般转到特殊。另一个问题是：典型化应该从一般出发还是从特殊出发？在这个问题上，近代美学家们的意见是不一致的。歌德和车尔尼雪夫斯基都主张从特殊出发，而黑格尔和别林斯基都主张从一般出发。

首先把这问题突出地提出来的是歌德。他的语录里有这一段话：[1]

> 诗人究竟是为一般而找特殊，还是在特殊中显出一般，这中间有一个很大的分别。由第一种程序产生出寓意诗，其中特殊只作为一个例证或典范才有价值，但是第二种程序才特别适宜于诗的本质，它表现出一种特殊，并不想到

---

[1] 参看本书第四一六页引文。

或明指到一般，谁若是生动地把握住这特殊，谁就会同时获得一般而当时却意识不到，或只是到事后才意识到。

这里所指出的就是从概念出发与从现实出发的分别。在这个问题上歌德与席勒有明显的分歧。席勒的办法是为一般而找特殊，即从概念出发；歌德的办法是在特殊中显出一般，即从现实生活出发。是否一切特殊都可以显出一般呢？歌德说，"我们应从显出特征的东西开始"，"诗人须抓住特殊，如果这特殊是一种健全的东西，他就会在它里面表现出一般。"所谓"显出特征"就是排除偶然，见出本质；所谓"健全"就是"达到自然发展的顶峰"，是一件事物本质的"完满显现"。从此可见，歌德排除了自然主义，坚决站在现实主义方面。歌德在这里所指出的分别是检查典型理论的一个最稳实的标准。在歌德以后，凡是就典型问题发表过意见的美学家们大概都不外"从概念出发"和"从现实出发"两种。

上文已提到黑格尔所说的"美是理念的感性显现"是美的定义也是艺术的定义，其实也就是典型的定义。典型在他的《美学》里一般叫作"理想"，它是理性内容与感性形象的统一。黑格尔对此曾作如下的说明：

> 遇到一件艺术作品，我们首先见到的是它直接呈现给我们的东西，然后再追究它的意蕴或内容。前一个因素，即外在的因素，对于我们之所以有价值，并非由于它所直接呈现的，我们假定它里面还有一种内在的东西，即一种意蕴，一种灌注生气于外在形状的意蕴。那外在形状的用处就在指引到这意蕴。

这里直接呈现的"外在形状"就是感性形象,"意蕴"是沿用歌德的术语,就是理念或理性内容。这二者的统一才是"理想",典型或艺术美。这个看法也符合歌德所说的"成功的艺术处理的最高成就是美"一条原则。黑格尔始终认为艺术的中心是自在又自为的人而不是只自在而不自为的自然,人物"性格就是理想艺术表现的真正中心",从此可知,典型人物性格在他的美学里所占的地位是首要的。在这种人道主义的观点上,黑格尔也还是和歌德一致的。

但是黑格尔和歌德在出发点上显出基本的分歧。从歌德所指出的"为一般而找特殊"和"在特殊中见出一般"的分别看,黑格尔所理解的创作方法显然是"为一般而找特殊",即从抽象的概念出发。这是他的客观唯心主义哲学体系所必然导致的结论,因为在他体系中抽象的理念先存在,它否定了自己,结合到特殊,才成为具体的理念。黑格尔的典型说,正如他的整个美学体系一样,都错在这个从概念出发而不从现实生活出发上面。

尽管如此,黑格尔对艺术典型的研究毕竟作出极其重要的贡献,值得注意的有以下三点:

第一,黑格尔并不把人物性格看作抽象的东西,而是把它看成和历史环境是不可分割的。他所要求的"理念","意蕴"或内容是某特定时代的一般文化生活的背景(他称之为"一般世界情况")所形成的伦理,宗教,法律等方面的信条或人生理想(他称之为"神"或"普遍的力量")。"普遍力量"或特定时代的人生理想在人物心中所凝成的主观情绪,叫作"情致",情致是"充塞渗透到人物全部心情的那种基本的理性内容",例如"恋爱,名誉,光荣,英雄气质,友谊,亲子爱之类的成败所引起的哀乐"。除了这个由客观环境决定的主观心理倾向之外,还要"一般世界情况"具体化为揭开冲突,推动人物行动的具体"情境"

（例如莎士比亚的《哈姆雷特》所反映的一般世界情况是文艺复兴时代的文化背景，它的具体"情境"就是王子的父亲暴死，母亲和叔父结了婚），人物的"情致"才能体现于行动。

第二，黑格尔不但把人物性格和历史环境联系起来，而且看出人物性格是矛盾对立的辩证发展的结果。这就是他的"冲突"说。人物处在具体情境中，发现了冲突，即成全某一理想就要破坏另一理想的两难境遇。这种冲突就成为他决定在行动上何去何从的"机缘"，这样他才显出他的性格。黑格尔说，"在这个情境和动作的演变中，他就揭露出他究竟是什么样的人，而在这以前，人们只能根据他的名字和外表去认识他"，这就是说，还见不出他的性格。性格要见于动作，而"动作的前提"就是冲突。"人格的伟大和刚强只有借矛盾对立的伟大和刚强才能衡量出来。"以上这两点是黑格尔的辩证发展的观点在典型说上的运用。尽管他运用这种冲突说去解释悲剧时还有不正确的地方，他把人物性格摆在历史发展的辩证过程中去看，在当时还是一种独创的新见解。从着重一般世界情况和具体情境对人物性格的决定作用来看，黑格尔已见出典型环境与典型人物的内在联系。

第三，"意蕴"或理念毕竟要通过感性形象来显现。有了这种感性形象的显现，才算有了艺术作品，也才算有了典型人物性格。所以黑格尔要求典型人物性格须是有血有肉的活生生的人物而不只是理念的象征或符号。依他看，典型人物性格要具有三大特征。第一个特征是丰富性，说明如下：

> 每个人都是一个整体，本身就是一个世界，每个人都是一个完满的有生气的人，而不是某种孤立的性格特征的寓言式的抽象品。

在举例时黑格尔特别推尊荷马和莎士比亚，而斥责法国戏剧的做法，只突出地描写人物的某一孤立性格特征，如《悭吝人》和《伪君子》之类。第二个特征是明确性。一个有血有肉的人在性格上是丰富的，多方面的。但是在这些多方面之中，"应该有一个主要的方面作为统治的方面"，性格才明确。例如莎士比亚所写的朱丽叶"只有一种情感，即她的热烈的爱，渗透到而且支持起她的整个性格"。第三个特征是坚定性，即人物须始终一贯地"忠实于自己的情致"。黑格尔不满意歌德所写的维特，因为维特是一个"软弱的性格"。他特别斥责霍夫曼一派的消极浪漫主义的颓废倾向。他说，"没有人能同情这种乖戾心情，因为一个真正的人物性格必具有勇气和力量，去对现实起意志，去掌握现实。"这里可以见出黑格尔的人道主义精神：典型人物性格应该是健全的人，刚强的人而不是病态的人，颓废的人。总观这几点要求，黑格尔虽然是从一般概念出发，却仍把重点摆在个性特征上，在这一点上他代表了近代艺术观和典型观的新趋向。

在黑格尔以后，对艺术典型问题最重视的是别林斯基。他说典型是"一种对一个人的描绘，其中包括多数人，即表现同一理念的一整系列的人"，例如莎士比亚的奥赛罗是一切妒忌的人的典型。所以他的基本观点是从黑格尔来的，但同时也受到古典主义的类型说的影响，其毛病在于歌德所说的"为一般而找特殊"，即从概念出发。但是他也和黑格尔一样，在重视一般的同时，却强调个性特征。在"熟识的陌生人"一个词里他生动地说明了典型是共性与个性的统一。他的特殊贡献在指出典型性格应该体现时代精神的特征，他已约略见出典型性格与典型环境的密切联系。他认识到典型就是理想，可以高于现实。例如"在一位大画家所作的画像里，一个人比起在照相里还更像他自己"。车尔尼雪夫斯基抛弃了黑格尔的典型说，认为典型化必以现实的个人为基础,在这一点上他接近歌德的观点,比别林斯基前进了一步。但是由于他力图否认想象虚构以及理想化在艺术中的作用,他把艺术典型看成只是对现实中原已存在的典型的再现,从而得出艺术美永远低于现实美的结论。他的事例生动地说明了一点真理:对典型化如果没有正确的理解,就不可能对艺术的本质有正确的理解,也就不可能对艺术美与现实美的关系有正确的理解。

如众所周知,黑格尔的典型观是马克思主义创始人所批判继承而加以彻底革新的。研究马克思主义美学不是本编范围以内的事,但是为着更好地理解黑格尔的典型观,研究一下马克思主义创始人对它的继承和革新,这仍然是必要的。

## 2. 马克思主义的典型环境中的典型人物性格;学习马克思和恩格斯关于典型的五封信的笔记

马克思和恩格斯的典型观是从历史唯物主义的基本原理出发的,具体的资料有五封信:(1)一八五九年四月十九日马克思给拉萨尔的信,(2)一八五九年五月十八日恩格斯给拉萨尔的信,(3)一八八五年十一月二十六日恩格斯给敏·考茨基的信,(4)一八八八年四月初恩格斯给哈克奈斯的信以及(5)一八九〇年六月五日恩格斯给保·恩斯特的信。[①]如果把这五封信摆在一起来比较和分析,就可以见出马克思和恩格斯的典型观包括两个基本原则,一是典型与个性的统一,二是典型人物与典型环境的内在联系。

关于典型与个性的统一,恩格斯给敏·考茨基的信提得最为

---

① 均见《马克思恩格斯选集》第四卷。

## 第二十章 关于四个关键性问题的历史小结

简明：

> "对于这两种环境的人物，①你都用你平素的鲜明的个性描写给刻画出来了；每个人都是典型，而又有明确的个性，正如黑格尔老人所说的'这一个'，②而且应当是这个样子。"

从此可见，恩格斯所提出的典型与个性的统一的原则是就黑格尔学说（这在《美学》第一卷论人物部分讲得更清楚）加以发挥的。恩格斯指出《旧人和新人》这部小说里也还有缺点，例如主角阿尔诺德的性格就过多地"消融到原则里去了"。这是因为作者公开地表明了"自己的立场"或"倾向"。恩格斯声明，"我绝不是反对倾向诗本身"，并且赞美了古今一些有政治倾向的大作家，不过问题在于如何表现倾向。恩格斯接着说：

> "我认为倾向应由情境和情节本身产生出来，而不应特别把它指点出来；作者没有必要把他所写的那种社会冲突在将来历史上会如何解决预告给读者。……依我看，一部有社会主义倾向的小说如果能把现实关系忠实地描绘出来，从而打破对这种关系的流行的世俗幻想，使资产阶级世界的乐观主义受到动摇，使人必然怀疑到现存秩序能否长存下去，如果能这样，纵使作者没有直接提出什么解决

---

① 指敏·考茨基送请恩格斯提意见的小说《旧人与新人》中所写的奥地利盐矿工人和维也纳上层社会人物。
② 引黑格尔的《精神现象学》中的用语。原指个别具体的感性认识。参看本卷第十五章第七节，黑格尔原义不专指艺术中的典型，黑格尔用来论证艺术典型中个性与典型的统一。

办法,甚至不明确表示自己的立场,他也就完全完成了他的任务。"①

这段话可能有两种含义:(一)重申典型性格不应"消融到原则里去"。"倾向"最好是由情境和情节暗示出来。脱离具体的典型环境(即"情境""现实关系"),见不出具体的人物性格及其政治倾向;(二)文艺作品要描绘出丰满而生动的具体形象,才可避免概念化和公式化。这两个涵义在其他几封信里也反复出现,足见它们是现实主义的基本要求。从打破幻想,引起人"怀疑现存秩序能否长存"来看,恩格斯所提出的正是揭露性的批判现实主义的理论基础。

明确地提出"典型环境中的典型人物"而且把这个要求和现实主义密切联系在一起的是恩格斯给哈克奈斯的信。这位英国女作家②在费边社高唱资产阶级民主的喧嚣声中参加过马克思和恩格斯赞助的社会民主联盟。她对东伦敦工人③苦况进行过一些调查,对他们持慈善家的态度予以同情。她的小说《城市姑娘》用了英国小说中常见的穷苦少女被富豪诱奸和遗弃的老故事,写了一些工人阶级贫穷落后、靠救世军之类慈善机关赈救的情况。她把这部小说寄给恩格斯请提意见。恩格斯在复信中说:

"这篇小说还不是够现实主义的。照我看来,现实主义不仅要细节真实,而且还要真实地再现典型环境中的典

---

① 这部分摘自《马克思恩格斯选集》第四卷的引文,大半据原文稍作校改。
② 她的几部小说是用约翰·洛(John Low)这个笔名发表的,《城市姑娘》之外,还有《曼彻斯特的鞋匠》(1890年),《在最黑暗的伦敦》(1891年)等。
③ 华侨码头工人居住区"唐人街"正在这一区。

型人物。你所写的那些人物性格，在他们的限度之内，①是够典型的，但是环绕他们而且促使他们行动的那种环境却不够典型……"

因为像哈克奈斯所写的那样麻木被动、靠上面赈救的工人只有十九世纪头十年才有，而现在《城市姑娘》刚问世的一八八七年，工人阶级在马克思和恩格斯直接参加和指导之下已进行过五十年之久的不断的斗争了，工人的觉悟已提高了。作者把促使工人行动的环境倒退五六十年之久，所以对今天便不够典型了。环境既不够典型，人物性格（如作者所写的那样被动）也就不可能够典型了。这个具体事例生动地说明了典型性格和典型环境之间紧密的内在联系，因为促使剧中人物行动、推动情节发展的正是围绕他们的具体环境。

接着恩格斯再次把典型问题和现实主义的倾向性联系起来，反对当时德国人把"倾向性小说"看作是作者本人政治观点的写照。他说：

"作者愈让自己的观点隐蔽起来，对艺术作品也就愈好。我所指的现实主义甚至可以违背作者自己的见解而表现出来。"

"违背"比"隐蔽"更进了一层，其实都是强调现实主义的客观性。他举现实主义大师巴尔扎克为例，赞扬他的《人间喜剧》把一八一六至一八四八年时期法国上升的资产阶级对贵族社会日盛

---

① 就如你所写的那种麻木被动的工人而言——编者注。

一日的冲击都描写出来了。"在这幅中心图画的周围,他汇集了法国社会的全部历史。"尽管他自己属于正统王权派,他却"违反了自己的阶级同情和政治偏见","看到了自己心爱的贵族必然灭亡",而"毫不掩饰地赞赏自己的政治敌人",即"真正人民群众的代表"。最后他下结论说:"这一切我认为是现实主义的一种最伟大的胜利。"

这段极其深刻的话被不少的文艺理论家误解了。他们想以此为例来证明所谓"世界观与创作方法的矛盾"。事关历史唯物主义的基本原则,在此不可不置辩。

首先,什么是"世界观"?这主要是指唯心史观与唯物史观的分别,其次是指政治上反动(或倒退)与革命(或进步)的分别。再者,什么是"创作方法"?这是现实主义与浪漫主义的分别。事物总是有矛盾的,不能要求一个作家无论在世界观上还是在创作方法上都是"完人"或"赤金"。坚持辩证唯物主义就要看一个作家的主导方面。巴尔扎克的主导方面是什么呢?不错,他是个正统王权派,是同情贵族社会的。但他一生没有参加过实际政治活动。他是个穷作家,住在巴黎一间小阁楼里,每天进行十五到十八小时的写作来勉强糊口,还负了一身债。他在二十多年中写出了八九十部划时代的小说。所以他的主要活动是小说创作。他做过投机买卖,他是一个上升资产阶级的俘虏。我们能拿贵族或正统王权派的大帽子把一个同情新兴阶级的大作家压垮吗?恩格斯没有这样做而是赞扬他对贵族男女的尖刻讽刺,对他的政治上死敌——六月革命中的共和党人的称赞,而且"在当时唯一能找到未来的真正的人地方看到了这样的人"。这难道不是他的主导方面吗?这和他的现实主义的创作方法有什么矛盾呢?

恩格斯称赞巴尔扎克的成就是"这一切是现实主义的一种最伟大的胜利"。这句话究竟应怎样理解呢?修正主义阵营中最著名的匈牙利文艺理论家卢卡契在承认世界观与创作方法矛盾的基础上着重地讨论过这个问题,其结论是巴尔扎克的胜利在于"伟大的艺术,忠实的现实主义和人道主义三者不可分割地融成一体",而"这个统一原则就是关心保卫人格的完整"。他并且说,"这种人道主义就是马克思主义美学中最重大的基本原则。"①说句老实话,读过这番议论之后,我仍觉如堕五里雾中。我的看法很简单。世界观和创作方法本来不应有矛盾。巴尔扎克的世界观本身确实有矛盾,有发展,他原来确实是正统王权派,但是他"违反了(其实就是克服了——编者)自己的阶级同情和政治偏见"。是什么帮助他克服的呢?正是现实主义。作为现实主义的艺术家,他要忠实于现实,就得正视现实,把现实看真看透,这样就看清楚了贵族必然灭亡而工人阶级必然是未来的主人这条历史必由之路,所以恩格斯说,"这一切我认为是现实主义的最伟大的胜利之一。"

在本编《序论》里已介绍过恩格斯给恩斯特的信,为着说明历史唯物主义要求对具体问题作具体分析,切忌贴标签和公式化,其实典型问题也正是这封信中一个最具体的问题。一方面,恩格斯指责恩斯特把对德国小市民阶层的看法强加在挪威小市民阶层身上,没有顾到工商业已很发达的挪威与贫穷落后还保存农奴制的德国在文化和思想觉悟上迥然不同,以德国的小市民来看待挪威的小市民,这就歪曲了双方的典型环境,从而也歪曲了双方的典型人物。另一方面,恩格斯也批判了恩斯特的论敌巴尔的自然主义观点,把妇女看成"雌性类人猿","失去了一切历史

---

① 卢卡契:《美学史论文集》,原书是用德文写的,1954年柏林版第二一二至二一五页。

发展的特点",她的肤色既不是白的或黑的,也不是黄的或红的,而只是一般人的,也就是说,只有类型而根本没有个性。这是普遍人性论的变种,既谈不上个性与典型的统一,更谈不上典型环境中的典型人物了。这是极端的抽象化和公式化,绝对掌握不住艺术所要求的生动鲜明的具体形象。

五封信之中最重要的还是马克思和恩格斯分别给拉萨尔的信。[①]拉萨尔是黑格尔的门徒,马丁·路德的崇拜者,工人运动中的老牌修正主义者,《哥达纲领》的幕后指挥者。他在一八五七年到一八五八年初写了一部历史剧《弗兰茨·冯·济金根》。一八五九年他把这部剧本寄给马克思和恩格斯,还附了一篇《论悲剧观念》的长文手稿。马克思和恩格斯分别回了信,不约而同地提了一些基本一致的批评,特别是都责备他没有抓住农民战争这个主要矛盾。接着拉萨尔又回了马克思一封长信拒绝接受批评,甚至强词夺理,试图证明当时农民战争比骑士内讧"还更反动"。马克思看到他不可救药,就置之不理。这样就结束了德国文学史上曾轰动一时的"济金根论战"。[②]

《济金根》这部历史剧的主题是十六世纪宗教改革时代以济金根为首的在没落中的封建骑士反对东欧各地区封建领主(罗马教廷主管下的诸侯和天主教高级僧侣)的斗争。十六世纪是欧洲封建社会过渡到近代资本主义社会的重要转折点。关于这个时代的历史背景和各阶级力量对比的关系,恩格斯在他的名著《德国

---

[①] 两信都早于前三信,因为较前三信不但更重要而且也更难,所以放在最后介绍详细一点。
[②] "济金根论战"的全部资料载在1956年柏林出版的汉斯·迈耶(Hans Meyer)编的《德国文学批评名著》第二卷第五七九至六三六页。东德里夫希茨(Lifschitz)编的《马克思恩格斯论文艺》也选载了一部分。

农民战争》里已作了深入的分析和叙述，是研究"济金根论战"的首先应掌握的资料。当时社会分成三大阵营：由罗马教廷操纵的天主教反动派，受路德新教影响的市民改良派，以及由闵采尔领导的农民和市民革命派。当时进行过两场性质不同的斗争，一是一五二二年由低级贵族封建骑士济金根和路德派贵族僧侣胡登领导的为维护骑士封建特权而发动的对封建诸侯和高级僧侣的战争，一是一五二四至一五二五年由闵采尔领导的反封建的农民战争。这两场斗争都失败了。失败的原因在当时天主教反动派封建势力虽已渐就衰朽，比起在没落中的封建骑士和初登上历史舞台的穷苦农民和城市平民都还远较雄厚。无论是骑士内讧还是农民联合平民的起义都必须利用对方矛盾，争取同盟军来壮大自己的力量。所以济金根曾试图过利用农民，而济金根失败后，农民也想请济金根的儿子汉斯来领导他们起义。但是这种联盟是根本不可能的，因为封建骑士要维护封建特权，就必须靠压迫和剥削农民才能活下去，而农民却要消灭封建剥削才能活下去，兴旺起来。所以恩格斯指出，"这就构成了历史的必然要求和这个要求的实际上不可能实现之间的悲剧性冲突。"这也就是当时应该"意识到的历史内容"和典型环境。可是《济金根》的作者对此却毫无认识。他扬言他是在写"革命悲剧"。写革命悲剧，他第一步就走错了，不以农民战争而以骑士内讧为主题。至于骑士内讧之所以失败，拉萨尔也看不出这是由于两敌对阶级之间的不可调和性，而认为是下文还要谈到的他在《论悲剧观念》中所说的那个原因，即"目的无限而手段有限"迫使悲剧主角作为"实际政治家"必然要搞欺诈妥协之类的"外交手腕"所犯的过错。这是他的唯心史观和机会主义的大暴露。

马克思在信中承认导致一八四八至一八四九年欧洲革命必然失败的那种悲剧性冲突可以作为一部现代悲剧的中心，但是怀疑拉萨尔"所选择的主题是否适合于表现这种冲突"。他选的主题不是农民战争而是骑士内讧，而且把他的作品叫作"革命悲剧"，这是问题的要害所在。

拉萨尔写《济金根》，显然受到他所推崇的歌德的名剧《葛兹·冯·伯利兴根》的影响。在《葛兹》这部剧本里，济金根就已经是伯利兴根的亲信助手。前后两剧的历史背景的情节也颇类似，都以十六世纪骑士内讧为主题。马克思在信里所以就两剧进行了比较，承认歌德选伯利兴根是正确的而认为拉萨尔选济金根却是错误的。这两剧主角都不是什么英雄人物，伯利兴根是个"可怜的人物"，而济金根也"不过是一个堂吉诃德"。为什么歌德选伯利兴根就对而拉萨尔选济金根就不对呢？马克思回答得很清楚（可惜在中译文里不易看出），因为济金根自以为是革命的，而伯利兴根就不能说是自以为是革命的。这就是说，歌德的目的很单纯，只想写一部以骑士内讧为主题的悲剧，来表达狂飙突进时代的激情，而拉萨尔却声称自己写的是"革命悲剧"，所选的主角济金根还是和伯利兴根一样，都是骑士和垂死阶级的代表，所不同者伯利兴根不自以为在反封建，而济金根却打起了这面旗帜，实际上还是替封建制度做垂死挣扎和宣扬路德新教的妥协主义。在"济金根论战"开始时，拉萨尔还是社会民主阵营内部的人，马克思和恩格斯在给他回信中都还以与人为善的态度对他进行规劝，所以话都很委婉，偶尔还加以赞许，但仍坚持革命原则，根本否定了《济金根》是部"革命悲剧"。革命悲剧就应写革命运动中的典型环境（农民战争）和其中的典型人物（闵采尔）。这是研究"济金根论战"中要首先抓住的一点。

拉萨尔是在一八四八至一八四九年欧洲几次民主革命失败之后写出这部历史悲剧的，他要用济金根的失败来影射当时民主革命的失败，其结论是一切革命都必以失败而告终。这就充分暴露了他的机会主义的世界观。在这方面我们须研究一下他附寄给马克思的《论悲剧观念》那篇冗长而晦涩的手稿,原来他是把亚里士多德的悲剧主角须有过错的论点和黑格尔的悲剧起于冲突双方各有正确的一面和错误的一面,因而导致否定双方的论点杂糅在一起的。在他看,悲剧的冲突起于过度的革命激情与现实条件之间不适应,他把这种情况叫作"目的无限"而"手段有限"的矛盾。就是这种矛盾迫使悲剧主角以"现实政治家"的态度,想方设法施展"外交手腕",不惜"欺骗"和"妥协"。这就说明他对革命力量的信心还不足,对"外交手腕"的信心却过分,所以结果发现自己后面没有军队,他已被军队遗弃了,而敌人却仍旧站在面前,他只得以失败而告终。这就是拉萨尔的"革命悲剧"的"理想",他认为济金根就恰好体现了这个"理想"。马克思在回信里着重地指出"济金根的失败并不是由于他的欺诈而是由于他作为骑士和垂死阶级的代表来反对现存制度"(即封建制度)。这一句话就戳穿了拉萨尔的《论悲剧观念》中的基本观点。拉萨尔还把他的基本观点定为一个永远适用的公式,说"这种悲剧冲突并不仅属于某一次革命,而是在过去和未来的一切革命中都要复演的,例如一八四八至一八四九年乃至一七九二年那些革命都是如此。"他闭目不看这些革命,特别是法国大革命,都起了推动历史前进的作用,都不能说是完全失败。拉萨尔想借散布关于革命的悲观论调来劝人不要革命。他不把革命看成阶级斗争而看成个人野心家争权夺利的工具,为着达到这个目的,就有必要施展"现实政治家"的欺骗妥协之类"外交手腕"。他本人不过是工人运动中一个滥竽充数的领导人物,到后来竟卖身投靠当时欧洲反革命头目俾斯麦,替他当间谍。这种不是悲剧而是滑稽剧的命运在他的那篇《论悲剧观念》里就已露出苗头了。

联系到他的机会主义的政治观点,应特别提出他的反现实主义的文艺观点。《论悲剧观念》充分说明了他先有一套关于"革命悲剧"的公式概念,于是就选济金根和胡登作为体现这套公式概念的角色。他在《济金根》剧本原序里也说他原想把他的思想"写成一篇学术论著",后来改变了意图,"决定写这样一个剧本"。这种写作程序证明了在他眼里文艺不是具体现实的反映,而是主观抽象概念的图解,这正是近来"四人帮"所吹嘘的"主题先行论"。恩格斯所以在回信里直率地告诉他说,"你的观点在我看来是非常抽象而又不够现实主义的。"

在剧本原序里拉萨尔还抛出了他"长久以来十分醉心的一种美学的信念",他"认为德国戏剧通过席勒和歌德取得了超越莎士比亚的进步……特别是席勒戏剧中的更伟大的思想深度"。针对这种"美学信念",马克思和恩格斯提出了在文艺理论上具有头等重要意义的批评。马克思首先指出如果写农民战争:

> "……你就能在高得多的程度上把最近代的思想按其朴素形式表现出来,而现在你在剧本里除宗教自由之外,主要思想就是公民的(法译作'政治的')统一(这就不像农民战争那样能代表'最近代的思想'——引者注)。既然如此,你就当然更要莎士比亚化,可是我认为你的最大过错在于采取了席勒方式,把一些个别人物转化为时代精神的单纯的传声筒。"

恩格斯也指出拉萨尔的创作方法是席勒的而不是莎士比亚的,

> "……你不无理由地拿来记在德国戏剧功劳簿上的那种较大的思想深度和意识到的历史内容,须同莎士比亚戏剧情节的那种生动性和丰满性达到圆满的融合。这种融合

只有到将来才会实现,大概不会由德国人来实现"(这就是说,你的《济金根》还谈不上实现了这个理想——引者注)。

接着恩格斯就指出了拉萨尔的病根在不从现实生活出发,以抽象的说教代替了生动的形象思维:

"……但是还要前进一步,应该让动机通过情节发展本身生动活泼地仿佛自然而然地表现出来,使那些辩论式的论证反而逐渐显得是多余的,尽管我很高兴在这种论证中又看到了你过去在法庭和群众大会上惯施展的那种雄辩才能。"

这就是过分信赖"席勒方式"而忽略了莎士比亚在戏剧发展史上的重大意义。所以恩格斯又进了一次中肯的忠告:

"按照我对戏剧的看法,不应该为了观念而忘记了现实主义,为了席勒而忘记了莎士比亚。"

马克思和恩格斯在信里都强调指出的"莎士比亚化"和采取"席勒式"的分别在实质上是什么问题呢?它就是文艺应从具体现实生活出发,还是从抽象公式概念出发的问题,也就是文艺是否要反映现实,走现实主义道路的基本问题。马克思和恩格斯都坚持文艺要走现实主义道路,他们对《济金根》的批判也主要针对他的反现实主义的创作方法,夸夸其谈地宣扬"伟大的思想深度",却"采取席勒方式",把一些个别人物转化为"时代精神的单纯的传声筒",因此,"在性格描写方面看不到什么特出的东西"(据原文,这句应改译为"在剧中人物身上看不到什么显出特征的东西")。"显出特征的"（Charakteristische）这个词是由德国艺术史家希尔特提出而由歌德加以阐明，接着在文艺理论中得到广泛采用，实际上就是"典型的"，"特征"总是与"个性"联在一起，称为"个性特征"。[①] 所以马克思指责拉萨尔写的人物"没有显出特征的东西"，"济金根也被描写得太抽象"，都是说他没有写出典型的人物性格。恩格斯总是把"典型环境中的典型人物"联在一起来说的，没有典型环境，就不可能有典型人物，因为促使剧中人物采取具体行动的是典型环境。拉萨尔对此根本没有认识，在农民战争是主要矛盾的时代，他却尽力把"当时运动中所谓官方分子（即当时的贵族代表）写得淋漓尽致"，"对非官方的平民和农民都没有给予应有的注意"。其实如果"介绍当时五光十色的平民社会，就会提供完全不同的材料使剧本生动起来"，而且"会把当时贵族的民族运动""摆在正确的角度来看"，看出它的本来的反动面目。拉萨尔没有这样做，是不足为奇的，因为他从唯心史观出发，把古往今来的一切革命都看成是按照一个公式概念进行的，怎么能有"典型环境中的典型人物"呢？

典型人物必具有生动鲜明的个性，而拉萨尔是反对个性化的。在剧本原序中他声明他要"把转折时代的伟大文化思潮及其激烈斗争作为戏剧的真正对象，因此，在这样一出悲剧中，问题不再是关于个人。他只不过是这种普遍精神的最深刻的对抗性矛盾的化身罢了。"接着他攻击"近来在我们艺术中很流行的拙劣的细节描写法"，并且夸口说，"在我这样一个主要靠古代文艺及其光辉作品的哺育而获得艺术观的人看来，这种描写法对于本

---

[①] 参看黑格尔：《美学》第一卷，第二二至二三页，和本书下卷第十三章第二节。

剧是完全不适用的。"恩格斯在回信里仿佛肯定了他反对现在流行的恶劣的个性化,不过把"恶劣的"三字加了着重号,足见个性化有恶劣的与不恶劣的之分。恩格斯并不是在否定他自己在给哈克奈斯信里所强调的典型与个性的统一,而只是反对自然主义派所爱好的细节泛滥和恶劣的个性化。至于拉萨尔攻击个性化,是和他的公式概念化分不开的,同时他也在为他自己写不出生动鲜明的个性开脱责任。恩格斯还说,"一个人物的性格不仅表现在他做什么,而且表现在他怎样做。"接着他就劝拉萨尔在人物描绘方面"稍微多注意莎士比亚在戏剧发展史上的意义"。这几句话特别值得深思。它可能有几层意思,一层意思是接着就提出来的"如果把各个人物用更加对立的方式彼此区别得更加鲜明些"。这就是"反衬法"。例如把济金根一伙人和闵采尔一伙人对比,就可以烘托出双方的真正的动机和性格。另一层意思也是下文接着就提出的"莎士比亚在戏剧发展史上的意义",这就要回到"莎士比亚化"和"席勒方式"的区别。那就是要使人物采取行动的"动机""更多地通过剧情本身的进程生动活泼地,仿佛自然而然地表现出来",而不是通过辩论式的论证使"一些个别人物转化为时代精神的单纯的传声筒"。

以上这五封信是马克思主义创始人运用历史唯物主义对文艺作品进行具体分析的范例。根据这些具体分析,他们对革命的现实主义奠定了一些基本原则。其中所涉及的一些问题,例如文艺应从现实生活出发,还是应从公式概念出发,形象思维与抽象思维在文艺中起什么样的作用,文艺要不要思想性或倾向性和对它如何处理,历史剧和历史小说在现代的地位如何以及如何处理等等,在我国文艺界也经常引起探索和争论。为了澄清这类问题,进一步深入钻研马克思主义创始人关于这类问题的明确教导是绝对必要的。编者希望这个初步尝试能引起较深入的讨论。

## 四 浪漫主义和现实主义

浪漫主义和现实主义这两种创作方法的区别和联系,牵涉到美的本质和艺术的典型化问题,所以在美学上是一个基本问题。不但创作实践,就连美学本身也有浪漫主义与现实主义的两种不同的倾向。例如法国启蒙运动派和德国古典美学以及由它派生的"移情"说是侧重浪漫主义的,俄国革命民主主义派美学则是侧重现实主义的。如果就古代来说,柏拉图和朗吉努斯都有浪漫主义的倾向,亚里士多德和贺拉斯则基本上是现实主义的。美学理论和创作实践本来是密切配合的。

浪漫主义和现实主义作为一定历史时期的文艺流派运动,应该与浪漫主义和现实主义作为在精神实质上有区别的两种文艺创作方法分别开来。前者是文艺史的问题,后者才是美学的问题。这二者有联系,但仍必须区别开来,因为前者局限于一定历史时期,而后者则是带有普遍性的问题。忽视这个区别,就容易造成认识上的混淆。例如在十九世纪三十年代以后现实主义与浪漫主义的论争中,站在民主革命立场的别林斯基和车尔尼雪夫斯基,以及站在无产阶级革命立场的马克思和恩格斯,都坚决反对当时消极的浪漫主义而支持新起的现实主义,因为当时消极的浪漫主义派所代表的是反动的势力,而现实主义派所代表的则是进步的势力。他们把文艺战线上的斗争和政治战线上的斗争结合起来,这是完全正确的。但是不能因此就得出结论:在任何时代,浪漫主义都是必须反对的,只有现实主义才是唯一正确的创作方法。如果这样做,那就是抽去作为流派运动的浪漫主义与现实主义论争中的具体历史内容,根据别林斯基和车尔尼雪夫斯基以及马克思和恩格斯针对那种具体历史内容所发的言论，来判定作为一般创作方法的现实主义和浪漫主义的优劣，因而片面地强调现实主义。事实上这种偏向至今还是存在的。有些人不但在理论和创作实践上都片面地强调现实主义，而且在文学史和文艺批评著作中，在许多历来公认为浪漫主义的作家和作品上都贴上"现实主义"的标签。这个问题关系到我们的文艺创作方法的基本路线，所以值得作进一步的探讨。

## 1. 浪漫主义与现实主义作为文艺流派运动

作为文艺的流派运动，浪漫主义和现实主义都是十八九世纪西方资本主义社会的产物，各有不同的历史背景和阶级内容，起着不同的作用，显出各自的历史局限性。

浪漫运动的鼎盛时期是在法国资产阶级大革命前后约莫三四十年光景，即从十八世纪九十年代到十九世纪三十年代。这个时期西欧各国政治、经济发展不平衡，英国资产阶级已基本掌握了政权，主要的矛盾是大资产阶级与中小资产阶级的矛盾；法国资产阶级力量虽已上升，但还不够雄厚到足以压倒根深蒂固的封建势力，法国革命的爆发和失败就说明了这种阶级力量对比的关系；德国还没有统一，政治上分裂，经济上落后，资产阶级力量很软弱，占统治地位的还是封建势力，德国人民所想望的还不是政治革命而是民族统一。法国革命震撼了全欧洲，各国浪漫运动都或多或少地受到它的影响，它是考验当时各国文艺界人士政治态度的试金石，例如积极的浪漫派与消极的浪漫派的重要区分标志之一就是对法国革命的态度：欢迎，憎恨，或是摇摆不定。雨果，拜伦，雪莱以及侯德林和约翰·保尔都欢迎，夏多布里昂，维尼,拉马丁以及诺伐里斯,克莱斯特等人都憎恨,歌德,席勒和华兹华斯表现出不同程度的摇摆不定。在这一点上浪漫运动有一个值得注意的现象,就是消极的浪漫主义多半来在积极的浪漫主义之前,在英国先有湖畔诗人而后有拜伦和雪莱,在法国先有夏多布里昂而后有雨果,在德国先有许莱格尔兄弟,诺伐里斯等人而后有侯德林,约翰·保尔和海涅。这都反映出法国革命后马上接着来的是反动势力的抬头以及稍晚一些时候民主力量的逐渐上升。

  浪漫运动并不是突然起来的,十八世纪各国启蒙运动在政治上为法国革命作了思想准备,在文艺上也为各国浪漫运动作了思想准备。[①]就流派的演变来说,浪漫主义是对法国十七世纪新古典主义的"反抗",这次"反抗"的旗帜首先是由启蒙运动的领袖们竖起的。法国新古典主义是封建统治势力联合上层资产阶级的妥协局面的产物,虽然也反映出一些资产阶级的生活理想,主要地还是宫廷文艺,所以基本上仍是封建性的。文艺上的新古典主义反映政治上的中央集权,所以它尊重权威,要求规范化,强调服从理性,遵守法则,摹仿古典,用"高贵的语言"写伟大人物和伟大事迹的大排场。高乃依,拉辛和莫里哀在新古典主义的范围里也做出辉煌的成就,但是他们所投合的主要是社会上层少数有教养的人物的矫揉造作的趣味,忽视了人民大众;而且清规戒律的束缚也使他们流于拘板和干枯。到了十八世纪,资产阶级的力量日渐壮大起来了,要求有为资产阶级服务的新型文艺。启蒙运动者所掀起的反新古典主义的浪潮,就是为这种新型文艺铺

---

[①] 这并不妨碍浪漫主义者对启蒙运动所宣扬的"理性的胜利"感到失望和反感。

平道路。这种"反抗"虽然不是很彻底的,但是终于推进了接着起来的浪漫运动。

浪漫运动不是一个孤立的现象。上文已提到它与法国革命前后欧洲政局的联系,现在还要提到它与处在鼎盛时期的德国古典哲学(包括美学)的联系。德国古典哲学本身就是哲学领域里的浪漫运动,它成为文艺领域里的浪漫运动的理论基础。德国古典哲学的基调是唯心主义,其中主观唯心主义(康德和席勒都有这一方面,斐希特是典型的代表),把人的心灵提到客观世界的创造主的地位,强调天才,灵感和主观能动性;客观唯心主义(谢林,黑格尔)则把客观精神提到派生物质世界的地位,并且把人提到精神发展的顶峰,阐明人不仅是自在的,而且是自为的(自觉的),在自在自为这个意义上,人才是绝对的,自由的,无限的。这些哲学观点反映出近代资本主义社会中日益发展的个人主义。它的积极的一方面在于它提高了人的尊严感,唤起了民族的觉醒,促进了对自由独立的要求。在美学方面,康德和席勒等人对美,崇高,悲剧性,自由,天才等范畴的研究,歌德对个性特征的强调,以及赫尔德和黑格尔等人把文艺放在历史发展大轮廓里去看的初步尝试,都起了解放思想的作用,深化了人们对于文艺的敏感和理解,使人们对文艺要求深刻的情感思想和伟大的精神气魄。这些都是对于浪漫运动的积极的影响。德国古典哲学的消极的一方面在于它是唯心的,对精神与物质关系的看法是首足倒置的,把主观能动性摆在不恰当的高度,驰骋幻想,放纵情感,到了漫无约束的程度。特别是斐希特把"自我"提到创造一切和高于一切的地位。这种主观唯心主义的哲学第一步产生了许莱格尔的"浪漫式的滑稽态度"说,把世间一切看作诗人手中的玩具,任他的幻想摆弄;第二步就产生了尼采的"超人"哲学,把人类一切善良的品质都鄙视为"奴隶的道德",只有凭暴力去扩张个人权力才是"主子的道德"或"超人的道德";而文艺则是酒神式的原始生命力的发泄,或是日神式的对人生世相的赏玩。这样就产生了一种双胞胎:政治上的法西斯主义,文艺上的颓废主义。这是消极的浪漫主义的最后下场。

浪漫主义有积极的和消极的之分。这就引起了一个问题:有没有一种统一的浪漫主义风格呢?"消极的"和"积极的"浪漫主义之分始于高尔基,他的话是这样说的:

> 在文学上主要的"潮流",或者是倾向,共有两个:这就是浪漫主义和现实主义。对于人类和人类生活的各种情况作真实的赤裸裸的描写的,谓之现实主义。浪漫主义的定义,过去曾经有过好几个,但是所有的文学史家都同意的正确而又完全周到的定义在目前还没有,这样的定义也没有制定出来。在浪漫主义里面,我们也必须分别清楚两个极端不同的倾向:一个是消极的浪漫主义,——它或则是粉饰现实,想使人和现实相妥协;或者就使人逃避现实,堕入自己内心世界的无益的深渊中去,堕入"人生的命运之谜",爱与死等思想里去。……积极的浪漫主义则企图加强人的生活的意志,唤起人心中对于现实,对于现实的一切压迫的反抗心。
>
> ——高尔基《我怎样学习写作》

这是一个很简赅明确的总结,完全符合浪漫运动的历史实况。这种倾向上的差别主要起于政治立场上的差别:进步的或是反动的,朝前看的或是朝后看的。如果只把浪漫主义看作一个没有阶级内容的统一的流派,没有"积极的"和"消极的"之分,像资产阶级文学史家们所做的那样,那是极端错误的。

但是作为十八世纪末到十九世纪三十年代的流派，浪漫主义中积极的与消极的之分虽是重要的，却也不是绝对的。积极的浪漫主义派作家们多半也还有消极的一面，其原因在于上文所已指出的浪漫运动时期西方各国阶级力量的对比，社会主要矛盾还存在于大资产阶级与中小资产阶级之间（英），资产阶级与封建贵族之间（法），或封建贵族与被剥削阶级特别是农民之间（德），无产阶级虽已逐渐兴起，但是无产阶级与资产阶级的矛盾尚未上升为社会的主要矛盾。所以浪漫主义文艺所反映的是前几类的矛盾，而不是后一类的矛盾。消极的浪漫派多半还是封建残余势力的代言人（法，德）或小资产阶级的代言人（英）；积极的浪漫派也还只是资产阶级中民主力量的代言人。因此，我们不能同意某些文学史家的一种看法，以为十九世纪进步的浪漫主义"就其性质而论是反资产阶级的"；"革命的浪漫主义的优秀作品不能看作资本主义基础的上层建筑"。[①] 难道十九世纪初期的积极的浪漫主义文艺就已经是社会主义基础的上层建筑，而拜伦，雪莱，雨果这些浪漫派诗人就已经是无产阶级的代言人？这种违反马克思主义的对于当时阶级力量对比的错误的估计以及对于社会基础与上层建筑关系的错误的认识，是把浪漫主义的"积极的"与"消极的"之分加以绝对化的最后根源。这种错误的看法忽视了积极的浪漫派都有消极的一面这个历史事实。姑举一点来说，他们毫无例外地都从资产阶级的人道主义出发，宣扬博爱和阶级合作。怎么能说他们"不是资产阶级的上层建筑"呢？

把积极的浪漫派和消极的浪漫派区别开来是必要的，但是如

---

[①] 参看伊瓦肖娃：《十九世纪外国文学史》，第一卷，第二八页。这是混淆上层建筑与意识形态的一个实例。

果把这种区别加以绝对化,就会违反历史事实。姑举一个明显的例子。华兹华斯属于消极的浪漫派,雪莱属于积极的浪漫派,一个厌恶革命,一个同情革命,在政治主张上,两人的界线是划得很清楚的。但是雪莱不但在诗歌创作上有一个学习华兹华斯的阶段,早期作品风格见出华兹华斯的显著的影响,而且在思想上也还有些共同之点,例如两人都宣传博爱,都有泛神论的色彩,都深信大自然对人的神秘力量,都认为解决社会矛盾须通过改革人心。在较小的程度上,雨果与夏多布里昂的关系也是如此。

因此,我们不能同意上述文学史家们的"没有也不可能有一个统一的浪漫主义"的看法。这显然不是高尔基的看法。高尔基明确地指出浪漫主义和现实主义是文学上两个不同的潮流,浪漫主义本身又分积极的与消极的两种不同的倾向。积极的是浪漫主义,消极的也还是浪漫主义,两者都是一般之下的特殊。过去资产阶级文学史家们只看见一般而看不见特殊,上述文学史家们只看见特殊而看不见一般,出发点虽不同,失之于片面性则一。既然同叫作"浪漫主义",就应该具有浪漫主义的共同特征,即既有别于前此的古典主义和后此的现实主义的特征。这种共同特征正是我们所应该确定的。如何确定呢?只有根据当时文学流派发展与转变的历史事实,定义从来是抽象的,特征却是比较具体的。从历史事实看,作为流派运动的浪漫主义具有下列三种显著的特征。

第一,浪漫主义最突出的而且也是最本质的特征是它的主观性。这种主观性反映上升资产阶级的个人主义的进一步发展,受到德国唯心主义哲学的直接影响,同时也是对新古典主义的一种"反抗"。浪漫主义派感到新古典主义派所宣扬的理性对文艺是一种束缚,于是把情感和想象提到首要的地位。他们的成就主要在抒情诗方面,就是小说和戏剧也带有浓厚的抒情色彩。所以法国文学批评家们有时把浪漫主义叫作"抒情主义"。由于主观性特强，在题材方面，内心生活的描述往往超过客观世界的反映。以爱情为主题的作品特别多，自传式的写法也比较流行。由于当时作家个人大半和社会处于矛盾对立，比起过去古典作品来，浪漫派的作品一般富于感伤忧郁的情调，所以席勒把"浪漫的"和"感伤的"看作同义词。这些特点在歌德的《少年维特之烦恼》，夏多布里昂的《阿达那》和《越勒》，拜伦的《哈罗德游记》以及雪莱的抒情短诗里都可以找到典型的例证。这种自我中心的感伤气息在消极的浪漫主义作品里更为突出，有时堕落到悲观主义和颓废主义。个人与社会的对立往往使浪漫派作家们在幻想里讨生活，所以这时期的作品比起过去其他时代，都较富于主观幻想性。积极的浪漫主义派多半幻想到未来的理想世界。例如雪莱的《普洛米修斯的解放》；消极的浪漫主义派则幻想过去的"黄金时代"，例如梯克的仿歌德的《威廉·迈斯特》而作的《弗兰茨·希特巴尔德的漫游记》。

第二，浪漫运动中有一个"回到中世纪"的口号，这说明浪漫主义在接受传统方面，特别重视中世纪民间文学。浪漫主义（Romanticism）这个名词就起于中世纪一种叫作"传奇"（Roman）的民间文学体裁。在德国和在英国，浪漫运动的活动都从搜集中世纪民间文学开始。德国的赫尔德，阿尔尼姆，布伦特诺和格林兄弟，英国的麦克浮森，波赛和斯考特等人在这方面都做过辛勤而卓越的工作，对浪漫派诗歌起了深刻的影响。中世纪民间文学不受古典主义的清规戒律的束缚，其特点在想象的丰富，情感的深挚，表达方式的自由以及语言的通俗。这正是浪漫主义派所悬的理想。此外，对中世纪的崇拜也还有民族因素和民主因素在内：民间文学是各国自己的民族传统，有助于唤起民族的觉醒；它的对象是广大人民，符合当时的民主要求。海涅把"回到中世纪"

看作浪漫主义的定义,足见这是浪漫主义作为流派运动的一个重要的特征,在消极的浪漫主义派的口里,"回到中世纪"却有一个反动的涵义,就是回到中世纪封建制度和天主教会的统治。

第三,浪漫运动中还有一个"回到自然"的口号。这个口号是卢梭早已提出的。卢梭的"回到自然"有回到原始社会"自然状态"的涵义,也有回到大自然的涵义。浪漫主义派继承了这个口号,主要由于他们对资本主义社会的城市文化和工业文化的厌恶。崇拜自然的风气是产业革命的一种反响,产业革命在英国先发生,所以英国浪漫主义有一个感伤主义的前奏曲(后来在其他国家里也有类似情况),感伤主义的诗歌和小说大半是对农村破产的哀挽,对城市腐化的诅咒和对于大自然的歌颂。从此自然景物的描绘成为浪漫主义文艺的一个特点。崇拜自然在当时还是一种新风气,据说在拜伦的《哈罗德游记》问世以前,欧洲人从来不曾歌颂过大海的美,也很少有人去游览威尼斯。自然景物的描绘替浪漫主义作品带来了绚烂的色彩和"异方的"情调。自然崇拜也和当时流行的泛神论(神在大自然中无处不在)有密切的联系,人与自然在情感上的共鸣(移情作用)在浪漫派诗歌中也是一个突出的现象。在消极的浪漫主义里,泛神主义往往流为神秘主义,"回到自然"也成为逃避现实的另一种说法。

浪漫主义的特征当然还不仅此,不过上述三点是主要的,其中首要的是第一点,即反映资产阶级个人主义的对主观情感和幻想的侧重。这些特征是积极的和消极的浪漫主义派所共有的。所以还是有一种统一的浪漫主义的风格,这并不妨碍这两派在显出这些共同特征之中仍各有不同,不能因特殊各不相同而就否定一般。

作为流派,浪漫主义在西欧各国都有过很长的尾声,或是作为传统而成为其他流派的组成部分,不过到了一八三〇年以后,它的鼎盛时期便已过去。资产阶级已取得了统治权,浪漫主义就已完成了它的历史使命,让位给现实主义了。

作为流派,现实主义在西欧是静悄悄地走上历史舞台的,不像浪漫主义那样经历过一场轰轰烈烈的运动,和它的敌对派别(新古典主义)进行过长期的激烈的斗争。它的最大成就是在小说方面,而它的发展达到最高峰是在法英俄三国,法国第一部重要的现实主义作品是司汤达的《红与黑》,出现在一八三一年,英国第一部重要的现实主义作品是狄更斯的《匹克威克外传》,出现在一八三六到一八三七年,俄国第一部重要的现实主义作品是果戈理的剧本《钦差大臣》,出现在一八三六年。所以十九世纪三十年代可以确定为批判现实主义的奠基时期。不过在批判的现实主义出现之前,还有一个素朴的现实主义的前奏曲。例如在英国,菲尔丁和简·奥斯丁在小说方面,乔治·克拉布在诗歌方面,就已显出现实主义倾向,对后来的批判现实主义起过直接的影响。被尊为批判现实主义大师的司汤达和巴尔扎克,狄更斯和萨克雷以及果戈理都不曾用"现实主义"这个名词来标明他们的新型文学。原来"现实主义"这个名词在哲学领域里虽然从中世纪起就经常出现,而在文学领域里,它首次出现是在席勒的《论素朴的诗与感伤的诗》(1795)论文里,在这部论文里"现实主义"是作为"理想主义"的对立面而提出的,现实主义与理想主义的对立就是"素朴的诗"与"感伤的诗"的对立,也就是古典主义与浪漫主义的对立。所以席勒所理解的现实主义就是古典主义,而不是十九世纪的批判现实主义。"批判现实主义"这个名词是到高尔基才提出的。就连用"现实主义"这个名词来标明流派也是很晚的事。在一八五〇年,当批判现实主义高潮已开始过去的时候,有一位法国小说家向佛洛里(Chamfleury)才初次用"现实主义"(Realisme)来标明当时的新型文艺。法国画家库尔柏

（Courbet）和多弥耶（Daumier）等人附和他的主张，办了一个叫作《现实主义》的刊物，才出了六期就停刊了。[①]当时主要口号是"不美化现实"多少受到冉伯伦等北欧大画师的影响，福楼拜也常用"现实主义"这个名词,他的《包法利夫人》的出版（1857）被过去文学史家们称为现实主义在法国的胜利，其实法国现实主义到福楼拜已接近尾声而过渡到左拉的自然主义了。从这番对名词起源的说明，可以见出现实主义作为一个流派运动，是由自发的逐渐变成自觉的。

这种由自发到自觉的情况在几个主要国家里也不尽相同。英国现实主义运动几乎自始至终都是自发的，它不曾和敌对派浪漫主义进行过公开的斗争，没有提出过明确的纲领，也见不出有什么哲学思想的基础。法国现实主义从早期就受过孔德的实证哲学和当时的自然科学的影响，纲领比较明确，自觉的程度较高。俄国现实主义由于结合到当时农民解放运动，一开始就以对浪漫主义和"纯文艺"进行斗争的姿态出现，别林斯基，赫尔岑和车尔尼雪夫斯基等人制定出一套旗帜鲜明的现实主义的文艺理论和美学体系，所以一开始就是一种自觉的运动。关于俄国现实主义文艺思想的发展，我们已有专章介绍，现在只以法国为例来说明批判现实主义的性质和它的发展。

首先，在法国，现实主义虽然是作为对浪漫主义的反抗而出现，但远不如前一时期浪漫主义对新古典主义的反抗那样尖锐而明确。一般地说，法国现实主义派作家并没有完全和浪漫主义划清界线。他们有许多人是由浪漫主义转到现实主义的。例如第一个现实主义的代表司汤达的《拉辛和莎士比亚》曾被某些文学史

---

[①] 参看麦克杜威尔（A.McDowall）的《现实主义》，伦敦版，第二二页。

家称为"现实主义作家的宣言",①其实这部论文是攻击新古典主义而维护浪漫主义的。他的小说无疑有现实主义的一面,但是也还有浪漫主义的一面。巴尔扎克也是如此。所以在法国人自己写的文学史里(例如朗生的《法国文学史》),司汤达和巴尔扎克都归到《浪漫主义的小说》章;丹麦文学史家勃兰德斯在《十九世纪欧洲文学主潮》里也把他们归到《法国浪漫派》一卷里。

其次,法国现实主义不但朝过去看没有和浪漫主义划清界线,朝未来看也没有和自然主义划清界线。福楼拜有一段话足以说明这个问题:

> 大家都同意称为"现实主义"的一切东西都和我毫不相干,尽管他们要把我看成一个现实主义的主教。……自然主义者所追求的一切都是我所鄙视的,我所苦心经营的一切也是他们漠不关心的。在我看来,技巧的细节,地方的资料以及事物的历史精确方面都是次要的,我所到处寻求的只是美。②

从此可以看出两点:第一,法国现实主义到了福楼拜时代才正式当作一面旗帜打出,才多少成为一种自觉的运动,他的门徒要推他为"主教"。第二,这个现实主义是与自然主义混为一事的。福楼拜所说的"他们"是指在他的《包法利夫人》的影响之下所形成的以左拉为首的自然主义派。这个自然主义派还自认是现实主义派。这也并不奇怪,因为法国现实主义一开始就有自然主义

---

① 参看伊瓦肖娃:《十九世纪外国文学史》,第一卷,第一〇二页。
② 夏莱伊(Challaye):《艺术与美》,法文版,第一一五至一一六页的引文。

的倾向。过去法国人一般都把现实主义看作自然主义。朗生在《法国文学史》里就把福楼拜归到《自然主义》卷里,他根本不曾用过"现实主义"这个名词。夏莱伊在《艺术与美》里介绍现实主义时劈头一句话就是:"现实主义,有时也叫作自然主义,主张艺术以摹仿自然为目的。"

为什么法国人竟把现实主义和自然主义混淆起来呢?因为在法国,这两个应该区别开来的流派具有共同的哲学和美学的思想基础,这就是孔德的实证哲学以及丹纳根据实证哲学发展出来的自然主义的美学观点。孔德强调实证科学的任务在通过观察和实验,研究现象界的"事实",从其中找出规律。所谓规律只是休谟所说的"事实"或现象之间并存和承续的关系。事物的本质以及内在的因果关系都是不可知的,毋庸深究的。他在科学系统之中添了一门"社会学",但是社会学也还是要用自然科学方法去研究。他还宣扬一种以"人道"代替上帝的,"以爱为原则,秩序为基础,进步为目的"的宗教。他是一个阶级调和论者,曾写信呼吁巴黎工人阶级不要参加一八四八年的革命。他要通过博爱,来维持资本主义社会的秩序和促进它的进步的企图是明显的。丹纳把实证主义应用到文艺理论上去,提出一种决定论:文艺取决于"种族,社会氛围和时机"三因素。① 在《艺术哲学》里他把普遍人性论作为他的美学的支柱,认为文艺要表现人性的"特征"(注意:这和歌德所强调个性"特征"恰恰是相反的),人的最本质的特征是他的长久固定不变的特征,这当然只能指原始人的动物性本能。他也是孔德的"人

---

① 丹纳:《英国文学史序文》。

道"教的信徒，声称人性中对社会最有益的特征是爱。① 很显然，这种运用庸俗化的生物学观点于文艺领域的企图最后还是为调和阶级矛盾服务的。这种美学观点之所以称为"自然主义"的，是因为他不但打着自然科学的招牌，而且把社会人还原到"自然人"来追求人的本性。

这种要把文艺纳到自然科学范围的思想在十九世纪法国现实主义派之中是相当普遍的。当时最大的文学批评家圣博甫就用自然科学的方法处理他所研究的作家和作品，声称自己得力于早年的医学训练。巴尔扎克在《人间喜剧序文》里认为"社会类似自然"，自然中有许多"动物种类"，社会中也有许多"社会种类"，于是提出一个问题：

> 如果毕丰（法国生物学家）在试图把全体动物都在一部书中描绘出来之中，写出了一部辉煌的作品，② 是否也可以就社会来写一部这种作品呢？

他承认他自己的"《人间喜剧》在他脑里初次动念……就由于对人道与兽性所做的比较"。所以左拉要运用贝尔纳的《实验医学研究》来建立实验小说，并不是创举而是继承法国现实主义的老传统：

> 在每一点上我都要把贝尔纳做靠山。我一般只消把"小说家"这个名词来代替"医生"这个名词，以便把我的思

---

① 丹纳：《艺术哲学》，第五编，第三五〇至三五七，三七五至三七七页。
② 指毕丰（Buffon）的《自然史》。

想表达清楚,使它具有科学真理的精确性。
——《实验小说》,法文版,第二页。

从此可见,法国现实主义所具有的一套哲学思想基础和一套明确纲领是与自然主义一致的。

要使文学具有"科学真理的精确性",这是左拉的理想,也是他的现实主义派前辈的理想。这个理想就注定了现实主义派对文艺客观性的侧重。客观性是现实主义的一个基本特征。这有不同的提法,最突出的是巴拿斯派诗人所提的"不动情感"(Impassibilité)和福楼拜所提的"取消私人性格主义"(Impersonalisme)。这就是说,作家应像一面镜子那样很客观地如实地反映现实,不流露自己的情感,甚至不让自己私人性格影响到对事物的描绘。

问题在于如何理解"科学真理的精确性"。现象的精确性和本质的精确性是两回事,自然主义者所看重的是前者,而真正的现实主义者所看重的却是后者。这是现实主义与自然主义的基本分野所在。但是法国现实主义派是按照孔德的"现象界的事实"来理解现实的,所以往往片面地强调细节的精确性。例如司汤达认为听众所要求于作家的是"关于某一种情欲或某一种生活情境的最大量的细小的真实的事实";[①] 巴尔扎克说得更明确:"只有细节才形成小说的优点"。[②] 过分看重细节往往使作品流于法国美学家顾约(Guyau)所说的"烦琐主义",特别是在丹纳的自然主义美学思想的影响之下,法国现实主义派作家们往往就家

---

[①] 司汤达:《给巴尔扎克的信》,1840年10月30日。
[②] 维亚尔和丹尼斯:《十九世纪文论选》,第二五一页的引文。

族世系，自然环境以及人物生理特点这些方面的细节，进行冗长的描绘。这个毛病连最杰出的代表巴尔扎克也在所不免，到了左拉就发展到极端。典型的例子是左拉的《卢贡家族的家运》，其中有一处作者离开主题，写了一个一百四十三页的插曲，对普拉桑镇市和卢贡家族的起源作了极其烦琐的描述。细节的堆砌总不免要掩盖事物的本质。

但是法国现实主义派大师司汤达和巴尔扎克毕竟在小说方面做出辉煌的成就，创造出一些令人难忘的典型人物性格。他们的思想也还有另一方面，就是艺术的真实不等于自然或现实的真实，艺术的真实要通过典型化或理想化来表现。关于这一点，巴尔扎克是说得很明确的：

> 在现实里一切都是细小的，琐屑的；在理想的崇高境界里一切都变大了。[1]

他并且提到自己创造典型的方法是通过"许多同类人物性格特征的组合"[2]，这也就是通过集中，提炼，概括化和理想化。

现实主义的最大贡献之一在于它扩大了文艺题材的范围。首先，由于它在十九世纪主要是批判性或揭露性的，它抛弃了过去古典主义和浪漫主义都遵守的避免丑恶的戒律。现实主义派所描绘的毋宁说绝大部分都是社会丑恶现象。法国美学家塞阿依甚至把现实主义叫作"丑恶的理想主义"[3]，这就是说，把丑恶提升

---

[1] 巴尔扎克：《给伊波立特·卡斯提尔的信》，据上引《十九世纪文论选》，第二六一页的引文。
[2] 巴尔扎克：《人间喜剧序文》。
[3] 塞阿依（Séailles）：《艺术中的天才》，第一六一页。

到理想。其次，由于反映当时广大人民的民主力量的兴起，现实主义派也抛弃过去专写伟大人物和伟大事迹的习尚，有意识地描写社会下层人物。在俄国现实主义作家之中，写"小人物"是作为一个正式的口号提出来的。

但是现实主义在扩大题材方面的最重要的成就还在于使小说成为整个时代各阶层的生活各方面的活动画片，而不只是像过去那样只限于某一主角的描绘或某一主要情节的叙述。巴尔扎克把这种范围扩大到整个时代的小说叫作"人情风俗史"。在自序《人间喜剧》的意图时，他说：

> 偶然机缘是世界上最伟大的小说家：要求丰产，只消去研究偶然机缘。法国社会将会是一个历史家，我只应做它的秘书。通过编制善恶行为的清单，搜集各种情欲的主要事实，描绘各种人物性格，选择社会中的主要事件，用许多同类人物性格特征的组合来塑造典型人物，我也许终于能写成许多历史家们所遗忘了的历史，即人情风俗的历史。①

《人间喜剧》就写出十九世纪前期的整个法国社会，所以恩格斯在给哈克奈斯的信里曾给予以很高的评价，说"从这部历史里，就连在经济细节上我学到的东西也比从当时专门历史家，经济学家和统计学家的所有著作里学到的还要多"。在不同程度上，狄更斯和果戈理这些现实主义派大师也都写出了整个时代的人情风

---

① 巴尔扎克：《人间喜剧序文》，引文头一句的"偶然机缘"（hasard）指一切事件所难免受影响的偶然事故，它在这里人格化了。

俗史。最光辉的例子也许是托尔斯泰的《战争与和平》。

十九世纪批判现实主义派作家虽然比起过去各流派的作家有远较广阔的视野，对社会现实表现出远较严肃的关注，但是对社会矛盾的本质却没有明确的认识，因而见不到解决社会矛盾的出路。这也决定于他们的阶级根源。

批判现实主义之代替浪漫主义，是在一八三〇年七月革命以后，当时资产阶级势力虽已巩固，而资本主义社会的病态却也日益恶化，无产阶级与资产阶级的矛盾已日渐上升为社会中主要矛盾了。

现实主义派作家们已丧失了浪漫主义派作家们的那种热情，也抛开了浪漫主义派作家们的那种主观幻想，把当时社会黑暗现象赤裸裸地揭露出来，可以激起广大人民要求民主改革的义愤和斗志，所以他们起了一些进步的作用。但是他们大半还是站在资产阶级或小资产阶级的立场上，对工人阶级的新生力量毫无认识或认识不够，所以除掉感觉到自己所属的那个垂死阶级软弱无能以及自己所经历的那种社会生活毫无意义之外，束手无策，看不见有什么出路，至多也只是随着孔德宣扬博爱，企图通过阶级合作来缓和阶级矛盾。高尔基曾把批判现实主义派作家们称为"资产阶级的浪子"，肯定了他们"对现实的批判态度具有很高价值"，但是也一针见血地指出他们的局限性：

> 资产阶级的"浪子"的现实主义是批判的现实主义。这个主义除揭发社会的恶习，描写家族传统，宗教教条和法规压制下的个人的"生活和冒险"外，它不能够给人指出一条出路。它很容易就安于现状了，但除了肯定社会生活以及一般"生存"显然是无意义的以外，它没有肯定任

何事物。①

因为这个缘故，批判现实主义派作家们一般是悲观的或是终于走到悲观主义的；他们对社会丑恶现象的憎恨与厌恶与其说是控诉性的，毋宁说是讽刺性的。讽刺态度可以说是批判现实主义的灵魂。

以上所述主要限于法国批判现实主义，但是它所显出的一些特征大体上也适用于其他各国现实主义文艺。它的一个带有普遍性的基本特征就在于它的客观性，在这一点上它是对浪漫主义的反抗。在忠实地赤裸裸地反映现实这条原则的指导之下，批判现实主义派作家们创造出一些反映整个时代面貌的伟大作品，使小说这种体裁达到近代的发展高峰，这些成绩是不可磨灭的。但是批判现实主义毕竟是资本主义社会走向没落时期的意识形态，这一派作家们一般都还站在资产阶级立场，虽然揭露了社会矛盾现象，却既没有看出矛盾的根源，也没有看出解决矛盾的路径。个人脱离社会的情况还使得他们之中有些人（例如福楼拜）走上了"为艺术而艺术"的道路。

## 2. 作为创作方法，浪漫主义与现实主义的结合

从上文可以见出，浪漫主义和现实主义作为文艺流派运动来看，它们都只限于十八世纪末期到十九世纪末期的西方，它们所反映的都是资本主义社会的生活，就意识形态的性质来说，它们都是资产阶级性的。因此，它们不应与其他历史时期的其他类

---

① 高尔基：《和青年作家谈话》。《论写作》，人民文学出版社 1955 年版。

型社会中的某些在创作方法上具有浪漫主义倾向或现实主义倾向的文艺混为一事，我们不应把浪漫主义派或现实主义派的标签贴到它们上面去。例如就中国文学来说，屈原，阮籍，李白这类诗人具有较多的浪漫主义倾向，陶潜，杜甫，白居易这类诗人具有较多的现实主义倾向，但不能因此就把前一类诗人列入浪漫主义派，后一类诗人列入现实主义派。有些文学史家爱在中国古典文学代表人物身上贴这类标签，这是反历史主义的。

但是在一定历史时期的浪漫主义和现实主义，作为文学创作方法来说，是否在精神实质上各有基本特征，而这种基本特征却带有普遍性，可适用于其他历史时期呢？上文已说明了浪漫主义侧重表现作者的主观情感和想象，主观性较强；现实主义侧重如实地反映客观现实，客观性较强。这是基本特征上的差别。这种差别在过去各时代中都是普遍存在的。浪漫主义与现实主义的争论是比较晚起的。在过去，西方文学史家和文学批评家们讨论得较多的是浪漫主义与古典主义的区别，直到现在在资产阶级学术界中还是如此。浪漫主义与古典主义的争执在实质上就是浪漫主义与现实主义的争执，因为古典主义作为创作方法来说，在实质上就是现实主义。所以为着更好地理解浪漫主义与现实主义的区别，回顾一下过去浪漫主义与古典主义的争论是有用的。

浪漫主义与古典主义的争论在整个启蒙运动时期一直在进行着，例如在法国表现为狄德罗和卢梭等人针对法国新古典主义片面强调理智与法则而宣扬情感与想象的重要性，在德国表现为莱比锡派与屈黎西派关于新古典主义的大辩论以及古典美学对情感，想象，个性，自由和天才的重视。不过结合到创作实践，把这种争论真正提到理论高度的是德国诗人歌德和席勒。据爱克曼的《歌德谈话录》（1830年3月21日），"浪漫主义"一词以及浪漫主义与古典主义对立的概念就是歌德和席勒首创的：

>　　古典诗和浪漫诗的概念现已传遍全世界，引起许多争执和分歧。这个概念起源于席勒和我两人。我主张诗应采取从客观世界出发的原则，认为只有这种方法才可取。但是席勒却用完全主观的方法去写作，认为只有他那种方法才是正确的。为了针对我来为他自己辩护，席勒写了一篇论文，题为《论素朴的诗和感伤的诗》，他想向我证明：我违反了自己的意志，实在是浪漫的。

歌德在这里指出古典主义与浪漫主义的基本分别是客观与主观的分别。他自己在狂飙突进时代本是一个浪漫主义者，后来在意大利接触到古典艺术作品，看到近代浪漫主义已变成消极的，想提倡古典主义来挽救颓风，在自己的创作中力求走希腊人的道路。于是他又指出"古典的就是健康的，浪漫的就是病态的"一个分别。这里"浪漫的"当然只指当时流行的消极的浪漫主义。在他的论文和语录里他到处强调艺术的"客观性"。所谓客观性就是"从客观世界出发的原则"，他认为这是古典主义的原则，健康的原则，所以他悬此为理想。谈到自己的诗创作时，他说，"我的全部诗都是应景即兴的诗，来自现实生活，从现实生活中获得坚实的基础。"① 从此可见，歌德所理解的和所追求的古典主义正是现实主义。至于席勒说歌德实在还是一个浪漫主义者，这也并不是没有根据，歌德是浪漫时代的产物而且是第一流大诗人，就不可能不达到浪漫主义与古典主义（即现实主义）的结合。他的诗剧中浮士德与海伦后的结婚也正象征这种结合。

席勒在创作实践上虽有像歌德所说的从主观概念出发的倾

---

① 《歌德谈话录》，1823年9月18日。

向，在理论上却因受到歌德的影响，也时常强调艺术的客观性。在《论素朴的诗和感伤的诗》里，他从历史发展观点，全面深入地探讨了古典主义（素朴的诗）与浪漫主义（感伤的诗）的起源和区别，他把注意集中到人与自然亦即主体与客体的关系上。在古代较单纯的社会里，人与自然还处在和谐的统一体中，如庄子所说的"如鱼与水之相忘于江湖"，所以古代诗人能以素朴的方式直接反映自然。但是到了近代，工商业文明造成了人与自然的分裂和对立，人成为孤立的主体，自然成为对立的客体，在人已丧失去自然这种情况之下，诗人只能在理想中追寻已丧失的自然，因而产生出感伤的诗。这就是席勒所看到的古典主义与浪漫主义的历史根源。至于这两种创作方法的区别则在于古典主义是"尽可能完满的对现实的摹仿"，而浪漫主义则是"把现实提升到理想，或则说，理想的表现"。席勒有时把前者叫作"现实主义"（这是"现实主义"一词在文艺领域里最早的出现），后者叫作"理想主义"，[①]足见他把古典主义看作现实主义，这当然不指后起的批判现实主义。席勒的观点有三点值得特别注意。第一，他虽然比较同情于古典主义，但是承认浪漫主义在近代的产生有它的历史必然性，不应因为它是"感伤的"就对它加以否定。第二，就流派来说，席勒虽然把古典主义和浪漫主义划归古今两个不同的时代，但是就创作方法的精神实质来说，他承认古代可以有感伤的或浪漫主义的诗，例如罗马的贺拉斯；近代也可以有素朴的或古典主义的诗，例如莎士比亚和歌德。第三，古典主义与浪漫主义虽有本质的区别，席勒却仍认为二者有结合的可能。

---

① 别林斯基的"现实的诗"与"理想的诗"的分别可能受到席勒的这种区分的影响，他的提法更明确：在理想的诗里，诗人"按照自己的理想来改造生活"，在现实的诗里，诗人"按照生活的全部真实性和赤裸裸的面貌来再现现实"。

席勒的历史观仍然是粗枝大叶的，唯心主义的，但是他看出古典主义（现实主义）直接反映现实，而浪漫主义则把现实提升到理想来表现，却抓住了问题的本质，这其实也就是歌德所指出的客观性与主观性的分别。这个区别是普遍存在的，并不限于西方十八九世纪，但是这个区别也并不是绝对的。

先说这个区别是普遍存在的。例如就西方来说，在荷马史诗之中，《伊利亚特》较多地倾向于现实主义，《奥德赛》则较多地倾向于浪漫主义。就中国古典来说，屈原，阮籍和李白较多地倾向于浪漫主义，陶潜，杜甫和白居易则较多地倾向于现实主义。就连在同一作家身上，某一部分作品的浪漫主义色彩较浓，另一部分作品的现实主义色彩较浓，这也是常有的事，例如陶潜的《咏荆轲》《读山海经》《桃花源记诗》之类作品就不能说没有浪漫主义因素。

但是更重要的是第二点：浪漫主义与现实主义的区别并不是绝对的。同一作家可能兼有浪漫主义与现实主义的因素，就足以说明这一点。我们在上文只说杜甫较多地倾向于现实主义，李白较多地倾向于浪漫主义，这并不等于说杜甫就没有浪漫主义因素，而李白就没有现实主义因素。关于这一点，高尔基说得顶好：

> 在讲到像巴尔扎克，屠格涅夫，托尔斯泰，果戈理……这些古典作家时，我们就很难完全正确地说出，他们到底是浪漫主义者，还是现实主义者。在伟大的艺术家们身上，现实主义和浪漫主义时常好像是结合在一起的。
> ——《我怎样学习写作》

所举到的几位作家是现在一般文学史都公认为现实主义者，而高尔基却说这未必"完全正确"，就如说他们是浪漫主义者不完全正确一样。从此可见，在大作家身上简单地贴一个"现实主义者"或"浪漫主义者"的标签，像某些文学史家所爱做的那样，总不免犯片面性的毛病。我们已见到法国现实主义大师们多半带有浪漫主义因素。歌德晚期是一个自觉的古典主义者（现实主义者），却是一个不自觉的浪漫主义者。莎士比亚的戏剧是近代浪漫运动的一个很大的推动力，过去许多文学史家都把它看作和"古典型戏剧"相对立的"浪漫型戏剧"，而近来有些文学史家们则把莎士比亚尊为伟大的现实主义者。对于拜伦和普希金的看法也有类似的分歧。究竟谁是谁非呢？高尔基早就已解决了这个问题，现实主义和浪漫主义在伟大的艺术家们身上总是结合在一起的。

这种结合不但是文学史所已证明的事实，而且也是正确的美学观点所必然达到的结论。一切真正的艺术都必然要反映现实，要有客观基础，浪漫主义艺术也不能是例外。同时，一切真正的艺术也都必然要表现理想，具有一定的教育目的和倾向性，现实主义艺术也不能是例外。浪漫主义与现实主义的区分起于对客观现实与主观理想各有所侧重，侧重并不是对另一方面就完全排斥。如果浪漫主义只表现主观理想而排斥客观现实，或是现实主义只抄袭客观现实而排斥主观理想，结果就都会失其为艺术，因为前一种情形抛弃了艺术反映现实的基本任务，后一种情形抛弃了艺术通过教育人来改造社会的基本目的。情感和想象之类主观因素在浪漫主义文艺里比重固然较大，但是它们毕竟还是依存于客观基础的，所以浪漫主义的主观性并不应等于主观主义，不是与现实主义的客观性完全相对立的。现实主义固然侧重忠实地反映现实，却也不能只是被动地依样画葫芦似地反映现实，把现实和盘托出，而是要就现实所提供的素材加以选择，提炼和重新组织，而这种典型化的过程必然要或多或少地，自觉地或自发地，反映出作者的世界观和人生观，这就是说，反映出他的主观理想，所以现实主义的客观性也并不应等于客观主义,不是与浪漫主义的主观性完全相对立的。历史上伟大文艺作品所体现的浪漫主义与现实主义的统一正足以证实美学中主观与客观的统一。

只有消极的浪漫主义才坚持自我中心,蔑视客观现实,完全陶醉于主观情感和幻想而落到主观主义。歌德,黑格尔和车尔尼雪夫斯基都对这种"病态"的倾向进行过中肯的批判。只有流于自然主义的现实主义才坚持对现实中浮面现象作依样画葫芦似的抄袭,蔑视主观理想,完全沉埋到琐屑细节里而落到客观主义。这种倾向在历史上也遭到过不断的批判。但是法国巴拿斯派所提的"不动情感"和福楼拜所提的"取消私人性格主义"之类荒谬的口号似乎还有广泛的市场。这些口号之所以是荒谬的,因为取消了作者的私人性格,就等于取消了他的情感和思想,他的世界观和人生观;作者"不动情感",也就无法打动读者的情感,像贺拉斯早就指出的。这也就等于取消了艺术所应有的教育功用和实践意义。

问题的关键在于对于艺术本质的认识。艺术在本质上是一种创造,而创造是一种自觉的有目的的活动。这种活动必须根据自然或客观现实,不能是无中生有;但也必须超越自然或客观现实,不能是依样画葫芦,而是能动地反映现实。用达·芬奇和歌德都说过的话来说,艺术须是一种"第二自然",一种由人创造而且为人服务的产品,一种既反映客观现实又表现主观理想的产品。就在这个意义上,浪漫主义和现实主义是艺术在本质上都不可缺少的因素。

浪漫主义与现实主义之间并没有不可调和的矛盾,只有自然主义才既与浪漫主义又与现实主义有不可调和的矛盾,因为自然主义是艺术的否定。自然主义有由现实主义蜕化来的一种,也有由浪漫主义蜕化来的一种。现实主义如果落到客观主义,它就会蜕化为自然主义，十九世纪后期法国文艺流派的演变可以为证。浪漫主义如果落到主观主义，使文艺创作成为主观情感和幻想的漫无约束和剪裁的倾泻，它也会流为自然主义，所以拉法格在《浪漫主义的起源》里把近代自然主义称为"浪漫主义的尾巴"。[①]这种自然主义之恶劣并不下于由现实主义蜕化来的那一种，泛滥于现代资产阶级和修正主义文坛上的赤裸裸地发泄色狂和投合动物性本能的诗歌和小说可以为证。

现实主义与浪漫主义的结合是艺术的唯一的康庄大道。这当然只能就这两种创作方法的精神实质而言，并不是把十八九世纪在西方流行的两个文学流派糅合在一起，让它们在今天复活起来，尽管它们的遗产有些足资借鉴的地方。我们不能这样做，因为它们毕竟是一定历史时期的资本主义社会的意识形态，不能适应我们的社会主义社会的现实基础。歌德，拜伦和雪莱的爱情诗不能表现我们今天的主观理想，巴尔扎克和果戈理的揭露性的小说所反映的也不是我们今天的客观现实。艺术的内容变了，艺术的形式就得随之而变。双结合的原则是可以肯定而且必须肯定的，至于这个原则的具体运用，则只能从长期实践中探索得来。这可能还要经过一种辛苦而曲折的过程，但是文艺的将来成就应该远远超过歌德时代或巴尔扎克时代的成就，正因为我们的理想和现实远远超过他们那些时代的理想和现实。在我们的时代，文艺必须是为无产阶级革命服务的；所以毛主席的革命的现实主义与革命的浪漫主义相结合的文艺创作方法的方针是最能适应全世界无产阶级革命要求的方针。

---

① 拉法格：《文学论文选》，人民文学出版社1962年版，第二〇七页。

# 附录：简要书目

## 1. 西方美学史

西方美学史的研究是由黑格尔的门徒开始的。最早的著作有以下两种：

**粹姆曼**（Rudolf Zimmermann）的《作为哲学科学的美学史》，1858，维也纳。

**夏斯勒**（Max Schasler）的《美学批评史》，两卷，1872，柏林。

这两种均系用德文写的。另外一种是用西班牙文写的比较详细的资料书：

**麦嫩德兹**（Marcelino Menéndez y Pelayo）的《西班牙的美学思想史》，五卷，1883—1891，但四五两卷所叙述的是法德英三国的美学思想史。此书在1946年由桑坦德（Santander）修改过。

以上三书除第二种以外，编者都未见过。较流行的西方美学史有下列几种：

**鲍申葵**（Bernard Bosanquet）的《美学史》，1892，伦敦。这本书从新黑格尔派立场出发，着重形式主义与表现主义的对立，作者有独到的见解，但叙述不够全面，文字有些艰晦。

**克罗齐**（Benedetto Croce）的《美学史》，附在他的《美

学原理》后面，1902，巴里。这是用意大利文写的，有昂斯里（Douglas Anslie）的英译本，1909，伦敦。《美学原理》部分曾由编者译出，1958，作家出版社，《美学史》部分未译。此书也是从新黑格尔派立场出发，目的在证明作者的艺术即直觉的基本论点，所以对形象思维的学说叙述较详。

**赖伊特**（William Knight）的《美的哲学》第一卷叙述美学思想史，1895，伦敦。这是一部通俗书籍，对古代叙述甚略，对近代德，法，英各国分章叙述，罗列代表人物较多，对关键性问题注意不够。第二卷分论诗歌、音乐、建筑、绘画、雕刻、舞蹈各门艺术，还约略评介了俄国和丹麦的一些美学家。

**吉尔博特和库恩**（K.Gilbert and H.Kuhn）的《美学史》，1939，纽约，有增订本，1960。资料搜集得很多，但作者缺乏分析力，时而以代表人物为纲，时而以问题为纲，叙述也很杂乱。

**李斯托威尔**（Earl of Listowell）的《近代美学的批评史》，1933，伦敦。这部书把近代各流派归纳为"主观"和"客观"两派加以扼要叙述，作者是持"移情说"的法国巴希的门徒，对"移情说"的叙述较详。

**莱蒙·伯叶**（Raymond Bayer）的《美学史》，1961，巴黎Colin书店出版。作者是巴黎大学教授，在序文里说，"这部美学史——正如美学本身一样——一方面越界到了哲学领域，另一方面又越界到了艺术史领域。"他结合文艺作品的比较多，结合到哲学思潮的方面则比较薄弱。第五部分有六章专讲二十世纪的美学史，法，德，英，意，美，苏各占一章，颇有用。

**奥夫襄尼柯夫**（М.ф.Овсянников）和斯米尔诺娃（З.В.Смирнова）的《美学简史》，1963，苏联艺术科学研究所出版社出版。古代部分较简略，近代俄国部分较详，约占全书四分之一强。最后一章（第十一章）叙《马克思主义·列宁主义的美学的兴起》。全书面铺得很广,不够深入。

美学史和文学批评史与艺术批评史是有密切联系的,较流行的书有下列几种。

**圣兹博里**(George Saintsbury)的《文学批评史》,三卷,1900—1904,伦敦。这部书开创了研究文学批评史的风气,但作者充满着学究的成见,文字亦不易读,只可作为参考资料看待。

**斯宾干**(J.E.Spingarn)的《文艺复兴时代文学批评》,1899,纽约。文艺复兴时代是近代美学思想开始发达的时代,这部书作了简赅的叙述。

**劳伯特生**(I.G.Robertson)的《浪漫派理论的生长》("The Genesis of Romantic Theory")介绍十八世纪法意英一些美学家及其影响,涉及形象思维的较多,1923,剑桥大学出版。

**韦勒克**(René Wellek)的《近代文学批评史》,1750—1950,四卷,第一卷,十八世纪后期;第二卷,浪漫主义时代;第三卷,十九世纪后期;第四卷,二十世纪。1954—?;纽约。编者只见过第一二两卷。作者是捷克人,书是用英文写的。在文学批评史著作中,这部是后来居上的,作者所掌握的资料很丰富,叙述的条理也很清楚,但是观点仍然是资产阶级的,过分着重每个时代的个别代表人物,而对每个时代的总的精神面貌则往往没有抓住。对一些关键性的问题也没有足够地重视。

**文屠里**(Lionello Venturi)的《艺术批评史》,1936,纽约。这是唯一的一部书叙述西方各时代的艺术理想,但仍嫌粗略。

## 2. 西方美学论著选集

过去文艺理论的选集甚多，近来才有美学论著的选集陆续出现，现在略举几种常用的：

**圣兹博里**（George Saintsbury）：《批评论著摘要》。这是作者的《文学批评史》的附编，嫌简略，英国部分较详。

**卡里特**（E.F.Carritt）：《美学文献》，1931，牛津，这是比较全面的一种美学论著选本，也是对英国部分较详。作者是克罗齐的英国门徒，著有《美的理论》，1928，介绍几种主要流派的美学理论，亦可参考。

**阿朗**（Allan）和**吉尔博特**（K.Gilbert）：《文学批评文献》，两卷，1940，纽约。这部书的好处在选的较全面，入选的文章篇幅也较长，割裂的痕迹较少。

**维亚尔和丹尼斯**（Francisque，Vial et Lonis Denise）：《十六世纪至十九世纪文论选》，共三册，1928，巴黎。这是专门介绍法国文艺理论的一部书，以文学流派为纲，以文学体裁为目，眉目清楚；但常把一篇文章割裂开来，分载于不同的纲目之下，有些断章取义。十九世纪部分有严重的遗漏，例如丹纳，福楼拜，左拉和波德莱尔都没有入选。

**汉斯·玛约**（Hans Mayer）：《德国文学批评名著选》，1954—1956，柏林。这部书分两卷，上卷选启蒙运动到浪漫运动，下卷选海涅到梅林。每卷有长序，后附注释。入选的大半是全文，没有割裂的毛病，但入选的不全是代表性较大的文章。

**阿斯木斯**（AcMyc）：《古代思想家论艺术》，1937，莫斯科。这部书专选希腊罗马时代的文艺理论名著，选的比较全面，但没有选朗吉努斯，是一个严重的遗漏。

麦尔文·拉多（Melvin Rader）：《近代美学论文选集》，1903，纽约。以流派为纲，分选重要的代表作，较详于英美。

博干姆（E.B.Burgum）：《新批评》，附题是《近代美学和文学批评论文选》，1930，纽约。性质与上引麦尔文·拉多的选本很相近。

奥夫襄尼柯夫（М.Ф.Овсянников）主编的《美学史·世界美学思想文献》，按计划要出五册，第一册已出版，1962，苏联艺术科学研究所出版社，包括古代、中世纪和文艺复兴，选择面较广，但重点不够突出。每时期附有参考书目录，先列苏联方面的，后列西欧各国的，西欧各国方面的目录较片面，但在这两方面都注意到最近文献，对美学史研究者颇有用。

## 3. 重要美学名著

美学史的基本训练要求从头到尾地精读几部精选的名著，现在推荐下列十八种，其中加"★"的四种最重要：

1. ★ 柏拉图：《文艺对话集》，1963，人民文学出版社。
2. ★ 亚里士多德：《诗学》⎫ 合订本，1962，
3. 贺拉斯：《诗艺》　　　⎭ 人民文学出版社。
4. 朗吉努斯：《论崇高》。
5. 普洛丁：《论美》。
6. 里阿那多·达·芬奇：《笔记》。
7. 布瓦洛：《论诗艺》，1960，人民文学出版社。
8. 狄德罗：《谈演员》，李健吾译，载戏剧理论译丛。《论美》。
9. 莱辛：《拉奥孔》，编者已译出，由人民文学出版社印行。
10. 鲍姆嘉通：《美学》。

11. 伯克：《论崇高与美两种观念的根源》，参看《古典文艺理论译丛》，1963年第五册。

12. 维柯：《新科学》，编者准备译出。

13. ★康德：《审美判断力批判》，宗白华译，1964，商务印书馆。

14. 爱克曼：《歌德谈话录》，编者已译出，人民文学出版社印行。

15. 席勒：（a）《审美教育书简》，参看《古典文艺理论译丛》，1963年第五册。

（b）《论素朴的诗和感伤的诗》，参看《古典文艺理论译丛》，1961年第二册。

16. ★黑格尔：《美学》，共四卷，商务印书馆印行。

17. 车尔尼雪夫斯基：《艺术与现实的审美关系》（附第三版序言），《选集》，上卷，1962，三联书店。

18. 葛塞尔：《罗丹艺术论》，1978，人民美术出版社。

凡是能读西文的最好参看西文原文本。

想深入研究的人们如果要看较详的书目，可查看上引鲍申葵，克罗齐，吉尔博特，韦勒克，麦尔文·拉多和奥夫襄尼柯夫诸人的编著中所附载的书目，以及哈蒙德（William Hammond）所编的《美学和艺术哲学的文献目录》（从1900年起），1934年增订本，纽约。